한국시민사회사
산업화기 1961~1986

한국시민사회사
산업화기 **1961~1986**

1판 1쇄 인쇄 ｜ 2017년 5월 10일
1판 1쇄 발행 ｜ 2017년 5월 15일

지은이 ｜ 정상호
고 문 ｜ 김학민
펴낸이 ｜ 양기원
펴낸곳 ｜ 학민사

등록번호 ｜ 제10-142호
등록일자 ｜ 1978년 3월 22일

주소 ｜ 서울시 마포구 토정로 222 한국출판콘테츠센터 314호(우 04091)
전화 ｜ 02-3143-3326~7
팩스 ｜ 02-3143-3328

홈페이지 ｜ http://www.hakminsa.co.kr
이메일 ｜ hakminsa@hakminsa.co.kr

ISBN   978-89-7193-241-4(94330), Printed in Korea
        978-89-7193-243-8(전3권)

이 도서의 국립중앙도서관 출판시도서목록(CIP)은 e-CIP홈페이지(http://www.no.go.kr/ecip)와
국가자료공동목록시스템(http://nl.go.kr/kolisnet)에서 이용하실 수 있습니다.
(CIP제어번호 : CIP2017006993)

進賢
한국학

한국 시민 사회사
산업화기 | 1961~1986

정상호 지음

학민사
Hakmin Publishers

『한국시민사회사_산업화기』 발간에 부쳐

2014년 가을 어느 무렵, 한국학중앙연구원의 '한국학총서' 사업이 발표되었다. 우연한 기회에 이를 알게 된 나는 오랫동안 존경해왔던 주성수 교수님과 이나미 교수님께 연락을 드렸고, 어렵지 않게 드림팀을 구성하여 프로젝트를 함께 진행할 수 있게 되었다. 다소 오만하게 스스로를 드림팀으로 명명한 데는 나름 근거가 있다. 주성수 교수님은 한국사회에 시민사회와 자원봉사 개념이 낯설었던 1997년, 한양대학교에 '제3섹터연구소'를 설립하여 관련 연구를 선구적으로 진행하여 왔다. 필자와는『민주주의 대 민주주의』(2006)라는 책을 함께 출간한 경험도 있다. 동학인 이나미 교수님은 『한국 자유주의의 기원』(2001)과 『한국의 보수와 수구』(2011)를 통해 해방 전후 이 땅의 근대정치의 형성을 설명하는데 주력하여 왔다. 필자 역시『시민의 탄생과 진화: 한국인들은 어떻게 시민이 되었나?』(2014) 등의 개념사적 접근을 통해 한국 시민사회의 궤적을 추적하여 왔다.

그런데, 거기까지였다. 애초 우리의 연구계획서의 제목은 〈한국시민사회사 (1945~2014) : 제도, 조직, 이념, 생활사〉이다. 시민사회의 뿌리를 찾는 과정에서 그 기원이 해방이 아니라 일제강점기로 거슬러 올라갔고, 마침 터진 탄핵 사태로 인해 뜨거웠던 이번 겨울을 다루지 않을 수 없었다. 그러다보니 시기가 근 100년을 다루게 되었고, 책의 분량도 애초 생각했던 것보다 훨씬 두툼해질 수밖에 없었다. 무엇보다 고민스러웠던 것은 최초로 출간되는 『한국시민사회사』라는 책이 던져준 연구자로서의 책무감이다. 완성도를 높이기 위해 세 권을 아우를 공통된 연구방법론과 분류 방식을 고안해야 했다. 그것에 대한 나름 해법을 정리한 것이 '서론: 한국 시민사회사 연구방법론'이다. 필자들은 제도·조직·이념·생활사를 함께 다루겠다는 우리의 제안이 얼마나 무모(?)한 것이었는지를 연구를 진행하면서 곧 절감하였다. 그럼에도 불구하고 3년 만에 이 방대한 작업을 마칠 수 있었던 동력은 연구책임자이신 주성수 교수님의 헌신적 리더십과 처음 가는 이 길에 대한 호기심과 자부심 탓이었다고 이제는 말할 수 있다.

필자가 맡은 『한국시민사회사_산업화기 : 1961~1986』은 다소 도발적인 문제의식과 역동적인 서사를 담고 있다. 적지 않은 사람들, 심지어는 전문 연구자들조차 한국 시민사회는 1987년 민주화와 더불어 생겨났다고 믿고 있다. 그러나 이러한 인식은 완전한 오류이자 편견이다. 1987년 6월 항쟁과 더불어 분출한 것은 시민사회가 아니라 '시민운동'이었다. 다시 말해 국가와 개인(가족)을 연결·매개하며, 국가나 시장으로부터 어느 정도의 자율성을 담보한 시민사회는 해방이후 대한민국이라는 국가의 탄생과 더불어 형성·발전하였다. 시민사회는 비록 억압적이고 권위적인 국가의 폭력성 앞에서 자유롭게 만개할 수 없었지만 그렇다고 시민사회가 아예 부재한 것은 아니었다. 필자는 이 책을 통해 산업화

단계의 시민사회가 어떤 경로로 권위주의 국가에 포섭되었으며, 한편 시민사회 내의 어떤 영역이 어떤 방식으로 국가에 저항하였는지를 보여주고 싶다.

이번 작업을 통해 적지 않은 수확도 있었다. 시민사회사의 관점에서 헌법과 법률 등 공식 제도가 미친 영향을 정리한 것도 의미가 있었다. 또한 지금까지 관변단체나 국민운동의 사례와 범주는 새마을운동이나 한국노총에 한정되었다. 그러나 이번 연구를 통해 재건국민운동, 가족계획협회, 자연보호협의회, 재건학교 등 민간단체의 형식을 빌려 국가가 개입한 영역이 얼마나 광범위한가를 확인할 수 있었다. 또한 저항과 참여의 관점에서 보면, 그간의 연구는 민주화운동, 특히 농민·노동운동이나 재야 등 당대를 앞선 선구적이고 영웅적인 집단이나 인물의 활약상에만 초점을 맞추었다. 하지만 이 책에는 성금과 위문편지, 불매 및 서명운동, 동아일보 광고게재 등 그 시대를 살아간 보통사람들의 일상사도 담겨 있다. 무엇보다 이번 연구의 가장 큰 의의는 근 한 세기동안의 시민사회의 형상과 성질을 국제비영리조직분류(ICNPO)라는 단일한 기준에 따라 복원해 놓았다는 데 있다. 국가형성과 산업화, 민주화시기를 정치와 경제 등 주제 영역별로 다룬 연구들은 제법 축적되어 있다. 그러나 시민사회의 조직과 제도, 이념과 생활이라는 씨줄을 한국의 근대화 100년이라는 날줄에 맞춘 연구는 이번 『한국시민사회사』가 처음이다.

뜻을 같이 하는 동료 연구자들과 의미 있는 과제를 수행하였던 지난 3년 동안 필자는 연구자로서 행복했다. 하지만, 처음이라는 이유가 부족함을 정당화할 명분이 될 수 없음을 잘 알고 있다. 필자의 눈에도, 자료에 치중하다보니 이론적 분석력이 다소 떨어진 부분들이 군데군데 보인다. 또 장절마다 중요도와 분량의 차이가 제법 크다. 가장 아쉬운 점은 산업화기를 마무리하는데 골몰하느라 앞의 국가형성기와 뒤의 민주화기의 서술과 내용을 충분히 담지 못했다는 점이다. 이에 대한 비판과 지적은 독자들의 권리이며, 이를 수렴해 보완하고 개선하는 것은 필자들의 몫이다.

이번 『한국시민사회사』 연구가 한국 시민사회에 대한 이론적 관심과 실천적 과제에 대한 논의의 수준을 한층 높이는 계기가 되길 간절히 바란다. 어려운 출판 여건 속에서 우리의 서툰 고민을 세상에 깔끔하게 내놓을 수 있게 해준 학민사측에 깊은 감사의 뜻을 전하고 싶다.

2017년 4월 **정상호**

C O N T E N T S

PART 03
한국 시민사회 생활사

PART 04
한국 시민사회 이념사

서 론

한국시민사회사
연구방법론

01 _ 한국 시민사회사 : 시민사회와 시민사회단체의 의미

〈한국 시민사회사〉연구는 독자적 연구대상이자 분석적 범주로서 '시민사회사'라는 개념을 새롭게 사용한다. 시민사회사란 '시민사회'의 형성·유지·발전, 즉 시민사회의 역사를 말한다. '역사'의 사전적 정의는 '과거의 사건' 또는 "사람이나 제도의 삶과 발전과 관련된 사건들의 연대기적 기록"이다. 따라서 이 연구의 주제인 '한국 시민사회사'는 한국 시민사회의 역사를 시민사회의 제도와 조직, 그리고 생활과 이념이라는 네 가지 범주를 통해 연구하는 것을 의미한다.

'시민사회'는 국가도 시장도 아닌 '제3섹터'(third sector)로 통칭되면서, 그 개념이 다양하게 정의되고 있다. "사람들이 공동의 이해를 추구하기 위해 모인 가족, 국가 및 시장 사이에 위치한 제도, 조직 및 개인들의 영역"이다(Anheier 2004: 22). 국제NPO 표준화(ICNPO) 연구자들에 따르면, 초중고 및 고등교육을 포함한 일체의 비영리 교육기관, 병원과 각종 의료기관, 심지어는 국가가 설립하거나 운영하지 않는 정치조직들과 기업이 설립하거나 운영하지 않는 재단, 노동조합 등도 '시민사회'에 포함된다(UN 2003). '시민사회단체'는 NGO(non-governmental organization) 또는 NPO(non-profit organization)라고도 부른다[1].

02 _ 통합적 시민사회 연구방법론 : 시민사회지표와 ICNPO

본 연구는 국제적으로 활용되고 있는 국제비영리조직유형(ICNPO)과 시민사회지표(Civil Society Index: CSI) 접근법을 활용해, 한국 시민사회의 제도, 조직, 생활사를 분석할 수 있는 연구방법론을 개발해 저술하였다.

ICNPO는 시민사회 조직을 교육, 문화, 예술, 사회복지 등으로 체계화 분류해, 시민사회의 복잡다양성을 조작 가능한 분석틀로 전환시켰다. 이 방법론은 1990년 존스홉킨스 대학의 프로젝트로 시작되어 1997년에는 13개국의 국제비영리조직분류법 결과를 발표했고, 대상국이 1999년에는 22개국, 2004년에는 36개국으로 비교연구의 폭이 확대되었다. 그런데 국제비영리조직분류법은, 첫째, 계량적 지표로 환산 곤란한 국가와 시민사회의 관계, 시장과 시민사회의 관

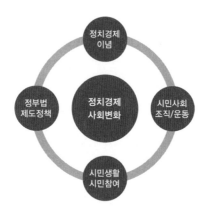

시민사회사 연구의 흐름도

계 등을 포괄하기 어렵다는 단점이 있다. 둘째, 한국의 환경단체, 노조, 민주변호사협회 등에 대한 분류 코드와 실제 활동 내용이 일치하지 않는 경우가 빈번하게 발생할 수 있다는 단점이 있다(Salamon and Anheier 1997: 75-6).

한편 시민사회지표(CSI) 접근법은 78개 항목에 대한 객관적 자료와 관련 시민사회 전문가 집단의 주관적 평가를 결합하여 구조, 환경, 가치, 영향을 기준으로 해당 시민사회의 성격을 평가한다. 시민사회 이해관계자를 포커스 그룹으로 한 설문조사와, 지역사회 주민들의 시민사회와 시민사회단체들의 활동에 대한 평가 결과를 지표 항목들의 점수 평가에 포함시킨다. 이에 따라 시민사회 운동단체뿐 아니라 사회복지와 청소년 등의 서비스 단체, 노조와 기업 재단, 언론, 정부의 관계자, 학계의 연구자 등 무수하고 다양한 이해당사자들이 지표 조사의 포커스 그룹에 참여해서 시민사회를 질적으로 평가하는 과정을 거친다. 현재는 CIVICUS(www.civicus.org)가 한국을 포함한 50여 개국에서 시민사회지표를 활용하여 시민사회의 국제비교를 진행하고 있을 정도로 주목받는 시민사회 연구방법이다.

03 _ 국가형성기·산업화기·민주화기의 시민사회 제도, 조직·생활·이념사

한국 시민사회사는 해방 이후부터 최근까지의 시기(1945~2017)를 국가형성기(1945~60), 산업화기(1961~86), 민주화기(1987~2017)로 구분해, 연구진 3인이 각 시기 연구를 분담해, 시민사회의 제도, 조직, 생활, 이념으로 분류해, 국내외 정치와 경제, 사회 변화에 따른 정부의 법과 제도와 정책(제도사), 시민사회의 조직과 운동(조직사), 시민생활과 시민참여(생활사), 그리고 시민사회를 둘러싼 이념(이념사)에 연구의 초점을 맞춘다.

04 _ 시민사회의 시민사회단체 유형 : 국제 비영리조직분류(ICNPO)

본 연구는 ICNPO의 광범위한 시민사회 비영리단체 유형 분류에 따라 연구를 수행한다.[2) 세계적으로 가장 보편적인 것은 다음과 같은 ICNPO의 12분류 모형이다.

국제비영리조직분류(ICNPO) 체계

단체 분류	포함 범주
Group1 문화와 레크리에이션	미디어와 통신관련 단체/ 예술단체/ 역사, 문학 등의 인문 협회/ 박물관/ 동물원 및 수족관/ 스포츠/ 레크리에이션과 사교클럽/ 봉사 클럽
Group2 교육 및 연구	유·초·중·고등 교육/ 고등교육기관/ 직업·기술학교/ 성인·평생교육/ 의료연구소/ 과학기술연구기관/ 사회과학과 정책학
Group3 보건	병원/ 재활시설/ 개인병원(요양원 포함)/ 정신병원/ 정신건강치료소/ 급성정신질환지원서비스/ 공중보건과 건강교육/외래환자건강관리프로그램/ 재활의료/ 응급의료서비스
Group4 사회서비스	아동복지와 서비스, 탁아소/ 청소년 서비스와 청소년 복지/ 가족 서비스/ 장애인서비스/ 고령자서비스/ 자립프로그램을 포함한 사회 서비스/ 사고와 응급상황 예방과 통제/ 일시적인 피난처/ 난민지원/ 소득과 생계비 지원/ 물질적인 지원
Group5 환경	오염 감소와 통제/ 자연자원 보전과 보호/ 환경미화와 오픈 스페이스/ 동물보호와 복지/ 야생생물 보존과 보호/ 수의학 서비스
Group6 개발과 주거	공동체운동단체와 마을단체/ 경제발전기관/ 사회발전기관/ 주거협회/ 주거지원단체/ 직업훈련프로그램/ 직업상담과 조언/ 직업 재교육
Group7 법률, 권익주창, 정치	권익주창단체/ 시민권 단체/ 인종단체/ 시민단체/ 법률서비스/ 범죄예방과 공공정책/ 범죄자 사회복귀/ 피해자 지원/ 소비자보호협회/ 정당과 정치단체
Group8 박애 및 자원봉사	보조금 제공 재단/ 자원봉사 장려기관/ 자금제공기관
Group9 국제기구	교환·교류·문화 프로그램/ 개발지원단체/ 국제재난과 구호조직/ 국제인권과 평화단체
Group10 종교	종교집단/ 종교집단의 협회
Group11 기업과 협회, 노동조합	경영인협회/ 전문가협회/ 노동조합
Group12 비분류 집단	위에 포함되지 않은 조직

한국시민사회사
연구의
배경과 목적

01 _ 기존 연구의 정리

　본 연구가 다룰 산업화기(1961~86)는 한국현대사에서 가장 논쟁적인 시기이다. 이는 적지 않은 논자들이 대통령의 탄핵을 요구하는 촛불시위(2016~17)의 최대 성과 중 하나를 '박정희 체제의 종언'이라고 주장하는 데서 여실히 드러난다. 박근혜 대통령과 김기춘 비서실장이 박정희 체제의 인적 계승자라면, 문화예술계의 블랙리스트는 유신체제 검열정책의 시대착오적 산물이다. 최근 적폐(積弊)의 핵심으로 지목되는 재벌과 검찰, 헌정 유린의 뿌리는 정확히 그 시대에 닿아 있다.

　본 연구는 한국현대사의 논쟁의 중심이자 2017년 현재 우리 사회에 적지 않은 영향력을 행사하고 있는 이 시기를 시민사회사의 관점에서 새롭게 설명하고자 한다. 먼저, 그 전에 이 시기를 다룬 관련 연구를 간략히 정리함으로써 본 연구의 문제의식을 다듬어보고자 한다. 정체(polity) 또는 체제(regime)는 국가와 시장, 시민사회로 구성되어 있다.[1] 정치는 이들 3자 사이의 '희소한 가치의 분배'(D. Easton)이거나 또는 그것들 사이의 '권력 배열과 관계의 양식'(뒤베르제 1979; 29~30)으로 정의할 수 있다. 이러한 개념 정의에 따라 우리는 이 시기에 이루어진 연구를 다음과 같은 분류에 따라 정리할 수 있다.

(1) 국가-시장 중심 연구

오랜 전통을 갖고 있는 이러한 접근의 핵심 질문은 '권위주의 국가와 급속한 경제성장의 내적 연관성'의 해명이며, 근대화론과 발전국가론이 대표적인 이론이다. 근대화론은 제3세계의 친소적(親蘇的) 비자본주의 발전 노선에 대항하여 자본주의적 경제발전의 근대화 추진이 제3세계의 민주주의적 발전을 가능케 할 것이라는 신념에서 제시되었다. 이 같은 근대화론은 1960년대 미국 케네디정부의 제3세계 전략의 일환으로 추진되었으며, 우리나라에서도 박정희 체제의 경제발전 추진을 설명하는 대표적인 이론으로 제시·채택되어 왔다.

그러나 경제발전이 민주주의의 진전으로 이어질 것이라는 근대화론의 전망은 개발독재의 현실과 충돌하면서 새로운 설명이 요구되었다. 이후 나타난 것이 '발전국가론'이었다. 발전국가론은 일본의 경제발전 경험에서 출발하여 한국과 대만 등 동아시아 각 국의 급속한 경제발전을 설명하기 위한 이론으로서 제시되었다. 주지하다시피 존슨은 발전국가론을 통해 당시까지만 해도 일본의 경제성장에 대한 대안적 설명으로 유력하였던 문화적 접근을 거부하고 '유능하고 효율적인 관료제'라는 보다 보편적인 설명변수를 제시하였다.

이후 그의 발전국가 모델을 구성하고 있는 네 가지 요소, 즉 ①유능하고 효율적인 엘리트 관료체제의 존재, ②관료가 주도권을 갖고 자율적으로 운영할 수 있는 정치체제, ③시장-순응적 방법을 통한 국가의 경제개입, ④통산성(MITI)처럼 산업정책을 효과적으로 통제할 수 있는 조정기구의 작동 등을 제시하였다(Johnson 1999; 37~39).

국가의 자율성을 강조하였던 그의 주장은 적지 않은 국내외 연구자들에 의해서도 폭넓게 수용되어 한국의 압축적 산업화를 설명하는 대표적인 이론 틀로 적용되었다(Haggard and Moon 1993; Amsden 1989; 김일영 2006). 발전국가론의 입장에서 볼 때, 한국의 경제발전은 국가 주도에 의해 짧은 시간 내에 급속한 경제발전을 이룬 가장 성공적인 사례 중의 하나였다. 이들에 따르면, 한국의 국가는 사적 이익집단에 포획되지 않으면서도, 시장에 대한 선별적 개입과 진흥, 그리고 세계경제로의 전략적인 통합을 통해 전략산업 육성과 경제성장을 성공적으로 이루었다(Evans 1995; 김일영 2006). 그러나 이 같은 발전국가론은 경제발전에 있어 국가 역할의 중요성과 효율성을 강조하였던 나머지 성장 논리에 의해 희생당했던 민주주의의 지체 또는 후퇴의 문제에 대해서는 제대로 분석하지 못하였다(김대환·조희연 2003).

다음으로 박정희 체제를 비롯한 군사정권의 억압성을 강조하는 입장이 있는데, '개발독재론'이나 '관료적 권위주의론'(BA: Bureaucratic Authoritarianism) 등이 여기에 포함된다. 개발독재론은 민주주의라는 가치를 척도로 박정희 체제의 근대화 과정에 수반되었던 배제와 폭력의 성격을 비판하는 입장으로, 대부분의 비판적 논의가 여기에 해당된다. 또한 개발독재론은 권위주의 정치가 경제발전에 불가피한 것으로 여기지 않으며, 오히려 권위주의 정치가 경제발전을 심각하게 왜곡했다고 본다. 이 같은 입장에서 개발독재는 경제발전과 필연적 관계가 없으며, 박정희 체제가 아니었더라도 한국의 정상적인 경제발전은 당시의 국제정세를 고려할 때 가능했을 것으로 본다(손호철 1995; 정해구 2005).

한편, 관료적 권위주의이론은 박정희 체제의 억압성의 근원을 주로 경제적인 차원에서 설명한다. 오도넬에 의하면, 내포적 산업화를 추진하는 신흥공업국의 경우 수입대체산업화가 어느 수준에 이르면 '심화'의 애로에 봉착하지 않을 수 없다. 이를 타개하기 위해 군부-기술관료(technocrats)-자본으로 이루어진 3자 연합의 쿠데타가 발생함으로써 강력한 억압 능력을 가진 권위주의 체제가 등장한다는 것이다(Guillermo A. O'Donnell 1973). 관료적 권위주의 이론은 남미와는 다른 여러 사정이 있음에도 불구하고 박정희체제, 특히 유신체제 등장의 분석에 자주 원용되었다(강민 1983; 박건영 1989).

(2) 국가 - 시민사회 중심 연구

이 접근의 핵심 문제의식은 시민사회의 중심 세력인 노동과 자본, 이익집단과 시민사회단체의 순응과 동의를 획득하기 위한 국가의 전략에 맞추어져 있다.

대표적인 사례는 알라비(Hamza Alavi)의 '과대성장 국가론'(Overdeveloped state)을 적용하여 해방 이후 한국의 권위주의 정권을 분석하였던 최장집에게서 찾을 수 있다. 알라비에 따르면, 식민지 사회의 상부구조는 자국의 사회구성체를 준거로 한 것이 아니라 제국주의 지배 국가를 모델로 한 것이기 때문에 자신들의 사회경제적 발전이나 시민사회에 비해 과잉발전될 수밖에 없다는 것이다. 이는 필연적으로 독립 이후에도 강력한 관료적 군부체제를 낳고 국가와 사회 간의 불균형 현상을 지속시킨다. 최장집은 우리의 경우 반공정권을 확립하는 과정에서 고도의 강제력을 행사하는 강력한 국가기구와 일사불란한 성장 정책이 맞물려 행정 일변도의 관료 국가가 됐으며, 이는 정당과 의회의 기능을 약화시켰다고 설명하였다(최장집 1989a).

'과대성장 국가론'이 국가와 시민사회의 비대칭 발전의 식민지적 기원을 설명하는 것이라면, 슈미터(P. Schmitter 1979)의 조합주의(corporatism) 이론은 산업화 단계에서 나타난 국가와 이익집단의 관계나 이익표출 방식에 초점을 맞추고 있다. 1980년대 중반 이후 국가 조합주의는 다음과 같은 이유에서 한국의 이익대표 체계를 설명할 대표적인 이론으로 부상하였다.

첫째는, '국가가 사회를 만든다'는 국가조합주의의 국가관이 한국의 국가와 이익집단의 관계를 파악하는데 있어 보다 적절하다는 점이다. 여기에서 국가는 사회집단의 조정자나 반영에 불과한 종속변수가 아니라 이익집단이나 시민사회 일반을 형성하는 독립변수로 인식되었다.

둘째는, 국가의 정책결정 구조, 이익집단의 형성 및 전략 선택에 중대한 영향을 미치는 구조적 맥락에 대한 이해의 진전이다. 후발산업화의 시점, 취약한 자본가 계급, 생존과 자립을 위한 부국강병에의 열망이 '사회를 국가에 연결시키는 효율적 통치구조'로서 국가조합주의를 요청하였다는 것이다.

셋째는, 국가에 의한 이익집단의 통제양식, 보다 정확히 말하자면 '국가의 이익집단으로의 침투'와 '국가에 대한 이익집단의 의존'의 위계적 관계를 잘 포착할 수 있게 해준다는 점이다. 국가조합주의를 중요한 사회집단의 협력을 획득하기 위해 국가에 의해 의도적으로 고안된 유인(Inducements)과 제약(Constraints)체계로 구분하고, 이러한 방식이 나라마다 상이하게 나타나게 된 원인을 분석한 콜리어 부처(R. B. Collier and David Collier 1979)의 연구 성과는 이를 잘 보여주고 있다.

이러한 이론적 매력 탓에 1980년대 중반 이후 이익집단 연구는 국가조합주의를 보다 적극적으로 수용하였고, 각 부문의 적용사례가 축적되어 왔다. 최장집은 박정희 정권 시기를 대상으로 노동조합의 결성, 내부운영과정, 국가당국자와의 상호작용, 정책결정에서의 노조의 영향력 등에 초점을 맞추어 조합주의적 통제가 어떻게 노동자들과 그들 조직의 이익표출에 영향을 미쳤는지를 보여

주었다. 그의 결론은 박정희 정권의 노동통제 유형은 조합주의의 하위유형인 배제적 국가조합주의에 유사하다는 것이다(최장집 1988). 김영래(1987)는 노·자를 대표하는 전경련과 노총을 분석하였는데, 비록 한국의 경우 대부분의 이익집단이 조합주의적 통제를 국가로부터 받고 있지만, 그 정도에 있어서 사용자단체보다는 노조에게 더욱 강화되고 있으며, 노조에게는 비정치화를 위한 억압·배제 정책이 주로 사용되고 있음을 밝혔다. 박종주(1986) 역시 1960~70년대 근대화 과정이 농업부문의 국가통제양식, 특히 새마을운동과 농협을 통해 진행되었음을 설명하였다.

앞의 연구들이 시민사회에 대한 국가의 억압적이고 폭력적인 대응에 초점을 맞춘 것이라면, 임지현은 '대중의 자발적 동의'라는 도발적 개념을 불러냄으로써 격렬한 논쟁을 촉발시켰다. 임지현은 "대중독재는 시민사회에 군림하는 '딱딱한 지배지향적' 권력임과 동시에 부드러운 헤게모니지향적 권력"이었으며 "파시즘의 뒤에는 대중이란 동조자가 있었다"고 주장하였다(임지현 2004a: 24~26). 그는 식민지 지배, 독재, 파시즘 같이 후대 역사에 의해 부정적으로 규정되고, 그에 대한 투쟁만이 '영웅화'된 시각은 역사적 사실과 부합하지 않는 일면적 평가라고 주장하였다. 특별히 억압과 수탈, 그에 대한 저항으로 단색화(單色化)될 수 없는 또 다른 측면, 예컨대 그 시대에 대한 대중의 동의와 순응, 일상적 삶이 존재했다는 것이다.

이에 대해 조희연은 임지현의 '대중독재론'이 다음과 같은 점에서 부정확하거나 오류의 가능성이 있다고 비판하였다. 첫째, 기존의 논의는 식민지 지배나 파시즘적 지배의 억압성을 보다 중요한 것으로 강조한 것이지, 대중의 동의적 측면을 모두 배제한 것은 아니다. 둘째, '대중독재론'은 대중의 '일상적' 삶이나 묵종을 지배 헤게모니의 관철로 일반화해버릴 우려가 있다. 셋째, 대중독재론은 기존의 보수적 논리와 진보적 논리를 양비론과 이분법적으로 규정·평가하는 점에서 탈맥락 및 과잉 상대화의 위험을 안고 있다(조희연 2005). 이러한 문제의식에서 조희연은 박정희 체제를 '권위주의적 반공·개발동원 체제'로 규정하였다. 이 체제는 무엇보다도 반공주의적 동원을 통해 동의 기반을 확충하였다. 그러나 무엇보다도 중요한 것은 박정희 정권이 지배에 대한 동의를 확충하기 위해 '근대적 개발주의'를 적극 활용하였다는 점이다. 그는 1960년대의 개발주의가 수동적 동의를 넘어 일정한 능동적 동의가 존재하였던, 그람시의 말을 빌자면 수동혁명의 성격을 갖추었음을 인정하고 있다. 하지만 1972년 유신체제 이후에 이르러 '권위주의적 반공·개발동원 체제'는 심각한 해체를 겪는다. 장기집권에 따른 정당성의 결여와 대중적 저항운동의 고조 속에서 박정희 정권의 선택은 억압을 전면화('누드권력')하지만 결국 체제 붕괴에 맞닥뜨리고 말았다(조희연 2005).

그람시의 헤게모니 개념을 통해 한국의 권위주의 정부를 분석한 정해구(2005)는 박정희 정권을 반공주의와 개발주의를 통해 그 상·하부구조가 유기적으로 통일되었던 '반공–개발의 역사 블록'으로 규정하였다.[2] 우선 박정희 체제는 기존의 군과 경찰에 더해, 새롭게 중앙정보부를 창설한 것에서 알 수 있듯이 고도의 강제력을 갖춘 체제였다. 동시에 박정희 체제는 개발주의를 통해 자신의 체제를 정당화시키고 이를 통해 체제가 정한 목표와 그 과제를 성취하기 위해 대대적으로 국민을 동원했던 체제였다.[3]

특히 본 연구가 정해구의 연구에서 주목하는 것은 국가의 동원 방식이다. 그것은 첫째, 국가동원의 조직적인 측면인데, 박정희 체제는 정치적 동원보다는 각종 국가기구와 관변단체 등 주로 행정조직을 통해 이루었다. 다른 하나는 박정희 체제의 국가 동원의 영역이 정치나 안보에 한정된 것이 아니라, 민족적·교육적 측면의 동원, 그리고 사회적·생체적 측면의 동원 등, 가능한 거의 모든 분야에 걸쳐 그 동원을 시도했다는 점이다. 그런 점에서 박정희 체제는 체제 반대 세력을 강력하게 억압하였지만, 나머지 국민에 대해서는 광범위한 동원을 시도했던 적극적 동원 체제라 할 수 있다(정해구 2005: 42~50).

(3) 시민사회 연구

이 연구의 일차적 관심은 앞의 이론들과 달리 국가나 시장이 아니라 시민사회의 개념 및 행위자, 조직 및 그것들의 관계에 있다. 이러한 흐름은 국내적으로는 1987년 민주화 이후 두드러지게 나타났으며, 국제적으로는 NGO나 제3섹터와 같은 탈냉전·세계화의 지구적 흐름을 반영하였다.

박상필은 시민사회의 구성요소로 시민권 확보를 위한 법적·제도적 장치, 국가와 시장의 견제와 감시, 공공서비스의 생산과 제공, 시민적 규범을 갖는 자기정당성의 확보를 설정하고, 해방 이전부터 1990년대까지 한국사회의 발전을 다루었다(박상필 2003: 124). 이를 거칠게 요약한 것이 이다. 그에 따르면 한국의 시민사회는 1945년의 해방이 아니라 1987년 이후에 형성·발전되었다고 할 수 있다.

한편, 유팔무는 시민사회 연구의 정체를 돌파할 방안으로서 시민의식의 형성 과정과 이와 관련된 제도의 발전 과정을 주목할 것을 제안하였다. 그에 따르면, 시민사회는 의식형성의 단계, 조직형성(결사)의 단계, 제도의 단계, 갈등과 통합의 단계로 발전하였는데, 우리의 경우 지나치게 시민의식의 핵심인 기본권과 주권에 대한 인식의 형성과정을 간과한 채 근대 조직과 제도의 등장과정에만 매몰되어 왔다는 것이다(유팔무 2003: 115~139). 홍윤기 역시 한국사회에서 '시민'의 구체적 실존이 어떻게 형성되었는가를 설명하고 있다. 그는 1980년대

한국 시민사회의 형성 과정

시기 구분	구성 요소의 충족			
	법적 장치	국가/시장견제	공공서비스 제공	자기정당성 확보
1945 이전	×	△	×	×
1945 이후	△	△	×	×
1962 이후	△	△	△	(△)
1987 이후	○	○	○	△

변혁운동과정에서 제시되었던 NL 대 PD 논쟁이 민족과제와 계급과제의 배타적 우위와 주체 설정의 협소한 범위에서 전개되어 민주주의 공고화 및 내실화의 핵심 요인으로서 실존적 시민을 놓치고 말았다고 비판하고 있다. 그 역시 유팔무와 마찬가지로 시민사회의 발전에 미친 시민의식의 발전 과정을 주목해야 한다고 주장하였다. 홍윤기는 한국의 6월항쟁이 시민과 시민사회의 형성을 통해 시민혁명을 발생시킨 서유럽 모델의 역행적 경로로 보고 있다. 즉, 한국에서는 시민과 시민사회가 형성되고 나서 시민혁명이 발생한 것이 아니라 6월항쟁이라는 결정적 계기를 통해 공론장, 연대방식, 시민의식이 한꺼번에 형체와 운동양태를 갖추게 되는 일종의 정치사회적 빅뱅 현상이 발생하였다는 것이다(홍윤기 2004: 64~69).

유팔무와 홍윤기의 연구가 구체 경험보다는 연구의 방향 제시에 있다면, 정철희는 1970년대 이후 시민사회에서의 미시동원 맥락, 즉 저항-지향적 소집단과 이 소집단에서의 대항 헤게모니의 형성이 민주화 운동의 제도적이고 문화적 근원이었음을 해명하고 있다. 그는 특히 유신독재의 철권을 상대적으로 우회할 수 있었던 대학과 교회라는 소집단들이 어떻게 하위 연결망을 형성하고 대항 이데올로기, 구체적으로는 대학의 삼민주의와 교회의 민중신학을 구축하였는지를 세세하게 설명하고 있다(정철희 2003: 93~114).

우리의 시민사회 연구와 가장 연관성이 큰 것은 신진욱(2008)과 박명규 (2010), 송호근(2011; 2013), 그리고 정상호(2013)의 연구이다. 신진욱은 조선의 중세적 질서를 비판하고 상공업에 기초한 새로운 정치질서와 만민의 평등과 해방이라는 이념을 수용하여 근대적 사회체제를 구상하였던 실학을 근대 시민사상의 원류로 파악하고 있다. 동학혁명(1894)에서 인본주의와 만민평등, 인민자치와 정치참여 등 급진적 근대 정치사상을, 독립신문(1897)에서 자율적 시민, 자발적 시민결사체, 공공선을 지향하는 근대적 시민들의 활동의 맹아를 읽을 수 있다는 것이다. 그가 특히 강조하고 있는 것은 만민공동회(1898)이다. 민회라는 대중 집회의 형태를 띤 만민공동회는 한국근대사에서 가장 의미있는 민주적 시민 공론장의 실험이며, 여기서 표방되었던 군민공치(君民共治)는 거버넌스 정치모델의 맹아적 형태라는 것이다.

흥미로운 점은 19세기 말까지는 입헌군주제 모델 하에 근대 시민의 이념이 제한적으로 수용되었고, 대한민국임시정부 시기에 이르러서야 드디어 민주공화제 모델로 전격 이행했다는 주장이다. 즉 대한민국임시정부의 성립은 근대적 시민의 권리와 이상이 헌법적 지위를 획득한 일대 사건이라는 것이다(신진욱 2008: 143~145). 그러나 그의 작업은 아쉽게도 일관된 방법론을 통해 해방 이후의 시민사회사 연구로 이어지지 않았다.

최근 한국의 시민사회사 연구 중 손꼽을 수 있는 것이 박명규의 『국민·인민·시민: 개념사로 본 한국의 정치주체』(2010)이다. 그의 연구는 무엇보다도 좁게는 1987년 민주화 이후, 다소 확장한다 해도 해방 이후부터 시작되었던 종전의 시민 개념 연구를 조선시대로까지 확장하였다는 데 의의가 있다. 그는 다양한 고문헌의 해제를 통해 한국사회에서 처음으로 등장한 시민 개념이 백각전

(百名廛)의 주인임을 밝혔다. 그에 따르면, 지방행정제도가 자리 잡은 20세기 초까지 시민은 기본적으로 시의 주민을 지칭하였다. 이어 식민지 시대를 경유하면서 일본이 수용한 근대 서구의 한 단면을 가리키는 번역어로서 새로운 의미의 시민 개념이 등장하게 되었다. 마지막으로는 1980년대 민주화 이후 운동의 관점을 지닌 즉 한국적 맥락을 반영한 시민 개념이 구축되었다(박명규 2010: 177~180).

또 하나의 흥미로운 성과는 송호근의 일련의 시민사회 연구이다. 송호근은 우리나라에서 시민의 뿌리를 인민(人民)에서 찾고 있다. 태조 원년에서 정조에 이르는 400여 년 동안 조정에서 공식적으로 사용된 인민의 개념에는 근본적 변화가 없었다. 그것의 강조점이 무엇이든 간에 『조선왕조실록』에 나타난 인민 개념은 일관되게 통치의 객체로서 유교적 질서를 받들고 직분과 공역을 지켜야 하는 체계 순응적 사람들이었다. 19세기에 발생한 일련의 사건들, 즉 천주교의 유입 및 확산, 잦은 민란과 농민전쟁, 평민 문학 및 예술을 지칭하는 서민 문예는 유교적 질서의 파열과 붕괴를 가져 왔다. 갑오개혁(1894)과 한일합방(1910)을 거치면서 갓난아이처럼 군주의 보호 대상이었던 '적자(赤子)로서의 인민'은 의식, 가치관, 행동양식이 달라진 변혁을 꿈꾸고 실천에 옮길 수 있는 새로운 인민(文解人民)으로 형성·분화되었다(송호근 2011: 74~90). 양반 공론장의 쇠퇴 속에서 자각인민(自覺人民)이 주도하였던 평민 공론장의 영향력 확장 속에서 등장한 것이 '개인의 발견', '시민 의식'이었다. 1910년 일제 강점으로 조선의 근대는 차단되었으나 개인과 사회는 국문 공론장과 문학의 힘을 빌려 근대적 개인과 사회로 성장하여 갔다는 것이다(송호근 2013).

그는 2014년의 세월호 참사를 목도하면서 여전히 한국 사회가 공공성을 심각하게 결여하고 있는 '국민의 시대'에 머물고 있음을 통렬히 반성하였다. 그의 분석에 의하면, 고도성장을 달려온 한국사회는 경쟁, 불신, 격차, 세습, 위험으로 넘쳐나고 있는데, 그 문제의 핵심에 '공공성의 부재'가 있다. 그의 진단에 따르면 이 나라의 시민과 시민사회는 공익에 긴장하며 타인을 배려하고, 공동체에 헌신하는 시민윤리를 지닌 '시민의 시대'로 나아갈 과제를 안고 있다(송호근 2015).

정상호는 시민 개념의 발전사를 통해 근현대 시민사를 조망하였다. 그 중 권위주의적 산업화기에서 시민사회 연구의 핵심은 두 개의 전선(戰線)으로 요약할 수 있다. 첫 번째 전선은 1960년대를 지칭하는 시민과 소시민의 대립 단계이다. 4월혁명은 지금까지 한국 사회가 갖고 있던 시민 개념에 일대 전환을 가져왔다. 4·19 이전 시민 개념은 행정 단위인 시의 주민이거나 한국 현실과 무관한 고대 그리스나 서유럽의 현대사를 설명하는 고담준론(高談峻論)에 불과하였다.

그러나 독재자 축출을 가져온 4·19와 그 후 1년 동안, 즉 광기의 순간(moments of madness)을 거치면서 이 땅의 사람들은 자신들을 서구의 근대적 시민으로 묘사하기 시작하였고, 자신들의 행위를 시민혁명의 이름으로 정당화하기 시작하였다. 한국 역사에서 처음으로 참여하고 토론하며 저항하는 주체, 즉 시민의 첫 번째 이미지가 안으로부터, 그리고 아래로부터 만들어졌던 것이다. 그러나 거기까지였다. 5·16 쿠데타가 발발하면서 상황은 일순간에 역전되었다. 더 이상 길거리에서는 민주주의와 인권, 자유와 민중을 외치는 목소리들을 찾아볼 수 없게 되었다. 대신 그 자리를 차지한 것은 소시민에 대한 탄식과 자기 비하였다. 1960년대 이후 소시민이라는 개념은 쁘띠 부르주아지라는 계급적 속성을 지칭하기보다는 쿠데타 이후 두드러진 시민들의 정치적 무관심과 개인적 만족을 구하는 속물적 심리를 비판하기 위한 용어로 자리 잡았다.

또 하나의 전선은 '관주도 시민'과 저항하고 참여하는 '적극적 시민'의 역사적 대립이다. 박정희가 제정하였던 국민교육헌장은 천황이 신민들에게 암송하게 하였던 교육칙어의 한국판이었다. 교육칙어가 '충효에 입각한 도의국가(道義國家) 건설'을 제창하였다면 국민교육헌장은 '나라의 융성이 나의 발전의 근본'임을 깨달아 투철한 국가의식과 반공의식을 지닌 반공냉전시대의 종속된 신민(臣民)을 이상적인 시민상으로 내세웠다. 이승만에서 노태우로 이어지는 역대 권위주의 정권은 공통적으로 민주시민의 첫 번째 덕목으로 반공정신과 준법정신을 강제하였다. 질서의식과 투철한 안보의식을 강요하였던 관주도 시민 개념에 맞선 것은 재야를 비롯한 민주화세력이었다. 이들은 무엇보다도 민주주의의 요체로서 권력에 대한 비판과 감시, 시민들의 인권과 자유를 강조하였다(정상호 2013: 188~190).

02 _ 연구의 차이와 구성

이상에서 살펴본 것처럼 산업화기의 연구는 국가에서 시민사회로 전환하여 왔다. 이제, 산업화기의 기존 연구들의 한계점을 지적하고, 시민사회 연구와 시민사회사 연구의 차이점을 설명한 후 본 연구의 구성을 설명하겠다.

(1) '시민사회' 연구와 '시민사회사' 연구의 차이

본 연구는 기존의 시민사회 연구들이 다음과 같은 공통된 한계를 안고 있다는 문제의식을 공유하고 있다.

첫째는 '개념의 범람과 역사의 빈곤'이다. 1987년 6월항쟁은 정치적 수준에서는 민주적 개방을 가져왔지만 학술적 영역에서는 시민사회 이론의 부상을 가져온 결정적 계기가 되었다. 도입단계라고 할 수 있는 1980년대 후반에서 1990년대 초의 시민사회 연구는 서구 시민사회 이론의 소개와 개념 정의를 둘러싸고 전개되었다. 한국 사회학회와 정치학회가 공동 발간한『한국의 국가와 시민사회』(1992)에 게재된 논문 가운데 절반 이상이 시민사회 개념을 중심으로 다루고 있다. 시민사회를 처음으로 정리한『시민사회와 시민운동』(1995) 역시 그람시의 시민사회의 정확한 해석 여부와 한국에의 적용가능성을 중심으로 구성되어 있다. 아직까지도 우리의 시민사회 연구는 사상사적, 해석학적 연구경향을 강하게 띠고 있다. 그 결과 한국의 시민사회의 기원과 형성, 발전과 전망을 거시-역사적 관점에서 다룬 연구는 거의 전무하다 해도 과언이 아니다.

둘째는 '운동의 과잉과 제도의 부재'이다. 이것은 우리의 시민사회 연구가 사회운동 중심의 시민사회론 혹은 공익적 시민사회에 있다는 것을 의미한다. 이러한 연구들은 공통적으로 시민사회의 조직과 동학을 파악하는 유력한 수단으로서 사회운동을 선택하고 있다. 즉 적지 않은 연구들이 과거의 시민사회는 사회운동을, 현재의 시민사회는 NGO를 통해 설명하고 있다. 그 결과 시민사회=NGO=공익적 시민운동이라는 부정확한 인식이 확산되어, 한국의 시민사회 연구에서는 그 동안 생동하는 역사속의 '시민'과 여기에 미친 제도 분석은 없고, 시민들의 총합으로서 집단행위와 단일성을 전제하는 추상화된 '운동'만이 존재하여 왔다.

셋째는 체계적이고 엄밀한 '이론과 비교 연구'의 결핍이다. 앞서 살펴보았듯이 권위주의적 산업화를 설명하는데 유용한 국가론은 나름 풍부한 이론적 성과와 의미있는 논쟁을 낳았지만, 시민사회의 성장과 발전을 설명하는 데 근본적 제약이 있다. 최근 시민사회사, 특히 시민생활사의 복원이라는 측면에서 구술사와 개념사가 각광을 받고 있다. 하지만 다양한 시기와 주제 영역에서 구술사 및 개념사가 급증하고 있지만 영역을 아우를 효과적인 방법론의 부재로 대부분 비체계적이고 분산적인 연구 경향을 극복하지 못하고 있다.

시민사회사 연구는 다음과 같은 원리와 지향을 추구하기 때문에 기존 연구의 한계를 어느 정도 극복할 것으로 기대하고 있다. 그 근거를 밝히면 다음과 같다.

첫째, 이 점이 가장 중요한데, 시민사회사 연구는 국가나 시장이 아닌 시민사회를 기본 개념[4]으로 한 역사적 접근이다. 우리 연구에서 국가와 시장은 그것의 압도적 권한과 비중에도 불구하고 2차적인 관심 영역이다. 즉 우리는 시민사회를 중심에 두고, 그것이 국가나 시장과 어떤 관계를 형성·발전시켰는가를 살펴볼 것이다. 그것도 흔히 말하는 '87년 체제'의 단기 맥락이 아니라 근현대사를 아우르는 대략 한 세기(1910~2016)의 거시적 조망을 서술함으로써 시민사회 연구의 한계라 지적되어 온 '역사의 공백'을 채울 것이다.

둘째, 우리의 시민사회사 연구는 이념만이 아니라 제도 및 조직 분석을 통해 운동 편향의 시민사회 연구를 탈피하고자 한다. 기존의 제도 연구가 법령과 정책, 조직에 미친 국가의 결정 원인 등 투입(In Put)을 강조했다면, 시민사회사 연구는 국가의 정책 결정과 집행이 시민사회에 어떤 영향을 미쳤으며, 이들의 반응은 어떠했는가를 설명하는 산출(Out Put) 및 평가(Feedback) 중심의 연구라 할 수 있다.

끝으로 세계적으로 공인된 '국제비영리조직분류'(ICNPO)를 채택함으로써 비교 국가 분석을 가능하게 해 줄 결과를 제시하고자 한다.

(2) 본 연구의 구성

시민사회사 총람을 구성하는 본 연구는 제도·조직·생활·이념이라는 공통된 구성 요소를 싣고 있다. 여기에서는 국가형성기나 민주화기와는 다소 차이가 있는 부분들이 무엇이며, 그러한 차이가 왜 발생했는가에 대해 간략히 설명하고자 한다.

먼저 눈에 띄는 가장 두드러진 차이는 '조직'에 있다. 제도와 조직의 편제는 모두 정치-경제-사회라는 일반적 구분을 따르고 있다. 하지만 조직의 경우 산업화기에서는 사회를 Ⅰ영역과 Ⅱ영역으로 세분하였다. 이는 ICNPO를 그대로 따를 경우 사회조직이 다른 조직에 비해 너무 양적으로 비대화되기 때문에 취한 편의적 분류이다. 또한 집단(Group)은 대체로 ICNPO의 분류를 채택했지만, 산업화기에서는 우리나라에 고유한 관변단체를 기타 범주(Group 12)로 지정하였다.

다른 하나는 제도로서의 헌법이 시민사회에 미친 영향력을 특별히 강조하고 있다는 점이다. 물론 '국민 주권과 기본권의 장전'이라는 헌법의 정의(성낙인 2016: 17)에서 알 수 있듯이 헌법은 국가는 물론 시민사회에 중대한 영향력을 행사한다. 하지만 헌법의 시민사회에 대한 영향력은 주로 두 가지 방향에서 설명되어 왔다.

하나는 헌법의 제1조(① 대한민국은 민주공화국이다. ② 대한민국의 주권은 국민에게 있고, 모든 권력은 국민으로부터 나온다)에 대한 새로운 조명이다. 이는 주로 촛불집회에 모였던 참여자들이 자신들의 '시민행동'을 정당화하였던 핵심 논거였다. 다른 하나는 헌법재판소의 판결을 둘러싼 논쟁과 그것의 파급 효과이다. 대표적인 예로는 동성동본 결혼 금지 위헌(1995), 노무현 대통령 탄핵기각(2004), 호주제 폐지(2005), 재외국민투표권 보장(2009), 인터넷 실명제 위헌(2012) 등을 들 수 있다. 하지만 두 가지 모두 9차 헌법 개정(1987) 이후의 사례들이다. 다시 말해 1987년 이전에 헌법이 시민사회에 미친 효과에 대한 연구는 드물거나 있다

해도 대개는 유신헌법의 억압성에만 초점을 두고 있다. 산업화기에서는 '국가의 조직과 구성에 관한 기본법'으로서 헌법이 법령과 정책을 통해 어떻게 시민사회를 규율하였는지를 좀 더 심도 있게 살펴볼 것이다.

끝으로, 장절의 구성이 복잡하고 분량도 적지 않아 독자들의 편의를 위해 각 장마다 소결을 마련하여 중요한 내용과 주장들을 정리하였다. 마지막 전체 결론에서는 한 세기를 아우른 이번 공동 작업의 허리에 해당하는 산업화기의 의미 있는 발견과 향후 연구 방향에 대한 제언을 담았다.

PART $\underset{\text{}}{\bigcirc}$ 1

1961-

한국
시민사회
제도사

1986

한 국 시 민 사 회 사

제 **1** 장

정치 제도

01 _ 헌법과 시민사회

(1) 제3공화국 헌법과 시민사회

이 시기(1961~86)에는 3차례의 헌법 개정이 있었다. 먼저, 박정희 군사정부
는 1961년부터 헌법안 구상에 착수한 후 1962년 민정이양의 준비과정에서 이
를 구체화시켰고, 1963년의 대통령 선거 승리로 집권하였다. 『憲法改正審議錄』
(1967) 서문에 의하면 군사혁명 주도세력들은 "5·16혁명의 이념에 입각하여 참
신하고 안정된 새로운 국가질서의 기반을 확립"하고자 헌법을 새로이 개정했
다. 그들은 "이와 같은 동기와 목적에서 1962년 7월 11일 국가재건최고회의의
특별위원회로서 '헌법심의위원회'를 발족해 4개월간에 걸쳐서 개정사항에 대
한 철저한 심의가 이루어졌으며, 심의과정에 있어서 우리나라 헌정사상 유례없
는 각계각층의 의견을 묻는 공청회를 개최하여 그들의 의견이 반영되었음은 물
론, 국민투표로 국민의 참뜻을 묻는 등 주권자인 국민의 의사를 존중하는 데 소
홀함이 없이 했다"고 자평했다.

당시 헌법심의위원회는 최고회의 내 심의위원 9인과 헌법학자, 정치학자
등 21인의 전문위원으로 구성되었다는 점에서 다양한 전문가가 참여하였다는
최고회의 측의 설명이 틀린 것은 아니다(〈표 1-1〉 참조). 또한, 심의위원회에서는

개헌의 내용 및 방향과 관련하여 심각한 논란이 제기되지 않았다. 왜냐하면, 박정희와 김종필을 비롯한 권력핵심들의 의중, 즉 제2공화국의 내각책임제에 대한 반발과 강력한 리더십을 뒷받침하기 위해서는 미국식의 '강력한 대통령제'가 필요하다는 지침이 어느 정도 전달되었기 때문이다. 그리고 다수의 전문위원들 또한 대체로 권력구조를 대통령제로 한다는 데 의견을 모은 상태였다(이완범 2001: 293). 하지만 학자들로 구성된 전문위원은 주로 실무적 자문만 했을 뿐 실제 정책결정에는 관여하지 못했다. 실제로 의회제에 대해서 다수의 전문위원들이 양원제를 찬성했으나(김장섭 1967: 19~20) 단원제로 결정되었는데, 이는 박정희의 권위에 의해 위로부터 결정된 사례라 할 수 있다.

당시 혁명정부는 헌법 개정의 주체인 국회가 없어 국민투표법(1962. 10. 12)을 제정·공포하고 헌법을 개정하는 절차를 밟았다. 최고회의에 상정된 헌법개

〈표 1-1〉 헌법심의위원회 위원 명단

성 명	비고(심의위원회 지위/경력)	성 명	비고(심의위원회 지위/경력)
이주일	위원장/최고회의 부의장	최호진	경제학/연세대교수
이석제	부위원장/최고회의 법제사법위원장	이경호	헌법학/법무부 법무국장
길재호	부위원장/최고회의 법제사법위원	윤천주	정치학/고려대교수
김동하	위원/ 최고회의 외무국방위원장	김도창	행정법/서울대교수
조시형	위원/ 최고회의 내무위원장	민병태	정치학/서울대교수
유양수	위원/ 최고회의 재경위원장	김성희	정치학/서울대교수
김용순	위원/ 최고회의 문교사회위원장	신태환	경제학/서울대교수
김윤근	위원/ 최고회의 교통체신위원장	김운태	정치학/동국대교수
오치성	위원/ 최고회의 운영기획위원장	이영섭	대법원판사
유진오	헌법학/고대총장	신직수	법학/최고회의 의장고문
한태연	헌법학/내무부장관 고문	이한기	법학/서울대교수/최고회의 의장고문
이종극	헌법학/연세대교수	성창환	경제학/고려대교수/최고회의 의장고문
문홍주	헌법학/서울대교수	유민상	최고회의 법사위 자문위원
강병두	헌법학/동국대총장	조병완	법사위 전문위원
박일경	헌법학/법제처장		

정안은 재적 25인 중 출석최고위원 23인의 전원 찬성으로 발의되고 정부는 즉일 공고했다(1962. 11. 5). 당시 윤보선 대통령의 사임으로 대통령권한대행을 맡고 있었던 박정희 의장이 밝힌 헌법개정안의 주요 특징과 내용의 골자를 간추리면 다음과 같다(구병삭 1991: 126).

(가) 헌법전문에서 제헌 당시부터 있었던 3·1운동 정신의 계승에 4·19의거와 5·16 군사혁명이념을 추가해 최근 두 사건이 새 헌법의 정신적 기반임을 천명했다.

(나) 국민의 기본권(8조)인 자유권(10조), 생존권(인간다운 생활을 할 권리, 30조), 참정권 등의 보장을 강화한다고 했다. 다만 제2공화국의 무제한적 자유권 확대가 국가질서를 혼란시켰다고 보고 개인의 자유를 국가의 안전과 조화시키기 위한 규정을 두었는데, 그것은 언론·출판의 자유와 집회·결사의 자유에 대한 제한이었다. 국민의 기본권, 참정권 등은 소급입법에 의해 제한되거나 박탈될 수 없으며, 만일 제한하는 경우라고 하더라도 자유와 권리의 본질적 내용을 침해해서는 안 된다고 했다.

(다) 진정한 대의정치제도를 확립하기 위해 건전하고 민주적인 복수정당제도의 보장을 헌법에 명시했다. 따라서 정당은 헌법에서 필수적인 정치기구로서의 성격을 띠게 되었다.

(라) 능률적인 국회운영을 위해 단원제 국회로 환원했다. 국회의원의 임기는 4년이며, 당적 이탈, 변경, 소속 정당의 해산 시에는 의원직을 상실한다.

(마) 강력한 대통령중심제를 채택했다. 그 이유는 제2공화국 시대의 의원내각책임제가 제대로 기능을 발휘하지 못하고 약체였기 때문이다. 대통령은 국민이 직접 선거하고 임기 4년이며 1차에 한해 중임할 수 있다.

(자) 과거 대통령의 영구집권을 목적으로 임기만료 때마다 국회에서 쉽게 헌법을 개정한 폐습을 없애기 위해 주권자인 국민의 찬성여부에 따라 헌법을 개정할 수 있는 국민투표제로 전환한다.

이렇게 마련된 개헌안은 30일간의 공고와 계엄해제(1962. 12. 6), 국민투표 (1962. 12. 17)를 걸쳐 상대적으로 높은 투표율(85.3%)과 찬성률(78.8%)로 확정되었다. 이에 대해 쿠데타 주도세력들은 국민투표의 높은 투표율과 찬성률을 군사정부 19개월에 대한 절대적 신임으로 간주했다(민주공화당 1967: 29). 한편 군정의 반대자들은 국민투표 결과를 조속한 민정복귀 열망이라고 해석했다. 국민투표를 통과한 헌법은 최고회의에서 가결·공포(1962. 12. 22)되었지만, 헌법 부칙에 따라 국회가 처음 집회한 날로부터 시행하게 되어 있었기 때문에 거의 1년 뒤인 1963년 12월 17일부터 효력을 발생했다. 그때까지는 「국가재건비상조치법」이 계속해서 효력을 가졌다(허영 1990: 114).

그렇다면 제3공화국의 헌법은 향후 시민사회의 발전에 어떤 영향을 미쳤을까? 첫째, 이번 연구를 통해 우리가 새롭게 강조하고 싶은 것은 제3공화국 헌법이 '행정국가'의 기원을 제공하였다는 점이다.[1] 우리는 앞서 해방 이후 대한민국이라는 근대 국민국가의 성격, 특히 이승만 정부가 경찰과 군대 등 물리적이고 억압적인 국가기구의 비대화에 기초한 '과대성장국가'에 해당함을 설명하였다. 박정희 정권은 여전히 억압적 국가기구의 비대화라는 '과대성장국가'의 연속선에 있지만, 헌법 개정을 통해 대통령제와 단원제, 관료제 등 입법부와 시민사회를 압도하는 새로운 형태의 '행정국가'의 성격을 구현하기 시작하였다(이완범 2001: 310).

제3공화국 헌법은 형식적으로는 국가권력의 분산을 명시하였지만 실제로는 미국식의 권력 분립에 기초한 순수한 대통령제가 아니고 대통령에게 행정권뿐만 아니라 국가긴급권을 보장함으로써 노골적으로 행정부 우위 경향을 띠었다. 실제 조문에 있어서도 내각제 요소를 갖고 있는 국무회의제나 국무총리제는 제1공화국 헌법에서와 같이 대통령의 권한 행사를 제한하기 위한 것이 아니라 오로지 행정 효율성의 입장에서 대통령의 권한 행사를 보좌하기 위한 의도로 제정되었다. 국무회의는 과거와 달리 의결기구가 아니라 정책결정에서의 단순한 심의기구로 전락하였고, 국회의 국무총리 임명 동의권도 폐지했다. 제3공화국 헌법은 대통령의 자문기구로 '국가안전보장회의'와 함께 '경제과학심의회'를 대통령 직속기관으로 설치했는데, 이 역시 대통령 주도의 행정국가 경향의 강화라고 할 수 있다(한태연 1998: 121).

둘째는 규제주의적인 정당체계의 출현이다. 당시 집권세력은 진정한 대의정치의 실천과 정당정치의 현대화를 명분으로 최초로 헌법에 정당 조항(7조 4항)을 신설하였다(서복경 2014: 131). 제3공화국 헌법의 정당 조항은 독일을 따라 기본권 조항과는 별도로 제1장 총강에 포함되었고, 제2공화국의 헌법재판소 제도를 폐지했기 때문에 위헌정당 심판 주체는 헌법재판소에서 대법원으로 변경되었다. 그러나 이는 책임정치와 정당정치의 확립보다는 '극단적인 정당국가의 지향'(권영성 1990: 91)이라는 의도가 담겨 있었다. 즉 대통령과 국회의원의 입후보에 소속 정당의 추천을 의무화하였고, 국회의원의 당적 이탈 및 변경, 또는 정당 해산의 경우 국회의원의 자격을 상실(38조)하도록 함으로써 무소속의 존립을 부정하고 자유로운 정당선택의 자유 등 기본권을 제약하는 결과를 가져왔다. 정당은 대법원에 의해서만 위헌 여부를 결정할 수 있다고 해 일면 정당의 자유로운 활동과 정치적 보호를 규정한 것처럼 보이지만 실제로는 사법부를 지배하고 있던 행정부가 새로운 정당의 설립을 막고 정당 활동을 제한하려 할 때 동원할 수 있었던 유력한 법적 근거로 작용하였다(이완범 2001: 312).

(2) 제4공화국 헌법과 시민사회

1972년 10월 17일 박정희 대통령은 남북대화의 적극적 전개와 급변하는 주변 정세에 대한 적절한 대처를 명분으로 비상조치를 선언했다. 비상조치에 의해 국회가 해산되었고, 국회의 권한은 비상국무회의가 수행하게 되었다. 정당의 정치활동은 중단되었고 헌법 일부 조항의 효력도 정지되었다. 대학의 휴교와 언론의 검열 속에서 비상국무회의는 개헌안을 의결·공고했고 국민투표

(1972. 11. 21)를 통해 개헌안이 확정되었다. 이것이 '유신헌법'이라고 부르는 제4 공화국 헌법이다. 장충체육관에서 통일주체국민회의에 의해 99%의 찬성으로 선출된 박대통령은 취임과 함께 유신헌법을 공포했다(1972. 12. 27). 유신헌법의 제정 과정은 국회의 동의는 물론 정상적 헌법질서를 파괴하면서 진행된 일종의 궁정 쿠데타였다(박인수 2000: 85).

제4공화국 헌법은 우리나라 헌정사에서 대통령 1인에게 모든 권력을 집중 시킨 극단적인 권위주의체제이자 민주주의의 핵심인 선거와 대표의 원리를 정 면으로 부정하였던 강권적 통치체제였다. 우선 대통령을 뽑는 선거는 민주주의 의 최소 형식조차 갖추지 못했다. 정부와 정보기관의 사전 심사에 의해 선출된 '통일주체국민회의' 대의원들이 대통령을 선출했는데, 그조차도 '토론 없는' 무 기명 투표였다(헌법 제39조). 국회의원의 선출도 반민주적이었다. 유권자가 직접 선출하는 국회의원은 전체 의석의 3분의 2에 불과하였고, 3분의 1은 통일주체 국민회의 대의원들이 뽑았다. 대통령이 국회의원 정수의 3분의 1에 해당하는 국회의원 후보자를 일괄 추천하면, 통일주체국민회의 대의원들이 후보자 전체 에 대한 찬반의사를 투표로 표시했다(헌법 제40조).

또한 엄청날 정도의 초법적 권한이 포괄적으로 대통령에게 부여되었다. 대 통령은 천재지변 또는 중대한 재정경제상의 위기에 처하거나 국가의 안전보장 또는 공공의 안녕과 질서가 중대한 위협을 받거나 받을 우려가 있어, 신속한 조 치를 할 필요가 있다고 판단할 때에는 정부나 법원을 포함해 국정 전반에 관해 필요한 '긴급조치'를 할 수 있다. 더욱이 큰 문제는 헌법에 규정되어 있는 국민 의 자유와 권리를 정지하는 긴급조치에 대해서는 어떤 입법적·사법적 통제도 존재하지 않았다는 사실이다. 즉 대통령의 긴급조치는 사법적 심사의 대상이 되지도 않았다(헌법 제53조 제4항). 유신체제에서는 박정희 정권에 대한 비판세력 을 탄압하기 위해 모두 9차례의 긴급조치가 발동되었다. 결국 대통령의 긴급조 치권은 유신체제를 폭력적으로 지탱하는데 사용된 가장 중요한 제도적 수단이었다(김태일 2001: 330).

유신헌법은 또한 입법부와 사법부를 정부의 종속기관으로 전락시킴으로써 삼권분립을 심대하게 훼손시켰다. 먼저 유신헌법은 대통령이 제안한 헌법 개정안의 경우 국회를 거치지 않고 국민투표로 확정된다고 규정(제124조)함으로써 국회의 헌법적 권한을 침해하였다. 또한 국회의 국정감사권을 폐지하였고, 대통령의 국회해산권을 규정함으로써 국회를 무기력하게 만들었다. 제4공화국 헌법은 무엇보다도 대통령의 법관 임명권을 신설함으로써 사법부의 자율성을 심각하게 훼손하였다. 대법원장은 대통령이 국회의 동의를 얻어 임명한다고 했고, 일반 법관은 대법원장의 제청에 의하여 대통령이 임명한다고 했다. 대통령은 모든 법관의 임명권뿐만 아니라 보직 인사권까지도 행사했다. 그렇다면 유신헌법이 시민사회의 발전에 미친 영향은 무엇일까?

첫째, 그 동안의 정치학과 법학 연구가 간과한 것으로서 유신헌법의 '자유민주적 기본질서' 조항을 주목할 필요가 있다. 제4공화국 헌법은 헌정사상 처음으로 전문(前文)에 '자유민주적 기본질서'를 서술하였다.[2] 이는 독일의 본 (Bonn) 기본법이 규정하고 있는 '자유로운 민주적 기본질서'를 옮겨 놓은 것이었다(국순옥 1994: 130~131). 독일 연방헌법재판소가 1952년의 사회주의국가당 (SRP) 사건과 1956년의 독일공산당(KPD) 사건에서 판시한 내용에서 확인할 수 있듯이 '자유로운 민주적 기본질서'의 이데올로기적 실체는 "자유의 적에게는 자유를 허용하지 않는다"라는 슬로건으로 표현되는 이른바 '전투적 민주주의'의 원리이다. 제2차 세계대전 후의 냉전구조와 바이마르 헌법의 역사적 경험을 집약적으로 표출한 이 전투적 민주주의의 원리는 자유의 적에 대하여 법이라는 무기로 자위할 수 있는 권리가 있다는 것이다. 또한 '자유롭고 민주적인 기본질서'의 보호 의무를 모든 국민과 기관에 부여하고 이를 반하거나 침해하는 개인과 조직, 그리고 정당은 헌법상의 보호로부터 배제시킨다는 원리이다. 전투적 민주주의는 본질적으로 반공주의와 억압과 배제를 기본속성으로 하는 반혁명

체제의 방어 이데올로기이다. 이런 점에서 전투적 민주주의는 고전적 파시즘과 역사적 본질을 같이한다. 그러나 전투적 민주주의가 고전적 파시즘과 결정적으로 다른 점은 통치 방식이다. 고전적 파시즘의 경우, 억압과 배제가 대중 동원력을 장악한 파시즘 정당에 의해 헌법의 틀 밖에서 폭력적으로 이루어진 데 반하여, 전투적 민주주의의 특징은 국가권력의 억압과 배제가 헌법의 틀 안에서 행사되는 데 있다(김민배 2001: 17).

그렇다면 쿠데타와 유신체제를 통하여 민주적 헌정국가의 기본질서를 뿌리째 흔들어 놓았던 유신세력들은 왜 '자유민주적 기본질서'를 헌법 전문에 규정했을까? 그것은 자유민주주의를 반공주의로 등치시키는 자유민주주의의 한국화를 헌법을 앞세워 공개적으로 실현하겠다는 저의를 담고 있었다. 그들은 헌법은 물론이고 긴급조치, 형법 개정, 국가보안법, 반공법 등 각종 악법의 이름으로 직접적 폭력 사용도 서슴지 않았다. 이처럼 '자유민주적 기본질서'라는 헌법 조항은 자유민주주의를 철저하게 파괴하였던 반민주적인 군부세력과 지배계급을 정당화하였던 강력한 논리였다(김태일 2001: 323). 그리고 그것은 현재까지도 시민사회를 억압하는 지배적 이념으로 작동하고 있는 것이다.[3]

둘째, 제4공화국 헌법과 유신체제는 1980년 5월 광주민주화 항쟁과 더불어 '국가에 반(反)하는 시민사회'를 형성시킨 중요한 계기로 작용하였다.[4] 박정희 집권 동안 계엄은 3번 선포되어 합계 31개월 동안이나 지속되었다. 같은 기간 중에 위수령이 3번에, 합계 5개월 동안 발동됐고, 각종 비상조치가 9건 60개월 동안 지속되었다. 이들 비정상적 기간을 합치면 105개월로 박정희의 전체 집권 기간의 절반에 해당된다(오병헌 1993: 500). 또한 후술하겠지만, 1980년 5월에 전두환 정권이 공수부대의 시위 진압과정에서 자행하였던 무자비한 폭력은 상상을 초월한 것이었다. 시민들은 인간 존엄성을 파괴하는 공수부대의 이 같은 야만적 폭력 앞에서 자기보존 본능의 두려움을 넘어 목숨을 건 저항에 임하게 된다(최정운 1999: 266~267). 이후 전두환 정권은 역대 어느 권위주의 정권보다도 엄청난 폭력을 동원하여 국가, 정치사회, 시민사회 모두에 강력한 통제체제를 구축해야 했다. 그 과정은 곧 정치사회의 부재, 시민사회의 위축, 물리력에 기초한 국가의 강화였고(정해구외 2005: 36), 그 반작용으로 저항세력은 급진주의로 내달릴 수밖에 없었다.

(3) 제5공화국 헌법과 시민사회

박정희 대통령의 사망(1979. 10. 26) 후 권력의 공백상태를 차지한 세력은 전두환을 중심으로 한 '신군부'라는 정치군인들이었다. 그들은 12·12 군사반란과 5·17 비상계엄령 전국 확대라는 두 차례의 군사행동을 통해 정부를 장악했다.[5] 신군부는 기존의 정치인들을 강제 격리시키는 가운데 '국가보위비상대책위원회'(이하 국보위)라는 군사평의회 성격의 기구를 별도로 조직(1980. 5. 31)했다. 신군부 세력은 통일주체국민회의를 소집하여 전두환을 11대 대통령으로 선출(1980. 8. 27)했고, 전두환은 9월 1일 대통령에 취임했다. 한편 헌법은 1980년 3월에 구성되었던 헌법심의위원회 소위원회가 국회안과 각계각층의 안을 참조하여 요강을 작성한 뒤 헌법심의위원회 전체회의에서 심의위원회 안을 확정하고 대통령에게 보고(1980. 9. 12)했다. 이것이 국무회의에서 의결되어 9월 29일 공고되었고, 10월 22일에는 국민투표가 실시되어 확정되었다. 정부는 1980년 10월 27일에 제5공화국 헌법을 공포했다(김철수 1999: 71~72). 제5공화국 헌법은 유신체제의 뒤를 잇는 신군부의 쿠데타를 제도화한 것이었다.

제5공화국 헌법은 일견 유신헌법의 초집중적 대통령제에 대한 반성으로 권력분산적인 대통령제를 채택하는 것으로 보였다. 정권의 정통성을 획득하고자 대통령의 임기를 7년으로 중임할 수 없도록 했다(제45조). 그리고 제129조 제2항에서 임기연장 또는 중임변경을 위한 헌법 개정은 당시의 대통령에 대해서는 효력이 없다고 엄격히 규정했다. 전두환 대통령은 기회 있을 때마다 이 단임 조항을 들어 정권의 정통성을 강조하고 지지를 호소했다. 하지만 대통령 선거는 여전히 '대통령선거인단'에 의한 간접선거였다. 대통령 간접선거는 시민들의 저항을 불러일으키고 정권의 정통성을 무너뜨린 가장 중요한 원인이 되었다. 1987년 6월 민주항쟁은 대통령 직선제를 핵심 요구로 불이 붙었던 것이다(김태일 2001: 328).

전두환 정권은 유신체제의 핵심이었던 긴급조치에 대한 국내외의 원성을 고려하여 긴급조치를 '비상조치'로 명칭을 바꾸고 그 권한도 일부 축소하였다. 우선 제4공화국 헌법 긴급조치에 있던 "사법적 심사의 대상이 되지 않는다"는 조항을 삭제하였고, 비상조치의 발동 요건으로 국회의 통고·승인을 규정했다. 포괄적이고 예방적인 성격을 지녔던 긴급조치와 달리 입법의 사후승인과 사법 통제를 받도록 했다. 또한, 불완전하게나마 국회의 자율과 사법부의 독립을 보장하는 조항을 신설했다. 우선 대통령과 국회가 헌법을 발의할 때 모두 국회의 의결과 국민투표를 거치도록 규정함으로써 헌법개정시 대통령의 우월적 지위를 약화시켰다. 또한, 입법부의 자기 부정 제도인 대통령이 추천하고 통일주체 국민회의가 선거하는 국회의원 제도(유신정우회)를 삭제했다. 헌법은 국회에 국무총리에 대한 임명동의권, 국무총리와 국무위원에 대한 해임의결권을 부여하였다. 대통령의 법관 임명 역시 수정되었다. 유신헌법과 달리 대법원장과 대법원 판사가 아닌 법관은 대통령이 아니라 대법원장이 임명하는 것으로 바뀌었다(헌법 제105조).

그러나 그것은 대통령 직선을 꿈꿔왔던 국민 주권주의나 삼권 분립의 이상과 취지에는 현격히 미달하는 불완전한 것이었다. 여전히 대통령에게는 국회해산권이 있었다. 대통령은 국가의 안정 또는 국민 전체의 이익을 위하여 필요하다고 판단할 상당한 이유가 있을 때에는 국회의장의 자문 및 국무회의의 심의를 거친 후 그 사유를 명시하여 국회를 해산할 수 있다고 규정했다. 국정조사권을 국회가 가지게 되었으나 행정부 견제의 보다 본질적 권한인 국정감사권이 부활되지는 못했다. 4공화국과 5공화국 헌법의 구성에서 국회의 순서가 통일주체국민회의나 대통령, 정부에 밀려있다는 점은 권위주의 시기 국회의 초라한 위상을 보여주는 단적인 예라 할 수 있다.

02 _ 법령과 시민사회

(1) 사회단체등록에관한법률(1961. 6. 12 제정)

이번 연구에서 확인할 수 있었던 우리나라의 시민사회 발전에 가장 큰 영향을 끼친 제도 중 하나는 군정법령 제55호 '정당에 관한 규칙'(이하 '규칙')(1946. 2. 23)이다.[6] 왜냐하면 '규칙'은 단순히 '제한적 정당 경쟁체제의 기원'(강원택 2015: 5)일뿐만 아니라 정당을 비롯한 한국 '정치결사 제한체제의 역사적 기원'(서복경 2014: 120)이기 때문이다. '규칙'은 정당 등록제와 비밀 정당, 비밀 당원의 금지, 그리고 행정 처분에 의한 정당해산 등을 주요 내용으로 삼고 있었다. 당원의 명부, 정당의 활동 내역에 대한 자료나 당 재정 상황, 당원의 거주지까지 포함한 정당의 구체적인 조직적 특성을 그대로 모두 밝히도록 한 것이라는 점에서 제 정당들의 반발을 살 수 있는 내용으로 세세한 규제주의의 성격을 지녔다(강원택 2015: 9~10).

'규칙'을 주목해야 하는 까닭은 두 가지이다. 첫째, '규칙'은 정당 및 사회단체 등록을 명분으로 "좌익 정당을 탄압하고 우익 정당과 사회단체를 강화하기 위한 것"이었다(최장집 1989: 106). 따라서 '규칙'은 모든 단체를 정부의 정치적 목적이나 임의적 잣대에 따라 배제하거나 포용할 수 있는 헌법상의 결사 자유를 넘어선 강력한 지도 지침으로 작용하였다. 둘째, 놀랍게도 '규칙'은 미군정 시기뿐만 아니라 제3공화국의 출범 이전까지 정당 및 사회단체를 규제하는 유일한 법적 수단이었다. '규칙'은 제헌헌법 제100조의 "현행 법령은 이 헌법에 저촉되지 아니하는 한 효력을 지닌다"는 조항에 따라 관련 법률이 제정될 때까지도 계속 유효한 상태로 존속했다. 그런데 부산정치파동 직전인 1952년 4월

16일 국회는 관권 선거를 막고 정당 활동의 자유를 보장하기 위해 '정치활동에 관한 법률'을 통과시켰고, 동법은 부칙 제13조에 미 군정법령 55호를 폐지하도록 규정했다. 그러나 이승만은 거부권을 행사하여 재의를 요구했고 국회는 1953년 5월 이 법안을 원안대로 다시 가결시켰다. 그러나 이승만은 이 법의 공포를 거부하고 되풀이하여 이 법의 폐지안을 제출했다(송석윤 2000: 127).

이승만에 의해 거부되었던 '정당 활동에 관한 법률'은 4·19 이후인 1960년 7월 1일 '신문 등 및 정당 등 등록에 관한 법률' 제정으로 대치되었고, 그 결과 실질적 허가제로 운영되어 왔던 '군정법령 제 55조'는 폐기되었다.[7] 5·16쿠데타로 등장한 군부세력이 가장 먼저 착수한 것 중 하나가 단체의 해산과 언론의 검열이었다. 국가재건최고회의는 "모든 정당사회단체는 단기 4294년 5월 23일을 기하여 이를 해체한다. 단, 정치성이 없는 구호단체, 학술단체 및 종교단체, 기타 국가재건최고회의에서 별도 허가하는 단체는 소정의 절차에 의하여 재등록을 단기 4294년 5월 31일까지 실시하라"는 포고령 제6호(1961. 5. 22)를 발포하였다. 이어 최고회의는 쿠데타 발생 채 1개월이 지나지 않은 1961년 6월 12일에 '사회단체등록에관한법률'을 제정하였는데, 그 주요 내용은 다음과 같다.

제1조 (목적) 본법은 국가재건최고회의 포고 제6호에 의거하여 해체된 사회단체와 기타의 사회단체의 재등록 또는 등록에 관한 절차를 규정함을 목적으로 한다.

제2조 (사회단체의 정의) ① 본법에서 사회단체라 함은 정치성이 없는 구호단체, 학술단체 및 종교단체와 국가재건최고회의의 허가를 얻은 단체를 말한다.

② 전항의 구호단체라 함은 국민보건, 후생 및 원호를 목적으로 하는 단체를 말한다.

③ 제1항의 학술단체라 함은 교육, 과학, 기술, 예술 등에 관한 연구와 발표를 목적으로 하는 단체를 말한다.

④ 제1항의 종교단체라 함은 종교의 교의의 선포, 의식의 집행, 신자의 교화육성

을 목적으로 하는 것으로서 사회공익에 위배되지 아니하는 단체를 말한다. 단, 교회, 사원 기타 포교의 단위는 종교단체 속에 포함되지 아니한다.

⑤ 제1항의 국가재건최고회의의 허가하는 단체라 함은 다음의 것을 말한다.

　　1. 반공정신을 선양, 계몽하는 것을 목적으로 하는 단체

　　2. 신생활과 국민도의 앙양을 목적으로 하는 단체

　　3. 국제적인 유대를 가진 민간외교단체

　　4. 혁명과업수행에 필요하다고 인정되는 단체

… 중략 …

제6조 (사회단체의 해체) 등록된 사회단체라 할지라도 그 활동상황이 반국가적, 반민족적이거나　또는 신고사항에 허위가 있는 때에는 주무부장관은 각의의 의결을 거쳐 이를 해체할 수 있다.

흥미로운 점은 벌칙조항과 취소요건이다. 법률안은 벌칙규정으로 유사명칭을 사용하는 등 이 법을 위반했을 때 6개월 이하의 징역이나 50만 원 이하의 벌금에 처하도록 규정했다. 개정법률 중 등록취소 요건은 ①시위 기타 부정한 방법으로 등록한 사실이 있거나 ②국헌을 문란하게 하거나 공공의 안녕질서를 해치는 등 목적 이외의 활동을 할 때 ③보고가 허위사실을 기재하거나 기타 장부서류의 제출요구에 응하지 아니하거나 조사를 거부 또는 방해할 때 ④등록 이후 1년 이내에 활동을 하지 아니한 때 등으로 돼있다(〈동아일보〉1965. 10. 22). 이 시기 언론과 출판, 집회와 결사에 가장 큰 영향을 미친 주요 법률의 변화 과정을 나타낸 것이 〈표 1-2〉다.

　실제 이 법은 정치와 언론, 학술과 종교를 막론하고 정부의 입맛대로 시민사회를 옥죄는 역할을 하였다. 그 때나 지금이나 "언론·출판에 대한 허가나 검열과 집회·결사에 대한 허가는 인정되지 아니한다"고 규정(제21조 ②)되어 있지만, 실상은 이 법에 따라 결사의 자유가 무시되었고 허가제로 운영되었다. 먼저

〈표 1-2〉 시민단체 관련 법률의 변화 추이

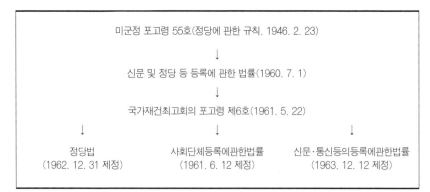

미군정 포고령 55호(정당에 관한 규칙. 1946. 2. 23)

↓

신문 및 정당 등 등록에 관한 법률(1960. 7. 1)

↓

국가재건최고회의 포고령 제6호(1961. 5. 22)

↓   ↓   ↓

| 정당법
(1962. 12. 31 제정) | 사회단체등록에관한법률
(1961. 6. 12 제정) | 신문·통신등의등록에관한법률
(1963. 12. 12 제정) |

〈표 1-3〉「사회단체등록에관한법률」의 적용 사례

일자(출처)	주요 내용
동아일보 (1965. 7. 14)	친일단체 일제조사, 5개 단체 입건·13개 자금출처 등 추궁 수사: 서울시경은 14일 오전 일본관계단체에 대한 일제 조사에 착수했다. 경찰은 당국의 허가 없이 활동하고 있는 한일협회 등 5개 단체를 사회단체등록에 관한 법률위반혐의로 입건하고 문교부에 위법성 여부를 조회하는 한편 이미 등록된 재한일본인협조회(대표 최임수), 한일민주선인회(대표 강일성), 한일호혜경제연구소(대표 방우하), 재한일본부인회(대표 평전조세) 등 13개 친일단체 활동상황의 위법성 여부를 수사, 이들 단체에 제공되는 자금출처도 캐고 있다.
동아일보 (1965. 8. 23.)	치안전능주의의 반성: 정부가 대일굴욕외교반대 범국민투쟁위원회 및 조국수호국민협의회를 불법단체라고 규정하는 이유는 갈피를 잡을 수가 없도록 해괴한 바가 있다. 첫째로 투위의 경우는 사회단체등록에 관한 법률에 의거하여 공보부에 등록이 되어 있지 않기에 불법이라는 것이며, 둘째로 협의회의 경우는 그것이 정치단체인 까닭에 공보부가 사회단체로서의 등록을 접수할 수가 없고 따라서 미등록인 까닭에 불법이라고 한다. … 중략 … 강권정치는 헌법 제18조의 결사의 자유를 짓밟을 정도로 이성을 상실하고 있다고 논평할 수밖에는 없다.
동아일보 (1966. 6. 9)	"등록거부는 위법" 중등교육회, 문교부에 소원장: 전국중등교육회는 8일 오후 긴급 이사회를 열고 "문교부가 중등교육회의 등록을 받아들이지 않는 것을 사회단체등록에 관한 법률을 위반한 처사"라고 규정하고 문교부에 소원장을 내리기로 했다. 이에 대해 문교부는 교직단체는 교육법 80조에 따라 교원전체의 공동이익을 위해 지역별로 조직하도록 되어 있으며 이미 지역별 조직을 기간으로 하는 군·시·도 교육회와 중앙기관으로 대한교련이 조직돼 있을 뿐만 아니라 현행법상 학교 급별 또는 직능별 교직단체의 조직이나 존립은 허용할 수 없다고 말했다.

일자(출처)	주요 내용
동아일보(1965. 2. 9)	공보부 9개 등록취소: 등록만 해놓고 소정의 활동실적을 유지하지 못한 우국노인회 등 9개 사회단체에 대하여 사회단체 등록에 관한 법률 제8호 규정에 의하여 2월 6일자로 등록을 취소했다.
경향신문(1965. 6. 17)	공보부 5개 단체 등록취소: 그 소재지가 불명한 반공자유청년단 등 5개 사회단체에 대해 15일자로 등록을 취소했다.
동아일보(1966. 8. 17)	공보부 소재불명 사회단체 10개 등록취소
동아일보(1968. 7. 20)	서울시교육위원회 허술한 법인체 등 70여개 등록 취소
동아일보(1970. 6. 5)	농림부 산하 단체 8개소 등록 취소
경향신문(1972. 9. 6)	문공부 9개 단체 등록취소
동아일보(1973. 4. 23)	문공부 10개 사회단체등록 취소
동아일보(1973. 5. 10)	서울시 소재 불확실, 실적 없는 13개 단체에 허가 취소
경향신문(1973. 10. 4)	문공부 30개 사회단체 등 등록 취소
동아일보(1975. 7. 11)	외무부 네 단체를 활동실적 부진 및 정기보고 불이행 등 등록 취소
경향신문(1975. 10. 8)	문교부 실적미달 사회단체 2곳 등록취소
동아일보(1976. 3. 9)	상공부 산하단체 28개를 정비(해산 또는 등록취소)
경향신문(1977. 11. 28)	문공부 최덕신씨 대표직 등 2개 단체 등록취소
경향신문(1982. 4. 20)	정부 2개 통일연구단체 실적 없이 등록 취소

정부는 정부에 비판적인 단체와 조직에 대해서는 등록을 거부하거나 유예하는 전략을 취하였다. 대표적인 몇 가지 사례를 정리한 것이 〈표 1-3〉이다.

이 법의 위력은 1990년 대법원에서 "문공부장관이 원고의 등록신청을 반려한 것은 원고의 자유로운 단체 활동을 저해한다는 점에서 헌법에 보장된 결사의 자유를 침해하는 것이며 평등의 원칙에도 위배"된다고 밝힐 때까지 지속되었다.[8] 실제로 정부는 이 시기에 이 법을 이용해 수 없이 많은 사회단체들의 등록을 일방적으로 통폐합시켰다(〈표 1-4〉 참조).

(2) 국민투표법(1962. 10. 12. 제정)

쿠데타 세력은 헌법을 개정함에 있어 그 주체기관인 국회가 없으므로 국민재건비상조치법 제6조 제1항 단서 제2항과 3항에 의해 국민투표법을 제정·공포하였다. 사실 국민투표제는 이승만 정권의 사사오입 개헌(1954. 11. 29)에 이미 규정되었는데, 주권을 제약하거나 국가 안위에 관한 중대 사항을 결정할 때 회부하도록 되어 있었다. 명문뿐이었던 이 조항이 제3공화국의 헌법을 확정짓는 데 헌정사상 처음으로 사용되었던 것이다. 국민투표제는 주권자인 국민의 의사에 따라 헌법을 개정할 수 있으므로 민주적이고 합리적으로 운용된다면 정치발전에 기여할 수 있는 대표적인 직접·참여민주주의 제도이다. 그러나 후진국이나 독재정부들은 이 제도를 주권자의 의사를 반영하는 국민투표(referendum)보다는 집권자의 의도에 맞게 정권을 합리화하는 인민투표식 독재(plebiscitary dictatorship)로 빈번히 활용하여 왔다(부르노 카우프만 2008: 22~24).

실제 유신헌법에서 규정된 국민투표가 그러하였다. 유신헌법은 대통령이 필요하다고 인정할 때에는 국가의 중요한 정책을 국민투표에 회부할 수 있고 (49조), 헌법개정안은 국민투표로 정하도록 하였다(124조). 그런데 이와 같은 국민투표 제도는 중대한 문제를 갖고 있었는데, 무엇보다도 그것이 비상계엄과 같은 공포 분위기 속에서 이루어졌고, 행정기관과 정보기관들의 노골적인 개입이 만연하였다는 점이다(김태일 2001: 328).

국민투표 제도가 악용된 가장 대표적인 사례가 1975년 2월 12일에 열린 '유신체제에 대한 신임을 묻는 국민투표'였다. 유신체제의 폭압이 가중되면서 재야와 야당은 그 동안 산발적으로 벌려 왔던 민주투쟁을 개헌이라는 목표로 집약하고, 이를 실현하기 위한 구체적 행동 전략으로 '개헌청원 100만인 서명운동'을 전개하였다. 재야가 주도하고 민주통일당과 신민당이 적극 참여하였던 이 운동은 불과 10일 만에 28만 명의 서명을 받아내는 큰 성과를 얻었다. 그렇지만, 이 운동이 전국에서 파죽지세로 번져나가자 정부는 긴급조치 1호를 발동하여 장준하와 민주통일당의 유갑종, 권대복, 정동훈, 김장희, 김성복 국장을 전격 구속하여 서명운동의 확산을 차단하였다(정상호 2005). 정부의 탄압에도 불구하고 재야와 학생들의 반유신운동이 거세지자 박정희 대통령은 특별담화를 통해서 "유신헌법에 대한 국민들의 찬반 여부와 대통령에 대한 국민들의 신임 여부를 묻기 위해 국민투표를 실시한다"고 발표하였다. 이에 대해 당시 민주화세력의 결집체인 민주회복국민회의는 국민투표의 전면 거부를 발표(1975. 1. 23)했다. 이어 윤보선·김대중·김영삼 등 정당지도자 3인은 공동 명의로 '국민투표거부를 위한 행동강령'을 발표(1975. 2. 8)했다. 하지만 정부는 국민투표 실시를 강행한 후 동아일보 사태와 인민혁명당 사건에서 알 수 있듯이 반유신운동에 대한 탄압을 강화하였다.

〈표 1-5〉 역대 국민투표 현황

시행일	인구수	투표인수	투표수(투표율)	찬성수(찬성율)	사유
1962.12.17 (월)	26,278,025	12,412,798	10,585,998 (85.3%)	8,339,333 (78.8%)	헌법 개정
1969.10.17 (금)	30,481,835	15,048,925	11,604,038 (77.1%)	7,553,655 (65.1%)	헌법 개정
1972.11.21 (화)	31,536,109	15,676,395	14,410,714 (91.9%)	13,186,559 (91.5%)	헌법 개정
1975.02.12 (수)	33,290,921	16,788,839	13,404,245 (79.8%)	9,800,201 (73.1%)	헌법 개정 및 정부신임
1980.10.22 (수)	37,589,091	20,373,869	19,453,926 (95.9%)	17,829,354 (91.6%)	헌법 개정
1987.10.27 (화)	41,338,959	25,619,648	20,028,672 (78.2%)	18,640,625 (93.1%)	헌법 개정

(3) 정당법(1962. 12. 31. 제정)

앞서 '규칙'이 정치사회와 시민사회의 구조를 개방적 다원주의가 아니라 제한적 경쟁체제로 응축시켜 놓은 역사적 기원임을 살펴보았다. 비록 그것이 외형적으로는 정당신고제를 취함으로써, 허가제에 비해서는 정치결사체의 자유로운 설립이라고 하는 다원주의적 결사의 원리가 적용된 진보적이고 자유주의적인 방침(임혁백 2014: 158~159)이라는 평가도 가능하다. 하지만 그것의 실질적 운용은 "군사적 점령 상태에서나 상상할 수 있는 정당 활동에 대한 포괄적이고 극단적인 제한"을 담고 있었다(송석윤 2000: 127).

5·16 쿠데타 이후 군사정권은 기존 정치인들의 정치 활동을 규제한 상황에서 정당법을 제정·공포(1962. 12. 31)하였다. 1962년 정당법의 제정과 함께 지구당이 정당 설립의 공식 요건으로 등장하였다. 당시 규정된 법정 지구당의 수는 지역구 선거구의 1/3 이상, 지역적으로는 5개 이상 시도에, 그리고 각 지구당은 50명 이상의 법정당원 수를 갖도록 하는 매우 까다로운 규정이었다. 이 시기에 마련된 정당법은 정당을 매우 까다로운 법적 규제의 대상으로 설정하였고, 강력한 규제주의의 출발을 이루었다(강원택 2015: 15~16).

당시 정당법 도입의 이유에 대해서 대개의 연구들은 군사정권이 통제하기에 유리한 제한적 양당제를 꾀했음을 지적하고 있다. 김용호(1990: 74)는 정당법의 배경은 "정당의 이합집산을 막아, 결국 군정 이후의 정치를 효과적으로 규제하려는 의도에서 나왔다. 정당의 수가 적을수록 정치적 혼란을 막기가 쉽고, 관제 여당이 정치적 패권을 확보하기가 용이할 것으로 판단하였다"는 것이다. 김일영은 장면 정부 시기의 '정당 난립'에 대한 반작용으로 군사정권이 양당제를 채택했다고 보기보다는 "자신들이 권력을 장기간 독식할 수 있는 1.5정당제를 선호한 것"(김일영 2004: 339)이었다고 해석하였다. 결국 오늘날까지 영향을 미치고 있는 정당 설립을 위한 까다로운 법적 조건은 1.5당 또는 양당제를 통해 장기집권을 모색한 군사정권의 정치적 의도에 기초하였던 것이다.

또 하나의 의도는 경쟁제한 특히 혁신정당의 출현을 막는 데 있었다. 군사정부는 혁신정당 혹은 사회주의 정당의 출현 자체를 봉쇄하되 정강이나 정책심의를 통한 허가제 방식이 아니라 군소정당 난립 방지조항 등 조직규제를 통해 이를 실현하고자 했다. 수도권에 중앙당을 두게 함으로써 지방차원의 정치결사를 봉쇄하고 5개 이상의 시도에 선거구 1/3 지구당 요건을 갖추게 함으로써 향후 혁신정당을 포함한 다양한 형태의 신생정당의 출현 자체를 원천적으로 봉쇄하였다. 이는 이승만 정권이 진보당을 정치경쟁에서 내몰 때 야기했던 대중적 저항을 피하면서 경쟁제한 체제를 제도화했던 박정희 군사정부만의 영리한 고안물이었다(서복경 2014: 145~147).

이처럼 1962년에 제정된 정당법이 한국정치와 시민사회에 미친 규제적 효과는 광범위하다. 먼저, '고비용 정치'와 '품삯 당원'을 양산함으로써 정치적 혐오를 부추기고 정당정치의 활력을 앗아갔다는 점이다. 엄격한 창당 규정과 자발적 참여자의 결여 속에서 정당 창당과 지구당 운영을 위해서는 돈을 받고 당원이 되는 소위 '품삯 당원'과 '제왕적 지구당위원장'에 의존할 수밖에 없었다(김용호 1990: 74). 또한 당원을 제외하고는 일체의 기부행위가 금지되었기 때문에, 부유한 당원이나 후원자가 많은 집권당에게 대단히 유리한 제도였다(김정원 1983: 169). 이런 이유로 정당법 제정은 공무원과 교육자 등의 정치적 기본권이 광범위하게 제약되어 당원다운 당원을 갖출 수 없는 조건에서 현실적으로 불가능한 설립 요건의 정당 조직 규제는 '정당이라는 이름의 관제 집단이나 법제 결사'를 만들어낼 것이라는 우려를 낳았다. 결국 정당은 탈법을 피하기 위해 대민활동을 자제할 수밖에 없고, 궁극적으로 정당 민주주의 발전 자체를 봉쇄할 것이라는 비판을 받았으며, '정당 단속법'이라는 비난까지 제기되었다(서복경 2014: 139).

또 하나 주목할 것이 제3공화국에서 처음으로 대표성의 확대와 전문성의 증대를 이유로 도입된 비례대표제의 효과이다.[9] 6·8대 국회에 걸친 이 시기 비례대표 의원의 선출은 별도의 정당 투표가 아니라 지역구 후보의 득표율을 소속 정당의 득표율로 간주하는 방식에 의해 정당명부식으로 이루어졌다. 그 경우 비례대표 의석 배분은 전국 득표율 5% 이상 또는 지역구 의석 3석 이상을 얻은 정당을 대상으로 이루어졌다.

그러나 산업화 단계의 비례대표제는 득표율과 의석 간의 비례성을 높여 정당정치의 책임성과 다양성을 확보한다는 제도의 원래 취지와는 정반대의 방향에서 이루어졌다. 각 정권보다 약간의 차이가 있지만 제1당에 비례의석의 1/2(6~8대)에서 2/3(11~12대)까지를 우선 할당함으로써 비례대표제는 대통령의 권력을 강화하였고, 인위적으로 여대야소를 구축하였다.

정리하자면, 산업화 단계에 제정된 정당법은 시민사회의 발전에 다음과 같은 효과를 미쳤다. 가장 중요한 것은 민주화 이후에도 정당 난립의 과장된 우려 속에서 거대 정당만 인정하는 정치결사 제한체제와 정당을 규제대상으로 보는 사회적 인식을 확산시켜 왔다는 점이다. 구체적으로는 "행정 편의적 관점에서 등록제를 형성함으로써 전국적으로 확산되고 선거에서 상당한 정도의 지지를 지속적으로 얻어내는 비교적 대규모의 지역조직을 갖춘 정치적 결사만을 정당

〈표 1-6〉 총선 비례대표 제도의 변화 과정 정리

국회	의원정수 (지역: 비례)	전국구 비례대표 선출방식
6대(1963)	175 (131: 44)	- 전국: 제1당 50% 이상 득표의 경우 득표율에 따라 배분(그러나 2/3 초과 불가)하고, 제1당이 50% 미만 득표의 경우 제1당에 1/2을 우선 배분. 제2당에게는 잔여의석의 2/3를 배분. 나머지 의석은 각 정당의 득표율에 따라 배분
7대(1967)		
8대(1971)	204 (153: 51)	- 의석배분 조건: 5% 이상 득표 또는 지역구 3석 이상 정당 - 무소속 출마 금지
9대(1973)	219(146: 73)	- 유정정우회: 대통령이 추천하여 통일주체국민회의에서 추인 - 무소속 출마 허용
10대(1978)	231(154: 77)	
11대(1981)	276(184: 92)	- 전국: 제1당에 2/3를 우선 배분. 잔여의석 1/3은 제2당 이하 정당에게 득표율에 따라 배분 - 의석배분 조건: 지역구 5석 이상 정당
12대(1985)		
13대(1988)	299(224: 75)	- 전국: 제1당에 1/2를 우선 배분, 잔여의석 1/2은 제2당 이하 정당에게 지역구 의석율에 따라 배분 - 의석 배분 조건: 지역구 5석 이상 정당
14대(1992)	299(237: 62)	- 전국: 각 정당의 지역구 의석율에 따라 배분 - 의석배분 조건: 지역구 5석 이상 정당(5석 미만이나 3% 이상 득표 정당에 1석 배분)
15대(1996)	299(253: 46)	- 전국: 각 정당의 지역구 득표율에 따라 배분 - 의석배분 조건: 지역구 5석 이상 정당(5석 미만이나 3% 이상 5% 미만 득표 정당에 1석 배정)
16대(2000)	273(227: 46)	
17대(2004)	299(243: 56)	- 전국: 각 정당의 득표율에 따라 배분 - 의석배분 조건: 지역구 5석 이상 또는 3% 이상 정당 - 17대 총선부터 1인2표의 정당투표제 도입
18대(2008)	299(245: 54)	
19대(2012)	300(246: 54)	
20대(2016)	300(253: 47)	

으로 볼 수 있게" 함으로써 "정치 과정의 개방성을 침해"하여 왔다(정태호 2005: 153). 또한 지구당 폐지와 정당 설립요건의 강화, 진보정당의 해산에서 보듯이 그러한 인식이 해소되기는커녕 오히려 규제와 억압을 강화하는 방향으로 나아 가고 있는 것은 심각한 문제라고 할 수 있다(강원택 2015: 28).

(4) 국가보안법(1948. 12. 1. 제정)과 반공법(1961. 7. 3. 제정)

국가보안법은 1948년 11월에 발생한 여순사건을 계기로 '남조선노동당(남 로당)'을 비롯한 좌익세력의 제거를 목적으로 12월 1일 제정되었다.[10] 국가보안 법은 그 제정과 동시에 대량의 구속 사태를 통해 그 위력을 입증했다. 한 예로 1949년 한 해에 국가보안법에 의하여 검거·투옥된 자만도 118,621명이며 그 해 9~10월 사이에 132개 정당과 사회단체가 해산되었다. 또한 방첩대 및 군 수 사기관에서 이 법에 의해서 입건, 구속되거나 숙청된 좌익계열의 군인도 무려 8천~9천명에 이르렀고, 상당수의 언론인도 국가보안법으로 구속되었다. 그 결 과 형무소 신설과 검찰, 법원의 업무 폭주에 따른 긴급충원 등의 사태가 이어졌 고, 정부는 단심제 도입 및 사형제도 확대, 보호소 설치 등 국가시설의 부족과 제도 정비를 서둘렀다. 결국 이를 해결하고자 행정 편의적이고 반인권적 관점 에서 1949년 12월 19일과 1950년 4월 21일 두 차례에 걸쳐 국가보안법 개정을 강행했다(박원순 1997: 102~104).

이후 국가보안법은 반공분단체제를 지속시키는 강력한 보루가 되었다. 한 때 제2공화국에서 국가보안법 폐지론이 제기되었지만 5·16 쿠데타 세력은 오히려 반공법을 새로 제정했다. "반공체제를 강화하여 반국가단체를 이롭게 하는 자나 이들에 대해서 협조하는 자 등을 일반법보다 무겁게 처벌하여 국가 의 안전을 위태롭게 하는 공산계열의 활동을 봉쇄한다"는 이유였다. 반공법 제 정 당시 국가보안법과의 관계가 문제되었으나, 군사정권은 반공법을 더 선호 했다. 국가보안법은 "정부를 참칭하거나 국가를 변란 할 목적"이 있는 행위만을 처벌했지만, 반공법은 그 목적 여하를 따지지 않고 외견상의 행위만으로 처벌할 수 있어 손쉽게 범죄를 입증할 수 있기 때문이다(오동석 2015: 186). 따라서 이전의 국가보안법과 달리 목적수행과 직접 관련이 없는 고무·찬양·동조 등도 처벌의 대상이 되었으며, 반국가단체로의 회합·통신·잠입·탈출도 죄로 규정되었다. 이로 인해 당시까지 비공식적으로 이루어져 온 북한과의 모든 교류가 차단되었다. 실제, 학술연구를 위해 마르크스·레닌주의 관련 서적을 소지하는 것조차도 고무·찬양(반공법 4조 2항)죄로 처벌의 대상이 되었다. 한편, 국가보안법의 경우 반국가적 범죄로 유죄판결을 받고 5년 이내에 재차 국가보안법을 위반한 경우 법정 최고형인 사형에 처할 수 있다는 조항이 신설되었다(김민배 1999: 317).

광주민주항쟁을 폭력적으로 짓밟고 등장한 전두환 정권 역시 국가보안법에 의존했다. 다만, 반공법을 폐지하는 대신 국가보안법 개정(1980.12.30)을 통해 반공법을 흡수·통합했다. 현행 국가보안법의 주요 조항들인 제7조 고무·찬양(반공법 제4조), 제8조 회합·통신(반공법 제5조), 제9조 편의제공(반공법 제7조), 제10조 불고지(반공법 제8조) 등이 대표적이며, 과거의 국가보안법 및 반공법보다 처벌 범위를 확대하고 형량을 강화했다고 할 수 있다(김민배 1999: 319).

헌법재판소의 '통합진보당 해산 결정'(2014. 11. 25)에서 알 수 있듯이 국가보안법이 시민사회에 미친 위력은 민주화 이후에도 지속되었다. 구체적으로 그

〈표 1-7〉 제1심 형사 공판사건 누년비교 - 접수(기소인원)

	61	62	63	64	65	66	67	68	69	70	71	72	73	74	75	76	77	78	79
국가보안법	156	15	9	100	86	69	131	270	254	204	217	175	164	152	74	121	35	30	57
반공법	26	23	48	112	124	-	207	381	627	368	276	507	260	228	328	386	322	208	194
합계	182	38	57	212	210	69	338	651	881	572	493	682	424	380	402	507	357	238	251

출처 : 1961~70년 통계, 법원행정처, 〈법원통계연보 1970〉 / 1971년 이후 자료 통계, 법원행정처, 〈사법연감〉

〈표 1-8〉 제1심 형사공판사건 – 접수(국가보안법 · 반공법 기소인원)

	1980	1981	1982	1983	1984	1985	1986	1987	총계
국가보안법	23	169	171	153	93	176	318	432	1,535
반공법	136	65	13	~	3	2	5	~	224
계	159	234	184	153	96	178	323	432	1,759

자료출처 : 법원행정처, 『사법연감』, 1981~93.

것은 첫째, '사상의 공개시장'에서 해결해야 할 문제를 형벌권으로 대처함으로써 사상과 학문의 자유를 위축시켰다. 둘째는 남북한 평화통일의 걸림돌로 작용함으로써 분단·냉전체제의 유지에 기여하였다. 셋째는 '막걸리 보안법'이라는 조롱에서 알 수 있듯이 빈번하게 국가안보보다는 정권안보에 악용되었고, 공안기관의 자의적 법 집행과 권한 남용으로 인해 광범위한 인권유린과 정부 불신을 초래하였다(오동석 2015: 187~188).

(5) 집회 및 시위에 관한 법률(1962. 12. 31. 제정)

한국의 민주화, 특히 집단행동이나 시민행동에 가장 직접적인 영향력을 행사한 제도는 '집회 및 시위에 관한 법률'(제13834호)이다. 집시법의 기원은 일제가 제정한 1907년의 '보안법'(법률 제2호)으로, 한국에서 시행되기 7년 전에 일본에서 제정되었던 '치안경찰법'을 토대로 하여 규제의 폭과 처벌 내용을 확대·강화한 법률이었다. 한마디로 보안법은 일본제국의 국권침탈에 대한 한국인들의 저항을 효과적으로 규제하고자 만들어진 법률이었으며 1910년 한일합방 후에는 치안경찰법(1925년 제정)과 더불어 항일의병투쟁이나 민족독립운동 등 한국사회의 치안유지를 위한 가장 강력한 수단이 되었다.

집시법이 민주주의와 반대자를 억누르는 법적 장치로 제도화된 것은 군사정권의 등장과 맞물려 있다. 1961년 쿠데타를 감행한 군부세력은 군사혁명위원회 포고령 제1호(집회의금지)를 선포하여 정치성을 띤 집회와 시위를 일체 금지시켰다. 이어 국가재건최고회의는 집회에 관한 법률 및 집회에 관한 임시조치법을 통합하여 '집회및시위에관한법률'(1962. 12. 31)을 제정하였다. 군사정부는 집시법이 '적법한 집회 및 시위는 보호'하고 '공공의 안녕과 질서에 반하는 집회 및 시위는 규제'한다는 취지에서 만들어진 법률이기 때문에 규제를 목적으로 한 과거의 법률과는 근본적으로 성격이 다르다는 사실을 강조하였다(조병인 2002: 110~113). 하지만 다음의 보도는 군사정부의 설명과 달리 집시법이 한일협정반대와 부정선거 규탄 등 정부에 맞선 학생운동과 재야의 민주화운동을 단죄하는 전가의 보도처럼 사용되었음을 보여주고 있다.

쫓겨난 지성, 그 후 1년: 학생데모의 뿌리를 뽑겠다는 정부의 강경한 방침아래 고려대와 연세대에 유례없는 휴업령까지 내리면서 교수 학생들에 대한 징계가 시작되었다. 학생들의 징계는 주로 내무부가 제시한 소위 불순학생명단 157명 속에서 추려졌으며 교수들의 징계는 '한일협정비준반대서명교수' 중에서 추려졌었다. '집회 및 시위에 관한 법률' 위반으로 입건되었던 학생 중 지금까지 구속되어 있는 사람은 하나도 없다. 1심에서 대부분 선고유예 판결을 받았으며 그 후 학교에서 자퇴, 정학근신 등의 처분을 받았으나 거의 다 풀려 복교하고 문교부가 명단을 돌려 제적시켰던 49명만이 이제까지 구제되지 않았다. 김중태(서울대 문리대), 송철원(서울대 문리대) 등 데모의 주동학생으로 지목되어 반공법 및 국가보안법 위반으로 재판에 넘어갔던 학생들마저 2심에서 무죄가 선고되어 풀려나왔다(동아일보 1966. 12. 17).

데모 54명 입건: 경찰은 부정선거를 규탄하는 지난 15일의 데모에서 학생 618명과 정당인 35명 등 653명을 연행, 이중 54명(학생 23명, 민주당원 31명)을 '집회 및 시위에 관한 법률' 위반혐의로 입건하였고 나머지를 훈방했다(경향신문 1967. 6. 16).

<표 1-9> 1970년대 양심수 시기별 유형별 분류

법령 \ 연도	1970	1971	1972	1973	1974	1975	1976	1977	1978	1979	계
국가보안법 반공법	6	27	25	33	28	25	9	6	4	98	261
집시법		4	2	45		8	1	1		11	72
공무집행방해 및 폭행		8		1	9	1		18	1		38
국가보위법 노동법				46							46
계엄포고령		8	1							44	53
내란죄		4		4							8
방화죄								6		3	9
경범죄		11		102	110	10		1	96	854	1,184
기타	1	94	11	4	2	13	4	3	16	7	155

출처: KNCC 인권위원회 집계/ 이우재(1991)에서 재인용.

1970년대 들어서도 사정은 마찬가지였다. 1973년 3월 법률조항의 일부가 개정되었으나 그 내용은 옥외집회 및 시위의 금지 통고 요건을 강화하고 금지 통고에 대한 이의신청 제도를 폐지하는 등 일부 내용을 보완한 것이 전부였다. 흥미로운 점은 1970년대 들어 집시법의 기소 및 구속인원이 오히려 1960년대 보다 감소하였다는 점이다. 이것은 유신체제가 유연해졌다기보다는 오히려 집시법보다 악법인 긴급조치의 광기가 작용하였던 데 있었다.

박정희 대통령 시해(1979. 10. 26)와 같은 해 12·12 쿠데타, 이듬해 5월의 광주민주화운동 등을 거쳐 탄생한 5공의 신군부는 민심을 추스르고 기본권 보장에 만전을 기한다는 명분으로 집시법을 개정하였다(1980. 12. 18) 개정 이유로는 평화적인 집회 및 시위를 보호하고 공공의 안녕과 질서를 저해하거나 사회적 불안을 야기할 우려가 있는 집회·시위에 대한 규제를 강화함으로써 국법질서의 확립에 만전을 기한다는 것이었다. 하지만 질서유지를 위하여 경찰관이 지시 또는 출입할 수 있는 장소를 무제한으로 확대시켰고, 공공의 안녕질서를 위반할 우려가 있는 집회 및 시위의 개념을 자의적으로 해석하였다. 그럼으로써

80년대에는 대학생과 민주화운동 인사들이 대규모로 구속되는 집시법 시대를 맞게 되었다.

치안본부 자료 시위학생 올 들어 207명 구속 : 올 1월 1일부터 지난 25일까지 약 8개월 동안 시위 등과 관련, 모두 4천 208명의 학생이 경찰에 연행되었으며, 이 중 2백7명이 구속되고 70명이 불구속, 1천 235명이 즉심에 회부된 것으로 밝혀졌다. 나머지 2천 696명은 훈방됐다. 올해 구속된 207명의 학생들을 적용법조문별로 보면, 국가보안법 위반 30명, 폭력 등 처벌에 관한 법률 위반 98명, 집회 및 시위에 관한 법률 위반 66명, 형법 7명, 국회의원선거법 위반 6명 등이다. 올 들어 지난 25일까지 대학생들의 각종 교내외시위는 가두시위 157건 교내시위 914건 등 모두 1천 71건이 발생했으며 교내외 시위에 가담한 연인원은 34만 8천 195명으로 집계되었다고 경찰은 밝혔다(동아일보 1985. 8. 29).

87년 민주화 이후에도 집시법은 몇 차례 개정(1987년과 1998년)되었지만 시민사회의 자유로운 의사 표출과 결사를 가로막는 장벽으로 작용하여 왔다. 한 언론사의 보도에 의하면 민주화운동보상심의위원회가 지난 6년간 명예회복을 결정한 6,053건 중 집회 및 시위에 관한 법률(집시법) 위반으로 처벌받은 건수가 2,299건, 폭력행위 등 처벌에 관한 법률 위반과 특수공무집행방해 등의 혐의가 각 418건과 328건, 업무방해가 34건, 도로교통법 위반이 29건 등이라 한다. 대체로 폭력행위 등 처벌법이나 공무집행방해, 업무방해 등은 집시법 위반과 연계됨을 감안한다면, 지난 군사정권 하에서 권위주의적 억압에 항거하다 처벌받은 사람들의 절반 이상이 집시법과 관련된 셈이라 할 수 있다. 한 마디로 집시법 그 자체가 권위주의적 통치의 가장 유효한 수단으로 이용되어 왔던 것이다(한상희 2009: 37).

(6) 긴급조치

헌법재판소는 2013년 3월 21일 박정희 전 대통령에 의해 공포됐던 긴급조치 제1호, 제2호, 제9호에 대해 전원일치로 위헌 결정을 내렸다. 헌법재판소는 결정문을 통해 긴급조치 1, 2, 9호가 "입법목적의 정당성이나 방법의 적절성을 갖추지 못하였을 뿐 아니라 죄형법정주의에 위배되고, 헌법 개정 권력의 행사와 관련한 참정권, 표현의 자유, 영장주의 및 신체의 자유, 법관에 의한 재판을 받을 권리 등 국민의 기본권을 지나치게 제한하거나 침해하므로 헌법에 위반"된다고 판시했다(한겨레신문 2013. 3. 22). 이로써 긴급조치는 공포된 지 40년 만에 사실상 공식적인 사법적 파산 선고를 받게 되었다. 그렇다면 유신시대를 상징하였던 긴급조치는 무엇이고, 그것이 한국사회에 미친 영향은 무엇일까? 〈표 1-10〉은 긴급조치의 주요 내용을 시기별로 간략히 정리한 것이다.

1974년 벽두부터 유신헌법 철폐와 민주회복을 요구하는 재야와 야당의 주장은 '개헌청원100만인 서명운동'으로 모아졌다. 이렇게 되자 정부는 대통령 긴급조치 1,2호를 선포하여, 유신헌법을 반대·부정·비방하거나 개헌을 주장하는

〈표 1-10〉 긴급조치 발동 일지

1호	1974년 1월 8일. 헌법 부정·반대·왜곡 행위 금지 위반자 법관 영장없이 체포·구속·압수·수색 장준하, 백기완 등 23명 구속 기소
2호	1월 8일, 1호 위반자 처벌 비상군법회의 설치 장준하, 백기완 징역 15년
3호	1월 14일. 국민생활 안정을 위한 조치
4호	4월 3일, 전국민주청년학생 총연맹(민청학련) 관련자, 1024명 수사 윤보선·박형규·김동길·김찬국 등 180명 군사재판에 회부. 나머지 140명 형량합은 1650년
5호	5월 23일, 1,4호 해제
6호	12월 31일. 3호 해제
7호	1975년 4월 8일, 고려대 휴교령
8호	5월13일 7호 해제
9호	5월 13일 유언비어 날조 및 유포, 대한민국 헌법 부정 및 비방, 집회 및 시위 처벌 5년 7개월만인 1979년 12월 8일 해제

출처: 서울신문(2010. 12. 17)

일체의 행위를 금지하고, 위반자는 영장 없이 체포하고 군법회의에서 15년 이하의 징역에 처하며(1호), 이에 따른 비상군법회의를 설치한다(2호)고 선포했다. 실제 비상보통군재 검찰부는 1월 15일 『사상계』 사장 장준하와 백범사상연구소 대표 백기완을 긴급조치 위반혐의로 첫 구속하고, 21일 도시산업선교회 김경락 목사 등 종교인 11명을 같은 혐의로 구속하는 등 등 종교인·학생들을 다수 구속했다.

정부는 이어 4월 3일 민청학련 사건을 기회로 학생들의 반독재 투쟁에 족쇄를 채우기 위해 긴급조치 4호를 선포했다. 특히 "일체의 유언비어 날조 및 헌법 비방 행위의 금지, 학생집회 및 시위의 금지" 등 헌법에 대한 논의자체를 금지한 긴급조치 9호는 유신체제의 또 다른 상징이 되었다. 심지어는 이를 위반할 경우 주무 장관이 교직원이나 학생을 해직 또는 제적할 수 있고, 더 나아가 휴업·휴교·정간·폐간·해산·폐쇄 조치를 취할 수 있게 했다. 5년 11개월 동안의 '긴급조치 시대'는 국민의 기본권을 제약하고 반대세력을 탄압하는 그야말로 권력의 광기가 절정에 오른 암흑의 시대였다(김삼웅 2006: 227~228). 이처럼 긴급조치는 대학과 언론은 물론 유신헌법에 비판적인 모든 시민들의 입과 귀를 아예 묶는 것이었고, 한국사회는 긴 '겨울공화국'으로 빠져 들었다.[11]

〈표1-11〉는 긴급조치로 기소된 현황을 내용별로 분류한 것이다. 589건을 유형별로 분석하면, 재야인사 관련 85건, 학생운동 관련 187건, 기타 발언 관련 252건 등으로, 일반 국민의 표현의 자유 제한이 압도적임을 알 수 있다. 이는 집행유예 이상의 형을 받은 자들만 의미하고, 면소 또는 공소기각 판결, 기타 기소유예를 받은 자, 군법회의에서 재판을 받은 경우 등이 통계에 누락되어 있어, 긴급조치 피해자는 1천 명을 훨씬 상회할 것으로 추정된다. 한국정치범동지회의 주장에 의하면, 긴급조치 9호만으로 구속된 인사들의 수는 1,387명에 달했다(조희연 1995, 109). 이처럼 긴급조치 9호는 그간 공표된 긴급조치의 모든 반민주성을 포괄한 긴급조치의 결정판이었다(강준만 2008: 253).

	1,4호	3호	9호					합계
			1975	1976	1977	1978	1979	
인원 수(명)	155	11	251	176	167	312	68	1,140
사건 수(건)	36	9	126	97	103	177	41	589(100%)
반유신재야·야당·정치활동	12	임금체불부당해고	6	14	16	31	6	85(14.5%)
간첩	0		1	0	1	0	1	2(0.5%)
학생운동	12		24	9	29	100	17	191(32%)
기타 (박정희·유신체제비판발언)	12		81	70	56	45	18	282(48%)
국내재산해외도피·공무원범죄 등	0		14	4	1	1	0	29(5%)

출처: 민주사회를 위한 변호사모임(2013: 3~4)에서 재작성.

(7) 국가(원수)모독죄(1975. 3. 19. 개정)

10월 유신의 서슬이 퍼렇던 1975년 3월 19일 신민당 의원들이 본회의장에서 농성을 하고 있던 그 시간에 공화당 의원과 유신정우회 의원들만이 따로 모여 토론을 생략한 채 1분 만에 하나의 법안을 전격 제안·기습통과 시켰다. 그것이 바로 1953년의 형법 제정 이후 유일하게 추가 형식으로 개정된 국가모독죄였다(남궁호경 1992: 180). 그 주요 내용은 다음과 같다.

①내국인이 국외에서 대한민국 또는 헌법에 의하여 설치된 국가기관을 모욕 또는 비방하거나 그에 관한 사실을 왜곡 또는 허위 사실을 유포하거나 기타 방법으로 대한민국의 안전·이익 또는 위신을 해하거나, 해할 우려가 있게 한 때에는 7년 이하의 징역이나 금고에 처한다.

②내국인이 외국인이나 외국단체 등을 이용하여 국내에서 전항의 행위를 한 때에도 전항의 형과 같다.

③제2항의 경우에는 10년 이하의 자격정지를 병과할 수 있다.

1975년에 만들어진 이 법은 '국가원수모독죄'라고 불릴 만큼 대통령을 비판할 수 없도록 옥죄는 수단으로 악용됐다. 법에서 모욕과 비방의 금지대상으로 규정한 '헌법에 설치된 국가기관'에 국가원수인 대통령이 해당된다고 보고 적용했기 때문이다. 대법원에 국가모독죄 사건의 확정판례로 남아있는 형사판결 3건(1978, 1983, 1986)은 모두 정부와 함께 대통령을 비판했다는 점이 주요 공소사실로 적시됐다. 전두환 대통령은 1980년 5월 17일 계엄포고령 10호에서 '전·현직 국가원수를 모독·비방하는 행위'를 금지했고, 대통령이 된 뒤 국가모독죄 조항을 충분히 활용했다.[12] 대통령을 욕하다가 잡혀갈 수 있다고 해서 일반인들에게 대통령모독죄, 국가원수모독죄로 불리기도 했던 형법 104조 2는 박정희 대통령시절 만들어 졌고 대통령 비판을 통제하는 수단으로 활용됐다. 국가모독죄는 대통령 모욕이나 비방에 대한 처벌의 의미도 있었지만, 외국 언론에 대한 보도통제 의미도 담겨 있었다. 국가모독죄로 기소돼 대법원 판례가 나온 두 사건 (1983, 1986년 사건) 모두 외국 언론을 상대로 한 의견표명(정부비판 및 유인물 배포)이 혐의 적용의 이유였다(고시면 2014: 12).

실제 처벌 사례가 적다고해서 국가모독죄가 기능이 없었던 법이라고는 할 수는 없다. 국내의 언론이 철저히 통제된 상태에서 하나의 탈출구이거나 혹은 정치활동의 수단일 수 있는 외국 언론이나 외국단체, 외국인과의 접촉에 있어서 이 조항은 '다모클레스의 칼'로서의 기능을 충분히 발휘했다고 볼 수 있다. 실제 1987년 5월 1일 민주당창당대회에서 새롭게 당선된 김영삼 총재의 취임사 중 당시 대통령 선거를 북한의 흑백선거에 비유하고 88올림픽을 나치의 베를린올림픽에 비유한 발언을 문제 삼아, 이 발언과 과거 김영삼 총재의 해외여행시의 발언에 대해 검찰과 총리가 국가모독죄의 적용의사를 밝혔다. 또 해외의 반정부인사들의 경우는 이 법을 근거로 입국이 불허되거나 추방되기도 하였다(남궁호경 1992: 181).

제 2 장

경제제도

01 _ 경제헌법과 시민사회

(1) 제3공화국의 경제헌법과 시민사회

'경제헌법'은 두 가지 차원에서 정의할 수 있다. 하나는 헌법적 차원이든 법률적 차원이든 공·사법을 막론하고 경제생활과 관련되어 규정된 법규범의 총체로 이해하는 견해이다(광의의 경제헌법). 다른 하나는 경제정책과 경제행정 등 헌법에 규정된 경제에 관한 규범의 총체를 이해하는 견해이다(협의의 헌법). 광의의 개념은 '경제헌법'이라기보다는 '경제에 관한 총체적 법규범'을 뜻하는 개념이기 때문에, 경제헌법의 내용을 정확히 담아내지 못한다고 할 수 있다(이부하 2013: 91~92). 따라서 본 연구에서는 경제헌법을 '헌법상 경제질서' 또는 '경제질서의 기본원칙'으로 정의한다.

1962년의 제5차 개헌에서는 실질적 법치주의의 실현, 복지국가 및 사회적 법치국가의 건설을 위하여 국가의 경제적 지원과 보조를 할 수 있는 사회적 기본권들을 대폭 삽입하였다. 제27조의 의무교육의 무상, 제28조의 근로의 권리 보장 및 근로자의 고용 증진, 제29조의 근로 3권 보장, 제30조의 인간다운 생활을 할 권리 보장 및 생활무능력자의 국가의 보호 등이다. 하지만 이번 연구를 통해 새롭게 발견한 것은 1962년의 헌법에서 신설된 조항보다 더욱 중요한 것이 사라진 헌법 조항이라는 사실이다. 그런 점에서 대한민국 헌정사는 개헌의 신설 조항, 특히 권력구조에 초점을 두다보니 개정 과정에서 사라져버린 중요한 부분들을 간과하였다고 평가할 수 있다. 필자가 보기에 제3공화국에서 이루어진 다음 두 가지 변화는 우리나라의 시민사회와 시장, 그리고 국민의 사회경제 의식에 매우 중요한 영향을 끼쳤음에도 불구하고 학계에서 그 동안 별다른 주목을 받지 못했다.

첫째, 제3공화국 헌법은 "다른 나라 헌법에서 유례를 볼 수 없는 독특한 규정"(유진오 1959: 84)이자 '제헌헌법의 가장 빛나는 부분'(황승흠 2014: 4)이었던 '근로자의 이익균점권' 조항을 폐기하였다.[13] 이를 이해하기 위해서는 1948년 7월 17일 시행된 제헌헌법을 둘러싼 국회 토론과정을 되돌아볼 필요가 있다. 당시 제헌의회 25차 회의에서 경영참가권과 이익균점권을 모두 포함한 문시환 의원의 수정안과 경영참가권은 제외하고 이익균점권만을 규정한 조병환 의원의 수정안을 둘러싸고 표결이 진행되었다. 1948년 7월 3일과 5일 이틀간에 걸쳐서 국회에서 치열한 논쟁이 벌어졌고, 발언자들은 대부분 경영참가권과 이익균점권을 옹호했지만, 표결 결과는 달랐다. 이 조항에 대해서 의정사상 처음으로 직접·비밀 무기명투표가 실시되어 문시환 의원의 수정안은 재석인원 180인에 찬성 81, 반대 91, 포기 5, 무효 3으로 부결되었다. 반면, 조병환 의원의 수정안이 재석인원 180인에 찬성 91, 반대 88, 기권 1인으로 가까스로 가결되었다.

치열한 찬반 논란 속에 이익균점권이 제헌의회에서 가결되자 이를 적극적으로 추진하였던 대한노총 출신의 전진한 의원은 "근로자가 이익의 분배에 균점할 권리를 가지게 된 것은 대한민국헌법 이외에 세계 어느 나라 헌법에서도 발견할 수 없는 일대 창견일 뿐 아니라 인류평화의 암이요, 세계적 난문제인 노자대립문제를 근본적으로 해결할 수 있는 한 개 관건"이라고 평가하였다(전진한 1996: 141). 그렇다면 대한상의를 비롯한 기득권층의 완강한 반대 속에서 어떻게 이익균점권이 헌법에 명시될 수 있었을까?

첫 번째 탄생배경은 농민과 마찬가지로 노동자도 균등한 경제생활을 국가로부터 보장받아야 한다는 해방 이후에 광범위하게 확산되었던 경제적 균등생활의 보장 이념이다. 두 번째는 기업을 비롯한 국부의 80%를 차지한다는 귀속재산이 민족의 공공재라는 사회적 인식을 들 수 있다. 셋째는 당시 서구사회의 이익분배제가 노자 타협의 방법으로 여겨졌고, 이러한 흐름 속에서 전진한 의원이 이끌었던 대한노총이 기업이익의 30~40%를 노동자에게 분배할 것을 담은 노농 8개 조항 청원이 제헌국회에 제출되었다는 점이다. 마지막으로는 제헌국회의 의장이었던 이승만이 이익균점 정책에 우호적이었고 조속한 헌법제정을 위해 평균이익을 향유하자는 타협안을 제시하였다는 사실이다(황승흠 2014: 25~26). 이러한 과정을 거쳐 제헌헌법에 규정된 근로자의 이익균점권은 "법률이 정하는 바에 의하여" 보장되었다. 다시 말해서 그 권리는 법률이 제정되어야 그 실체가 드러나는 것이었다. 제헌헌법에 규정된 이익균점권을 법제화하려는 시도가 이승만 정부 하에서 진행되었지만 구체적인 결실을 거두지는 못했다.[14] 그리고 1953년 이후 이루어졌던 일련의 노동입법 제정과정 어디에서도 근로자의 이익균점에 관한 법률은 찾아볼 수 없었다.

5·16쿠데타 이후 군부는 새로운 헌법 제정을 주도하면서 제헌헌법 이래 있어온 이익균점권 조항을 아예 삭제하고 노동조합법을 개정하여 산업별 노동조합체제를 채택하면서 노사협의회에 관한 조항을 신설했다. 정리하자면, "이익균점권 조항의 삭제는 경제민주화와 노동자의 경영참여라는 이념을 국가가 공식적으로 포기한 것"이었다(신원철 2013: 56).

제3공화국 헌법이 가져온 중대한 또 다른 변화는 우리 헌법안에 담겨있던 사회경제적 민주주의의 전통과 단절하고 '경제적 자유주의', 또는 '시장 민주주의' 쪽으로 크게 경도되었다는 것이다. 그것은 제헌헌법 이래 내려오던 제84조의 순서와 조항을 뒤바꾸는 것으로 구체화되었다. 제헌헌법 제84조는 모든 국민에게 생활의 기본적 수요를 충족할 수 있게 하는 사회정의의 실현과 균형 있

는 국민경제의 발전을 기함을 '기본'으로 삼고 있는데, 이는 우리 헌법의 경제
이념인 사회민주주의와 경제민주화의 출발점이라 할 수 있다. 제헌헌법 제84조
를 주의 깊게 살펴보면, 먼저 이 '기본'을 규정한 후에, "각인의 경제상 자유는
이 한계 내에서 보장"한다고 말하고 있다. 이를 87년 헌법과 비교하면, '기본'도,
조항 순서도 거꾸로, 완전히 뒤바뀌어 있다(〈표 1-12〉참조). 그렇다면 이 변경은
언제, 어떻게 이루어졌는가? 그것은 바로 박정희 군사정부가 마련한 제3공화국
헌법의 제111조를 통해 이루어졌다. 거기에는 대한민국의 경제질서로 '개인의
경제상의 자유와 창의'가 먼저 나오고, 이어 '경제에 관한 규제와 조정'이 등장
한다. 즉 박정희 정부에 와서 최초로 제헌헌법상의 경제질서 원칙에 큰 수정이
일어난 것이다(이병천 2013: 156~157).

〈표 1-12〉 헌법 제119조의 역사적 변모

	경제 조항
1948	제84조. 대한민국의 경제 질서는 모든 국민에게 생활의 기본적 수요를 충족할 수 있게 하는 사회정의의 실현과 균형 있는 국민경제의 발전을 기함을 기본으로 삼는다. 각인의 경제상 자유는 이 한계 내에서 보장된다.
1952	제84조
1954	제84조
1960	제84조
1962	제111조 ① 대한민국의 경제 질서는 개인의 경제상의 자유와 창의를 존중함을 기본으로 한다. ②국가는 모든 국민에게 생활의 기본적 수요를 충족시키는 사회정의의 실현과 균형 있는 국민경제의 발전을 위하여 필요한 범위 안에서 경제에 관한 규제와 조정을 한다.
1972	제116조
1980	1980년 제120조 ①대한민국의 경제 질서는 개인의 경제상의 자유와 창의를 존중함을 기본으로 한다. ②국가는 모든 국민에게 생활의 기본적 수요를 충족시키는 사회정의의 실현과 균형 있는 국민경제의 발전을 위하여 필요한 범위 안에서 경제에 관한 규제와 조정을 한다. 독과점의 폐단은 적절히 규제·조정한다.
1987	제119조 ① 대한민국의 경제 질서는 개인과 기업의 경제상의 자유와 창의를 존중함을 기본으로 한다 ② 국가는 균형 있는 국민경제의 성장 및 안정과 적정한 소득의 분배를 유지하고, 시장의 지배와 경제력의 남용을 방지하며, 경제주체간의 조화를 통한 경제의 민주화를 위하여 경제에 관한 규제와 조정을 할 수 있다.

출처: 이병천(2013:158)

혹자는 임시정부 이래 면면히 이어지고 제헌헌법에서 수립된 사회경제 민주주의질서의 기둥을 뒤흔든 1962년의 개헌이 박정희 시기 압축적 근대화를 가능케 한 법적 기초가 되었다고 말할 수도 있다.[15] 그러나 민주공화국을 괴물처럼 거대한 지배력을 행사하면서도 지극히 무책임한 '재벌공화국'으로 전락시킨 헌법적 기초도 바로 3공화국의 헌법 수정에서 비롯되었던 것이다(이병천 2013: 159).

(2) 제4공화국의 경제헌법과 시민사회

1972년의 제7차 개헌에서 경제에 대한 국가 간섭의 범위는 대폭 확대되었다. 소위 경제제일주의 또는 관주도형 경제인 유신헌법 하의 경제질서는 국가가 직접 경제에 개입하여 시장과 기업을 지원·보호·육성하는 등 모든 경제적 변수를 국가가 조정하였다. 제117조의 국가의 국토와 자원의 개발과 이용을 위한 계획 수립, 제119조의 국가의 농지, 산지 기타 국토의 효율적 이용·개발과 보전에 필요한 제한과 의무 부과, 제121조의 국가의 대외무역에 대한 규제와 조정 등이 그러하였다.

전반적으로 유신헌법은 앞서 설명했듯이 처음으로 한국의 질서를 자유민주질서라고 명문화하여 경제질서로서 시장체제를 강화하였다. 비로소 우리의 정체성을 자유로운 민주질서를 기본으로 함을 천명한 것이다. 더욱이 유신헌법에서는 1963년 헌법 전문에서 사라진 '개인의 능력을 최고도로 발휘'한다는 글귀가 다시 등장하여 자유시장경제를 경제질서로 삼고 있음을 명백히 선언하였다. 또한, 유신헌법에서 거주이전과 직업선택, 그리고 언론·출판·집회·결사는 '법률에 의하지 아니하고는'라는 글귀가 다시 첨언되었다. 외견상으로는 이들 자유를 제한할 수 있는 근거를 마련한 것이지만 속뜻은 강력한 독재적인 경제질서를 구축하고자 했음을 읽을 수 있다. 게다가 근로자의 단결권·단체교섭권·단체행동권이 법률에 의해 제한될 수 있으며 특히 근로자의 단체행동권은 인정되지 않을 수도 있다는 조항을 신설함으로써 정권 유지와 안정에 위태로운 요소들을 원천적으로 헌법에서부터 제거하였다(배진영 2010: 7).

(3) 제5공화국의 경제헌법과 시민사회

1980년의 제8차 개헌에서는 경제조항에 대폭적인 수정 및 보완을 가하였다. 즉 경제성장에 수반된 부정적 측면의 배제, 새로운 시대의 경제적 상황에 적합한 경제질서의 확립과 복지국가·사회정의의 실현을 위하여 경제의 운용을 관주도에서 민간주도형으로 전환하겠다는 의지를 천명하였다(정순훈 1988: 166). 이를 위하여 제120조 제3항의 독과점의 규제·조정, 제124조 제2항의 중소기업의 보호·육성, 제125조의 소비자보호운동의 보장, 제124조 제3항의 농·어민자조조직의 정치적 중립성 보장, 제122조의 농지의 임대와 위탁경영의 허용 등 새로운 규정을 두었다. 그러나 1980년대 후반에 와서 국민은 정치 및 경제의 민주화를 강력히 요구하게 되었고, 그것의 산물이 87년 6월항쟁과 직선제 개헌이었다.

5공의 헌법에서 주목할 점은 5공 정권의 고도의 폭력성과는 대비되게 '사회정의'를 헌정사상 처음으로 경제적 차원에서 표방하였다는 점이다. 〈표 1-12〉를 통해 80년 헌법과 87년 헌법을 비교해 보면 이 점이 뚜렷이 드러난다. 그 차이는 첫째, 관련 3개 조항이 2개 조항으로 축소되었다. 독립 조항이던 독과점의 폐단에 대한 규제조정 조항을 2항으로 통합시켜 "시장의 지배와 경제력의 남용을 방지하며"라는 문장으로 반영했다. 조문의 형식적 측면에서는 독자적 조항으로 유지하는 것이 더 나은데 통합 조항으로 변했다. 둘째, 제2항을 자세히 보면, 5공헌법에서는 국가의 규제 조정 목적이 "모든 국민에게 생활의 기본적 수요를 충족시키는 사회정의의 실현과 균형 있는 국민경제의 발전을 위하여"로 되어 있다. 이 부분이 87년 6공 헌법에서는 "균형 있는 국민경제의 성장 및 안정과 적정한 소득의 분배를 유지하고… 경제주체 간의 조화를 통한 경제의 민주화를 위하여"로 바뀌었다. 여기서 '균형 있는 국민경제의 발전' 부분은 흡사하다고 보면,

결국 5공 헌법에서 "모든 국민에게 생활의 기본적 수요를 충족시키는 사회정의의 실현" 부분이, 87년 헌법에서는 "적정한 소득의 분배를 유지하고 경제주체 간의 조화를 통한 경제의 민주화"로 바뀐 것이다. 여기서 5공 헌법상의 사회정의란 어떤 의미인가? 명확히 '모든 국민의 생활의 기본적 수요의 충족'이라고 하여 평등주의적인 분배적 정의의 의미로 사용되고 있다. 그것은 원래 제헌헌법에 있던 조항(제84조)으로서 이후 군부독재 시기에도 건드리지 못한 채 이어져 온 조항이었다(오동석 2011). 광주항쟁을 통해 대규모 시민살상을 주도하였던 5공 정권은 역설적이게도 경제헌법과 관련하여서는 복지와 정의의 보편적인 의미와 사회적 통념을 담아내었다고 할 수 있다(이병천 2013: 166~168).

또 하나의 특징은 헌법에 중소기업육성 규정을 명문화함으로써 그간의 보호주의적·소극적 정책에서 적극적 진흥정책으로 중소기업 정책의 전환 근거를 마련하였다는 점이다. 기존 헌법은 협동화와 조직화에 관한 사항만 독립적으로 규정하고 기타 중소기업 정책 일반은 개별 관계법과 시행령에서 규정하였다. 제5공화국 헌법은 소극적 차원을 넘어 헌법 124조에 "국가는 중소기업의 사업활동을 보호·육성해야 한다"고 규정함으로써 현행 헌법 123조 제3항(국가는 중소기업을 보호·육성해야 한다)의 기틀을 닦아 놓았다고 할 수 있다.

02 _ 법령과 정책·시민사회

(1) 중소기업기본법 (1966. 12. 6. 제정)

대기업과 중소기업, 노동자와 농민, 그리고 영세 상인이 어떤 형태로 집단을 이룰 것인가를 결정하는 것은 거시적으로는 헌법이고, 구체적으로는 정부의 정책이다. 박정희 군사정부는 출범하자마자 혁명공약으로 '민생고 해결과 자주경제 재건'을 선언했지만 이를 이끌 중소기업에 대한 정책적 인식은 매우 낮았다. 이는 공업과 대기업 중심의 수출주도 산업화를 선택한 정책결정의 귀결이라 할 수 있다.

1960년대에는 중소기업에 대한 포괄적 발전계획이나 종합적 지원 법안이 마련되지 않은 채 파편적이고 소극적인 지원정책이 이루어졌다. 대표적인 정책은 첫째, 금융시책으로서 중소기업은행법에 따라 전담은행인 중소기업은행(1961. 8. 1)과 서민금융기관으로서 국민은행이 설립(1962. 2. 1)되었다. 둘째, 조직화 시책으로 시설 및 판매사업의 공동화를 위해 중소기업협동조합법이 제정(1961. 12)되었고 이에 따라 중소기업협동조합중앙회가 결성(1962. 5)되었다. 1963년에 도입된 중소기업단체수의계약제도(정부물품 우선구매제도)는 중기협의 발전에 적지 않은 영향을 미쳤다. 셋째, 보호주의적·소극적 불리시정 정책으로서 특정 외래품의 판매 금지와 밀수의 근절을 위한 특정외래품판매금지법(1961)과 특수범죄처벌에 관한 특별법(1961)이 제정되었다. 보다 중요하게는 대기업의 부당한 침해와 불공정거래를 막을 수 있는 유일한 법적 장치로서 중소기업사업조정법(1961)이 마련되었다. 그러나 이 법에는 대기업의 중소기업분야 진출을 규제할 수 있는 조항이 들어있지 않았을 뿐만 아니라 이를 행정면에서 뒷받침할 시행령을 갖추고 있지 않았다. 시행령이 제정된 것은 무려 법 제정 9년 뒤인 1970년이었으며, 시행규칙이 마련된 것은 그로부터 또 10년이 지난 1979년 5월이었다. 이에 대해 중기협의 공식기록 역시 다음과 같이 개탄하고 있다(중소기업협동조합중앙회 1982: 226).

따라서 중소기업 사업 분야는 사업조정법이 개정되고 개정된 법에 따르는 시행령과 시행규칙이 제정·공포될 때까지 18년간은 철조망도 없는 무방비 상태의 '울타리 없는 領地'로 방치되어 왔던 것이다

1960년대 중소기업에 미친 가장 중요한 법안이 바로 중소기업 근대화 정책의 상징인 중소기업기본법(1966. 12. 6 법률 1840호)이다. 이 법안의 핵심 내용

은 수출 진흥 및 수출산업화, 전문화 및 계열화 시책을 담고 있다. 이 법안은 제정 당시 유명한 중산층 논쟁을 일으켰는데, 공화당은 대기업으로부터 단절 내지 분리된 중소기업 자체의 단독 육성정책은 퇴행적이라고 비판하면서 대기업과의 계열화를 주장한 반면 야당이었던 민중당은 중소기업과 농업을 바탕으로 한 균형성장 정책을 주장하였다. 결국 불균형성장적인 대기업주의를 추구하였던 여당의 입장이 관철된 것이라 평가할 수 있다(이경의 2006: 257).

1970년대 초 정부는 중화학공업 육성을 선언하였는데, 이는 중소기업 계열화의 확대를 의미하는 동시에 한편에서는 종래의 경공업분야에서의 독과점이 중화학공업에까지 확대되는 것을 의미하였다. 이후 중소기업 육성은 중화학공업의 보완적 기능을 할 수 있는 적정규모 중소기업, 즉 중간규모 중소기업으로의 육성에 중점을 두게 되었다. 대표적으로 중소기업체계화촉진법(1975)은 기업 사이의 계열화를 촉진하고 도급거래의 질서를 확립하는 데 목적이 있었다. 또한, 1976년에는 중소기업기본법을 개정하여 중소기업 범위를 200인에서 300인으로, 자산규모를 5천만 원에서 5억 원으로 대폭 확대하였는데 이는 중화학공업의 보완적 기능을 할 중견기업 육성을 위한 법적 조치였다. 뒤늦게 1978년에야 중소기업진흥법이 실천법의 성격으로 제정된 것은 중소기업 경시 현상을 보여주는 사례이다.

흥미롭게도 중소기업과 대기업의 관계나 중소기업 정책 자체의 중요한 제도적 기반은 전두환 정권에 이르러 마련되었다. 앞에서 살펴보았듯이 중소기업의 보호와 육성 규정을 헌법(제124조)에 명시하여 놓았다. 전두환 정부의 중소기업정책은 시장에서 대기업의 독점으로 인해 취약해진 중소기업문제를 완화하고 해소하는 것이고, 한편으로는 적극적으로 독과점체제의 시정을 위한 중소기업의 역할을 높이는 것이었다. 이를 위해 대기업지원 정책을 축소하여 중소기업 지원에 정책적 우선순위를 부여하였다. 1982년에 책정된 '중소기업진흥장기계획'은 한국 최초의 중소기업에 대한 장기정책으로, 중소기업의 범위를 규모에 따라 중기업과 소기업으로 나누고, 이를 바탕으로 보호해야 할 부분과 우선 육성할 부분으로 구분하여 보호와 지원이 조화롭게 운영되도록 하였다.

그리고 중소기업의 경영안정과 사업영역 보호를 위해 같은 해 12월 중소기업기본법을 비롯하여 중소기업진흥법, 중소기업협동조합법, 중소기업계열화촉진법 및 중소기업사업조정법 등 5개 중소기업관계법을 개정하였다. 이러한 정책들은 중소기업이 변화하는 시장경제에 적응할 수 있는 능력을 갖추도록 경쟁력 강화와 그 동안 시장에서 뒤쳐져있던 중소기업의 도태를 막고 산업구조상의 불균형을 해소하기 위한 것이었다. 이후에도 중소기업 우선육성업종 제도 (1981), 중소기업제품구매촉진법(1982), 하도급거래공정화에 관한 법률 제정 (1984), 중소기업 창업지원법(1986) 등의 다양한 중소기업 보호정책들이 전개되기 시작하였다(김석우외 2008: 18~20).

그렇다면 중소기업 관련법의 미비와 지연이 시민사회에 미친 영향은 무엇일까? 그것은 무엇보다도 중소기업의 정상조직인 중소기업협동조합중앙회의 낮은 조직률로 나타났다. 중소기업의 범주 안에 있는 사업체의 4.9%만이 가입하고 있는 상황은 중기협이 한국에서 중소기업의 대표집단으로 활동하는데 커다란 제약요인이 되고 있다. 이는 도·소매업과 서비스업 등 상업조합이 한동안 중기협의 범주에서 제외되었기 때문에 발생한 현상이었다. 상업조합이 산업조합과 더불어 조합운동의 효시가 되었던 일본과 달리 중기협은 설립 이래로 제조업 중심의 활동과 지원에 치중하여 왔다.[16] 한국에서 상업과 서비스업이 중소기업자의 정의에 포함된 것은 1973년의 일이었으며, 건설업은 1976년에 이르러서야 가입이 허용되었다. 그리고, 중소기업 분야로 지정된 이후 도소매업이 정부의 지원을 받게 된 것은 '도·소매업진흥법'이 제정된 1986년이었으며, 서비스를 포괄한 상업부문에 대한 정부차원의 체계적 지원책이 마련된 것은 '유통산업발전법'이 시행된 1997년의 일이다. 이러한 제조업 중심의 운영방식은 자연발생적인 것이었다기보다는 수출주도 성장전략 및 대기업중심전략을 채택

<표 1-13> 중기협의 역대 회장 명부

구분	성명	주요경력 및 비고
제1,2,3,5대(1962~66)	이구종	경제인
제4대(1966~68)	여상원	경제인
제6대~11대(1969~80)	김봉재	5대민의원(국회상공위원장)
제12대~14대(1980~88)	유기정	8~10대 국회의원(공화당, 국회상공위원장)
제15대(1988~89)	이석주	경제인

한 권위주의 국가의 집행상의 효율성을 위한 것이었다.

둘째, 중소기업 관련 단체 이익을 대변할 정당이나 이익집단의 미발전이다. <표 1-13>에서 알 수 있듯이 중기협의 역대 회장들은 전통적으로 집권당의 중요한 호선(co-optation) 대상이었다. 민주화 이전 시기에는 주로 감독기관인 상공부와 연관이 있는 국회 상공위원장 출신의 여당 정치인들이 회장으로 영입되어 오랫동안 연임하였다. 이러한 리더십 구조는 중기협의 조직과 회원에 기초해 정부와 정당에 강력한 권익주창을 벌이기보다는 정부정책에 순응·편승하여 왔음을 보여주는 것이다.

(2) 독점규제 및 공정거래에 관한 법률(1980. 12. 31. 제정)

시장경제의 경우에도 자유경쟁만이 절대적으로 고수될 때에는 오히려 시장경제 그 자체를 파괴하는 부정적 요소로 작용할 수 있기 때문에 국가의 규제와 조정이 불가피하다. 이를 위하여 우리 헌법도 원칙적으로 시장경제를 취함으로써 경쟁을 인정하면서도 "시장의 지배와 경제력의 남용을 방지하며"(제119조 2항)라고 규정하여 경제적 폐해에 대한 규제를 할 수 있도록 규정하고 있다(권오승 2015: 57). 이를 위하여 제정된 독점규제 및 공정거래에 관한 법률이 바로 경제헌법으로서의 성격을 갖고 있다(이부하 2013: 94). 그런데 이 법의 제정만큼 많은 우여곡절을 겪은 법률도 많지 않을 것이다. 이를 간략히 정리한 것이

연도	계기	주요 내용 및 결과
1964	○삼분 폭리 사건(1963) - 시멘트, 밀가루 및 설탕을 생산하는 소수의 독점 대기업들이 담합을 통해 공동으로 가격과 시장을 조작한데서 비롯. - 물가 폭등에 따른 비난 여론 증대	- 경제기획원 공정거래법기초위원회에서 공정거래법 초안 발표(1964.9.24) - 사회적 인식 부족과 업계를 중심으로 한 반발로 국무회의에 상정되지도 못한 채 무산
1966	- 1964년부터 나타난 '개발 인플레이션'의 효과로 일부 공산품의 공급 부족, 수출 진흥책에 따른 유동성 증가 등 물가 급등	- 정부가 전문44조의 공정거래법 안을 국무회의를 거쳐 국회에 제출(1966.4.6). - 6대국회의 회기만료로 자동 폐기
1969	- 신진자동차공업(주)의 코로나 승용차를 둘러싼 독과점 횡포 문제로 비난 여론 비등	- 경제기획원의 독점규제법안(1969.4.8) 국회 제출. - 독점규제입법은 아직 시기상조라는 업계의 적극적인 반대에 밀려 7대국회가 만료되는 1971년 6월까지 심의도 못한 채 회기만료로 자동폐기.
1971	- 대폭적인 환율인상과 국내유가 인상조치에 따른 물가 충격	- 공정거래법안 국회에 제출(1971.10.15) - 국회 해산(1972.10.17 비상조치)에 따라 자동 폐기.

출처: 공정거래위원회(2010: 124~6)에서 작성

〈표 1-14〉이다.

이상에서 보듯이 정부는 1970년대 초반에 이르기까지 독과점의 폐해로 인해 사회적 물의가 빚어지거나 물가가 불안할 때마다 독과점규제와 소비자보호를 위하여 공정거래법의 제정을 추진하는 움직임을 보여 왔다. 그러나 그것은 근본적인 경제질서의 확립이나 경제 전반에서 경쟁의 제고라는 공정거래법의 본래적 취지와는 달리 물가안정을 도모하기 위한 하나의 정책대안으로서의 의미밖에는 없었다. 공정거래법 제정의 필요성에 대한 정부의 의지도 그렇게 확고하지 않았으며 정부 내에서도 공정한 경쟁을 지향하는 공정거래법의 도입이 경제여건상 시기상조라는 견해가 지배적이었다.

1970년대 후반에 들어서 독과점의 문제는 더욱 심화되었다. 상황이 이러하자 정부는 1975년 9월에 종전의 공정거래법 제정방침을 다소 변경하여 물가통제를 탄력적으로 운영할 수 있도록 함과 동시에 경쟁제한행위 및 불공정거래행위를 구체적으로 규정하여 보다 효과적으로 물가안정을 도모하고자 하였다. 그리하여 물가당국은 당시 시행되고 있던 물가안정에관한법률과 1963년 이후 10여 년 동안 빛을 보지 못했던 공정거래법안의 내용을 참고하여 물가안정및공정거래에관한법률안을 제출하여, 국회를 통과(1975. 12. 18)한 후 이듬해 3월부터 시행하였다.

하지만 1979년부터 정부주도 고도성장에 따른 여러 가지 부작용, 즉 인플레이션 심리의 만연, 정부의 빈번한 시장개입에 따른 자원배분기능의 왜곡, 특정 사업육성에 따른 독과점의 심화 등이 경제·사회문제로 부각되었다. 이에 대한 근본대책이 요구되면서 공정거래법의 제정이 불가피하다는 여론이 점차 형성되었다. 당시 정치여건도 공정거래제도 도입에 유리한 방향으로 전개되었다. 민간업계는 공정거래제도의 도입·시행 자체를 반기지 않았지만 정부 주도의 경제운영이 아닌 좀 더 자율적인 경제체제로의 전환을 기대하였다. 결국 경제기획원의 공정거래정책과는 '독점규제및공정거래에관한법률안'을 작성하여 김재익 국보위 경제과학위원장을 설득시켜 국보위 운영위원회에 보고하였으며, 대통령의 최종결재를 얻어내게 되었다. 이 법안은 그 후 법제처의 심의와 공정거래위원회의 약간의 수정을 거쳐 국무회의에서 무수정으로 의결되었으며, 국회가 아닌 '국가보위입법회의'에 상정되어 그 해 12월 23일 본회의에서 의결되었다(1980. 12. 23). 1980년의 마지막 날 공정거래법이 법률 제3320호로 공포됨으로써 우리 경제의 새로운 장이 열리게 되었다(공정거래위원회 2010: 125).

이 법이 시민사회에 미친 영향은 무엇일까? 첫째, 공정거래법은 제1조에 "과도한 경제력의 집중을 방지하고"라고 선언은 하였지만 경제력 집중을 억제할 실질적인 제도적 장치는 아직까지도 구비하지 못했다(공정거래위원회 2010: 145). 매번 대선 때마다 경제민주화나 재벌개혁이 최대의 선거 이슈로 부상하는 현실이 이를 입증하고 있다.

둘째, 역설적으로 독점규제 및 공정거래에 관한 법률은 전국경제인연합회의 조직화 및 활성화를 가져왔다(김용기·이왕휘 2016). 원래 전경련은 기업들의 자발적인 필요성에 기반해 출발하지 못했다. 1960년 4월혁명과 5·16쿠데타가 발발한 상황에서 나타난 경제사회계에 대한 정치·사회적 비판에 대한 자성과 자구노력의 일환으로 시작되었다. 1982년 2월 17일 전경련 21회 정기총회에서 당시 전경련 회장이었던 정주영 회장은 "(우리 기업은) 국민의 혈세에 기대고, 구제자금에 기대고, 정치나 관료의 보호에 기대고, 소비자의 동정이나 희생에 기대어 왔습니다"는 자조적 표현을 통해 당시 한국기업과 전경련의 위상을 드러냈다(전국경제인연합회 1991). 하지만 공정거래법 1차 개정이 있었던 1986년이 되면 "투자활성화를 통한 산업체질 강화에 주력"하고 "자율경제체제 확립과 민간기업 활력제고를 위한 법령 및 규제의 합리화 추진"과 "자유기업주의 창달을 위한 체계적 경제홍보활동 전개," 그리고 "회원 의견과 활동의 결집을 통한 역량 제고"를 전경련의 주요 사업성과로 내세우는 등 이익집단으로서의 활발한 활동을 전개하였다(전국경제인연합회 1991). 당시 전경련은 이사회와 공정거래특별원회 등 특별위원회를 가동해 재계의 의견을 집약하고 발표할 뿐 아니라, 수시로 간담회를 개최하고 장·차관 등 정부 인사를 초청해 의견을 교환했다. 또한 주요 언론기관과의 제휴를 통해 홍보활동을 전개하였다.

(3) 소비자보호법(1980.1.14. 제정)

우리나라 소비자법률과 소비자운동의 역사는 세 번의 변화과정을 통해 정립된 소비자기본법의 역사라 해도 과언이 아니다.

1단계는 1980년 소비자보호법의 제정이다. 우리나라에서 소비자보호를 주된 목적으로 하는 법률의 등장은 1980년 1월 4일 소비자보호법의 제정에 의해 실현되었다. 이 법의 목적은 "소비자의 기본권익을 보호하고 소비생활의 향상과 합리화를 기하기 위하여 국가·지방자치단체 및 사업자의 의무와 소비자의 역할 등을 규정"하는 데에 있다. 이 법은 국가의 소비자보호정책의 구체적 목표를 명시하고, 정책추진체계를 정비(소비자보호위원회의 설치)했다는 점에서 이른바 '소비자정책법'에 해당한다. 그런데 1980년은 소비자보호법의 제정이외에도 우리나라 소비자법의 발전에 있어서 또 다른 특기할 만한 사항이 존재하는 해이다. 그것은 동년 10월 27일에 개정된 헌법에 '소비자보호조항'(제25조)이 삽입되어 소비자보호운동이 헌법 차원에서 보장되었다는 점이다. 이 조항은 비록 '소비자보호운동'을 보장하는 규정이지만, 소비자의 권리 내지 소비자 기본권의 헌법적 근거가 될 수 있기 때문에 중요한 의미를 가진다.

2단계는 1986년 소비자보호법의 전면 개정이다. 이렇게 등장한 1980년 소비자보호법은 우리나라 소비자법의 역사에 있어 진정한 의미의 제1보를 내딛었다는 의미에서 중요성을 지녔다. 그렇지만, 실효성 있는 소비자보호정책을 위한 추진체계의 마련이라는 점에서는 '뭔가 부족한' 법이었다. 이에 따라 1986년 8월에 소비자보호법을 전면 개정하면서 한국소비자보호원 설립, 소비자의 기본적 권리의 선언, 소비자단체제도의 변혁 등을 내용으로 하는 법 개정이 이루어지게 되었는데, 이것은 현행 우리나라의 소비자 행정·정책의 근간을 만든 개정이었다. 무엇보다 중요한 것은 피해구제 및 분쟁조정제도가 도입되어 한국소비자보호원과 소비자분쟁조정위원회가 설립되었다는 사실이다. 이 법을 근거로하여 '상담 → 피해구제 → 분쟁조정'이라는 3단계 분쟁해결시스템이 완성되었고, 이러한 시스템은 이후 우리나라의 분쟁해결제도(ADR)의 모범으로서 기능하였다.

3단계는 2006년에 있었던 '소비자기본법'의 개정이다. 전면개정으로 법률체계 구성이 일신되었고, 몇 가지 제도상의 보완, 즉 소비자의 책무부과, 소비자정책추진체계의 변화, 소비자안전의 강화, 집단분쟁 조정제도 및 소비자단체소송제도의 도입 등이 수반되었다. 그러나 무엇보다 중요한 것은 이 법의 입법으로 지금까지의 소비자정책에 두 가지 중요한 변화가 발생하였다는 점이다. 하나는 법의 목적의 변화이고 다른 하나는 정책담당 기관의 변화이다. 즉 '소비자

기본법'의 목적은 '소비자기본권익의 보호'에서 '소비자권익의 증진'으로 변경되었고(제1조), 정책담당기관은 경제기획원, 재정경제부에서 경쟁정책의 담당자인 공정거래위원회로 변경되었다(제21조).

우리나라 소비자 법제의 발전과정은 한 마디로 '행정주도형 소비자법의 발전과정'으로 평가할 수 있다. 행정이 주도가 되어 소비자정책을 추진하고 행정규제형의 소비자거래법(방문판매법, 할부거래법, 전자상거래법 및 소비자안전법, 소비자기본법 등)이 소비자 보호를 위한 중요한 역할을 담당해왔기 때문이다. 이러한 사정은 2006년 소비자기본법이 등장할 때까지 이어졌다. 달리 말해 소비자기본법은 과거 행정규제가 중심이 되는 행정주도형 소비자 법제에서 민사규제와 자율규제가 중심이 되는 시장-중시형 소비자 법제로의 변화를 상징하는 것으로 평가할 수 있다(서희석 2012: 73~75).

소비자 관련법은 시민단체의 발전에 매우 직접적인 영향을 미쳤다. 우리나라의 경우 소비자운동의 역사에 비해 관련법의 제정이 늦어 체계적이고 조직적인 소비자단체의 발전이 지연되었다고 평가할 수 있다. 사실 우리나라의 소비자 운동의 역사는 제법 깊다. 광의의 의미에서 그 기원은 대표적인 애국계몽운동이었던 1907년 '국채보상운동'으로 거슬러 올라갈 수 있다. 1907년 2월 대구의 광문사(廣文社) 사장 김광제(金光齊)와 부사장 서상돈(徐相敦)은 단연(斷煙)을 통하여 국채를 갚아 나가자는 '국채보상운동'을 제창하였다. 대동광문회의 국채보상운동 발기가 대한매일신보·제국신문·만세보·황성신문 등에 보도되자 각계각층의 광범한 호응이 일어났다. 서울에서는 2월 22일 김성희(金成喜) 등이 '국채보상기성회'(國債報償期成會)를 설립하고 취지서를 발표하였다. 비록 이 운동은 일제의 방해·탄압 책동에 효과적으로 대응하지 못하고 끝내 좌절되었지만 국권 회복을 위한 투쟁의 하나로서 그 역사적 의의는 큰 것이었다. 그러나 보다 직접적인 소비자 불매운동의 기원은 일제 강점기(1920)에 민족기업의 건설과 육성을 촉구하였던 '물산장려운동'이라 할 수 있다. 이 운동은 각계각층의 커다란 호응을 얻어 전국적 조직체로서 '조선물산장려회의'(1923. 1)의 출범으로 이어졌다. 이 운동 역시 일화(日貨) 배척운동이자 항일민족독립 운동이라고 보고 탄압한 일제에 의해 1930년대에 이르러 쇠퇴하였다(조기준 1969: 81).

하지만 1960~70년대까지 효과적인 불매운동이 전개되지 못했다고 평가할 수 있다. 개개의 여성단체에서 개별적으로 불매운동을 전개하였기 때문에 많은 사람들이 참여하지 못하였고, 당시의 여건상 소비자의 단결력이 부족하고 그 필요성을 절실하게 느끼지 못한 한계가 있었다. 아울러, 1972년 한국마케팅 고발센터에서 소비자보호기본법안을 정부에 건의했으나 채택이 되지 않음으로써 소비자 운동을 전개할 법적·제도적 근거가 취약한 것도 중요한 원인이었다(정진자 1974: 41).

(4) 경제의 안정과 성장에 관한 긴급명령(8·3 조치)

해방 후 한국 자본주의의 전개과정을 살펴보면 국가권력이 축적과정에 깊이 관여하고 있음을 쉽게 관찰할 수 있다. 귀속재산 불하, 미국의 원조와 국제기구의 차관에 따른 독점자본의 형성, 경제개발계획, 차관 또는 합작투자에 의한 외국자본과의 결합 등을 통하여 국가는 자본의 축적과정에 직간접적으로 개입하면서 자신의 영향력을 확보해 왔다. 그 중에서도 당시 3,500억 원에 달하는 사채권의 동결을 포함한 막대한 특혜를 국가가 공권력을 통해 기업에 제공한 8·3조치는 농지개혁이나 귀속재산 불하에 버금가는 사건이라 평가할 수 있다(이성형 1985).

제2차 경제개발계획이 끝날 무렵인 60년대 후반부터 한국경제는 위기에 봉착했다. 먼저, 세계경제는 1968년 이래 전후 기축통화였던 달러 화(貨)의 위기로 닉슨 대통령은 달러의 금태환 정지를 선언하고 변동환율제도로 이행(1971)하였다. 이것이 후진국에 상징하는 바는 IMF 체제의 해체에 따른 보호무역주의의 심화였다. 개방무역을 따랐던 한국에게 이는 첫째, 국제고금리시대의 도래로 차관도입조건이 악화되어 경기후퇴를 야기하였다. 둘째, 한국수출의 40%를 차지하였던 일본은 1971년에 10%의 수입부가세 징수를 주요 내용으로 하는 신경제정책을 선포했는데, 이에 따라 한국의 수출업계 특히 섬유업종의 타격이 심각했다. 셋째, 일본 엔화의 변동환율제 이행과 평가절하로 원자재·자본재의 가격 상승 및 국내물가 인상, 국제수지의 악화가 연쇄적으로 이루어졌다. 넷째, 무모한 외자도입정책의 산물로서 정부가 차관업체 83개 중 45%가 부실기업이라고 발표할 정도로 수출기업의 시설과잉과 채산성 악화가 심각하였다. 끝으로 60년대 후반부터 발생한 임금상승 압력은 당시 저임금을 기반으로 하던 수출산업과 정책당국에 상당한 위기감을 고조시켰다(정윤형 1984: 96).

이러한 상황을 맞아 박정희 정부는 화폐개혁을 비롯한 정책의 일대 전환을 모색하게 된다. 통화개혁은 IMF의 반대로 중도 포기되었고, 박 대통령은 사채동결과 특별금융대환을 위한 구체적인 작업을 지시한다. 이러한 조치의 사전 작업은 김용환 차관의 지휘 아래 한은 및 재무부 파견 소수 인원으로 모처(수유리 그린파크 호텔)에서 철저한 보안유지 속에서 이뤄졌다. 8.3조치의 정책결정은 담당부처인 재무부나 경제기획원, 상공부를 따돌리고 경제정책결정의 외곽지대인 청와대 비서실에 의해 주도되었고, 이것이 대통령의 재가에 의해 이뤄졌다는 권위주의적인 방식을 특징으로 하였다. 8.3조치의 주요 내용은 다음과 같다.

① 1972년 8월 2일 현재 기업보유사채를 8월 9일까지 전부 신고하여 신고 사채를 월리 1.35%(연리 16%), 3년 거치 5년 분할상환 조건의 채권채무관계로 조정하거나 차주기업의 출자로 전환시켜 기업의 사채부담을 경감시켜 준다.

② 금융기관이 2,000억 원의 특별 금융 채권을 발행하여 조달한 장기저리자금으로 기업의 단기성 대출 중 30% 해당액을 대환하되 대환 회수금을 한은에 예치시킴으로써 통화증발을 방지한다.

③ 중소기업 신용보증기금과 농림수산업자 신용보증기금에 각각 10억 원씩 출연

하고 각 금융기관은 신용보증기금을 설치하여 앞으로 5년간 대출의 0.5% 범위 내의 금액을 기금에 출연함으로써 신용보증 제도를 확충한다.

④ 한국산업은행에 산업합리화 기금을 설치하고 산업합리화심의회에서 정하는 합리화 기준에 따라 기업에 장기저리자금 대부를 하는 한편 중요산업의 고정설비 투자에 대한 감가상각할증률을 현행 30%에서 40~80%로 인상하고 법인세 및 소득세의 투자공제율을 현행 6%에서 10%로 인상한다.

⑤ 지방교부세와 지방교육재정교부금 및 도로정비 사업비의 현행 법정 교부방식을 폐지하고 매년 예산에서 이를 정한다.

1972년 8월 9일 마감된 사채신고 실적 결과 채권자의 신고가 210,906건 3,571억 원이었고, 채무기업의 신고가 40,767건 3,456억 원에 달하였다. 채권자의 건당 평균 금액은 170만원이었고, 채무자의 신고 평균 금액은 850만원이었다. 이처럼 8.3조치의 가장 핵심적인 부분은 국가가 자본가계급에게 엄청난 특혜를 부여했다는 점이다. 3,352억 원의 사채 동결, 2,000억 원의 특별금융 조달, 658억 원의 산업합리화자금, 그리고 대폭적인 금리 인하(연 19%→15.5%) 등 기업 특혜로 일관되어 있다. 산업자본가들은 엄청난 특혜를 받았고, 대부자본가들과 중간계급에게는 큰 피해를 주었으며, 노동계급에게는 임금동결조치가 취해졌다.[17] 어쨌든 8.3조치로 인해 이자부자본이 산업자본으로 강제 전환되었고 경제 위기는 일단 해소되었다. 금융비용 부담의 경감에 의해 1960년대 후반 이래 하락해 왔던 기업의 자본이익률과 매출이익률은 다시 상승하게 되었다.

결국 8.3조치는 국가가 중간계급의 사유재산권 침해를 통하여 산업자본의 위기를 해소시키려 했던 것이라 평가할 수 있다. 정부는 상대적으로 반발이 적은 중간계급에 기업의 부실을 의도적으로 전가함으로써 기업의 이해를 도모하였다. 노동자들의 직접 이익이나 피해는 없었지만 임금 및 물가가 동결되었다. 하지만 유동성 부족을 메우기 위한 통화량의 대거 방출로 소비자 물가가 상승하면서 실질임금은 하락하였고 저임금체제가 유지되었다. 8.3조치는 정부정책의 실패와 경영 잘못으로 생긴 대기업의 위기를 국민 세금과 정책 특혜로 구제해주는 관치경제의 전형이라 할 수 있다.

(5) 노사관계법

1) 제3공화국

1960년대의 노사관계법은 노사관계가 경제발전의 저해요인으로 작용하는 것을 막기 위해 여러 차례 개정되었는데 경제개발을 위해 정부가 노사협력을 강력하게 주도한 시기로 기록될 수 있다(서울대학교 경영연구소 1997).

5·16 직후 쿠데타 세력은 '국가재건최고위원회 포고령 제6호'를 발포하여 기존에 설립되어 있던 모든 노동조합을 해산시켰다. 이어 8월에 정부가 임명한 9명의 위원으로 '한국노동단체 재건위원회'를 조직하였다. 이 위원회는 대한노총 위원을 중심으로 구성되었고, 대한노총과 다를 바 없는 '한국노동조합총연맹'(이하 한국노총)을 만들었다. '혁명포고령 제 6호'에 의해 해체되었던 노동단체는 8월 30일 어용간부의 배제와 파벌지양 및 전국단일산별단체의 형성을 주요 내용으로 하는 임시조치법이 공포됨으로써 11개의 산업별 노동조합을 결성하였고, 이어 현재의 한국노동조합총연맹(한국노총)을 조직하였다. 1963년 4월과 12월 두 차례에 걸쳐 노동조합법, 노동쟁의조정법 및 노동위원회법의 개정이 이루어졌는데 주요 특징으로는 ① 기업별 노조에서 산업별 노조로의 전환 ② 노조의 설립 및 노동위원회의 결정에 국가개입의 여지 마련 ③ 노조의 단체 활동 제한[18] ④ 노사협의제의 권장 등을 들 수 있다(전국민주노동조합총연맹 2001, 43).[19] 특히 ④와 관련하여 노사협의회 설치에 관한 규정을 두어 노동조합 기능과 노사협의회 기능을 분리시켰으며, 노사협의회 대표가 단체교섭의 대표권을 행사할 수 있다는 규정을 둠으로써 노사협의제도가 단체교섭의 사전단계인 것처럼 규정되었다.

노동법	- 헌법개정(이익균점권 삭제 및 공무원의 권리 제한. 1962) - 노동법 개정(1963년 4월, 8월) - 노사단체간 노동법 개정 파동(1968) - 외국인투자기업에서의 노동조합 및 노동쟁의조정에 관한 임시특례법(1969)
노동정책	- 노동국을 노동청으로 승격(1963) - 알선절차를 노동위원으로 이관(1963) - 산재보험의 신설(1963) - 인력의 해외진출(1963) - 직업훈련 실시(1968) - 직업안정조직과 기능강화(1968) - 인력개발행정체제의 형성
주요 내용	- 경제우선주의에 밀린 노동정책 - 정부개입장치가 도입된 노동법 개정 - 노동운동의 혼미 - 임금쟁의 위주의 노동쟁의

출처: 서울대학교 노사관계연구소(1997: 29).

이러한 규정은 노사협의회나 단체협약에 대한 제도적인 혼란을 주었고 집단적인 노사관계에서 단체교섭을 제한하려는 의도를 갖고 있었다. 다시 말하면 경제성장제일주의에 입각하여 노사관계 본연의 성격인 대등한 지위에서의 대립과 협조를 무시하고 성장이란 공동목표를 위한 협조만을 강조하는 일원적인 노사관계를 뜻하는 것이다. 1969년 12월에는 외국자본의 유치를 위해 외국인 투자기관에서의 노동조합의 설립과 활동을 제한하는 임시특례법이 국회에서 통과되어 외국인 투자기업체에서의 노동쟁의가 제약을 받게 되었다. 1971년 12월 6일 국가비상사태의 선포와 함께 12월 27일 국가보위에 관한 특별조치법이 통과되었는데, 노동조합의 핵심기능인 단체교섭권과 단체행동권을 완전히 규제하고 행정관청이 이들의 기능을 대행하도록 함(제9조는)으로써 사실상 합법적인 노동쟁의는 불가능하게 되었다.

2) 제4공화국

외자도입과 저렴한 양질의 노동력을 바탕으로 이룩된 60년대의 고도성장은 70년대에 접어들면서 각종 구조적 모순을 나타내기에 이르렀고, 닉슨 조치를 비롯한 국제 환경의 악화는 국민경제의 어려움을 더욱 부각시켰다. 그 결과 사회 전반에 대한 국가통제가 강화되었으며, 특히 에너지 파동과 무리한 중화학 공업 추진으로 인한 어려움과 국제경쟁력 등의 이유로 노동운동에 대한 통제는 그 정도가 더욱 심화되었다. 박정희 정권은 1972년 10월 17일, 영구집권을 위한 '유신헌법'을 제정하고 중화학공업을 토대로 한 수출주도형 고도경제성장체제를 강화하였다. 유신헌법 제29조에는 노동3권을 법률로서 유보시킬 수 있는 내용을 제정하였고, 제29조에 제3항을 신설하여 '국가보위에 관한 특별조치법'의 제9조 제2항을 그대로 수용하여 공무원, 국가와 지방자치단체, 국영기업체와 공익사업체, 국민경제에 중대한 영향을 미치는 사업체의 노동자 단체행동권을 법률로 제한 또는 불인정하도록 규정하였다.

이어 1973년과 1975년에는 노동조합법, 노동위원회법 등이 각각 개정되었는데 특기할 만한 사항은 노사협의회를 노동조합의 기능과 분리시켜 노사협조주의를 유도하여 평화적 노사관계의 정립을 모색하였다는 점이다. 노동조합 조직에 관하여 '전국적인 규모를 가진 노동조합'과 '산하 노동단체'라는 표현을 삭제함으로써 지금까지 산업별노조 체제를 지향하고 있던 태도를 바꾸어 기업별 또는 사업장별 조직이 가능하게 하였다.

1973년 후반기 '석유파동'으로 세계적인 경제불황이 발생하고 국내경제가 침체되자 박정희 정권은 1974년 1월 14일 '국민생활안정을 위한 대통령 긴급조치 제3호'를 선포하였다. '1.14 긴급조치' 제4장(근로조건 개선)은 질권·저당권·조세·공과금을 제외한 상태에서의 임금채권 우선변제(제19조), 단체협약 위반자에 대한 처벌(제22조), 부당노동행위에 관한 처벌강화(제22조)를 담고 있었다. 이러한 일련의 조치는 경기 침체 속에서 부당 해고, 임금체불, 근로기준법 위반 행위가 자행됨으로써 노사관계의 질서가 혼란의 악순환을 거듭한 데다 자본가들의 해외 재산도피, 위장이민 등 지나친 사치생활이 사회문제가 되었기 때문에 취해졌다.

1970년대의 노사관계는 정부의 노사협조정책과 노사문제의 해결을 위한 당국의 적극적인 개입으로 인하여 외관상 안정적이었지만 근로자의 근로조건 은 실질적으로 개선되지 못했다. 1970년대의 평균 실질임금 상승률은 9.6%로 국민총생산의 성장률을 약간 앞서 있으나 이것이 주로 성장산업의 고급인력을 중심으로 이루어져 왔기 때문에 산업, 학력 및 남녀 간 임금격차를 심화시켰다 (정종진·이덕노 1994: 47).

3) 제5공화국

1979년 10·26사태 이후 정치적 격변을 거치면서 노사분규가 급증하기 시 작했다. 그러나 이는 노조를 중심으로 한 체계적 운동이 되지 못하고 사업장 중 심의 자연발생적 쟁의 수준에 머무른 정도였다. 1980년 5월, 비상계엄의 전국 확대에 이어 국가보위입법회의에서 동년 12월 노동관계법의 개정이 이루어졌 는데 그 주요 내용은 산업별 노조체제에서 기업별 노조체제로의 전환, 노동조

〈표 1-16〉 4공화국의 노사관계법의 특징

노동법	- 노동관계법 개악 등 법률적 제약 강화(1973): 노동조합법, 노동쟁의조정법, 노동위원회법, 노사협의제 도입(1973) - 1.4 긴급조치, 노동3법 개정(1974) - 노사협의회법의 제정과 노동4법의 개정(1980.12.31) - 직업훈련의 확충과 재해보상의 강화(1973): 직업훈련법, 산재보험법
노동정책	- 근로조건 보호행정의 강화 - 산업재해 예방업무의 확대 - 노사협력 증진시책의 확충 - 노동청 소속기관의 정비 확충: 산재보험사무소, 직업안정소, 직업훈련원 등 - 비상계엄 하의 두 차례 노조정화조치(1980.8월과 11월)
주요 내용	- 노동3권의 제약 - 노동운동의 부분적, 극한적 양상 - 민주노조운동의 본격 시작과 외부개입(지식인, 종교단체) - 노동조합의 위약성

출처: 서울대학교 노사관계연구소(1997: 33)

합의 설립과 운영에 제3자 개입금지, 단체교섭의 위임금지, 노동조합 결성요건의 강화, 노조임원의 자격제한, 단체협약 유효기간의 연장, 유니온 숍(union shop)제의 불인정, 노동조합의 재무사항 공개의무 등 규제적 측면이 강조되었다. 이와 아울러 노사협의회법이 노동조합법의 틀로부터 떨어져 나와 독립 법률로 제정되었고, 특히 동법 제5조에서 "노동조합의 단체교섭 기타 모든 활동은 이 법에 의하여 영향을 받지 아니한다"고 규정하여 단체교섭과 노사협의회를 구별하고 있다(정종진·이덕노 1994: 48).

하지만 5공화국의 노동관계법의 특징은 법령이나 제도보다는 임시적이고 초법적인 대책회의나 각종 조치에 의존하였다는 점이다. 전두환 정부는 보다 효과적인 노동통제를 위하여 1981년 2월에는 국무총리 훈령 163조에 근거하여 '노동대책회의'를 구성하였으며, 신속하게 노동쟁의에 대응하기 위해 '공안합동수사본부'를 구성하여 신군부에 의한 상설적인 통합탄압기구를 만들어 놓았다. 또한 1980년 7월 1일부터 11월 12일까지 10차례에 걸쳐 '노동탄압지침'을 노동청을 통해 한국노총과 17개 산별노조 위원장 앞으로 전달했다. 각종 노

〈표 1-17〉 5공화국의 노사관계법의 특징

노동법	- 집단적 노동관계법 개악, 노사협의회법 제정(1980.12) - 노동부 출범(1981) - 공인노무사법(1984), 근로복지공사법(1986), - 최저임금법(1986), 남녀고용평등법(1987)
노동정책	- 개별적 노사관계와 노사협조체제 정착에 중점. 노동복지의 향상, 인력개발정책의 합리적 확충, 노사협의제 강화 - 집단적 노사관계의 철저한 제한: 노동3권의 제한, 노조의 유명무실화, 노동자에 대한 통제와 관리 강화, 제3자 개입금지, 단체교섭의 위임 금지, 노조 결성 요건의 강화, 노조임원의 자격 제한, 단체협약 유효기간의 연장, 단체행동 절차 복잡, 쟁의행위 금지범위 확대(공무원, 방산업체)
주요 내용	- 노동법의 개악과 노사협의제 강화 - 노조활동의 위축과 조직률의 저하 - 기업별 노조의 기능 및 활동 강화 - 노사분규의 악화와 대기업에서의 발생 - 재야노동운동과 노동운동의 이원화

출처: 서울대학교 노사관계연구소(1997: 40)

동탄압업무지침은 한국노총과 산업별노동조합연맹의 대의원대회조차 무기한 정지시키는 것으로 나타났다. 우선 소위 '정화운동', 즉 '삼청교육대'를 통해 사회 각 부분의 '사회악을 일소한다!'는 명분으로 일체의 법 절차를 무시한 채 강제적으로 이를 집행하였다. 노동운동에 대한 '정화운동'은 80년 8월 21일 '노동조합 정화지침 전달'이라는 공문에 의해 구체화되었다. 이 공문에는 5대 정화지침이 중심을 이루고 있는데 '부당치부·재산축적자의 재산 환수, 한국노총 산하 12명의 산업별 위원장의 임원직 자진사퇴, 지역지부 폐지, 운수노조와 항만노조 통합, 각 노동조합 정화위원회 구성' 등이었다.[20] 이러한 지침은 1980년 8월 27일 '노동조합 정화지침 보완'이라는 공문을 통해 정화조치가 노골적인 노조탄압이었음을 드러냈고, 이후 9월 3일, 11월 4일 연이은 노동청 지침으로 '상급단체 의무금 10% 초과금지 및 조합비 50% 복지후생금 사용'과 '정화된 노동조합 간부의 3년간 노조활동 금지' 등의 내용을 담아 민주적 노동조합활동의 근간을 말살하였다.

제 3 장

사회제도

01 _ 헌법과 시민사회

(1) 제3공화국의 사회적 기본권

지금까지 정치학 분야의 헌법 연구는 대개가 권력구조 또는 정부형태에 초점을 맞추어 왔다. 그러나 최고 규범으로서 헌법은 결사체의 활동 영역과 방향을 결정하기 때문에 시민사회의 성격과 특성을 규정한다. 산업화 단계에는 모두 3차례의 헌법 개정이 있었는데, 그것을 시기별로 정리하면 다음과 같다. 먼저, 본 연구의 분석 대상인 사회적 기본권은 생존권적 기본권 또는 생활권적 기본권을 포함하는 포괄적인 개념이다.[21] 본 연구에서는 대체로 현행 헌법 제31조부터 제36조까지의 규정(교육을 받을 권리, 근로의 권리, 근로3권, 인간다운 생활을 할 권리, 환경권, 혼인과 가족생활의 보장과 모성·보건의 보호)을 사회적 기본권으로 규정하고자 한다.

5·16 군사정권 하에서 이루어진 1962년의 헌법 개정은 사회적 기본권과 관련하여 커다란 변화를 가져왔다. 우선, 사회적 기본권에 관한 헌법규정의 편제상 위치가 그 이전까지는 자유권적 기본권 규정 바로 다음이었으나, 1962년 헌법에서는 기본권 규정 중 맨 뒤쪽으로 옮겨졌다. 이러한 편제상 위치는 그 이후 그대로 유지되어 현재에 이르고 있다. 내용상으로는 우선, '균등하게 교육을 받을 권

리'와 '적어도 초등교육은 의무적'이라는 종전의 규정이 1962년 헌법 개정에 의하여 '능력에 따라' '균등하게 교육을 받을 권리'와 '초등교육을 받게 할 의무'로 바뀌고, 모든 교육기관의 국가적 감독에 관한 규정이 삭제되는 대신에, 교육의 자주성과 정치적 중립성의 보장 규정이 신설되었다. 새로운 입법으로는 1963년 사립학교법의 개정, 1967년 학교보건법과 과학교육진흥법 및 도서·벽지교육진흥법의 제정이 특기할 만하다(한병호 1998). 그러나 이 시기 나타난 교육의 가장 큰 변화는 국가가 일관되게 교육통제 수단을 제도적으로 강화했고, 교육내용에서는 자유주의 교육으로부터 국가주의 교육으로 이행해 갔다는 점이다. 교육통제는 학교 행정에 대한 국가의 감독과 규제, 교원 및 학생의 자율권에 대한 규제, 그들의 신분에 대한 국가의 법적 규제, 학교 내부의 일상 활동에 대한 감시체계의 강화로 나타났다.

근로의 권리와 관련하여 1962년 헌법에서는 사회적·경제적 방법에 의한 국가의 고용증진노력의무가 신설되었고, 민주주의 원칙에 따른 근로의무의 내용과 근로조건의 법률주의도 추가되었다. 또한 근로3권과 관련해서는 종래의 헌법과는 달리 1962년 헌법에서는, 근로조건 향상을 위한 자주적인 단결권, 단체교섭권, 단체행동권으로 표현이 바뀌고, 법률로 인정된 자를 제외한 공무원의 근로3권을 부인하는 규정이 신설되었다. 그에 따라 1963년 노동조합법, 노동쟁의조정법, 노동위원회법이 전면 개정되었다.

(2) 제4공화국의 사회적 기본권

박정희 정권의 영구집권과 철권통치가 시작된 1972년의 헌법 개정에서는 종전 헌법에서의 '초등교육을 받게 할 의무'가 '적어도 초등교육과 법률이 정하는 교육을 받게 할 의무'로 바뀜으로써 의무교육 기간연장의 길이 다시 열렸다.[22] 그러나 그것이 교육법에 즉각 반영되지는 않았다. 그 반면에 1972년 헌법에서는 근로3권이 극도로 위축되었는데, 자주적인 단결권·단체교섭권·단체행동권 보장이 '법률로 정하는 범위 안'에서의 단결권·단체교섭권·단체행동권의 보장으로 축소되었다. 또한 법률이 정하는 자를 제외한 공무원의 근로3권을 부인하는 종전의 규정에 이어서, 공무원과 국가, 지방자치단체, 국영기업체, 공익사업체 또는 국민경제에 중대한 영향을 미치는 사업체에 종사하는 근로자에 대한 단체행동권을 제한 또는 부인하는 규정을 신설하였다. 그러한 헌법 개정에 따라 1973년과 1974년에 노동조합법, 노동쟁의조정법, 노동위원회법의 개정이 있었는데, 기업별노조로의 전환, 노사협의회 조항의 개정, 노동쟁의에서의 행정관청의 권한 강화 등이 주요내용이었다. 더구나 대통령에게 무소불위의 권력을 쥐어준 긴급조치에 의해 기본권의 정지가 가능하다는 점을 고려한다면, 헌법상의 근로3권 자체가 유명무실한 것으로 되어 버렸다고 할 수 있다.

1972년 헌법에서는 교육을 받을 권리와 근로3권에 관한 규정 외에는 사회적 기본권 규정의 변화는 없었다. 그렇지만 근로의 권리와 관련해서는, 1973년 직업훈련법과 산업재해보상보험법의 개정(16인 이상 사업장으로 적용범위 확대)을 비롯하여, 1974년에는 근로기준법의 개정, 1976년에는 직업훈련촉진기본법의 제정이 있었다. 인간다운 생활을 할 권리와 관련해서는, 1973년 국민복지연금법과 사립학교교원연금법의 제정, 1976년 의료보험법의 전면개정, 1978년 의료보호법 제정이 이어졌다. 그 밖에도, 아직 헌법적 명문은 없었으나 급격한 산업화와 도시화로 인한 환경문제가 사회문제로 부각되기 시작함에 따라 1977년에는 환경보전법의 제정(공해방지법의 폐지)과 해양오염방지법의 제정이 있었다.

(3) 제5공화국의 사회적 기본권

박정희 정권의 갑작스러운 몰락에 이어 신군부세력을 바탕으로 집권한 전두환 정권은 1980년의 헌법 개정을 통해 적지 않은 사회적 기본권의 변경을 시도했다. 우선 1980년 헌법에서는 교육의 전문성 보장과 국가의 평생교육진흥업무가 추가되었다. 그에 따른 교육법의 개정으로는 개방대학 제도의 신설이 있었고, 1984년에는 3년의 중등교육을 받을 권리의 추가 및 중학교 의무교육제도의 순차적 실시 규정의 신설이 있었다. 또한 근로의 권리와 관련해서 1980년 헌법에는 국가의 적정임금보장 능력의 의무가 추가되었고, 근로조건 기준의 법률주의에 인간존엄성의 보장이 삽입되었으며, 국가유공자·상이군경 및 전몰군경의 유가족에 대한 근로기회의 우선적 부여가 신설되었다. 1980년 국가보위입법회의에 의한 근로기준법의 개악이 있었고 1986년 최저임금법의 제정이 있었다.

근로3권과 관련해서는 법률이 정하는 범위 안에서의 근로3권 규정을 1962년 헌법의 자주적인 근로3권 보장 규정으로 회복하는 대신에 단체행동권의 행사는 법률이 정하는 바에 의하도록 유보하였고, 단체행동권이 제한되거나 부인되는 근로자의 범위에 공영기업체와 방위산업체의 근로자를 추가하였다. 그에 따라 1980년 노동조합법·노동쟁의조정법·노동위원회법의 개정과 노사협의회법의 제정이 있었다. 제3자 개입금지 조항의 신설, 기업별 노조의 강제, 단체교섭권 위임규정의 삭제, 국가·지방자치단체·국공영기업체·방위산업체의 근로자의 쟁의행위 금지 및 사업장 밖에서의 쟁의행위 금지, 냉각기간·알선기간의 연장, 직권중재의 확대 등이 주요 개정 사항이었다.

또한 인간다운 생활을 할 권리와 관련해서는 국가의 사회보장 증진 노력의무 속에 사회복지가 삽입되었는데 그에 이어 1981년 노인복지법과 심신장애자복지법의 제정과 아동복지법의 전면 개정, 1982년 생활보호법과 공무원연금법의 전면 개정, 1986년 국민연금법의 전면 개정이 있었다. 가장 획기적인 변화는 환경권 규정이 신설되었다는 점이다. 깨끗한 환경에서 생활할 권리 및 국가와 국민의 환경보전노력의무 조항이 신설됨에 따라 1981년 환경보전법이 대폭 개정되었다. 끝으로 혼인·가족·보건과 관련해서는 혼인의 순결의 국가적 보호가 삭제되고, 그 대신에 혼인과 가족생활의 개인존엄, 양성평등의 원칙이 규정되었다.

지금까지 헌법상에 나타난 사회적 기본권의 발전과정을 살펴보았다. 여기에서 확인된 몇 가지 특징들을 정리하면 다음과 같다.

첫째, 일반적 예상과는 달리 근로3권을 제외하고는 정권의 성격과 상관없이 사회적 기본권이 일관되게 확충되어 왔다.[23] 그것은 건국 초기의 피폐한 경제상황에서도 그러하였고, 압축적 성장의 시기에도 그러하였다. 또한 쿠데타와 독재의 강화 속에서나 87년 민주화 이후에도 그러하였다. 그것이 함의하는 바는 '역설적'으로 사회적 기본권의 이념이 지니는 강력한 호소력과는 대조적으로 그것이 실제 정책이나 국민의 삶에 미친 실질적 영향은 미약했다는 사실이다. 즉 사회적 기본권이 헌법상의 권리로 확대되는 형식을 띠고 있지만 그 규정들의 법적 구속력은 매우 취약했음을 반증하는 것이다. 이는 사회적 기본권의 구체 입법과정에서 잘 드러났다. 1962년과 1980년 헌법 개정 당시 많은 사회보장 입법이 행해졌으나 실질적으로는 너무나 알맹이가 없는 겉치장에 불과했다. 또한 사회적 기본권이 구체 입법을 통해 실질적 권리를 보장하게 된 경우에도 그렇게 되기까지는 상당히 오랜 세월이 걸렸다. 여기에서 강조하고 싶은 것은 과거나 지금이나 '정부형태에 대한 정치적 관심'이 '권리에 대한 사회적 관심'을 압도하였다는 사실이다. 어쩌면 우리 헌법은 마샬(T. H. Marshall)이 정리했던 시민권(citizenship)의 경로, 즉 시민권 → 참정권 → 사회권의 경로에서 벗어나 다른 길을 걸어왔는지도 모르겠다. 왜냐하면, 제헌 당시부터 대한민국 헌법은 적어도 형식과 선언에 있어서는 자유주의의 길, 즉 국가로부터의 소극적 자유를 훌쩍 건너뛰고 사회적 기본권, 또는 사회경제적 민주주의의 길을 표방하고 있기 때문이다(신우철 2011: 77). 우리 정치의 과제는 규정에만 있고 현실에는 존재하지 않았던 그 길, 즉 적극적 자유를 보장하는 복지국가의 길이야 말로 거듭 그리고 새로이 걸어가야 할 방향일 것이다.

둘째, 유신이나 긴급조치, 국가보안법과 중앙정보부 등의 초헌법적 조치와 공안기구의 팽창은 행정국가화 현상을 심화시켰고, 이는 시민사회 특히 노동권과 사회권을 보장할 복지국가의 저발전을 가져왔다. 이 시기에 이루어진 행정국가화 현상은 공안기구와 경제부처의 권한 강화와 이와 대조적인 사법부 및 사회부처의 종속화 현상과 더불어 진행되었다. 성장과 반공만을 앞세운 유신체제의 독주 속에서 분배와 복지를 외치는 야당과 노동의 목소리는 철저히 배제되었다. 많은 사회복지 연구자들이 한국의 사회복지법제의 기본적 특징으로 국가책임의 미약과 이에 따른 민간분야에의 의존을 들고 있다. 국가의 복지개입의 극소화, 잔여적 유형의 사회복지서비스 등은 강조점에서 다소의 차이가 있지만 크게 보면 이러한 특징을 표현한 것이라 할 수 있다.[24]

02 _ 법령과 시민사회

(1) 기부금품모집규제법 (1962년과 1970년 개정)

기부는 시민단체의 등장과 발전에 가장 큰 영향을 미치는 제도적 요인 중 하나이다. 정부의 시민단체에 대한 지원정책은 직접적 지원방식과 간접적 지원방식으로 나눌 수 있다. 전자는 "비영리민간단체의 전체 예산 혹은 일부 예산을 정부의 예산 지출을 통해 지원하는 방식"으로 주로 보조금 형태로 제공된다. 후자는 비영리단체에 대한 세금 감면 및 기부금에 대한 세제 혜택, 우편요금 및 통신요금 할인, 무료 공익광고, 정보 인프라 구축, 활동가 및 단체 역량 강화 지원, 공간 제공 등이 있다. 최근에 선진국의 지원은 대체로 간접적 지원방식에 집중되고 있다(박영선 2015: 23). 1951년에 제정된 '기부금품모집규제법'은 특정 단체와 영역에서의 기부금 모집을 정당화하였다는 점에서 간접적 지원방식에 해당되며, 이후 우리나라 시민사회의 양적·질적 발전에 대단히 중요한 영향을 끼쳤다.

사실 이 법은 한국전쟁으로 국가재정이 곤란하게 된 시점에서 시국대책 또는 멸공구국운동 등의 이름 아래 기부금품모집행위가 성행하고 있어 국민의 재산권 보장과 생활안정을 목적으로 전쟁 중에 제정되었다(1951. 11. 7. 법률 제224

호). 제정 이후 폐지될 때까지도 법인의 회원이나 정당 당원의 회비, 종교단체의 헌금, 학교의 기성회나 장학회 등의 후원금 등은 기부의 대상에서 제외하였다(제2조). 두고두고 문제가 된 항목은 기부단체를 구체적으로 명시하였던 제3조이다.[25] 제정 당시 법률은 서울특별시장이 기부심사위원회의 심사를 거쳐 기부를 허가할 수 있는데, 그 대상 단체를 다음과 같이 한정하였다.

① 국제적으로 행하여지는 구제 금품
② 천재, 지변 기타 이에 준하는 재액을 구휼하는데 필요한 금품
③ 국방기재를 헌납하기 위한 금품
④ 상이군경의 위문 또는 원호를 위한 금품
⑤ 자선사업에 충당하기 위한 금품

두 차례의 개정을 통해 기부 단체의 변화가 있었는데, 1962년 개정에서는 제정 당시의 상이군경과 자선사업이 사라지는 대신 현충기념시설의 설치와 자선사업에 충당하기 위한 금품, 전국적 규모로 사용할 수 있는 체육시설의 설치를 위한 금품과 올림픽에 참가할 선수의 파견을 위한 금품, 국제적인 반공기구의 설치를 위한 금품이 신설되었다. 이어 1970년 개정(법률 제2235호)에서는 국제기능올림픽대회에 참석할 선수의 파견을 위한 금품이 추가되었다.

1962년 개정 당시 상이군경단체를 제외한 데에는 군사정부의 영향이 컸다. 1950년대까지만 해도 우리나라의 보훈은 6·25 전후 전사자 및 부상자와 공비토벌희생자 지원에 한정되었다. 군사원호법(1950. 4. 14)과 경찰원호법(1951. 4. 12)이 제정되었지만 사회부, 내무부, 국방부, 체신부, 군경원호회 등 지원기관이 분산되어 있었고, 지원 내용 역시 생계부조, 직장알선, 수용보호지원에 머물렀다. 그러던 중 5·16 이후 국가를 위한 희생자에게 특별지원제도의 필요성이 부각되었고, 1961년 전담기구인 군사원호청이 설치(62년 원호처로 확대)되었고 군

사원호보상법 등 8개 법률이 제정됨으로써 지원제도가 법제화되었다. 지원 대상 역시 상이군경과 전몰군경유족부터 시작하여 독립유공자, 4·19희생자, 월남귀순자가 추가되었고, 그 내용 또한 연금지급, 유자녀교육지원, 직장알선, 대부지원, 양로·양육지원 등으로 확대되었다(이수진 2009: 514). 아울러, 상이용사라는 명목 하에 광범위하게 행해졌던 구걸 및 금품 요구에 대한 사회적 비난 여론의 확산 또한 상이군경을 제외하게 만든 요인이 되었다.

그렇다면 기부금품모집규제법이 우리나라의 시민사회 발전에 미친 영향은 무엇일까? 그것은 아마도 다양한 형태의 '국민성금'을 낳음으로써 정부가 허가한 제한된 영역에서의 사회활동과 사회단체를 낳았다는, 즉 사회단체의 관변·종속화 현상을 들 수 있다. 아직까지도 익숙한 방위성금, 체육성금, 원호성금, 올림픽성금, 불우이웃돕기성금, 수재의연금 등 국민성금은 이 법을 모태로 한 것이었다. 1960~70년대는 여전히 급증하는 복지욕구에 대해 국가가 사회복지제도의 도입을 통해 본격적으로 대응하지 않았던 단계에 속한다. 비록 의료보험법과 의료보호법을 통해 의료보장체계의 틀은 비교적 근대화한 것으로 갖추었으나 국민연금 등 소득보장의 중추적인 제도나 그외 사회복지서비스에 있어서는 아직까지도 그 책임을 민간에 전가하는 태도를 견지하고 있었다. 이러한 민간전가의 태도가 가장 극명하게 표현된 것이 1970년대 내내 이루어졌던 이른바 불우이웃돕기 성금모금이었다.

사실 불우이웃돕기 성금모금은 그 명칭부터가 사회적 잘못에 의한 피해의 사실을 감추는 의미를 갖고 있었다. 왜냐하면, 이미 재해구호법이 1962년 3월 제정·시행되고 있어서 시·도가 이재민에 대한 구호 주관기관으로 지정되어 있었기 때문이다. 또한 시·도는 보통세 수입의 0.5%를 재해구호기금으로 적립토록 하였고 실제 구호에 지출된 비용의 70%를 국가가 보조하고 있었다. 즉, 재해구호법에 의해 당시에도 국민들은 세금을 통해 이재민에 대한 사회적 도움 제공에 필요한 재원 조성에 참여하고 있었던 것이다. 따라서 불우이웃돕기라는 명칭은 별도로 사용할 필요가 없는 과잉의 용어였다. 물론 자연재해 등을 입은 사람은 불운한 경우라 할 것이며 이런 사람들을 돕는 일이 나쁜 것은 아니다. 하지만, 이미 이재민 등을 돕기 위한 사회적 장치를 마련한 터에 굳이 국가가 그에 추가하여 자발적인 도움을 동원하고 싶다면 이는 세금의 증액을 설득하여 접근할 일이지 초등학교 학생들에게까지 동전을 모아오게 하는 따위의 유치한 접근으로 할 일은 아니었다.

불우이웃돕기성금 모금으로 모아진 돈은 기금으로 적립되었는데 이것이 1983년에 제정된 사회복지사업기금법의 원천이 되었으며, 1980년대와 1990년 대에도 정부는 이 법에 의한 기금에서 복지시설에 대한 정부지원금을 충당하였다. 사회복지 관련 법률들과 '보조금의 예산 및 관리에 관한 법률'에 의해 규정된 복지시설에 대한 국고보조는 응당 조세수입에서 충당되어야 함에도 불우이웃돕기 성금으로 조성된 기금에서 이를 충당하였다는 것은 사회복지서비스에 대한 한국 정부의 태도가 얼마나 일천하였는가를 보여주는 표본적인 예이다(남찬섭 2006).

(2) 4대 보험의 기원과 발전

적지 않은 연구자들이 한국에서 복지정책의 시원으로 최고회의의 통치 시기(1961~1963)를 지목하고 있다. 이때에 이르러 사회보장에 관한 법률(1963), 산업재해보상법(1963), 의료보험법(1963), 공무원연금법(1961), 그리고 생활보호법(1961) 등이 제정되었다. 각 복지 입법은 다른 맥락에서 추진되었지만 공통 요인으로 군사정권의 정당성 강화 노력, 전후 복구의 50년대를 지나 산업화를 본격적으로 추진하게 된 경제적 상황, 박정희 대통령의 결단과 개혁 성향의 사회보장심의위원회의 활동의 결합 등을 들고 있다.

먼저 산재보험(1963)은 다른 보험보다 일찍이 그리고 저항이나 사회적 논란 없이 쉽게 도입되었다. 그 이유는 산재보험의 일반적 성격에서 찾을 수 있다.

서구사회에서도 이 제도 도입이 용이했던 것은 다른 보험에 비해서 목적이 상대적으로 명확하고 도덕적 해이나 이를 둘러싼 정치적 논쟁의 여지가 적었으며, 산재보상은 고용주의 부담을 분산시키는 효과가 있다는 점에서 고용주 친화적인 성격을 갖고 있다. 민주화 이전의 다른 복지정책과 마찬가지로 산재보험의 결정 역시 정당과 선거 등 정치적 요인들은 제도 변화의 주요 요인이 아니었다. 이 시기 정책결정은 행정부 중심으로 이루어졌고 노사관계는 노동자의 권리보호가 아니라 노동력 동원만이 주로 강조되는 노동자에게 불리한 구조였기 때문에 정책결정의 참여 자체가 매우 제한적이었다(우명숙 2008: 47).

한편, 의료보험(1963)은 산재보험과 달리 재분배 이슈를 둘러싼 전사회적 갈등이 필연적이고, 의사집단이 비토권을 소유하고 있으며, 정책 전문가 집단이 중요한 역할을 하는 복지정책의 특성을 고스란히 갖고 있다. 흥미로운 점은 1963년에 제정된 의료보험법이 '사회적 기원'을 갖고 있지 않은 정책적 고안물이라는 사실이다. 왜냐하면 당시 광공업 종사자는 8.7%뿐이었고 아직 산업화의 논리도 부재하였으며, 어떤 사회적·정치적 압력도 그리 크지 않았기 때문이다. 그 원인으로는 군사정부의 정책적 이념의 반영, 정당성의 빈곤에 대한 보완, 사회보장심의위원회의 선각자적 활동을 들 수 있다. 의료보험과 관련하여 민주화 이전의 정책 결정 맥락이 의회나 사회집단의 반발과 거부권이 부재한 상태에서 최고 권력자인 대통령과 보사부 관료들을 중심으로 진행되었다면, 민주화 이후인 1989년의 전국민의료보험 실시와 1999년의 국민건강보호법 제정은 사회단체와 시민운동의 역할이 주요하였던, 즉 의료보험 정책이 최초로 정부조직의 폐쇄회로를 벗어나 사회적 갈등과 압력에 직면한 것이라는 차이를 갖고 있다(조영재 2008: 87).

한국정치사에서 가장 권위주의적이었던 유신정권이었지만 국민복지연금제도(1961)는 정부 내 관련부처의 수렴은 물론 노·사, 학계, 언론계 등 여론 수렴을 거쳐 최종방안이 마련되었다는 점에서 역동적이고 다원적인 성격을 갖고 있다.

나아가 또 하나의 강성국가인 전두환 정부에 있어서도 보사부와 경제기획원은 나름대로 제도 시행(안)을 갖고 경쟁과 협력하였으며, 퇴직금 존치를 둘러싸고 기업과 노동계가 한 치의 양보도 없이 팽팽히 맞서고 정부가 중재하는 모습 등은 역동적인 정책결정과정의 한 단면을 보여주었다(양재진 2008: 148~149).

(3) 사회복지사업법(1970. 1. 1. 제정)

사회복지사업법은 우리나라의 사회복지시설과 서비스의 운용 지침을 담은 기본법이라 할 수 있다. 1970년대에 들어 새해 벽두에 이 법이 제정된 배경으로는 첫째, 사회복지관련 법인과 시설에 대한 규율의 체계화이다. 〈표 1-18〉은 1960년대에 사회복지시설의 설립과 운영의 주체에 대한 통계이다. 이 표에서 드러나듯이 사회복지시설 설립 및 운영에서 국가는 별다른 역할을 하지 못했다. 왜냐하면 설립 및 운영주체의 90%가 넘는 절대다수가 민간단체였기 때문이다. 또한 정부예산에서 보건사회부 예산이 차지하는 비율 또한 극히 적어, 1961년, 1965년, 1969년의 이 비율은 각각 2.56%, 3.34%, 2.98%에 불과하였다.

사회복지서비스의 절대다수를 민간단체가 담당하게 되었기 때문에 이들 단체의 관리·감독, 보조금 등의 지원 등에 대한 규율이 필요하게 되었다. 그리고 이와 같은 관리감독과 지원을 위해서는 관리감독과 지원의 대상이 되는 사회복지사업의 범위나 이들 단체의 법적인 성격과 위상을 확정할 필요가 있었다. 아울러, 개별법에서는 사회복지사업을 행하는 법인과 법인이 운영하는 사회

〈표 1-18〉 사회복지 시설 설립 및 운영주체 (%)

	국립	공립	사립	계
1963	9(1.3)	48(7.0)	631(91.7)	688
1966	5(0.7)	57(7.4)	704(91.9)	766
1967	14(1.8)	35(4.5)	727(93.7)	776

출처: 강만춘(1970: 17).

복지시설의 규율을 해당 법의 성격에 따라 규정하고 있었지만, 사회복지사업 전체를 모두 망라하여 법인의 설립과 운영 등에 대한 사항을 관장하는 법률은 없었다. 다만 해당 법인과 사회복지 시설에 대한 정부의 지도·감독·통제는 정부가 6·25전쟁 중에 임시적으로 만들어 놓은 잡다한 기준과 요령에 의해서 다소 편의적이고 비체계적인 방식으로 이루어지고 있었다. 이들 기준은 전시에 고아나 난민 등을 수용하는 시설의 급증에 따라 이를 관리할 최소 기준을 마련하고, 시설 설립을 등록제에서 허가제로 전환하고, 재단법인만이 시설을 운영하도록 하였다. 이처럼 개별법에서 각기 달리 규정되고, 장관훈령 등에 의해 임시 방편적으로 운영해왔던, 사회복지 사업을 수행하는 주체로서의 법인과 그 법인 등이 운영하는 시설이 통일적으로 규율될 필요가 있었다. 또한 이후에 도입될 수 있는 다른 사회복지 관련 제도를 위해서도 사회복지서비스를 위한 조직체계와 서비스 조직의 운영에 대한 기본법적 성격을 가지는 법이 필요했다. 이에 대해 당시 법안을 제안했던 윤인식 의원은 다음과 같이 설명하고 있다.

> 현재 우리나라에서는 생활보호법, 아동보호법 및 윤락행위방지법 등 사회복지에 관한 법률과 앞으로도 신체장애자의 복지를 위한 법률이나 기타의 사회복지에 관한 법률이 제정될 것으로 보이나 아직 사회관계법령의 기본적인 사회복지사업법의 제정을 보지 못하고 있어 이를 제안하게 된 것입니다.(국회사무처 1968: 1).

이처럼 이 법안의 실질적 의미는 무엇보다도 사회복지 법인 및 시설의 관리와 사회복지행정의 체계화에 있었음은 분명하다(심재진 2011: 288).

두 번째 배경은 외국원조의 감소와 사회복지예산의 부족에 대한 대응이다.

〈표 1-19〉는 1960년대 현재의 기초생활급여대상자와 유사한 생계보호대상자와 영세민에 대한 지원액에서 외국원조가 차지하는 비율을 보여주고 있다. 1968년을 제외하고는 외국원조가 지원액의 50% 이상을 넘었다. 또한 〈표

〈표 1-19〉 요보호대상자에 대한 지원 비율(%)

	국고	지방비	외원
1960	7		93
1962	32.4	15.7	51.9
1964	39.3	10.7	50
1966	28.0	9	63
1968	55.3	7.4	37.3

〈표 1-20〉 아동복지단체의 재정 원천 비율(%)

	정부보조	외국지원	자체소득	기부
1961	21.1	53.3	20.4	5.2
1962	20.0	56.0	18.0	6.0
1965	15.6	64.0	13.2	7.3
1966	17.4	53.3	18.7	10.6
1967	19.8	50.3	20.7	9.2
1968	22.2	52.5	16.8	8.5

출처: 강만춘(1970: 16)에서 재인용

1-20〉에서 알 수 있듯이 사회복지서비스시설의 하나로서 아동복지시설의 지원액 중 외국원조가 차지하는 비중이 매년 50% 이상을 차치하고 있다. 하지만 1960년대 중반 이후 미국경제의 쇠퇴와 미국의 대외원조의 대상이 중동 및 아프리카로 다원화되면서 우리나라에 대한 외원단체의 지원이 급감하게 된다. 아동시설에 대한 지원에서 두드러진 활약을 보인 미국기독교아동복리회(CCF)가 1968~69년 사이에 11개 시설에 대한 지원을 중단했고, 다른 단체에서도 사업규모 축소를 고려하였다. 이어 외원단체의 철수는 1970년대 초반에 집중적으로 진행되었다. 한국정부는 외원단체의 철수로 부족해진 재정을 충당할 방법을 모색해야 했고, 그 방법으로 제안된 것이 사회복지사업법상 사회복지공동모금회의 창설에 의한 공동모금의 활성화였다(최원규 1996: 213~6)

이러한 배경 속에서 추진된 사회복지사업법은 1966년(김성철 법안)과 1968년(윤인식 법안)에 두 차례 입법화 시도가 있었지만 무산되었고, 결국 1970년 4월에 공포·시행된다. 이 법의 핵심 내용은 ①사회복지사업의 범위 ②사회복지서비스 공급주체의 조건 및 자격 ③ 사회복지서비스의 재원 ④ 사회복지서비스의 전문성(인력) ⑤사회복지시설의 기준 및 운영방식 ⑥ 공급자간의 연대 등이다. 결국 사회복지사업법은 사회복지서비스를 위한 조직체계와 서비스조직의 운영에 대한 기본법적 성격을 갖는 법이라고 할 수 있다.

이 법이 한국의 사회복지, 나아가 시민사회에 미친 구조적 영향은 제법 크다. 그것은 첫째, 서구나 일본과 달리 사회복지에 대한 국가의 책임과 역할을 전혀 명시하지 않았다. 이와 같은 부재는 외국의 원조에 의존하고 민간단체가 중심이었으며, 경제개발과 국가안보가 우선이었던 당시의 사회 상황을 그대로 반영한 것이다. 이의 연장선에서 동 법은 사회복지사업의 공적 전달체계에 대한 규정이 전혀 없었다. 하지만 이웃 일본의 경우 사회복지사업법에 대한 국가책임을 명시하는데 그치지 않고 '복지에 관한 사무소'를 각 지방자치단체가 의무적으로 설치하도록 하고, 사무소의 조직과 직원의 수를 구체적으로 명시하도록 하였다(심재진 2011: 292).

둘째, 이 법의 제정과정에서 공동모금회의 구성이 가장 크게 부각되었는데, 이는 국가의 책임이 방기된 상태에서 복지재정 문제가 다소 왜곡된 형태로 표현된 것이라 할 수 있다. 실제로 이 법에 따라 1970년 7월 20일 사회복지공동모금회가 창립되었다(매일경제신문 1970. 7. 21). 이 조직의 회장은 이 법안을 제안했던 윤인식 국회의원이 맡았고, 내무부로부터 '기부금품모금에 관한 허가'(1972. 9. 29)를 얻어 활동을 시작했다. 그러나 모금 실적이 극히 부진해 활동을 시작한 지 1년이 안된 1973년 5월 회장단 등이 사퇴하면서 그 기능이 마비되었다(경향신문 1973. 7. 20).

셋째, 동 법은 공급주체로서 국가와 지방자치단체의 책임과 역할은 명시하지 않는 대신 민간단체인 사회복지법인에 대한 규정은 매우 상세하게 적고 있다. 우선 사회복지법인은 "사회복지사업을 행할 것을 목적으로 이 법의 규정에 의하여 설립되는 법인 또는 그 연합체"로 정의된다. 이 사회복지법인을 설립하기 위해서는 보건사회부장관의 설립허가를 받고 주사무소의 소재지에서 설립등기를 하도록 규정했다. 이외에도 법인의 정관의 기재사항, 임원의 수와 임기, 임원의 결격사유, 관련 서류의 비치 의무, 정관변경 등의 허가 등 법인의 설립과 운영에 대해 매우 상세하게 규정했다. 이 때문에 사회복지를 둘러싼 법적 판례와 송사는 거의 전부가 사회복지법인에 관련된 것이다. 즉 사회복지사업법은 사회복지서비스의 기본법임에도 불구하고, 이에 대한 법리적 분쟁과 공방은 사회복지법인의 설립과 운영 그리고 활동에 한정되어 왔다.

많은 사회복지 연구자들이 한국의 사회복지법제의 특징으로 국가책임의 미약과 이에 따른 민간분야에의 의존을 들고 있다. 사회복지 재정의 부족뿐만 아니라 복지서비스가 공급되는 방식 역시 공적 전달체계를 구축하여 이루어지기보다는 주로 복지법인 등 비영리민간부문을 통해 이루어진다. 정부는 사회복지법인과 위탁계약을 맺거나 복지법인이 운영하는 보조금을 지급하여 서비스를 전달한다. 지금까지 살펴보았듯이 오늘날 목격하고 있는 사회복지서비스의 구조적 특징들의 뿌리를 사회복지서비스법에서 찾을 수 있다.

(4) 경범죄처벌법(1954. 4. 1. 제정)

권위주의 시대에 일반 시민들의 삶을 내밀하게 규정한 것은 무엇보다도 경범죄였다. 실제로 '경범죄'는 그 명칭과는 달리 범죄 구성 요건에 '범죄'로 보기에는 여러 문제점을 안고 있는 규정이 포함되어 있어, 이 법률의 합헌성과 타당성을 둘러싼 논의가 끊임없이 제기되어 왔다.

오늘날의 경범죄의 기원은 식민시대 일본의 '경찰범처벌령'을 적용한 '경찰범처벌규칙'(조선총독부법령 제40호, 1912. 3. 25)이다. 이들 조항은 오늘날 한국에서의 경범죄처벌법에서 정하는 경범죄의 내용과 매우 흡사하다. 또한 경범죄는 일본에서 시행되었던 '위경죄즉결례'를 원용한 것이다. '위경죄즉결례'는 경찰서장 또는 그를 대리하는 관리에게 관할 내에서 발생한 '위경죄'에 대하여 정식 재판에 따르지 아니하고 처벌할 수 있는 권한을 부여한 것이다.[26] 어쨌든 '경찰범처벌규칙'은 구류·과료로 처벌하던 것에서 비롯된 것으로서 즉결처분 규정과 함께 일제 강점기에 이 땅의 사람들에게 공포의 존재로 군림했던 '순사' 권력의 사실상의 근거였다는 점에서 지금도 일부에서는 동 법의 전면 폐기를 주장하고 있다

(이근우 2014: 125). 일제와 미군정을 거쳐 시민들의 일거수일투족을 규제하였던 경찰범처벌규칙은 1954년에야 비로소 폐지되고, 경범죄처벌법으로 대체입법 되었다. 즉, 기존의 제도인 일제와 미군정의 제도가 그대로 승계된 것이다. 이러한 이유는 정부가 수립된 이후에도 이승만 정권은 '일제'와 '미군정'이 한국 민중에게 행한 억압성 내지 통제력 면에서 '경범죄처벌'만큼 유효한 장치가 드물었음을 경험적으로 체득하였기 때문이라고 보인다(이선엽 2009: 9).

앞서 쿠데타로 등장한 박정희 정권이 군정 기간 동안 반공법 및 집시법제정 등을 통해 사회통제의 견고한 기반을 마련하였음을 보았다. 쿠데타로 인한 정당성의 위기에 놓여 있던 박정권은 각종 공안 입법과 더불어, 좀 더 국민들의 개인생활에 대한 통제를 통해 사회적 억압의 정도를 지속적으로 유지시켜 나갈 필요가 있었다고 보았다. 이에 따라, 경범죄처벌법의 개정(1963)을 통해 도로교통법 및 밀항단속법과 중복되는 조항을 삭제하고, '공안유지'상 필요한 죄의 유형을 추가하였다.

시민사회의 관점에서 주목할 부분은 유신체제 수립 이후 단행된 제2차 개정(1973. 2. 8)이었다. 이 시점에서 경범죄처벌법은 한국사회에 만연되고 있는 퇴폐풍조를 단속한다는 미명하에 경범죄 처벌대상의 폭을 늘렸다. 추가된 범죄유형을 보면, 함부로 휴지·담배꽁초를 버리거나 침을 뱉는 행위, 술주정행위, 유언비어 유포행위, '장발'·'비천한 복장'을 하거나 신체의 과다한 노출행위, 비밀댄스 교습행위 및 그 장소제공행위, 암표매도행위, 새치기행위, 출입금지구역이나 장소에의 무단출입행위, 폭발물의 조작·장난행위가 추가된 것이다. 대부분 행위책임의 영역에 해당하는 것이며, 상태책임에 대한 것은 찾아보기 어렵다. 즉, 경찰관이 개개인의 행위에 적극 개입할 수 있는 영역을 크게 확보해 준 셈이다.

특히 여기서 문제가 되는 것은 소위 미니스커트 단속과 장발 단속이다.[27] 1973년의 개정 당시 경범죄 처벌 조항에 '공중의 눈에 뜨이는 장소에서 신체를 과도하게 노출하거나 안까지 투시되는 옷을 착용하거나 또는 치부를 노출하여 타인에게 혐오감을 주게 한 자'(제44조)와 '남녀를 구별할 수 없을 만큼 긴 머리를 함으로써 좋은 풍속을 해친 남자 또는 점잖지 못한 옷차림을 하거나 장식물을 달고 다님으로서 좋은 풍속을 해친 사람'(제45조)이 추가되었다.[28] 그렇다면 박정희 정권은 왜 일반 시민들의 사적 취향과 선호마저 권력의 잣대[29]로 재단하고자 했을까? 다음과 같은 설명에서 그 해답의 단초를 발견할 수 있다(윤재걸 1995: 177).

과거 봉두난발을 연상시키는 장발을 통해 젊은이들은 무한한 자유를 만끽했다. 장발은 가식 없는 자아의 발현과 규제 없는 자기표현을 뜻했다. 이러한 장발 풍조는 어느새 저항의 상징으로 반항의 도도한 흐름을 형성, 정치적 억압에 도전하기 시작했다. 박 정권은 장발 단속에 나섰다. 파출소마다 장발자들을 잡아 머리를 깎는 폭력이 자행됐다. 어떤 이는 이를 제2의 단발령이라고 말했다.

1980년에 집권한 신군부는 경제성장 뿐 만 아니라 사회질서 유지라는 명분으로 '사회정화'의 이데올로기를 통해 강력한 사회통제 체제를 형성해 나갔다. 이러한 시기에, 또한 '경범죄' 개정(1980. 12. 31)에 추가된 범죄유형은 '무전취식 및 무임승차행위,' '도로변에서 뱀 등을 판매하는 등의 행위,' '장난전화 또는 편지의 반복으로 타인을 괴롭히는 행위' 및 '금연구역에서의 흡연행위'를 포함하게 되었다. 한편, 경범의 유형 중 정형적이고 경미한 사범에 대하여 간이 과벌 절차인 '통고처분제도'(범칙금 납부)를 실시하기에 이른다. 제4차 개정(1983. 12. 30. 전부개정)에서는 전두환 정권이 국민으로 하여금 '선진화'와 '사회질서'라는 명분을 내세워 '사적 공간'에 대한 통제를 강화하기 시작한다.

경범죄처벌법은 지금까지 11차례의 개정을 거치면서, 한국의 정치사회적 상황에 인접해 있었다. 특히, 권위주의 정권에서는 사회적 억압의 수단으로서 경범죄의 범죄유형이 새로이 추가되는 등 개인의 생활에 대한 경찰권의 개입근거가 지속적으로 확장되어 왔다(이선엽 2009: 16). 그러나 민주화기에 이르러, 악법으로 불리는 독소조항이 삭제되는 등의 진전도 있었다.

(5) 가족법」(家族法)

가족법[30]은 하나의 법률이 시민운동에 미친 중대한 효과를 발견할 수 있는 매우 드문 사례이다. 1960년 1월 1일에 시행된 민법전은 호주제를 중심으로 한 전통적인 가족제도에 기초를 두었기 때문에 그 후의 사회발전과 전혀 맞지 않았을 뿐만 아니라 남녀평등의 헌법정신에도 위배되어 여성계를 중심으로 폭넓은 개정 요구가 대두되었다.

하지만 1960년대의 여성운동은 이를 정면에서 다룰 만큼 전국적인 조직화나 이념적인 성숙도에서 취약하였다.[31] 이는 1968년에 행해진 24개 여성단체에 대한 조사에서 단지 1개 단체만이 여권옹호를 핵심 활동으로 내세웠다는 사실에서 잘 드러난다(정충량·이효재 1969: 245). 나머지 단체의 경우 그 활동이 여성적인 교양과 자질 향상, 회원 상호의 친목 및 복리 증진, 사회복지를 위한 봉사활동 및 반공정책 관련 활동 등이었다. 이 단체들은 회원의 자발적인 참여나 재정적 기여에 기반을 두기보다는 지도자 개인들의 재정조달이나 조직적 역량에 따라 구성된 경우가 많았기 때문에 회원들은 수동적이었다. 이런 속성 때문에 적지 않은 단체들이 정권을 지지하는 대가로 이권과 재정지원을 받았다. 그래서 1960년대는 여성운동의 이슈나 실천 활동에서 해방공간이나 50년대보다도 더 후퇴하였던 시기라 평가할 수 있다(정현백 2006: 10).

1970년대는 이전 시기보다 사회적으로 여성의 권리의식이 확산되고 지위 향상을 위한 활동도 보다 활발해진 시기였다. 1970년대의 여성운동은 가부장적 차별과 불평등으로 집약되는 가족법 개정운동을 중심으로 전개되었다. 우선 1950~60년대에 이어 호주권, 상속권, 친권 등의 개정을 통해 가족내 여성의 열악한 지위를 개선하고자 했다. 1972년에는 '여협', YWCA, 가정법률상담소가 주축이 되고 61개 단체가 참여하여 '여성가족법개정촉진회'를 결성하여 활동하였고 1977년에는 가족법이 부분적으로나마 개정되었다. 여성단체들은 300회 이상의 계몽강연과 가두캠페인 등을 벌였지만, 유림의 격렬한 반대, 유신정권 아래에서 민주주의가 봉쇄당하던 억압적 상황, 지도부의 노선 분열 때문에 지엽적으로 개정된 법안이 통과되었던 것이다.[32]

1970년대의 가족법 개정운동은 정부수립 이래 여성의 권익을 증대하고 가부장적 권력을 약화시켜 사적 영역에서 양성평등을 실현시킨 중요한 정치적 실천운동으로 평가될 수 있다. 비록 여성단체의 요구가 모두 관철되지는 못했으나 국가권력조차 외면하는 법적 평등을 여성 스스로 이루어냈다는 데 의의가 있다. 또한 당시 가족법 개정 운동은 법 개정에 참여하는 여성의 수가 늘고 전국적인 조직화가 이루어졌을 뿐만 아니라 이념과 상관없이 모든 여성단체들이 전근대적이고 가부장적인 가족법에 도전하여 중요한 내용을 변경시킬 수 있다는 자신감을 얻었다는 점에서 여성운동의 발전에 중요한 기여를 하였다.

1980년대에는 가족법 개정과 더불어 폭력근절이나 고용평등 등 여성운동의 영역이 급속하게 확장된 시기였다. 이를 좀 더 살펴보면 1984년 7월에는 한국여성단체협의회를 중심으로 41개 여성단체가 발기하여 '가족법개정을 위한 여성단체연합'을 결성하였다. 또한 이전과는 달리, 주도적으로 여성정책 의제들을 제기하고 요구하는 전문적 여성단체가 출현하기 시작했다. 민주화운동 과정에서 각 계층별, 지역별로 확산되고 성장한 진보적인 여성운동은 1987년 한국여성단체연합(이하 여연)의 결성으로 그 정점을 이루게 되었다. 또한 여성평우회('여성민우회'로 개칭)는 독자적인 여성운동체로서 여성해방 이념을 갖춘 조직 운동을 분단 이후 최초로 시도하였다. 이러한 조직화와 이론화에 힘입어 중대한 진전을 담은 가족법 개정안이 제13대 국회에서 통과되었다.(한국여성단체협의회 1989: 217~222). 1958년에 제정된 가족법이 30여 년 동안 여성단체의 지속적인 노력에 힘입어 개정됨으로써 가부장적 조항들이 상당히 개선되었다.[33]

요컨대 1950년대부터 1980년대까지의 가족법 제정 및 개정의 역사는 가족법에서 개인의 자유와 평등에 반하는 전근대적인 요소, 즉 성차별적 규정, 개인의 인격에 반하는 규정, 개인의 자유를 지나치게 억압하는 규정을 배제시키는 지난한 과정이었다. 이러한 의미에서 '가족법 개정의 역사는 여성인권의 운동사'였다(안경희 2014: 124).

(6) 환경보전법(1977. 12. 제정)

공해방지법의 제정(1963. 11) 시점을 고려할 때 우리나라의 환경입법이 다른 나라보다 많이 뒤처진 것은 아니었다. 하지만 공해방지법은 경제발전을 위한 외자도입에 필요한 절차와 입법의 구색 요건으로 제정되었기 때문에 제정과 더불어 실질적으로는 사문화되었다(환경처 1990: 23~25). 이때까지만 해도 환경행정은 보건사회부 환경위생과의 공해계(1967. 2)가 담당할 정도로 필요한 예산과 조직이 빈약하였다. 1977년 3월에는 환경행정의 효율화를 위해 공해관리관을 환경위생국으로 분리, 차관 직속의 환경관리관(2급)으로 개편하는 동시에 그 밑에 환경기획담당관, 대기보전담당관, 수질보전담당관을 두었으나 고도성장이 국가정책의 최우선 목표였기 때문에 환경문제는 위생관리 또는 공해방지 차원을 넘지 못했다.

하지만 3차에 걸친 경제개발계획의 성공적인 추진으로 환경문제가 심화되고, 소극적·미온적 환경정책에서 탈피하여 환경문제에 보다 능동적으로 대처해야 한다는 인식과 목소리가 높아져, 이는 환경보전법의 제정(1977. 12)으로 나타났다. 환경보전법은 종래 위생법적 성격을 띤 공해방지법을 전면 개편, 강화시킨 법으로써 환경기준의 설정, 환경영향평가의 실시, 특별대책지역의 지정, 사업자에 대한 오염방지 비용부담 등 환경행정에 있어서 획기적인 전환을 가져왔다(환경처 1990: 42).

환경보전법의 제정 이후 환경문제에 대한 사회 전반의 인식이 높아졌고, 이는 일정 부분 개정 헌법에 환경권의 명문화로 나타났다. 제5공화국 헌법은 제33조에서 "모든 국민은 깨끗한 환경에서 생활할 권리를 가지며 국가와 국민은 환경보전을 위하여 노력하여야 한다"고 규정하여 국민의 기본적 권리로서 환경권을 천명하였다. 헌법상 환경권을 구현하기 위하여 1981년 12월에 개전된 환경보전법은 제1조에서 "환경오염으로 인한 위해를 방지하고 자연환경 및 생활환경을 적정하게 관리 보전함"을 그 목적으로 하였을 뿐만 아니라 제5차 경제사회개발계획의 환경보전부문계획 정책목표를 '경제성장과 환경보전의 조화'에 두었다. 제6공화국 헌법 제35조에서는 "모든 국민은 건강하고 쾌적한 환경에서 생활할 권리를 가지며 국가와 국민은 환경보전을 위하여 노력하여야 한다. 환경권의 내용과 행사에 관하여는 법률로 정한다"고 규정하여 제5공화국 헌법의 선언적 의미의 환경권에서 국민의 실질적인 생활기본권으로 법적·정책적 뒷받침이 되는 환경권을 구체적으로 명시하였다.

동 법의 제정과 환경권의 명문화 이후 강력한 통제권과 조정권을 행사할 수 있는 부 또는 처의 지위를 가진 중앙행정기관의 설치를 주장하기도 했으나 최종적으로는 보건사회부 외청의 지위를 갖는 환경청이 발족(1980. 1. 15)되었다. 이로써 15개 부처에 분산되어 있는 환경업무의 일원화와 함께 종합적이고 체계적으로 환경정책의 통합·조정기능을 가진 환경행정 추진기반이 마련되었다. 1980년 7월 일선 집행기관으로서 전국 6개소의 지방환경측정관리사무소가 설치되었다. 하지만 지역특성에 따른 대책의 수립 시행 및 환경영향권별 환경보전계획을 수립하고 오염관리 업무를 효율적으로 수행할 수 있는 지방환경 관청이 요청됨에 따라 1986년 10월 지방환경지청(서울, 부산, 광주, 대구, 대전, 원주)이 설치되었다. 1986년 12월에는 동 법을 개정하여 환경영향평가 대상을 민간사업으로 확대, 폐기물관리법을 개정하여 환경보전법과 오물청소법으로 2원화되어 있는 폐기물 관리를 단일화하였다(환경처 1990: 52).

(7) 검열의 시대: 방송법·음반법·영화법

1) 「방송법」의 제정과 방송 및 출판에 대한 사전 심의

5.16 직후 군사정부는 1961년 5월 21일 계엄사령부 포고 제5호 '문화예술 행사 및 흥행에 관한 사항준수'와 계엄사령부 공고 제4호 '영화검열업무실시'를 통하여 공연과 영화에 대한 통제를 시행하였다.[34] 쿠데타 세력은 1961년 5월 22일 국가재건최고회의 포고 제6호를 공포, 기존의 모든 사회문화단체를 해산시키는 한편 문화예술제를 총망라한 새로운 조직을 만드는 통폐합작업에 착수한다. 이어, 1961년 5월 20일 공보처를 공보부로 격상시키고, 직제를 제정함으로써 문화예술 담당부서의 역할을 확대하였다. 문화계의 통폐합 추진은 문교부와 공보부를 중심으로 조직적으로 이루어졌다. 1961년 12월 5일 정부의 주선으로 문화예술계 각 부문을 대표하는 30여 명의 문화예술인들이 조선호텔에 모인다. 이들은 이승만 정부 하에서 최대의 문화예술 단체였던 전국문화단체총연합회를 해체하고, 한국예술문화단체총연합회(이하 예총)의 결성을 위한 창립위원회를 구성한다. 예총은 1962년 1월 사단법인으로 설립인가를 받고 출범하게 되는데, 예총의 출범은 기존에 자발적으로 결성된 문화예술단체를 통폐합하는 조치였다.

이처럼 박정희 정부는 5.16 직후부터 문화행정의 체계 확립과 문화정책의 기틀 조성을 내걸고 문화예술 관계 법률을 전면 재정비하였다. 1962년 12월 26일 전면개정 헌법(제6호)의 18조 1항에서 "모든 국민은 언론·출판의 자유와 집회·결사의 자유를 가진다"고 하여 표현의 자유에 대한 기본권을 명확히 제시하면서도, 같은 조의 2항에서 "다만, 공중도덕과 사회윤리를 위해서는 영화나 연예에 대한 검열을 할 수 있다"고 하여 문화예술의 표현에 대한 제한을 합헌적인 행위로 규정했다. 이러한 헌법 개정은 향후 각종 문화예술 관련 검열기구의 조직과 장치 및 조치를 시행할 수 있는 근거가 되었다. 특히 조항에 나타난 검열 대상은 영화와 연예, 음악 등 대중예술에 집중되었다. 정부는 1961년 12월 30일 공연법(법률 제902호)를 제정하고, 1962년 1월 20일 영화법(법률 제995호),

1967년 3월 30일 음반에 관한 법률(법률 제1944호, 이하 음반법)을 차례로 제정하는 등 법체계 확립에 매진하였다.

5·16 직후 비상계엄 하에서 군부세력은 '군사혁명위원회'의 포고 제1호(1961. 5. 16)에 의해 노골적으로 언론에 대한 사전검열을 실시하였다. 또한, '국가재건최고회의 포고 제11호'(1961. 5. 23)에 의거하여 일간지 76개, 통신 305개, 주간지 453개의 무더기 폐간 등 신문·통신·정기간행물의 대대적 정비와 사이비 기자의 대량 구속을 감행하였다. 군사정부의 강압적인 언론정책에 위기의식을 느꼈던 언론계는 자구책의 일환으로 한국신문윤리위원회를 발족시켰다. 정부의 통제를 받기보다 자율적으로 규제하여 외부의 간여를 방지하겠다는 의도였다. 이어 사회정화를 명분으로 한국방송윤리위원회(1962. 6. 14/ 이하 방윤), 한국잡지윤리위원회(1965. 7. 10), 한국주간신문윤리위원회(1966. 6. 8), 한국아동만화윤리위원회(1968. 8. 30), 한국도서출판윤리위원회(1969. 3. 24)가 연이어 발족되었다. 이러한 윤리위원회의 성격은 구성상 각 분야의 민간단체와 그 대표자들이 참여한 민간자율 심의기구였으나, 창립과정에는 정부의 관계기관이 깊게 관여하였다.

가장 대표적인 기구가 방윤이었다. 방윤은 창설 당시에는 방송국 자치기구로 행정력이 없었기에 직접적인 규제력을 발휘하지 못했다. 1963년 12월 16일 방송법(법률 제 1,535호)의 제정과 제4조 "국내의 모든 방송국은 방송의 공공성과 그 질서를 자율적인 방법으로 유지하기 위하여 방송윤리위원회를 조직하여야 한다."는 규정에 의해 법적 기구가 되었다. 1973년 개정 방송법(법률 제 2,535호)에서는 각 방송국에 심의실을 설치하여 사전 심의를 의무화하였다. 방윤은 방송내용의 심의권한과 각 방송국의 프로그램 제작 관계자에 대해 견책, 근신, 출연정지, 집필정지 등의 제재를 요구할 수 있는 권한을 갖고 있었고, 설립 취지의 실현과 심의를 위해 방송윤리규정, 방송심의규정, 방송심의준칙 등을 제정하였다.

방송에서 가장 직접적으로 심의 규제를 받은 분야가 대중가요였다. 1965년 11월부터 1976년 5월까지는 방윤 산하 '방송가요심의위원회'(1965. 11~1976. 5)에서 자체적 기준을 정하여 대상 가요를 직접 심의하였으나, 1976년 5월 이후부터는 방송윤리위원회 내의 '공연윤리위원회'(이하 공윤)에서 심의 결정하였다. 이는 1981년에 바뀐 방송심의위원회까지 이어졌다. 1976년 이후에도 공윤의 통보는 없었으나 방송 상 문제가 될 것이라고 생각한 곡은 방윤 산하의 소위원회에서 결정하여 금지시키기도 했다. 이처럼 방송가요심의위원회는 방윤 역사에서 자체 심의 결정권을 갖고 가장 오랜 기간 동안 존재했고, 위원회 구성에 있어 전문성을 가졌던 기구였다.

방윤의 음반 가요에 대한 심의조치는 1965년 3월 1일 방송금지 1호인 조명암 작사의 '기로의 청혼'이 '작사자 월북'이라는 사유로 금지되면서 시작되었다. 방송금지 사유로는 작사가월북, 저속(가사·곡·창법), 왜색(곡·창법), 표절(곡·가

〈표 1-21〉 금지 가요 현황

금지사유		금지곡수		금지곡 중 비율	
저속	가사	207	278	24.7%	33.2%
	곡	17		2.0%	
	창법	54		6.5%	
왜색	곡	229	253	27.4%	30.3%
	창법	24		2.9%	
표절	곡	133	143	15.9%	17.1%
	가사	10		1.2%%	
월북	작사. 작곡가	95		11.3%	
주체성 침해		2		0.2%	
냉소.		4		0.5%	
애상, 비탄, 허무, 체념		23		2.7%	
잔인, 비참		4		0.5%	
기타		35		4.2%	
총계		837		100%	

사), 퇴폐, 품위 없음, 불건전, 치졸, 허무, 비탄, 애상, 불신감 조장, 방송 부적, 기타 등으로 공윤의 금지사유와 동일하였으며, 공윤의 사유 외에 '방송 부적(不適)'이라는 방송 금지에만 있는 사유가 추가되었다.

방송위원회에 의해 일괄적으로 심의되던 가요의 방송심의는 1996년 10월 31일 헌법재판소가 공윤의 음반에 대한 사전심의제가 헌법 위반(위헌)이라고 판결한 후 변화한다. 방송위원회도 공윤과 동일한 성격을 가진 행정기구이기에 방송의 사전심의도 위헌소지가 있다는 문제제기와 함께 프로그램 등급제 등 자율심의를 강화해야한다는 주장이 제기되었고, 이후 방송위원회의 일괄적 사전심의는 사라지고 각 방송사별 자체 심의로 전환된다.[35)]

2) 음반법(1967)의 제정과 가요 및 음반의 사전 심의

한국예술문화윤리위원회(예륜)은 1966년부터 작사·작곡을 포함한 음악작품에 대한 심의를 실시하였으나 유명무실한 수준이었다. 강제적 권한이 없는 민간자율 심의기구이다 보니 금지곡으로 결정된 것이 음반으로 제작·발매된

〈표 1-22〉 예륜 금지곡 사유별 현황 (1968.2~76.5)

금지사유		금지곡 수		금지곡 중 비율	
저속 퇴폐	가사	70	123	18.6%	32.7%
	곡	10		2.7%	
	창법	6		1.6%	
	저속·퇴폐	37		9.8%	
왜색	곡	66	68	17.6%	18.1%
	창법	2		0.5%	
표절	곡	47	52	12.5%	13.8%
	가사	5		1.3%	
월북 작사·작곡가		89		23.7%	
기타		44		11.7%	
총계		376		100%	

경우가 허다했고, 이에 대한 사후대책도 없었다. 1967년 3월 30일 "음반의 내용의 질적 향상을 도모하여 민족예술의 진흥과 국민정서생활의 순화를 기하기 위하여 음반에 관한 사항의 규정함을 목적"으로 '음반에 관한 법률'(법률 제1944호)이 제정되면서, 가요 및 음반에 대한 본격적인 심의 활동이 이루어졌다. 1971년 1월 22일 음반법(법률 제2308호)이 일부 개정되면서 가요 음반에 대한 심의기준인 제10조의 내용 폭이 넓어져 검열이 강화되었다.[36]

3) 영화법(1962)의 제정과 영화의 사전심의

1962년 1월 20일 한국 최초의 영화법(법률 제995호)이 공포되었다. 제정 영화법은 제10조(상영허가)와 제14조(상영허가취소), 제15조(상영정지 등 처분) 등을 통하여 검열을 대신했다. 1966년 8월 3일 개정된 제2차 영화법(법률 제1830호)는 영화검열의 법적 근거를 갖게 한다. 제11조(신고와 검열)에서 '검열'이란 용어를 처음으로 명시하였다. 11조를 통하여 사전검열이 법제화된 것이다. 뿐만 아니라 제정 영화법에서 시행규칙에 포함됐던 검열기준을 제13조에 명시하여 검열을 전면화하였다.

1975년 개정 공연법(법률 2884호)은 제25조 3항에 공연윤리위원회의 설치를 명시하고 있으며, 이에 따라 예륜은 1976년 5월 7일 해체되고, 5월 12일 법정 위원회로 한국공연윤리위원회가 설치되었다. 그리고 공윤으로 하여금 공연활동

〈표 1-23〉 한국예술문화윤리위원회 연도별 영화 심의통계

연도	무수정	수정	반려	계
1970	156	—	6	162
1971	137	35	10	182
1972	48	55	11	114
1973	17	26	19	62
1974	33	3	20	56
1975	7	5	23	35

을 심의하고, 공연자, 공연장 경영자에게 공연의 금지 및 기타의 필요한 시정요구를 할 수 있도록 명시했다. 공윤의 설립 목적은 "공연의 공공성과 그 질서 및 품위를 유지 향상케 함으로써 건전한 국민기풍을 진작하고 민족문화의 발전에 이바지함"(공윤회칙 제3조 목적)에 두었으며, "영화각본, 가요 및 음반의 기사와 악보, 무대공연물의 각본에 대한 사전심의, 영화검열심사, 완제음반의 사후심의, 무대공연물 공연실태 및 음반 유통실태 조사확인"을 사업으로 추진하였다. 곧 공윤은 예륜의 후신으로 예륜의 모든 심의 업무를 이어받는다. 공윤은 민간자율심의기구였던 예륜에 비해 법정 기구라는 큰 차이를 갖고 있었다. 이에 따라 공윤은 예륜에 비해 막강한 검열권을 실질적으로 행사했고, 이는 국가가 문화예술 통제에 대해 조직적이고 제도적으로 접근하였음을 의미하였다. 공윤의 구성은 위원장, 부위원장, 감사 각 1인을 포함한 10인 이상 20인 이내의 위원으로 구성되며, 위원의 자격은 예술, 언론, 방송, 출판, 공연, 교육 등에 관하여 학식과 경험이 풍부한 민간인으로 문화공보부 장관이 위촉하였다. 하지만 문화공보부로부터 각종 지침을 하달 받는 등 정부 정책에 의해 사업추진 방향이 결정되었기에, 공윤은 정부의 통제와 관리를 받았던 반관반민의 기구였다고 평가할 수 있다.

공윤이 발족된 후 연도별 가요음반의 심의통계를 살펴보면, 1976년부터 시작해서 79년에 수정·반려 비율이 절정을 이룬다. 이는 예륜에서 공윤으로 개편된 초기 시기로 예륜에 비해 법적 심의기구의 위상을 갖춘 공윤의 강화된 심의 상황을 엿볼 수 있으며, 1975년 긴급조치 9호와 '공연활동의 정화대책' 이후 유신체제의 혹독한 검열상황을 보여주는 것이기도 하다.

정리하자면 이 시기는 예술과 문화영역에 정부가 합법적으로 사전 검열을 하였던 야만의 시대였다. 1962년 헌법에서는 제18조 제2항에 "다만 공중도덕과 사회윤리를 위해서는 영화와 연예에 대한 검열을 할 수 있다"고 하여 영화와 연예와 같은 대중문화의 표현에 재갈을 물렸다. 게다가 제5항에서는 "언론·출판은 타인의 명예나 권리 또는 공중도덕이나 사회윤리를 침해하여서는 아니 된다"고 규정해서, 사실상 헌법상의 검열을 가능하도록 했다. 1980년 헌법 개정시 "영화나 연예에 대한 검열을 할 수 있다"는 규정이 삭제되고, 1987년 헌법 개정에 와서야 "언론·출판에 대한 허가와 검열은 인정되지 않는다"(제 21조 제2항)가 명문으로 들어가게 되었다.

(8) 교육정상화 및 과열해소방안(1980. 7. 30 조치)

광주민주항쟁을 무력 진압한 신군부는 민심수습책의 일환[37]으로 1980년

〈표 1-24〉 공윤의 연도별 검열 상황

연도	무수정	수정	반려	계
1976	8,759	994	113	9,866
1977	17,196	1,383	181	18,760
1978	18,820	1,738	194	20,752
1979	31,201	2,033	281	33,515
1980	27,672	982	332	28,986
1981	23,378	367	193	23,938
1982	28,763	295	203	29,261
1983	33,076	241	204	33,521
1984	34,306	560	228	35,094
1985	30,749	930	139	31,818
1986	37,790	547	241	38,578
1987	39,400	542	255	40,197
1988	37,702	379	69	38,150
1989	39,702	569	125	40,396
1990	113,275	501	232	114,008
1991	137,390	523	326	138,239
1992	128,448	514	603	129,565
1993	136,134	760	833	137,727
1994	112,850	371	375	113,596
1995	101,190	357	518	102,065
1996	40,167	40	115	40,322

7월 30일 국가보위비상대책위원회(이하 國保委)를 통해 소위 7·30 교육개혁이라 불리는 '교육정상화 및 과열과외해소방안'을 발표하였다. 이 조치에는 대입본고사 폐지, 졸업정원제 실시, 과외금지 등의 내용이 들어있었는데, 그중 가장 큰 사회적 관심을 끈 것이 국영기업체 임직원을 포함한 모든 공직자와 기업인, 의사, 변호사 등 사회지도급 인사들의 자녀에 대한 어떤 형태의 과외도 금지한다는 내용과 사설학원에서의 중고등학교 재학생에 의한 수강행위를 금지한다는 내용이었다.

7·30 조치의 이행과정은 국보위 산하의 상임위원회로 출발하였던 사회정화위원회를 필두로 범정부적인 차원에서 진행되었다. 당시 단속체계는 사회정화위원회(공직자 담당), 시도교육청(학원 담당), 각 경찰서(지역주민담당)로 삼분화(三分化)되어 있었다. 정화위가 문교부 위에서 집행기관과의 조정역할을 맡았고, 문교부 산하의 시도교육위에는 특별단속반이, 학교별 정화추진위에는 과외점검반이 별도로 운영되었으며, 치안본부 산하 각 경찰서에는 대공 및 정보과 형사로 구성된 과외단속반이 설치되었다. 국세청은 기업인이나 고소득자영업자들 자녀들의 과외사실을 고발하는 과외신고센터를 설치하고, 사실 확인 후에는 소득세과에서 세무조사를 담당하였다. 과도한 과외단속과 실적에의 집착은 감시사회를 방불케 하였다. 각 경찰서 단위로 구성된 단속전담반에 대공·정보형사가 보강되었고, 과외를 3건만 단속하면 승진, 보상하는 바람에 일부 경찰서에서는 도둑잡기보다는 과외교사 적발에 열을 올리고 있다는 보도가 제기되기도 하였다. 또한 방범대원과 아파트 경비원에게 과외신고의무(거동수상자 신고)를 부과하여 이를 위반한 경우에는 면직시키고 신고할 경우 보상한다는 내용이 일선 파출소에 시달되었다(조선일보 1982. 7. 11).

7·30 조치로 가장 커다란 피해를 입은 것은 두 집단이었는데, 하나는 개인과외교습의 주체인 대학생 집단이었다. 당시 과외학생 146만 명 중 28%가 대학생으로부터 과외를 받았고, 대도시의 경우 그 비율은 52%에 이르렀다. 이처

럼 과외금지조치로 대학생들의 학비부담이 과중되자 정부에서는 아르바이트를 확대하였다. 각 대학에서는 '근로장학제도'를 확충하고 1981년 8월 경향신문사에서 '대학생 아르바이트 은행'을 개설해 기업과 공공기관의 적극적 참여를 유도하였다. 정부는 1983년 3월부터 내무, 외교, 교통, 서울시 등 관계부처 합동으로 대학생 근로봉사대를 편성하여 교통지도원, 방범요원으로 활용하였다. 또 다른 집단은 중·고등학생의 학원 강습이 전면 금지됨에 따라 고객 대부분을 잃게된 사설학원들이었다. 7·30 조치로 한때 전례 없는 호경기를 누렸던 전국의 대입학원들은 심각한 경영난을 겪게 되었다. 7·30 조치 직전 101개에 달하였던 종합반 학원은 이듬해에는 61개로 급감하였고, 1984년에 이르러서는 11개로 줄어 명맥만 유지하게 되었다. 문리계 학원 역시 1980년 381개에서 1981년에는 379개로, 1982년에는 359개로 감소되었다. 대부분의 학원들이 정원 미달로 적자운영을 면치 못하였고 많은 강사들이 학원을 떠났다. 일부 학원들은 경영상의 애로를 타개하기 위하여 출판사 겸업이나 예·체능계, 혹은 외국어 학원으로의 전환을 통해 활로를 찾기도 하였다(한국학원총연합회 1997: 67).

과외단속이 실정법보다는 실적 위주로 이루어지고, 제한 없이 장기화되면서 여론은 과외의 실효성에 대해 찬반양론으로 나뉘게 되었다.[38] 특히, 과외단속에 적발된 여대생의 어려운 집안사정이 언론에 보도되자 구속여부가 쟁점으로 부상하였고, 학생시위의 증대는 과외금지와 관련이 있다는 사회 일각의 인식이 확산되자 민정당 내에서도 대학생에 한해 과외가 허용해야 한다는 주장이 공식적으로 제기되었다. 그렇지만 이러한 상황전개를 주도한 것은 학원연합회나 학생회 등 관련 이익집단이 아니었다. 그것은 80년대 중반 이래 확대되기 시작한 중산층과 이들의 입장을 대변하는데 열중하였던 언론이었다.[39] 언론은 7·30 조치의 시작과 유지, 그리고 완화와 사실상의 폐지에 이르기까지 여론을 주도하고 때로는 형성시킴으로써 전 과정을 통제하였다.[40]

1989년 노태우 정권은 사회정화위원회의 폐지와 동시에 1986년 이래로 실질적으로 묵인되어 왔던 대학생 과외 및 방학 동안의 중고생 학원과외를 공식적으로 허용하였다. 당국과 학부모간의 첩보전을 방불케 하였던 '과외와의 10년 전쟁'은 그렇게 싱거운 한바탕 소극(笑劇)으로 끝이 났다. 이어 과외의 전면 금지가 헌법 정신에 어긋난다는 헌법재판소의 결정(2000. 4. 30)으로 과외와 관련한 논쟁이 최종 마무리되었다. 헌법재판소의 결정은 1996년 1월에 개정한 학원법의 과외교습 관련 조항에 대한 판단이지만, 내용상으로는 1980년 군사정부가 공포한 소위 7·30 교육개혁조치의 전면적 과외금지에 대한 20년만의 위헌 결정이라는 중요한 의미를 담고 있다. 남다른 교육열을 가졌던 135명의 학부모가 공직에서 물러났으며, 362명은 세무조사를 당하였다.[41]

제 4 장

정부기구와
시민사회

01 _ 중앙정부

대한민국 정부조직 개편의 역사는 굴곡진 우리 현대사만큼이나 역동적이었다. 1948년 대한민국 정부가 수립된 이후 박근혜 정부에 이르기까지 70년 동안 정부조직은 51차례의 제·개정을 통해 정부수립 당시 11부 4처, 3위원회에서 현 정부의 17부 3처 17청으로 변화를 거듭하여 왔다.

가장 포괄적인 정부조직 개편은 근대화와 산업화의 초석을 놓았던 박정희 정부에서 이루어졌다. 먼저 군정은 행정개혁의 목표가 혁명과업을 뒷받침할 합리적인 집행체제에 있음을 분명히 하였다. 자료에 의하면, 군정은 건설부, 외자부, 해무청(海務廳)을 각각 폐지하고 기획통제관실을 내각 수반 직속 아래에 두고 행정 각부처의 정책과 기획을 심사·분석·조정하도록 했다. 특히 경제기획원을 두고 국민경제의 효율적 운영을 위한 종합경제계획수립을 추진하였다. 외자부를 대신할 조달청을 새로 만들어 정부 소요 내·외자를 단일창구로 만들어 국가재정을 절약하고자 하였다. 국토건설청은 장기 경제개발계획을 위한 국토 및 자연자원의 보전·이용·개발·개선 사업을 위해서 만들어졌다(문상석 2014: 165~167).

박정희 정부의 정부조직 개편의 특징을 정리하자면 첫째, 경제 부분에서 종합적인 계획을 통한 시장 개입을 위해 경제부처의 권한과 기능이 대폭 강화되었다. 쿠데타라는 비정상적 방법으로 집권한 박정희는 취약한 정권의 정당성을 조국근대화와 경제개발에서 찾았다. 경제개발을 위해서는 경제, 산업, 생산 등과 관련된 기능을 수행할 정부조직이 중요하였고, 그 결과 산업생산 기능을 담당하는 부서가 가장 높은 비중을 차지하는 정부조직을 출범시켰다. 가장 대표

〈표 1-25〉 정부조직 변천사 정리

	1960.7.1 (법률제52호)	1961.10.2 (법률제34호)	1963.12.14 (법률제506호)	1973.1.15 (법률제437호)	1977.12.16 (법률제011호)	1982.3.20 (법률제540호)
수 (원·부·처·청· 외국·위원회)	1원12부 1처3청 3위원회	3원12부2처 4청2외국 2위원회	2원13부 3처6청 7외국	2원3부4처 13청 5외국	2원14부4처 14청4외국 2위원회	2원16부4처 14청3외국 1위원회
행정각부	외무부 내무부 재무부 전매청 법무부 국방부 문교부 부흥부 외자청 농림부 상공부 해수청 보건사회부 체신부 교통부	외무부 내무부 재무부 전매청 법무부 국방부 문교부 농림부 상공부 보건사회부 교통부 체신부 공보부	외무부 내무부 재무부 전매청 조달청 법무부 국방부 문교부 농림부 농촌진흥청 상공부 건설부 보건사회부 노동청 교통부 철도청 체신부 공보부	외무부 내무부 재무부 전매청 조달청 국세청 관세청 법무부 검찰청 국방부 병무청 문교부 농림부 농촌진흥청 수산청 산림청 상공부 공업진흥청 공업단지관리청 건설부 보건사회부 노동청 교통부 철도청 체신부 문화공보부	노동자원부 해군항만청	체육부 농수산부 농촌진흥청 수산청 상공부 공업진흥청
비고	건교부·경제장관회의 (1961.5.26) 공보부(1961.6.22) 건설부(1962.6.18)		국세청(1966.2.26), 산림청(1966.8.3) 문화공보부·문화재관리부(1968.7.24) 관세청·병무청(1970.8.3), 농수산부(1973.3.3)			환경청· 노동부 (1981.4.8)

적인 것이 경제기획원의 신설(1961. 7. 22)이었다. 그 취지는 자립경제를 급속히 이룩하기 위하여 가용자원을 총동원하고 경제의 합리적 계획, 효과적 집행, 지속적 조정 및 평가관리에 있었다. 그리고 그 산하에 중앙경제위원회를 두었다 (염재호외 2004: 23). 이렇게 출범한 박정희 정부는 집권 기간 내내 경제발전 혹은 성장을 강조하는 국정이념 및 대통령 우위의 제도적 특성을 유지했다(정의창 2004: 88).

둘째, 행정기구의 개편이 공무원에 대한 교육, 훈련, 해고 및 통제와 더불어 시행되었다는 점이다. 먼저, 군정은 '중앙공무원교육원'을 설립하여 공무원의 질적 향상을 위해 연간 22기의 체계적인 교육을 실시하였다. 또한, 쿠데타 직후 공무원 감원 기본방침을 세우는데, 총원을 20만 명을 기준으로 하여 초과인원 이었던 40,989명을 해고하기 위해서 대상자를 선정했다. 실제 국가재건최고회의는 6,900명의 공무원을 해고하였는데 이중 6,700명은 군 복무 기피자들이었고 200여 명은 축첩을 한 사람들이었다. 중앙정보부는 1,863명을 추가로 고발하고 주요 공무원 및 공공기관 직원 4만 1,712명을 조사했다(김형아 2005: 129~130). 그리고 직업 공무원제의 도입을 추진하면서 국가공무원제도를 1963년에 도입하였다.

셋째, 군대 조직의 직제와 프로그램을 행정조직에 도입했다는 점이다. 가장 대표적인 것이 차관보 제도와 기획조정관제의 신설이다. 먼저 차관보제도(1962. 6. 18)는 보좌기관으로서가 아니라 차관 밑의 보조기관으로 발족한 것이었다. 그러나 1973년의 정부조직법 개정 이후 차관보제도는 장관과 차관을 보좌하는 핵심적 막료조직으로 기능하게 된다. 아울러, 정무차관제를 폐지하고 각 부에 기획조정관을 두어 정책 및 기획의 수립과 그의 조정·감독을 하게 하고, 또한 내각수반 밑에 기획통제관을 두어 각 부서의 정책과 기획에 강력한 조정·통제를 하도록 하였다. 이처럼 군사정부는 군대에서 사용되었던 행정관리 개념을 적극적으로 도입하였다(염재호외 2004: 24).

넷째, 3공화국과 4공화국에 있어 정부조직상의 차이를 발견할 수 있다. 3공화국 시기는 경공업 위주의 수출을 했던 수출주도성장 1기로 생산기구의 변화가 컸다. 즉 농촌진흥청 44회, 상공부 40회, 농림수산부 26회, 건설부와 교통부가 각 22회의 변화 빈도를 보였다. 집행기구 중에서는 경제기획원이 24회로 변화가 두드러진다. 하지만 중화학공업 우선 육성정책을 펼쳤던 70년대에 이르러 중화학공업관련 행정기구의 변화가 두드러졌다. 1973년 1월 공업진흥청, 공업단지관리청을 신설한 후 중화학공업개발을 위한 기본계획 발표를 비롯하여 이의 추진을 위한 중앙행정기관이 확대된다. 관련하여, 1975년 교통부 산하에 항만청이 신설되었고, 1976년에는 상공부 산하의 특허국이 특허청으로 승격하였다. 1977년에는 에너지를 비롯한 자원행정의 전문화와 효율적 집행을 위해서 동력자원부가 신설되는 등 중화학공업 중심의 행정기구가 제도화되었다. 특히 합의기구 중에서는 내무부의 변화(37회)가 많았는데, 이는 정부의 규제기능이 강화되었음을 보여 준다(김근세·최도림 1996: 10).

5공화국에서 일어난 행정조직의 변화는 합의제 행정기관의 제도화이다. '사회정화위원회 설치령'에 근거하여 국무총리 산하에 사회정화위원회를 설치하였다. 이후 대통령령이 아닌 법률로 정부조직법상 행정위원회와 같은 합의제 행정기관의 설치근거를 만듦으로써 제도화하였다. 5공화국은 경제적으로는 안정을 찾은 반면, 정치적·사회적 문제들은 더 부각되는 시기였다고 할 수 있는데 이를 반영하듯 생산기구보다는 합의기구, 통합기구, 집행기구 등이 더 많은 조직변화를 보였다. 외무부, 내무부, 문교부가 각 22회, 경제기획원, 과기처가 각 18회의 변화 빈도를 나타냈다(김근세·최도림 1996: 14). 한편, 86아시안게임과 88 서울올림픽 개최 등 증가하는 국제경기에 효과적으로 대처한다는 이유로 체육부와 올림픽조직위원회를 신설하였다. 그리고 대통령 소속기관으로 국정자문회의와 평화통일정책자문회의를 신설하고, 정치개입과 인권유린으로 원성이 높았던 중앙정보부는 국가안전기획부로 개편하였다.

지금까지 살펴온 바가 시민사회의 발전에 미치는 함의는 무엇일까? 그것은 정권교체와 민주화라는 거시 조건의 변화에도 불구하고 산업생산 기능을 담당하는 부처들이 가장 높은 비중, 달리 말해 권한과 예산을 차지하여 왔다는 것이다(정의창 2004: 86). 인권과 민주주의, 삶의 질과 복지 등은 경제발전과 성장이라는 국정지표와 국정이념에 부수적인 것이었고, 그것이 실제 정부조직에 반영되어 왔다고 할 수 있다.

02 _ 위헌적 비상입법기구와 시민사회

산업화 단계의 정치사에서 공통적으로 발견되는 점은 헌법과 의회민주주의를 부정한 위헌적 입법기구의 등장, 즉 5·16쿠데타 이후의 국가재건최고회의, 유신 친위쿠데타 후 유신헌법 추진을 위한 비상국무회의, 10·26 박정희 피살 후 12·12 군사반란과 5·17쿠데타 후의 국가보위입법회의 등의 출현이다. 비상계엄을 통한 위헌적인 국회 해산을 계기로 등장한 위헌적 입법기구들은 수없이 많은 비민주 악법을 양산하였고 시민사회를 위축시켰다. 위헌적 비상입법기구들은 다음의 특성 또는 공통점을 갖고 있다.

첫째, 대단히 많은 입법들을 매우 짧은 기간 동안에 양산해 냈다. 역대 국회별 통계로 보면 정상적인 국회에서 제출(가결)된 법률안들의 건수가 대략 평균적으로 400건(150건)인데 반해, 위의 위헌적 입법기구들은 그 짧은 기간에 전자의 2배 이상의 건수를 기록하고 있다(이상영 1997: 96). 이때 양산된 법률안의 무려 88.7%가 불과 1주일 만에 심의를 마친 법률임을 고려할 때 이는 현저한 졸속 입법 경향을 반증하는 것이다.

또 다른 공통점은 이들 비상입법기구들은 입법기구와 입법에 대하여 사후적 사법심사를 제한하고 있다는 점이다. 제3공화국 헌법부칙(제5조)에서 최고회의에서 만들어진 법률의 효력을 인정하고 있고, 유신헌법(부칙 제6조와 7조)도 비상국무회의에서 제·개정한 법률의 효력을 지속토록 하고, 동시에 헌법 기타 사유로 제소하거나 이의를 제기할 수 없도록 하여 법률의 사후적 통제와 심사를 배제하였다. 제5공화국 헌법(부칙 제6조) 역시 입법회의의 입법에 대하여 사법심사의 대상에서 제외시켰다. 위헌적 입법기구들이 헌법부칙 등에 이러저러한 사후 심사 조항의 배제를 명문화한 근본 원인은 자신들이 제정한 법률의 정당성에 대한 회의와 있을지도 모를 법적 책임에 대한 사전 회피 심리가 작용하였다고 할 수 있다(이철호 2005: 82).

그렇다면 이러한 비상입법기구들이 우리의 헌정사와 정치사에 미친 영향은 무엇일까? 첫째는 실체적 내용과 절차 면에서 모두 위헌 소지가 다분한 법률들이 많았으나, 대개 사후에 헌법 부칙에 의하여 추진하는 형식으로 정당화하는 방편을 취했다. 이들 기구들에 의해 헌법적 근거를 지니지 못한 입법이 대거 양산됨으로써 헌법과 법률에 대한 경시 풍조가 만연하였다.

둘째, 이들 기구들은 특별조치와 긴급명령 등 자신의 정권을 공고화하기 위해 광범위한 입법권을 행사하였는데, 가장 두드러진 사례가 〈국가재건최고회의〉와 〈비상국무회의〉였다. 먼저, 혁명 완수를 위해 기본법의 제정에 착수한 최고회의는 쿠데타를 일으킨 지 20일 만에 국가재건비상조치법(약칭 비상조치법. 1961. 6. 6)을 공포했다. 주목할 만한 것은 이 법이 대법원 재정(裁定) 63조 8에 의하면 헌

〈표 1-26〉 역대 위헌적 비상입법기구의 법률안 심의 기간

	존속기간	가결 법률안 (수)	심의기간				
			3일	7일	30일	4개월	평균(일)
국가재건최고회의	1961.5~ 1963.12	1,008	218	465	737	927	26
비상국무회의	1972.10~ 1973.3	270	254	262	270		2
국가보위입법회의	1980.10~ 1981.4	189	24	78	189	189	9

출처: 김철(1992: 10).

법과 같은 효력을 지닌 기본법이라는 사실이다.[42] 비상조치법과 최고회의는 정
상적인 입헌민주주의 국가에서는 찾아볼 수 없는 강력한 권력집중주의를 채택
했다(박일경 1986: 150). 한편, 유신체제를 낳았던 비상국무회의는 유신을 법적·행
정적으로 뒷받침하기 위해 헌법은 물론이고 정당법과 선거법 등 정치입법부터
법원조직법, 세법 개정에 이르기까지 강력하고도 광범위한 권한을 행사했다. 비
상국무회의는 정권유지를 위한 초헌법적 비상입법, 국토이용관리법을 비롯한 경
제관계법들에 대한 대대적인 정비, 노동관계법들의 개정 등 기본권을 제한하는
법률을 제·개정하였다. 즉 비상입법기구들은 공통적으로 권력을 새롭게 재편하
는 과정에서 행정능률을 극대화하고 정권기반을 공고히 하고자 국민의 자유와
권리를 제한하는 입법을 대규모로 양산하였다(이철호 2005: 73).

끝으로 이들 기구들을 통해 양산된 법률들은 제대로 된 공청회나 반대 토
론 없이 졸속으로 만들어져 상당히 많은 피해자들을 낳았는데, 이에 대한 피해
보상과 가해자 처벌이라는 정치사회적 후유증을 낳았다. 예를 들어 국가재건최
고회의는 행정개혁과 능률 향상을 위해 6,900명의 공무원을 해고하였다. 이어
중앙정보부는 1,863명을 추가로 고발하고 주요 공무원 및 공공기관 직원 4만
1,712명을 조사했다(김형아 2005: 129~130). 국보위 역시 국정개혁의 명분으로
80년 6월부터 7월 말까지 총 8천 6백 명을 공직에서 물러나게 했다. 특히 국보

〈표 1-27〉 위헌적 입법기구의 입법에 대한 사후통제 제한 규정

	헌법 부칙 조문 내용
제3공화국	국가재건비상조치법 또는 이에 의거한 법령에 의하여 행하여진 재판·예산 또는 처분은 그 효력을 지속하며 이 헌법을 이유로 제소할 수 없다(부칙 제5조)
유 신	- 이 헌법 시행 당시의 법령과 조약은 이 헌법에 위배되지 아니하는 한 그 효력을 지속한다(부칙 제6조) - 비상국무회의에서 제정한 법령과 이에 따라 행하여진 재판과 예산 기타 처분 등은 그 효력을 지속하며 이 헌법 기타의 이유로 제소하거나 이의를 할 수 없다(부칙 제7조)
제5공화국	국가보위입법회의가 제정한 법률과 이에 따라 행하여진 재판 및 예산 기타 처분 등은 그 효력을 지속하며, 이 헌법 기타의 이유로 제소하거나 이의를 할 수 없다(부칙 제6조)

위는 사회정화 차원에서 사회악을 일소하겠다는 구실로 무고한 시민을 수 없이 검거하여 순화교육(소위 삼청교육대)을 시키는 과정에서 많은 인권침해와 유린이 있었다(편집부 1987: 29).

03 _ 정보기관: 중앙정보부와 국가안전기획부

군사정권 시절의 인권탄압과 정보정치의 대명사처럼 불린 중앙정보부는 1961년 6월 10일 법률 제 619호로 중앙정보부법이 국가재건최고회의에서 제정·공포됨으로써 발족되었다. 국가재건최고회의 직속으로 발족되었으며, '국가안전보장에 관련된 국내외 정보사항 및 범죄수사와 군을 포함한 정부 각 부서의 정보·수사 활동을 감독'하며, '국가의 타 기관 소속직원을 지휘, 감독'하는 막강한 권한을 갖고 있었다. 중앙정보부는 당초 군 내부의 반혁명 기도나 민간 정치인들의 저항을 효과적으로 분쇄, 저지하기 위해 비밀리에 조직되었다. 쿠데타의 제 2인자 김종필이 군부 내 기반이었던 특수부대 요원 3천 명을 중심으로 중정을 조직하면서 대통령 직속의 최고 권력기관으로 군림하게 만들었다.

중앙정보부는 쿠데타 직후에 발생한 이른바 '장도영 장군의 반혁명 사건'을 비롯하여 권력 내부의 반대세력의 제거에 크게 기여함으로써 막강한 권부의 실세로 등장했다. 그리하여 1964년에는 중정의 요원 수가 37만 명에 이르게 되었고, 남한 인구의 약 10% 정도가 중앙정보부와 직간접으로 관계를 맺고 활동하고 있다는 말이 나올 정도로 위세가 대단했다(김삼웅 2006: 143). 이같이 방대한 수에 달하는 중앙정보부 요원들 중 상당수는 민간인들로 채워졌다. 이들은 자기 신분을 숨긴 채 통상적인 직업에 종사하면서 주변 동태를 감시하고 그 결과를 상부에 보고하는 것은 물론이고 정부의 시책을 홍보하고 여론을 정부에게 유리하도록 조성하는 등 다방면에서 권력의 말초신경 역할을 수행했다. 한편, 보다 상급의 전문적인 요원들은 학원, 언론기관, 각종 문화단체 등 사회적으로 영향력 있는 민간기관에 공개적으로 드나들며 정부의 방침에 따르도록 회유하거나 협박했다.

중앙정보부는 정치활동 금지를 규정한 자체 법규(제8조)를 갖고 있었지만 공화당 사전조직, 4대 의혹사건을 비롯하여 정치활동규제법 제정 등에 이르기까지 정치 영역에 개입하지 않는 부분이 없을 정도였다. 특히 '인민혁명당 사건'과 '동백림 사건'을 비롯한 숱한 용공조작 사건을 만들어 많은 사람을 죽음으로 몰아넣었다(김삼웅 2006: 143~145). 그래서 중앙정보부는 자유민주주의를 희구하는 국민들에게는 물론이고 집권세력에 속하는 정치인이나 관료들에게도 공포의 대상이고 피해자들에게는 증오의 대상이 되었다(양동안 2011: 66).

1979년 10월 26일 박정희 대통령이 김재규 중앙정보부장에 의해 피살된 사건은 중앙정보부의 위상에 중대한 변화를 초래했다. 대통령 시해범 김재규가 육군 헌병과 보안대원에 체포되면서 중앙정보부는 졸지에 대통령시해기관이라는 비난을 받게 되었다. 12·12쿠데타로 권력을 장악한 신군부는 중앙정보부를 개혁했다. 정보부 개혁은 종전에 정보부의 하위기관이었던 국군보안사 인력이 지휘했다. 정보부의 부서들을 축소하고 인력을 감축했다. 그리고 정보부의 명칭도 국가안전기획부로 변경했다. 그것은 중앙정보부라는 명칭이 가지고 있는 국민들 사이의 나쁜 이미지를 털어버리기 위해서였다. '국가안전기획부법'은 안기부의 직무를 정보부의 직무와 동일한 것으로 하면서도 그 위상을 낮추었다. 특히, 직무조항 5항에서 중앙정보부법은 '정보 및 보안업무의 조정·감독'이라고 표현한데 반해 안기부법은 '정보 및 보안업무의 기획·조정'으로 변경하였다. 전자가 정부 각 기관의 정보 및 보안업무를 '감독'할 수 있는 권한을 가졌던데 반해 후자는 감독 권한을 삭제한 것이다. 그러나 이러한 위상격하는 머지않아 다시 회복되었다. 5공 시기 대통령 경호실장을 역임한 장세동이 안기부장으로 임명되면서 안기부는 과거 정보부가 누렸던 정치사령부의 위상을 다시 만회했다. 정보부처럼 절대적이지는 못했지만, 정치활동 금지조항을 무시하고 정치에 깊숙이 개입했다(양동안 2011: 67~68).

일각에서는 정보기관이 권위주의 정권을 뒷받침하는 정권안보기관으로서의 악역을 수행하기는 했지만, 그런 가운데서도 대한민국의 안보와 체제수호를 위해 많은 기여를 했음을 강조하고 있다. 그러한 사실은 중앙정보부 창설 이래 현재까지 체포된 순수 간첩(연루자를 제외한)의 수가 600여 명에 달한다는 점에 의해서 충분히 입증된다(양동안 2011: 70). 하지만 박정희 정부에서 노태우 정부에 이르기까지 국가정보기관은 인권침해를 빈번하게 자행하고 정치공작과 선거에 개입했음을 부인하기 어렵다. 2007년 국정원 발전위원회는 정치, 사법, 언론, 노동, 학원, 간첩 6개 분야에서 중앙정보부와 안기부가 불법·부당하게 개입한 내용과 사례를 확인했다. 국민과 국가에 봉사하기보다 권위주의 정권의 정권안보에 앞장서 '국가 위의 국가'로 군림한 국가정보기관에 대해 국정원 발전위원회는 정치적 중립성의 유지와 이를 보장하기 위한 지속적인 관리·감독 강화를 제시하였다(한성훈 2013: 119). 2012년 대선에서 불거진 국군사이버심리전단의 대선 개입 의혹은 이러한 제안이 여전히 유효하다는 사실을 잘 보여주고 있다.

04 _ 지방자치 제도

5·16 군사정권이 들어서서 발생한 중요한 변화 중 하나는 높은 비용을 초래한다는 명목으로 한 지방자치 제도의 폐지였다. 이로부터 지방은 독립적인 존재가 아닌 중앙의 한 부분으로 수직적 구조 아래에 속하게 된다(문상석 2014: 166). 이어 제정된 지방자치에 관한 임시조치법(1961. 9. 1)에 의거하여, 군이 지방자치단체가 되고, 읍면은 군의 단순한 하부행정기관으로 바뀌었다. 지방의회가 없는 상황에서 도와 서울시에 있어서는 내무부장관이, 시군에 있어서는 도지사의 승인으로 지방의회의 권한을 대신하였다. 서울특별시는 1962년 서울특별시행정에 관한 특별조치법의 시행으로 국무총리 직속의 자치단체로서 특수

성을 부여받았다. 1961년 지방자치에 관한 임시조치법의 주요 내용은 다음과 같다. 첫째, 읍면자치제를 군자치제로 전환하였다. 둘째, 지방의회 해산 후 그 기능을 상급단체가 담당하도록 하였다. 셋째, 서울특별시를 국무총리 직속기관으로 하였다. 넷째, 부산시를 직할시로 승격시켰다. 아울러 이 시기에는 지방자치에 관한 임시조치법 개정(1973, 1975)을 통해 지방자치단체조합, 행정협의회 설치 근거를 마련하였다.

이 시기 지방자치 제도의 변화는 세 가지 차원에서 살펴볼 수 있다. 가장 중요한 것이 주민참여의 수단이자 단체장을 견제할 수 있는 지방의회이다. 1961년 5·16쿠데타로 지방의회는 군사혁명위원회 포고 4호에 의해 해산되었다. 그 이후 1961년 제정된 지방자치에 관한 임시조치법에 의해 지방의회의 기능을 상급단체가 대신하도록 규정되었다. 1972년 제정된 유신헌법은 본문에서는 지방의회 조항을 규정하면서도 부칙 10조에서는 지방의회의 구성을 조국통일 시기까지 유예할 것으로 규정함으로써 지방자치를 시행하지 않으려는 의도를 은폐하고자 하였다.

1980년 제정된 5공화국 헌법(1980. 10. 27)도 지방의회를 지방자치단체의 재정자립도를 감안하여 순차적으로 구성하도록 규정함으로써 일견 유신헌법에 비하여 진일보하는 모습을 보였다. 그러나 실제로는 지방의회의 구성시기를 법률로 정하도록 부칙 10조에 규정함으로써 여전히 지방자치 시행에 유보적인 태

〈표 1-28〉 단체장 선임방식의 변화

	1공화국				2공화국	3공~5공화국	6공화국 이후
의회	1대 (52.4~56.8)	2대 (56.8~58.11)	2대 (58.12~60.12)	3대 (60.12~61.5)	61.6~	95.6~현재
기초	간선제 (시,읍,면)	직선제 (시,읍,면)	임명제 (시,읍,면)	직선제 (시,읍,면)	임명제 (시,군)	직선제 (시,군)
광역	서울시와 도	서울시와 도	서울시와 도	서울시와 도	서울시,직할시,도	서울시,광역시,도

출처: 이승종(2008: 14).

도를 견지하였다. 지방의회가 구성되지 않은 이 시기에 지방의회의 의결을 요하는 사항은 서울특별시의 경우는 국무총리, 직할시와 도의 경우는 주무장관, 시군의 경우에는 도지사의 승인을 얻어 시행하도록 하였다.

두 번째 제도는 단체장이다. 1961년 시행된 지방자치에 관한 임시조치법은 종래 선출직이었던 지방자치단체의 장을 임명제로 전환시키면서 국가공무원으로 그 지위를 바꾸었다. 1961년 5.16에 따라 제정된 국가재정비상조치법 20조에서는 도지사, 서울시장, 인구 15만 이상의 시장은 최고회의의 승인을 얻어 내각이 임명하도록 규정하였으며, 기타 지방자치단체의 장은 도지사가 임명하도록 하였다. 또한 읍면자치제가 군 자치제로 바뀌면서 읍·면장은 자치단체장의 지위를 상실하고 군수에 의하여 임명되는 일반 공무원이 되었다.

끝으로는 지방행정기구이다. 1962년에는 경제개발계획 추진 및 종합조정 기능을 강화하기 위해서 도지사 직속으로 기획조정관을 설치하였다. 기획조정관은 다음해 부지사로 대치되었다. 같은 해 도에는 농촌진흥원, 시군에는 농촌지도소가 설치되었다. 1964년 2월에는 교육법 개정으로 시도교육위원회와 시 교육장을 별도로 두게 되면서 시도의 교육국과 제주도 및 시의 교육과가 폐지된다. 자치의 영역에 남았던 교육은 중앙에서 직접 관장하는 강한 통제수단으로 전락하였음을 의미하였다(문상석 2014: 166). 1970년도부터 추진된 새마을 사업의 전담기구로 1972년에 도와 군에 새마을계가 설치되었다가, 1973년에 도에는 새마을지도과, 시군에는 새마을과로 확대·설치되었다. 1973년 정부조직법 개정(법률 2347호)으로 대통령이 지정하는 시군구에 경찰서와 소방서를 두도록 되어있는 지방자치법 조항을 폐지하였다. 즉, 자치단체의 기둥으로 되어있던 치안, 질서 기능을 국가기능으로 전환한 것이다(이승종 2008: 15~16).

소 결

시민사회를 틀 지운
제도의
중요성(institution matters)

이번 연구를 통해 확인한 새로운 발견 중 하나는 제도, 특히 헌법이 시민사회의 발전에 미친 결정적 영향력이다. 사실 이미 서구에서는 오래 전부터 헌정체계가 시민사회에 미친 다양한 영향력을 추적하여 왔다. 이를테면 퍼트남은 미국에서 '종교다원주의'의 발전 및 시민결사체의 확대에 미친 헌법의 중요한 역할을 주목하였다. 그에 따르면, 어떠한 차원이든 정부에 의한 종교단체에 대한 공적 지원을 의미하는 제도 종교와 공직자에 대한 종교 시험들을 일체 금지시킨 미국 헌법이 종교 생태권의 번영에 결정적으로 기여했다는 것이다(퍼트넘 2013: 659). 또한, 미국인들만이 이해하고 옹호하여 온 제도 중 하나가 로비제도이다. 대규모 총기사고나 대형 비리가 터질 때마다 그렇게 많은 사람들이 총기규제 법안이나 로비금지법 제정을 요구해도 꿈쩍하지 않는 것에 대해 이방인들은 늘 의아하게 여겨 왔다. 거기에는 미국식 헌정주의의 뿌리가 내재하고 있다. 그것의 이념적 기반은 "파벌을 통제하기 위해 자유를 억압하는 것은 질병보다 더 해로운 결과를 낳는다"(Federalist 10)라고 보았던 메디슨에게로 거슬러 올라간다. 미국식 이익집단 정치의 꽃인 '정치활동위원회'(PAC)나 '워싱톤 대표부' 역시 인간 본성에 근거한 파벌을 제한하기보다는 견제와 균형을 통해 파벌의 영향력을 조정해야 한다고 제안하였던 메디슨 사상과 맞닿아 있다. 이러한 사상은 청원권은 시민의 고유한 권리로써 그 어떤 법에 의해서도 제한될 수 없다는 수정헌법으로 명문화되었다.[43]

헌법이 시민사회의 발전에 미친 분명한 효과를 보여준 또 하나의 사례는 일본의 제국헌법(1889)이다. 일본의 경우 중국이나 한국과 달리 민주 또는 민주주의란 용어가 '대중 수준'에서 일반화된 것은 1945년 패전 이후의 일이다. 패전 후의 고교교과서의 '일본국헌법과 민주교육'절에 와서야 비로소 그 동안 기피돼 온 민주란 용어를 사용하여 '민주일본의 건설', '헌법의 민주화', '교육의 민주화' 등이 서술되었다(유용태 2014: 58). 그렇다면 일본에서 민주와 공화라는 개념이 불경과 기피의 대상이 되었던 것은 왜 일까? 그것은 무엇보다도 "대일본제국은 만세일계의 천황이 통치"(제1장 제1조)한다는 구절이나 "천황의 권위는 불가침의 신성"한 것(제1장 제3조)이라는 제국헌법의 압도적 규정 때문이었다.

이제 한국의 헌법과 법률이 시민사회에 미친 영향을 설명할 차례이다. 그것을 정리하면 첫째, 시민사회의 발전 방향 및 토대가 될 대한민국의 정체성을 '자유민주주의' 보다 구체적으로는 '자유민주적 기본질서'로 새롭게 규정하였다는 점이다. 제헌헌법의 기초자들은 명백히 '자유민주주의'가 아니라 '사회정의의 실현과 균형 있는 국민경제의 발전'을 대한민국의 기본질서로 규정했다. 바이마르 헌법에 깊은 영향을 받았던 유진오는 제헌헌법에 대한 해설서인『헌법해의』에서 정치적 민주주의와 경제적·사회적 민주주의의 조화를 꾀하는 것이 제헌헌법의 기본정신임을 밝혔다(유진오 1953). 그것은 단순히 유진오의 개인적 견해가 아니라 임시정부 이래 '영·미식 자유민주주의'를 넘어 국가의 적극적인 개입에 의해 균등한 국민생활과 사회정의의 실현, 즉 민주공화국을 꿈꿔왔던 모든 이들의 비전이자 염원이었던 것이다. 제헌헌법은 '사회정의의 실현'과 '균형 있는 국민경제의 수립'을 대한민국 경제질서의 2대 원칙으로 선언하고, 각인의 경제상 자유는 이 한계 내에서 보장된다고 했던 것이다.[45]

5·16 쿠데타 세력이 꾀한 헌법 개정은 대한민국의 정체성을 바꾸어 놓았

다. 무엇보다도 제3공화국 헌법은 '다른 나라 헌법에서 유례를 볼 수 없는 독특한 규정'(유진오 1959: 84)이자 '제헌헌법의 가장 빛나는 부분'(황승흠 2014: 4)이었던 '근로자의 이익균점권' 조항을 삭제하였다. 그것의 삭제는 곧 헌법정신이자 사회질서로서 진보적 민주주의와 사회적 민주주의가 폐기되었다는 것을 의미하였다.[45] 나아가 유신헌법은 전문에 '자유민주적 기본질서'를 못 박음으로써 시민사회의 가능한 활동 공간 및 성격을 규정하였다. 이제 성격과 명칭에 상관없이 모든 단체는 '자유민주적 기본질서' 안에서만 활동할 수 있었다. 이 조항은 비단 권위주의 시기뿐만 아니라 민주화 이후의 사회질서와 시민의식마저 구속하고 있다. 실제로 이 조항은 정부와 헌법재판소에 의해 통합진보당이 해산된 결정적 근거로 작용했다. 헌법재판소는 통합진보당 해산심판 사건에서 통합진보당의 일부 당원들의 내란음모혐의 단체에 가입·활동이 '자유민주적 기본질서'에 위배된다는 이유로 해산을 결정(2013. 11. 5)하였다.[46]

정리하자면, 제4공화국 헌법 전문에 새롭게 삽입된 "자유민주적 기본질서를 더욱 공고히 하는 새로운 민주공화국"의 조항이야말로 '국가에 의한 보호와 규제 원리를 조합'한 위헌정당해산제도의 진정한 기원일 수 있다(서복경 2014: 128). 그것이 미친 효과는 결정적이며, 장기 지속적이다. 사회적 민주주의의 폐기와 자유민주주의의 절대화는 헌법의 문제를 정부형태와 권력구조 문제로 축소시켜 버렸다. 최근 보도에 의하면 국회개헌특위는 오스트리아식 분권형 이원집정부제로 개헌 방향을 잡았다고 한다(연합뉴스 2017. 2. 9). '87체제'를 말하는 이들의 핵심 주장 역시 대부분 대통령제와 소선거구제, 단원제 등등 제도의 영역에 한정되어 있다. 헌법의 문제를 민주주의와 인권의 확장 등 시민의 삶과 연관된 가치, 즉 헌정주의의 관점이 아니라 정부형태라는 제도의 관점에서 보는 오래된 관행의 뿌리는 바로 권위주의적 산업화 시기의 헌법에 있는 것이다.

둘째, 이 시기의 헌법과 법률은 국가가 경제발전과 정치적 동원을 통해 주요 집단을 대상으로 광범위한 규제 권한을 활용하였던 국가조합주의, 특히 '허가형 조합주의'(licenced corporatism)의 토대로 활용되었다(Williamson 1985: 3~16).
지금까지 조합주의 이론은 주로 노동(최장집 1988)과 자본(김영래 1987), 농민(박종주 1986) 등에만 적용되어 왔다. 하지만 이러한 국가와 집단의 조합주의적 통제는 노동과 농민 등 직능 이익뿐만 아니라 종교와 복지 등 다양한 사회단체에까지 포괄적으로 미쳐있음을 확인할 수 있었다. 이를 뒷받침할 수 있는 가장 분명한 사례가 '사회단체등록에관한법률'이다. 실제로 정부는 이 법을 이용하여 한일회담을 반대하였던 조국수호국민협의회와 같은 비판적인 단체를 불법단체로 규정하거나, 활동과 목적이 의심스러운 단체에 대해서는 자금출처 등 수사권을 발동하였다. 또한 전국중등교육회의 사례에서 알 수 있듯이 이 법을 활용하여 경쟁적인 복수단체의 설립을 금지함으로써 1업종(분야) 1협회라는 강력한 등록제를 고수하였다. 하지만 대조적으로 경제나 산업단체에 대한 통제와 규제는 상대적으로 대단히 관대했다. 독점대기업에 대한 실효성 있는 규제법안인 독점규제및공정거래에관한법률안이 1980년 12월에 이르러서야 제정되었음이 이를 잘 뒷받침하고 있다.

이상을 종합해볼 때 산업화단계의 권위주의적 국가는 다양한 결사체들을 '사회단체등록에관한법률'이나 '기부금품모집규제법', '사회복지사업법'과 같은 법률이 부여한 광범위한 인·허가권을 통해 조직화하였다. 등록의 인·허가에서부터 세부 활동에 이르기까지 임의로 개입할 수 있었던 광범한 규제권한이 있었기 때문에 정부에 대한 단체의 자율적 압력활동과 감시활동은 억제될 수 있었다. 권위주의 정권 하에서 대부분 단체들의 생존전략은 국가로부터의 외적 자율성을 포기하는 대신 위임된 규제권한을 활용하여 내적 통제력을 확보하는 것이었다.

셋째, 이 시기에 이르러 정당과 사회단체의 법적·제도적 분화가 이루어졌음을 주목할 필요가 있다. 앞에서 설명하였듯이 해방 이후 제3공화국 등장 이전까지 한국의 결사체 활동에 가장 커다란 영향을 미친 것은 군정법령 제55호 '정당에 관한 규칙'이었다. 이 법은 몇 차례 폐지시도가 있었지만 이승만의 완강한 거부권 행사로 자유당이 몰락할 때까지 정당 및 사회단체를 규제하는 유일한 법적 수단이었다. 5·16 직후까지만 해도 "모든 정당·사회단체"라는 포고령 제6호(1961. 5. 22)의 문구에서 알 수 있듯이 정당과 사회단체를 구분할 사회적 인식도, 법적·제도적 근거도 명확하지 않았다. 박정희 정권은 '사회단체등록에관한법률'(1961. 6. 12), 정당법(1962. 12. 31), 그리고 '신문·통신등의등록에관한법률'(1963. 12. 12)을 잇달아 제정함으로써 정당과 언론, 사회단체를 규제하고 통제할 법적 체계를 완성하였다. 이와 더불어 사회단체를 "정치성이 없는 구호단체, 학술단체 및 종교단체와 국가재건최고회의의 허가를 얻은 단체"로 규정(사회단체등록에관한법률 제2조)함으로써 결사체로부터의 정치성 박탈과 정치라는 의미의 협소화를 가져왔다.

넷째, 등록 및 허가에 관한 세세하고 광범한 법률과 달리 사회단체들을 지원할 수 있는 법률은 거의 없었고, 있다 해도 관변단체 및 보훈단체 등 일부 법정단체에 국한되었다. 〈표 1-29〉에서 알 수 있는 것처럼 민주화 이전 시기에 국가는 특별법 제정을 통해 시민사회 내의 특정 조직에 대해 적극적이고 구체적인 지원정책을 구사했다. 정부는 정권의 정당성과 정책방향을 적극적으로 부인하거나 비판하는 운동단체들에 대해서 사법적인 수단을 동원하여 억압했지만, 정책상 필요하거나 정부의 정책방향에 대해 적극 동조하고 순응하는 단체들에 대해서는 행정적·재정적 지원을 아끼지 않았다(유팔무 1998: 100). 대표적인 법률이 관변단체 특별법으로 평가받는 새마을운동조직육성법이다. 흥미로운 점은 이들 법률 가운데 '국민운동에관한법률'을 제외하고는 모두 현재까지 존치되고 있다는 사실이다. 이들 법률에는 국·공유재산의 대부 및 시설지원 조항, 조직과 활동에 필요한 운영경비와 시설비, 그 밖의 경비를 위해 출연금이나 보조금 지급 조항, 조세감면 조항을 두고, 특정 단체들이 지원을 받을 수 있도록 했다. 이밖에 유사명칭의 사용금지 조항을 통해 그 독점적 지위를 행사할 수 있

〈표 1-29〉 정부의 민간단체 지원 현황

법 률	주요 지원 내용	비 고
대한적십자사조직법(49.04.30)	국가 또는 지방자치단체의 보조금 지원 국·공유 재산의 무상 대부 등	현행 유지
대한민국재향군인회법(61.05.10)	보조금 지급, 조세감면 등	현행 유지
재건국민운동에관한법률(61.6.12)	조직과 직능 외 특별한 지원 조항 없음	63.12.16 폐지
유네스코활동에관한법률(63.4.27)	국가 또는 지방자치단체의 재정적 원조	현행 유지
한국반공연맹법(63.12.5)	유사명칭 사용 금지/ 공보부장관의 감독, 보조금 교부	89.3.31 폐지 자유총연맹
한국자유총연맹 육성에 관한법률 (1989.4.1)	국공유재산의 무상 대부 사용 수익 운영경비와 시설비 등 보조·출연, 유사명칭 사용금지	현행유지
국민운동에관한법률(63.12.16)	보조금 교부	64.8.14 폐지
스카우트활동육성에관한법률(69.7.28)	시설비·운영비, 행사 경비 보조	현행 유지
대한민국재향경우회법(73.12.31)	유사명칭 사용 금지/정부 보조금 교부	현행 유지
새마을운동조직육성법(80.12.13)	국가의 출연금 조성 및 보조금 교부, 국·공유재산 대부, 조세 감면 등	현행 유지
한국청소년연맹육성에관한법률 (81.4.13)	조세감면, 유사명칭 금지/ 국공유재산의 대부 및 운영경비·시설비·행사 경비 지원	현행유지
사회정화운동조직육성법(83.5.21)	출연금 교부, 국·공유 재산의 대부	89.3.25 폐지
바르게살기운동조직 육성법 (1991.12.31)	출연금이나 보조금 지급, 국공유시설 무상 사용, 정부에 자료 제공 요청권한	현행유지
국가유공자등단체설립에 관한 법률(1984.8.2)	보조금 교부, 국공유재산의 무상 대부 사용/ 광복회·상이군경회 등 9단체 지원	현행유지
한국해양소년단연맹육성에 관한 법률(84.12.31)	조직과 활동에 필요한 편의 제공, 협조와 지원, 조세 감면, 운영경비와 행사 경비 보조 등	현행유지
비영리민간단체지원법 (2000.4.13)	비영리민간단체의 자율적 활동과 지원에 대한 국가의 역할 명시, 보조금 지원 조세감면 우편요금 지원	현행유지
고엽제후유의증 환자지원 및 단체설립에 관한 법률(2007.12.21)	보조금 교부, 국공유재산의 무상 대부 사용/ 특수임무유공자회(07.7.27)의 지원	현행유지
특수임무유공자예우및단체설립에 관한 법률(2008.3.28)	보조금 교부, 국공유재산의 무상 대부 사용/ 특수임무유공자회(07.7.27)의 지원	현행유지
한국4에이치활동지원법 (2008.3.22)	운영에 필요한 경비지원/ 유사명칭 등의 사용금지	현행유지
참전유공자예우및단체설립에 관한 법률(2010.6.10)	보조금 교부, 국공유재산의 무상 대부 사용/ 6·25 및 월남참전유공자회 지원	현행유지
대한노인회지원에관한법률 (2011.3.30)	국공유재산 무상 대부 사용 수익/ 조직과 활동에 필요한 경비 지원, 조세감면	현행유지

출처: 박영선(2015). 보훈관련 단체는 정상호(2015)에서 재작성.

도록 했다(박영선 2015: 50~56).

　끝으로, 이 시기의 국가와 단체의 관계를 살펴보면 1987년 민주화의 또 다른 의미를 발견할 수 있다. 우리는 그 동안 87년 민주화의 의미를 시민들의 저항으로 관철한 직선제 개헌에 초점을 맞추어 왔다. 우리는 이 연구를 통해 단체를 규제해 왔던 적지 않은 권위주의 시대의 법률들이 민주화와 더불어 폐기되어 왔음을 확인할 수 있었다. 가장 대표적인 것이 헌법에 대한 토론과 시위를 원천 봉쇄하였던 긴급조치에 대한 위헌 판결이다. 헌법재판소는 2013년 3월 21일 박정희 전 대통령에 의해 공포됐던 긴급조치 제1호, 제2호, 제9호에 대해 "죄형법정주의에 위배되고, 국민의 기본권을 지나치게 제한하거나 침해"한다는 이유로 전원일치로 위헌 결정을 내렸다(한겨레신문 2013. 3. 22). 또한 음반에 대한 사전심의 역시 위헌판결(1996. 10. 31)을 받았다. 또한 일부 단체에 허용하였던 기부금품모집금지법 제3조 역시 국민의 기본권, 특히 행복추구권을 침해한다는 이유로 위헌판결(1998. 5. 28)을 받았다. 결론적으로 민주화는 단체의 설립과 활동에 대한 허가제에서 등록제로의 일대 전환을 가져왔다고 할 수 있다.

PART 02

1961

한국
시민사회
조직사

1986

한 국 시 민 사 회 사

제 1 장

개 요

이 장에서는 국제비영리조직(ICNPO)분류를 적용하여 한국의 산업화 단계의 시민사회를 분석할 것이다.(〈표 2-1〉 참조) 이 분류는 각 범주별 고용 노동력과 임금 수준 등을 파악함으로써 국가별 비교를 가능하게 해 준다는 장점이 있다. 하지만, 단체별 자료와 그룹별 사회경제적 통계를 신뢰할 수 있는 최근의 성과라는 점에서 거의 반세기 전 산업화 단계의 시민사회를 파악하는데 이를 그대로 적용하는 것은 문제가 있다. 그럼에도 불구하고 국내외 연구와의 비교 및 연구의 통일성을 위해 가급적 ICNPO 분류를 따를 것이다.

먼저, 〈표 2-2〉는 우리나라에서 시민사회단체의 현황에 대한 체계적인 파악이 시도된 2000년 이후의 범주별 추세를 보여주고 있다.

〈표 2-2〉는 시민단체의 생태계를 정확히 묘사한 축적 지도라기보다는 약간의 경향성을 보여주는 참고 자료로 이해하는 것이 타당하다. 통시적 비교를 어렵게 만든 첫 번째 장애는 범주의 불일치이다. 왜냐하면, 1997년부터 10개의 대분류 척도를 사용하였으나 2012년 조사에서는 20개의 대분류를 사용하고 있고, 그나마 어떤 범주는 포괄 범위가 너무 작아 사라졌다.[1] 그럼에도 불구하고 몇 가지 현상은 주목할 만하다. 첫 번째 특징은 복지를 아우르는 사회서비스 관련 시민단체의 증가이다. 최근 몇 차례 선거에서 무상급식이나 누리사업 등 복

〈표 2-1〉 국제비영리조직분류(ICNPO) 체계

단체분류	세부 범주
Group1 문화와 여가	미디어와 통신관련 단체/ 예술단체/ 역사, 문학 등의 인문 협회/ 박물관/ 동물원 및 수족관/ 스포츠/ 레크리에이션과 사교클럽/ 봉사 클럽
Group2 교육 및 연구	유·초·중·고등 교육/ 고등교육기관/ 직업·기술학교/ 성인·평생교육/ 의료연구소/ 과학기술연구기관/ 사회과학과 정책학
Group3 보건	병원/ 재활시설/ 요양원/ 정신병원/ 정신건강치료소/ 급성정신질환지원서비스/ 공중보건과 건강교육/ 외래환자건강관리프로그램/ 응급의료서비스
Group4 사회서비스	아동·청소년·가족을 위한 복지와 서비스/ 장애인·노인·난민 복지와 서비스/ 자립 및 자활프로그램/ 소득과 생계비 지원
Group5 환경	오염 감소와 통제/ 자연자원 보전과 보호/ 동물보호와 복지/ 야생생물 보존과 보호/ 수의학 서비스
Group6 개발과 주거	공동체운동단체와 마을단체/ 경제발전기관/ 사회발전기관/ 주거협회/ 주거지원 단체/ 직업훈련프로그램/ 직업상담과 조언/ 직업 재교육
Group7 법률과 정치, 권익주창	권익주창단체/ 시민(권) 단체/ 인종단체/ 법률서비스/ 범죄예방과 공공정책/ 범죄자 사회복귀/ 피해자 지원/ 소비자보호협회/ 정당과 정치단체
Group8 박애 및 자원봉사	기부금 제공 재단/ 자원봉사 장려기관/ 자금 제공기관
Group9 국제단체	교환·교류·문화 프로그램/ 개발지원단체/ 국제재난과 구호조직/ 국제인권과 평화단체
Group10 종교	종교집단/ 종교집단의 협회
Group11 기업과 협회, 노동조합	경영인협회/ 전문가협회/ 노동조합
Group12 비분류 집단	위에 포함되지 않은 조직

지 이슈가 가장 뜨거운 쟁점이라는 데서 그러한 사정의 배경을 알 수 있다. 또한, 상위 3범주(시민사회, 사회서비스, 환경)를 합한 비중이 각각 59.5%, 68.3%, 55.7%, 57.8%로 편중 경향이 지속되고 있음을 확인할 수 있다. 끝으로, 최근에 단일 척도로 독립된 외국인이나 온라인 등은 각각 다문화시대와 정보화 시대를 반영하는 것이라 하겠다.

〈표 2-2〉 우리나라의 시민단체 현황

분야	2000년 단체수	2000년 비율(%)	2003년 단체수	2003년 비율(%)	2006년 단체수	2006년 비율(%)	2012년 단체수	2012년 비율(%)	
시민사회	1,013	25.2	1,004	25.5	1,336	24	인권: 306	2.4	
							평화통일: 482	3.8	19.5
지역자치, 빈민	222	5.5	216	5.5	325	5.8	권력감시: 143	1.1	
							정치경제: 1,538	12.2	
사회서비스	743	18.5	1,293	32.8	1,030	18.5	복지: 2,215	17.5	
							청년아동: 1,035	8.2	26.5
							소비자: 96	0.8	
환경	287	7.1	409	10.4	736	13.2	1,491	11.8	
문화	634	15.8	438	11.1	549	9.8	991	7.8	
교육, 학술	235	5.8	140	3.6	355	6.3	622	4.9	
종교	107	2.7	94	2.4	28	0.5	-	-	
노동, 농어민	217	5.4	295	7.5	170	3.0	347	2.7	
경제	501	12.5	6	0.2	-	-	-	-	
국제	44	1.1	42	1.1	93	1.6	229	1.8	
여성					296	5.3	687	5.4	
On~Line					638	11.4	179	1.4	
기타	20	0.5	-	-	-	-	도시·가정: 390	3.1	
							외국인: 240	1.9	
							모금·추모: 31	0.2	16.7
							자원봉사905	7.2	
							기타: 548	4.3	
합계	4,023	100.0	3,937	100.0	5556	100.0	12,657	100.0	

출처: 2000년은 조희연(2001: 141); 2003년과 2006, 2012년은 『한국민간단체총람』에서 작성.

ICNPO 분류를 그대로 적용하기 어렵다는 것 이외에 또 다른 고민은 〈표 2-3〉이 직접적으로 말해주고 있다. 〈표 2-3〉에서 알 수 있듯이 현재의 기준과 자료로만 판단한다면 본 연구의 대상(1961~86)은 전체 시민단체의 8.1% 미만에 불과하다.

〈표 2-4〉는 입수할 수 있는 가장 최근의 각 중앙정부 부처의 비영리민간단

<표 2-3> 시민단체의 설립연도별 분포

	단체수		비율	
1945이전	52		0.7	
1945~1969	126	626	1.6	8.1
1970~1979	94		1.2	
1980~1989	354		4.6	
1990~1999	1,140		14.6	
2000~2009	5,176		66.5	
2010~2012	846		10.7	
	7,788		100	

출처: 시민의 신문, 『한국민간단체총람』(2012).

체 현황인데, 같은 상황을 표현하고 있다. 우리가 파악한 정부에 등록된 민간단체는 대략 9,967개에 달하는데(교육부 누락), 이중 설립 시기를 알 수 있는 단체는 9,228개이다. 이중 1989년 이전에 설립된 단체는 1,071개로 전체의 11.6%에 해당된다. 정리하자면, 현재 민간(『시민의 신문』)이나 정부가 파악하고 있는 시민단체의 수는 대략 8천개에서 1만여 개에 달한다. 이중 대략 90% 정도는 1987년 민주화 이후에 설립된 것이고, 단지 10% 정도만이 민주화 이전에 설립된 것으로 추정할 수 있다.

우리는 이러한 문제를 극복하기 위해 현재의 시점이 아닌 당대의 관점에서 접근해 보고자 한다. 앞에서 설명한 것처럼, 사회단체등록법의 강제 규정 때문에 이 시기에 활동했던 대부분의 단체나 조직들은 해당 기관에 활동내역과 임원 변동, 예산 상황까지 일일이 등록·보고해야만 했다. 따라서 이 시기의 가장 신뢰할만한 자료는 정부의 발간자료, 특히 대부분의 단체를 포괄하고 있는 문화공보부의 『법인체 및 사업체 등록현황』(1983; 1986), 보건사회부의 『법인단체 현황』(1988), 『여성단체 현황』(1981), 공정거래위원회의 『사업자단체설립신고현황』(1994) 등이다. 아울러, 본 시기와 가장 근접한 통계자료, 예를 들면 통계청의 『사회통계조사』(1990) 등을 기본 자료로 활용하였다.

하지만 여기에는 "정치성이 없는 구호단체, 학술단체 및 종교단체와 국가 재건최고회의의 허가를 얻은 반공"(제2조) 및 관변단체 등이 제외되어 있다. 또

〈표 2-4〉 정부에 등록된 비영리민간단체 현황

	60년 이전	60~69	70~79	80~89	90~99	00~14	총계
기획재정부	0 (0%)	4 (0.15)	8 (0.3)	17 (0.6)	76 (2.9)	157 (59.9)	262
미래창조과학부	1 (0.1)	5 (0.6)	18 (2.4)	22 (2.9)	69 (9.2)	628 (84.5)	743
통일부							348
국방부	0 (0)	0 (0)	0 (0)	0 (0)	9 (11.6)	68 (88.3)	77
문화체육관광부	134 (3.3)	155 (3.8)	115 (2.8)	210 (5.2)	664 (16.4)	2797 (69.3)	4,031
산업통상자원부	3 (0.4)	8 (1.1)	12 (1.6)	18 (2.5)	112 (15.7)	559 (78.4)	713
환경부	0 (0)	0 (0)	2 (0.5)	6 (1.62)	81 (21.8)	281 (75.9)	370
여성가족부	-	-	-	-	-	-	189
해양수산부	1 (0.4)	8 (3.2)	6 (2.4)	17 (6.8)	34 (13.6)	183 (73.2)	250
외교부	0 (0)	4 (0.7)	13 (2.3)	22 (3.9)	107 (19.3)	409 (73.8)	554
법무부	-	-	-	-	-	-	202
행정자치부	1 (0.2)	3 (0.6)	5 (1.1)	20 (4.5)	61 (13.7)	353 (79.6)	443
농림축산식품부	0 (0)	3 (0.5)	2 (0.3)	2 (0.3)	46 (8.9)	461 (89.6)	514
보건복지부	16 (3.1)	20 (3.9)	42 (8.3)	72 (14.2)	106 (20.9)	250 (49.4)	506
고용노동부	0 (0)	2 (0.4)	9 (2.0)	28 (6.4)	96 (21.9)	302 (69.1)	437
국토교통부	4 (1.2)	9 (2.7)	9 (2.7)	15 (4.5)	68 (20.7)	223 (67.9)	328
합	160 (1.7)	221 (2.4)	241 (2.6)	449 (4.9)	1,529 (16.5)	6,671 (72.3)	9,967(9,228) (100.0)

한, 1967년의 대법원 판례에서 보았듯이 실익이 없어 등록하지 않고 임의로 활동하였거나 단체 등록을 거부당한 재야나 민주화운동 단체 등이 누락되어 있다. 이들 단체들은 어쩔 수 없이 당시 이들 단체들이 발행한 자료나 신문, 연구논문 등의 2차 자료에 의존할 수밖에 없다.

끝으로 이 시기 우리의 연구 대상은 〈표 2-5〉와 같다. 영리와 이윤을 목적으로 하는 어떠한 유형의 회사나 일시적 성격의 회합이나 친선이 목적인 연고단체 등은 당연히 제외된다. 하지만 그렇다고 우리의 대상이 현대적 의미의 비

〈표 2-5〉 본 연구의 대상 단체

유형		성격	종류	
법인	영리	- 수익사업을 영위할 뿐 아니라, 이윤을 이익배당·잔여재산의 분배 등 어떤 형태로든지 구성원에게 귀속 - 법인세를 납부	- 합명·합자·유한·주식회사	
	비영리	- 학술, 종교, 자선 등 영리가 아닌 사업을 목적으로 설립. - 본질에 반하지 않는 정도의 수익행위를 하는 것은 허용 - 수익사업 또는 수입에서 생긴 소득에 대해서만 법인세 과세	사단법인	-일정한 목적을 위하여 결합한 사람의 단체
		- 학술, 종교, 자선 등 영리가 아닌 사업을 목적으로 설립. - 본질에 반하지 않는 정도의 수익행위를 하는 것은 허용 - 수익사업 또는 수입에서 생긴 소득에 대해서만 법인세 과세	재단법인	- 일정한 목적에 바쳐진 재산(재단)에 법적 인격이 부여된 법인 - 학교법인, 사회복지법인, 의료법인 등등
		- 학술, 종교, 자선 등 영리가 아닌 사업을 목적으로 설립. - 본질에 반하지 않는 정도의 수익행위를 하는 것은 허용 - 수익사업 또는 수입에서 생긴 소득에 대해서만 법인세 과세	조합법인	회원들에게 수익을 나누지만 예외적 인정
단체	비영리 민간	ㅇ비영리민간단체지원법 제2조(정의) - 영리가 아닌 공익활동을 수행하는 것을 주된 목적으로 하는 민간단체[2]	- 행정관청에 등록 - 비영리법인과 중복 가능	
	임의	- 법적 인정을 받지 못한 사적 단체 - 법적 인정을 받지 못한 사적 단체	등록	- 국세청(고유번호증/CMS)
			단순모임	- 친목회·동창회·산악회 등

영리민간단체나 NGO와 정확하게 일치하는 것은 아니다.[2] 본 연구에서의 비영리민간단체와 비영리법인은 상당 부분 중복되며, 시기와 출처에 따라서는 공익법인이나 공익단체로 분류되기도 한다. 사회단체 분류가 엄격하지 않았던 당시의 상황이나 자료의 제한성 등이 낳은 불가피한 한계라 할 수 있다[3].

이제 구체적으로 산업화 단계의 사회단체의 전체적인 조감도를 그려보자. 먼저 볼 것은 〈표 2-6〉이다. 〈표 2-6〉은 국세청에서 법인세를 납부한 비영리법인의 시기별 현황자료이다. 비영리법인에 대해서는 법인세가 면제되지만 고정적인 수익 및 이자 사업, 부동산의 양도 및 처분으로 인한 소득에는 법인세가 납부된다. 국세청에 법인세를 납부한 비영리법인은 인사와 재정에서 어느 정도 규모를 갖춘 단체들로 추정된다.

〈표 2-7〉은 법인세를 실제 납부한 법인이 아니라 신고의무가 있는 비영리법인 현황이다. 1983년에 법인세 부과 대상 단체가 10배 이상 폭증한 것은 단체의 실질적 증가가 아닌 신고 대상 단체이기 때문이다. 즉 1966~82년의 자료는 실제로 법인세를 납부한 비영리법인이며, 1983년도 이후는 법인세 신고 대상 단체이다. 그렇다면 실제 비영리 법인의 규모는 어느 정도일까?

이를 보면 대략 앞의 〈표 2-6〉과 〈표 2-7〉의 1983년도 이후의 자료가 근사함을 알 수 있다. 또 하나 확인할 것은 〈표 2-8〉이다. 〈표 2-8〉은 5년마다 시행하고 있는 『총사업체통계조사』에서 확인한 공공단체의 규모이다. 『총사업체통계조사』는 국세청의 자료와는 달리 법인이 아니어서 납부 신고가 없는 학술·연구 등 다양한 형태의 임의단체를 포함하고 있다.

위의 자료를 종합할 때 산업화 시기 우리나라의 사회단체 중 정부(국세청)에 등록된 비영리법인의 수는 1967년의 1,300여개에서 1986년의 8,900여개로 추산된다. 하지만 이보다 넓은 의미에서 비영리 형태의 공공단체는 모두 1981년의 14,000여개에서 1986년에는 거의 두 배로 늘어난 26,700여개에 달하였다. 또 하나 두드러진 점은 비영리 법인의 수가 1960년대와 1970년대에는 거의 완만하게 상승하다가 1982년을 기점으로 두 배 이상 급증하였다는 점이다. 이는 앞서 설명한 대로 국세청의 통계 작성 방식이 1982년에 이르러 법인세 납부 단체에서 법인세 신고 단체로 변화되었기 때문이다.

〈표 2-6〉 국세청의 비영리법인 현황(1966~86)

구분	합계	영리법인	비영리법인	외국법인	합계	일반법인	특별법인	공익법인	외국법인
						영리법인	비영리법인		
1966	6,396	6,227	131	38	6595	6359	9	123	104
1967	6,435	6,195	195	45	6,474	6,228	13	188	45
1968	6,942	6,605	262	75	6942	6607	262		75
1969	8,204	7,793	275	136	7262	6934	236		92
1970	9,055	8,556	371	128	8214	7797	295		122
1971	9,517	9,164	353	-	8437	8099	249		89
1972	9,354	9,112	242	-	9574	9173	284		117
1973	10,799	10,311	488	-	11484	10792	584		108
1974	4,126	4,001	125	-	4128	3939	133		56
1975	12,532	12,232	300	-	10785	9736	1049		-
1976	13,647	13,142	505	-	12116	11681	435		-
1977	15,049	14,467	582	-	13308	12650	658		-
1978	16,882	16,197	685	-	16722	15895	827		-
1979	19,221	18,491	730	-	14918	13555	1363		-
1980	21,974	21,014	960	-	23216	21782	1434		-
1981	23,025	22,274	751	-	13359	12629	730		-
1982	24,574	23,861	713	-	15362	14894	468		-
1983	33,775	26,100	7,675	-	21,732	14,952	6,780		-
1984	37,185	28,836	8,349	-	25,115	17,858	7,257		-
1985	39,406	30,886	8,520	-	26,296	18,937	7,359		-
1986	41,284	32,592	8,692	-	30,667	22,935	7,732		-

출처: 국세청. 『국세통계』. 지방국세청별 법인세부과: 확정사업년도 조사 결정분 (1966~1981);
국세청. 『국세통계』. 지방국세청별 법인세 신고현황(1982~2004).
http://kosis.kr/statHtml/statHtml.do?orgId=133&tblId=TX_13301_A266&conn_path=I3

⟨표 2-7⟩ 비영리법인 현황(1967~86)

년도	합계	주식회사	합자회사	합명회사	유한회사	비영리법인	외국법인	기타법인
1967	11,467	8,484	1,039	269	80	1,373	87	135
1968	12,305	9,321	1,081	279	98	1,437	89	-
1969	13,301	9,943	1,207	292	130	1,642	87	-
1970	14,207	10,567	1,257	281	134	1,858	110	-
1971	15,594	11,885	1,313	274	143	1,872	107	-
1972	10,317	8,352	920	166	106	670	103	-
1973	11,926	9,651	889	141	117	1,019	109	-
1974	13,339	10,840	893	147	120	1,212	127	-
1975	14,868	12,093	1,027	158	138	1,311	141	-
1976	16,199	13,268	1,046	169	157	1,411	148	-
1977	18,698	14,718	1,107	219	235	2,225	194	-
1978	20,684	16,450	1,139	229	316	2,297	253	-
1979	23,542	18,518	1,365	260	387	2,750	262	-
1980	26,612	20,388	1,489	268	429	3,746	292	-
1981	28,808	22,072	1,555	283	490	4,124	284	-
1982	35,424	23,730	1,705	351	626	8,705	307	-
1983	38,740	26,418	1,938	369	748	8,933	334	-
1984	40,678	28,335	2,096	384	785	8,732	346	-
1985	42,719	30,174	2,166	367	829	8,791	392	-
1986	45,844	32,989	2,213	372	909	8,901	460	-

출처: 국세청. 지방국세청별 법인종류별 법인 수(1967~1986). 『국세통계』.
http://kosis.kr/statHtml/statHtml.do?orgId=133&tblId=TX_13301_A652&conn_path=I3

⟨표 2-8⟩ 1980년대 공공단체 현황

	합계	회사법인	외국인회사	회사이외법인	공공단체	개인	단체
1981	1,263,976	30,491	-	28,637	14,198	1,184,107	6,543
1986	1,676,609	50,189	-	28,530	26,725	1,557,010	14,155

통계청. 『총사업체통계조사』(1981; 1986).

제 2 장

정치 조직

ICNPO의 기준으로 Group7에는 법률과 정치, 권익주창 단체(Advocacy group)들이 포함된다. 본 연구에서는 Group7을 정치단체(Group7-1), 인권단체(Group7-2), 그리고 권익주창으로서 여성단체(Group7-3)라는 세 개의 하위 범주로 나누었다.

먼저, 이 시기의 가장 대표적인 법률과 정치단체로는 재야(Group7-1) 및 인권단체(Group7-2)가 있다. 주지하다시피 본 연구 대상인 산업화 단계(1961~86)는 혹독한 권위주의 체제에 해당된다. 특히 군부독재의 철권통치가 기승을 부렸던 유신체제(1972~79)와 5공화국(1980~87) 기간 동안에는 야당과 의회의 권능이 극도로 침체되었다. 비록 최대 법률단체인 대한변호사협회가 이미 창립(1952. 7)되어 활동하고 있었지만 정부에 대한 비판과 감시는 미미하였다. 이는 1982년에 와서야 변호사의 등록업무가 법무부에서 대한변협으로 이관되었으며, 1986년에 이르러서야 대한변협의 『인권보고서』가 발간되기 시작하였다는 데서 알 수 있다(대한변호사협회. 2002).

이러한 암울한 정치상황에서 사회적 약자에 대한 보호와 정부에 대한 비판과 감시를 감행한 세력이 바로 '재야'(在野) 및 인권 단체이다. 일반적으로 재야는 "권위주의 체제에 저항하여 비제도 영역에서 민주화운동을 전개했던 지식인

중심의 저항 집단"으로 정의(김대영 2005, 392)된다. 넓은 의미에서 재야는 군부
권위주의체제 하에서 민주화운동을 전개하던 직업적 운동가그룹, 종교지도자,
지식인, 청년, 학생을 지칭하는 비제도적 반체제세력을 지칭한다. 그러나 좁게
는 직업적인 반체제 민주화운동 그룹과 지도부를 지칭한다. 이러한 의미에서의
재야는 1961년의 쿠데타 이전에는 존재하지 않았고, 또 1993년 김영삼 민간 정
부의 출범과 함께 소멸하였다고 할 수 있다. 본 연구에서 재야는 군부권위주의
체제하의 광범한 체제반대세력을 의미한다. 따라서 재야와 인권단체를 아우르
는 개념이 민주화운동이라고 할 수 있다.

또 다른 단체는 권익주창 그룹으로서 여성단체(Group7-3)이다. 권익주창
단체란 여성과 장애인 등 사회적 약자의 권익 또는 공익 증진을 목표로 정부에
대한 비판·감시 및 공공정책에의 영향력 확대에 주력하는 단체를 일컫는다. 청
소년 및 노약자, 장애인 등은 별도의 범주(사회서비스 Group4)에 포함되어 여기서
는 여성단체만을 독자적 연구 대상으로 설정하였다.

01 _ 재야단체(Group7-1)

(1) 재야단체의 현황 및 특성

1) 1960년대의 재야단체

■ 대일굴욕외교반대범국민투쟁위원회(1964.3.9) 한일국교정상화 문제로 불거
진 '6·3사태'(1964)가 우리나라에서 재야를 형성시킨 최초의 계기라는 데는 이
론의 여지가 없다. 박정희 정부가 시도한 한일관계 정상화에 대해 학생과 야당,
지식인들은 그의 정부 등장 이후 최초의 대규모 저항을 전개하였다. 같은 해 7
월 29일 계엄이 해제되기까지 55일 동안 학생 168명, 민간인 173명, 언론인 7
명이 구속되고, 이 기간 동안 포고령 위반으로 890건에 1,120명이 검거되었으

며, 그 중에서 540명이 군사재판, 68명이 민간재판, 216명이 즉결재판에 회부되었다(김삼웅 1994: 166).

당시 제1야당이었던 민정당과 삼민회 소속 민주·자민·국민의당은 한일회담을 조속히 타결시키려는 정부의 시도를 저지시키기 위한 투쟁기구로서 '대일저자세외교반대범국민투쟁위원회'를 결성하고, 종교 및 사회단체대표를 초청하여 이 기구를 확대하기로 결정했다(동아일보 1964. 3. 6). 이 결정에 따라 3월 9일 서울시 종로예식장에서 5개 야당대표들과 언론계, 학계, 종교단체, 사회문화단체 등 200여명의 인사가 참석한 가운데 '대일굴욕외교반대범국민투쟁위원회'(범국투본)가 결성되었다. 이날 대회에서 발기인들은 한일회담의 즉각적인 중지를 요구하는 구국선언문과 대정부경고문을 채택했다(경향신문 1964. 3. 9). 〈표 2-9〉는 범국투본의 조직을 정리한 것이다.

범국투본은 대규모 유세단을 꾸려 전국을 돌면서 강연 및 성토대회를 전개

〈표 2-9〉 대일굴욕외교반대범국민투쟁위원회의 조직 현황

구분	주요 직위 및 인사
의장단	(의장) 윤보선 민정당대표최고위원 (부의장) 신숙, 신각휴, 이상철, 정일형, 서민호
지도위원	허정, 김도연, 김준연, 소선규, 박순천, 김홍일, 변영태, 이범석, 장택상, 조재천, 홍익표, 이구하, 김종규, 오영진, 전진한, 라용균, 백남훈, 유진산, 신태악, 조한백, 이인, 이영준, 이윤영, 정화암, 이용설, 황신덕, 모윤숙, 이재학, 박용준, 정문기, 송필만, 김산, 라재하, 한동찬, 서병호, 방주혁, 이강, 장준하, 김시현, 김성숙, 정헌주
조직	상임집행위원회: 유옥우, 김의택, 정해영, 강택수, 조영규, 박제환, 김재호 총무위원회: (위원장) 황남팔, (부의장) 조종호, 김구연, 송을상, 이교선 재정위원회: (위원장) 고흥문 (부위원장) 김현기, 홍순우, 조흥만, 박종률 섭외위원회: (위원장) 이은태 (부위원장) 김재광, 송우범, 이태구, 이종남 동원위원회: (위원장) 김근찬 (부위원장) 정광렬, 신인우, 방용환, 이상신 조직위원회: (위원장) 민장식 (부위원장) 박용만, 함종윤, 이민우, 허석 선전위원회: (위원장) 김영삼 (부위원장) 방일홍, 김수한, 김용성, 홍영기
지역조직	부산·경남 대일굴욕외교반대투위(3.13) 목포시 대일굴욕외교반대투위(3.14) 대구·경북 대일굴욕외교반대투위(3.16) 서울시 대일굴욕외교반대투위(3.19)

하였다. 재야의 뿌리라 할 수 있는 범국투본은 한국의 민주화운동사에서 몇 가지 중요한 의의를 갖고 있다. 첫째, 민족주의 문제를 계기로 등장한 이 최초의 저항은 박정희 체제의 통치논리와 재야의 저항논리가 분화되는 역사적 계기를 제공했다(박명림 2008: 29~62). 1961년 쿠데타가 발생했을 때 학생과 운동세력의 저항은 별로 없었다. 오히려 이승만 정부를 붕괴시켰던 학생·사회운동세력은 쿠데타가 자신들의 4월혁명 과업을 계승한 것으로 인식, 지지를 선언했다.[4] 다시 말해 민족주의 의제로 촉발된 6·3사태는 무엇보다 '4·19 혁명'과 '5·16 쿠데타'라는 두 역사적 사건의 연속성을 단절시킨 최초의 계기가 되었다. 박정희 정부는 이를 계기로 비로소 4·19의 역사적 정신과 대립관계에 들어서게 되었고, 이후 재야는 자신들의 활동 근거를 4월혁명의 기억에서 찾았다. 4·19는 재야의 정신적 요람이 되면서 1980년 광주항쟁이전까지는 시민행동의 가장 중요한 역사적 재료가 되었다. 둘째, 느슨하나마 지역조직을 망라함으로써 전국적 투쟁기구의 위상을 갖게 되었다. 〈표 2-9〉에서 알 수 있듯이 대일굴욕외교반대 범국민투쟁위원회가 결성된 지 채 한 달이 못 되어서 지역조직이 결성되기 시작됐다. 서울보다 일찍 부산과 목포에서 조직이 꾸려진 데에는 당시 어민들의 첨예한 관심사였던 평화선(전관수역 설정) 문제 때문이었다. 대부분의 지역조직들의 지도부는 민정당의 시·도당 위원장들이. 위원들은 수산·종교단체 대표와 지역대의원들이 맡았다(경향신문 1964. 3. 13).

■ 조국수호협의회(1965. 7. 31) 정부는 야당과 학생들의 격렬한 반대투쟁을 위수령·계엄령으로 억압하면서 결국 한일기본조약을 체결(1965. 6. 22)하기에 이르렀다. 이 협정에 의해 평화선이 철폐되었으며, 재일교포의 법적 지위 및 영주권 문제 등이 일본정부의 임의적 처분에 맡겨지게 되었다. 또한 정신대·사할린교포·원폭피해 등의 문제는 거론조차 하지 못한 채, 문화재 및 문화협력에 관한 협정으로 일제가 36년간 불법으로 강탈해간 모든 한국문화재를 일본의 소유

물로 인정해 버렸다. 상황이 이렇게 되자, 각계 사회단체 인사들은 한일조약 및 협정의 국회비준을 저지하기 위해 '조국수호협의회'를 결성했다.

조국수호협의회는 대일굴욕외교반대범국민투쟁위원회의 후속 조직이지만 중요한 차이를 갖고 있었다. 후자의 중심은 민정당을 비롯한 야당이었고 사회단체의 참여는 일부 명사에 한정되었다. 또한 당시 6·3운동을 이끌었던 학생운동과의 연계도 미약했다. 하지만 전자의 중심은 야당이 아니라 다양한 분야의 사회단체였다. 아직 단체의 결의에 따른 조직적 가입이 아니라 개인 자격의 참여였지만 거의 모든 사회분야를 아우르고 있었다. 하지만 이러한 조직의 양립과 성격 차이 때문에 운동의 지도부를 둘러싼 혼선의 여지가 대두되었다. 따라서 두 단체의 지도부는 연석회의를 갖고 비준저지 투쟁기구의 단일화 필요성을 공감하고 통합을 추진하기로 결의했다. 또한 이 자리에서 선출된 8인소위의 결정에 따라 비상국민대회를 공동으로 개최하고 전국단위의 매국협정 성토대회를 갖기로 합의했다(동아일보 1965. 8. 11).

〈표 2-10〉 조국수호협의회의 조직 현황

구분	주요 내용 및 인사
의장단	이인(전법무부장관), 양주동(교수), 함석헌(종교인), 김홍일(예비역중장/ 대표집행위원), 정석해(교수), 서병호(종교인)
집행위원	교수단: 권오돈, 조윤제, 정석해 독립운동가: 신봉제, 김홍일 기독교: 서병호, 박윤영 경제계: 유창순 문학계: 양주동, 박두진 법조계: 이인, 김춘봉 천도교: 박연수 부녀계: 최은희 유림: 오양 사회인사: 함석헌 청년대표: 하은철, 정원찬 예비역장성: 박원빈(간사장), 박병권, 손원일

출처: 경향신문(1965. 7. 31)

한일협정비준 동의안이 국회에서 날치기 통과(1965. 8. 11)된 이후 양 기관과 학생운동은 격렬한 무효화 투쟁을 벌였으나 박 정권은 8월 26일 위수령을 선포하고 고려대에 무장군인을 투입하는 등 학생들에게 무자비한 폭력을 행사하였다. 하지만 국민의 관심이 제6대 대통령 선거(1967. 3. 24)와 제7대 총선(1967. 5. 8)으로 쏠리게 되었고, 두 단체의 통합은 지지부진하게 되었다.

■ 3선개헌반대 범국민투쟁위원회(1969. 7. 17) 1948년 정부수립 이후 한국에서 헌법 개정을 통한 권력구조 문제는 정치 갈등의 핵심요인이었다. 신민당을 비롯한 종교, 학계, 법조, 문화, 언론 분야의 사회단체 인사들은 1969년 7월 3선개헌반대 범국민투쟁위원회(이하 투위)를 결성하고 위원장에 김재준 목사를 선출했다. 그들은 이날 "박정희 정권의 경제건설은 발전이 아니라 오히려 '국가경제의 파탄'과 '경제민주화의 역행'으로 귀결되고 있다"고 비판한 선언문을 채택했다. 이 선언은, 박정희 정부의 근본 논리인 반공주의 및 발전주의가 재야의 본격적인 비판 의제에 포함되기 시작된다는 점에서 중요한 의미를 갖는다(박명림 2008: 37).

'투위'는 문인, 예술인, 언론인, 교수, 종교인들에게 '어용'에서 벗어나 3선개헌 반대투쟁에 적극적으로 동참할 것을 호소하였다. 그러나 국민 전반의 넓

〈표 2-11〉 3선개헌반대 범국민투쟁위원회의 조직 현황

구분	주요 내용 및 인사
고문	김상돈 박순천 유진오 윤보선 이재학 이희승 임창영 장택상 정화암 함석헌
위원장	김재준
지도위원	권오돈 김순태 김영삼 김재호 김홍일 박기출 신순언 오영진 유진산 이봉학 이태구 정일형 정해영
운영위원	계훈제 고흥문 김대중 김영선 김원만 김의택 김재광 김준섭 김 철 박정훈 양일동 윤길중 이기택 이동화 이만희 이병린 이상노 이성렬 이재영 이철승 장준하 정헌주 조종서 조한백 최용근 황병호

은 지지를 받지는 못했으며, 전국적인 개헌 반대 강연회를 개최하였으나 이를 대중적 각성과 참여로 연결시키지는 못했다. 학생들 역시 성명발표, 시위, 농성, 단식투쟁 등의 방법으로 참여하였지만 투쟁의 강도는 높지 않았다. 1969년 10월 17일 국민투표에서 큰 표 차로 3선 개헌안이 확정되자 저항은 급격히 약화되었다. 앞서 살펴보았듯이 국민투표를 통한 민의의 동원은 반대세력의 저항을 종식시키는 효과적인 방법의 하나였다.

하지만 민주화 운동의 관점에서 볼 때 몇 가지 중요한 발전도 있었다. 첫째, 박정희 정권의 반공·개발 이념체계에 대항하여 민주주의 이념을 확산시키는 운동을 전개함으로써 민주 – 반민주 구도를 정립하는 단초이자 재야 형성의 계기가 되었다(김대영 2005: 400~401). 둘째, 3선 개헌 반대운동을 계기로 기독교가 한국 민주화운동의 중요한 원동력이 되었다. 기독교계 진보적 인사들이 3선 개헌 반대투쟁 이후 비로소 저항진영에 가담하기 시작하였고, 그 결과 보수 일변도였던 한국 기독교계가 보수 – 진보로 갈라지는 역사적 계기가 되었다. '투위'의 위원장을 현직 목사(김재준)가 맡은 것 역시 상징적 사건이었다.

2) 1970년대의 재야단체

■ 민주수호국민협의회(1971.4.19) 박정희와 김대중이 대결한 1971년 4월 대통령 선거는 재야에게 '민주수호국민협의회'라는 단일 정상조직의 등장을 가져왔는데, 이 조직은 재야의 첫 번째 단일 정상조직(peak association)으로서 70년대 초반 민주화운동의 모태가 되었다. 1971년 3월 20일에 이병린, 천관우, 양호민 등 7인이 YMCA회의실에서 민주적 기본질서의 파괴와 민주헌정사 중단을 규탄하면서 이를 극복하기 위한 조직 결성을 결의했다. 이후 4월 8일에 YMCA 회의실에서 '민주수호선언식'이 진행되었는데 여기에서 7대 대통령선거와 8대 총선을 공명정대하게 치루기 위한 국민운동을 전개하기로 결의했다. 이날 선언에 참여한 사람들은 총 46인으로 단체 소속이 아닌 모두 개인 자격이었다. 분포를

보면 언론계 3, 종교계 11, 학계 11, 법조계 4, 문화계 12, 여성계 1, 지방 4명으로, 다양한 분야를 망라하였다. 4월 19일의 결성대회에서 김재준, 이병린, 천관우 등 3인의 대표위원이 선출되었고, 운영위원으로 3인 대표와 함께 신순언, 조향록, 한철하, 법정, 이호철, 김정례, 계훈제 등 10인이 선출됐다. 민수협의 조직은 대표위원과 운영위원 중심으로 고문과 사무국 등 총 87명의 회원으로 구성되었으며, 또 5개 지역협의회가 결성되어 중앙과 유기적 관계를 유지했다(김대영 2005: 408).

'민수협'은 한국 재야운동에 몇 가지 중요한 의미를 남겼다. 첫째, 시국간담회, 개헌청원운동 등의 반유신민주화운동을 촉진했으며 본격적인 반유신 민주화운동을 위한 재야조직인 '민주회복국민회의'의 토대가 되었다. '민수협'으로부터 유신체제에 대항하는 이념적 구심체로서 재야의 역사가 본격화되었다고 할 수 있다(김대영 2005: 411). 둘째, 연대운동의 확산이다. 민수협과 더불어 같은 운동목표를 내건 대학생 연대운동 조직과 청년 연대운동 조직이 결성되었다. 민수협은 민주수호전국청년학생연맹(1971. 4. 14), 민주수호기독청년협의회(1971. 4. 20), 민주수호청년협의회(1971. 4. 21)와 더불어 광범한 연합 활동을 전개했다. 셋째, 공명선거 감시운동의 전례를 만들었다. 민수협은 성명서(1971. 4. 24)를 통해 민주주의와 공명선거를 촉구했으며, 대통령 선거과정에서 6,139명의 선거참관인단(민주수호전국청년학생연맹 1,155명, 민주수호기독청년협의회 312명, 종교계 교역자 125명,

〈표 2-12〉 민주수호국민협의회 조직 현황

구분	인사
대표	김재준, 이병린, 천관우
운영위원	대표 3인 + 신순언, 조향록, 한철하, 법정, 이호철, 김정례, 계훈제 등 10인
지역협의회	1. 민주수호경북협의회(71.4.22) : (대표) 최해청, 유해종, 박삼출 2. 민주수호전북협의회(71.4.24) : (대표) 은명기 3. 민주수호전남협의회(71.4.25) : 4. 민주수호천안시협의회(71.4.25) : (대표) 김숭경, 김복실 5. 민주수호고양군협의회(71.4.24) :

대학생 714명, 고려대생 381명, 작가단 12명, 단체 추천 서울 1,200명, 단체추천 지방 1,100명)을 구성하여 전국에 파견했다(기사연 1982: 103). 이러한 재야 결집과 선거활동은 전례가 없는 것이었으나, 선거는 박정희의 승리로 귀결되었고, 유신선포 이후 민수협의 활동은 크게 위축되어 유명무실하게 되었다.

■ 민주회복국민회의(1974. 12. 25) 민주회복국민회의는 유신체제에 저항하는 재야세력의 강화된 단일 정상조직이며, 그들의 제일 요구사항은 유신헌법의 철폐였다. 국민회의는 윤보선, 김영삼 등 제도권 정치인의 참여에도 불구하고 스스로를 "범국민단체로서 비정치단체이며, 그 활동은 정치활동이 아닌 국민운동"으로 규정하여 민주회복을 목표로 했다. 또 재야조직 최초로 조직적인 활동을 위해 사무국과 지부를 설치하였는데, 75년 3월 현재 7개 시·도지부와 20여 개의 시·군 지부를 설치하였다. 재야조직의 역사에서 최초로 전국적인 지방조직을 갖춘 것이었다. 지방조직을 주도한 인사들은 주로 종교인들과 지방 정치인들이었다. 재야가 느슨하나마 전국적인 통일조직의 결성에 성공하였다는 점은 재야의 성장을 보여주는 징표였다. 71명의 발기인 명단을 분석한 결과는 정치인 23.2%, 종교인 28.2%, 지식인 47.9%로, 사회단체 주도적인 성격이 강했다(박명림 2008: 50).

국민회의는 박정희 정권의 '국민교육헌장'을 빗댄 '민주국민헌장'(1975. 2. 28)을 발표했는데, "이 땅의 민주건설을 위해 언제 어디서나 거국적인 민족민주의 국민운동에 헌신"할 것을 선언했다. 국민에게 보내는 메시지에서는 "비타협, 불복종의 정신으로 항거하여 '독재정권에 포위운동'을 전개하자"고 촉구하였다. 재야의 운동은 이제 시민불복종운동으로 발전하고 있었다(박명림 2008: 51).

국민회의는 구성원 71명 중 '민수협' 회원은 15명에 불과했지만 그것의 조직적 연장선상에서 결성된 것이라 할 수 있다. 하지만 몇 가지 차이도 있는데, 첫째, 제도정치권의 정치인이 참여했고, 둘째, 기독교와 더불어 가톨릭이 조직

〈표 2-13〉 민주회복국민회의 조직 현황

구분	민주회복국민회의
대표위원	강원용(개신교), 김영삼(정치인), 김정한(문인), 김철(정치인), 양일동(정치인), 이태영(여성), 천관우(언론인), 함석헌(개신교),
운영위원	김병걸(문인), 김정례(여성), 임재경(언론인), 한승헌(법조인), 함세웅(가톨릭), 홍성우(법조인),
회원	강기철(개신교), 강신명(개신교), 계훈제(개신교), 고은(문인), 고흥문(정치인), 공덕귀(여성), 김관석(개신교), 김규동(문인), 김용구(언론인), 김윤수(문인), 김재준(개신교), 김재호(독립투사), 김택암(가톨릭), 김홍일(원로), 문동환(학계). 박봉랑(학계), 박상래(가톨릭), 박연희(문인), 박창균(개신교), 백낙준(원로), 백낙청(문인), 법정(불교), 부완혁(언론인), 서남동(학계), 송진백(제헌의회), 신현봉(가톨릭), 안병무(학계), 안재환(독립투사), 안충석(가톨릭), 안필수(정치인), 양홍(가톨릭), 유석현(독립투사), 유진오(원로), 윤보선(원로), 윤빈웅(개신교), 윤제술(정치인), 윤형중(가톨릭), 이동화(학계), 이병린(법조인), 이상린(개신교), 이영희(언론인), 이우정(여성), 이인(원로), 이창복(가톨릭), 이헌구(문인), 이희승(학계), 임경규(법조인), 장용학(언론인), 전경연(학계), 정석해(학계), 정일형(원로), 정화암(원로), 조향록(개신교), 진헌식(제헌의회), 홍사중(문인), 황인철(법조인), 황호현(제헌의회)

적으로 참여했으며, 셋째, 새로운 지식인 자유실천운동이 합류했다는 점이다(김대영 2005: 414). 특히 국민회의 등장 이후 가톨릭의 정의구현사제단, 자유언론실천운동, 자유실천문인운동, 기독자교수협의회의 결성이 잇달았다. 국민회의는 앞서 설명한 것처럼, 전국적인 지방조직과 사무국을 거느린 체계적인 조직형태를 갖추었다. 하지만, 지방조직들이 중앙의 국민회의와 단일한 지휘체계로 연결된 것이 아닌 자생적인 것이었다. 따라서 행동통일이 어려웠고 횡적인 연대활동도 제한되었다. 그 때문에 활동은 운동의 정당성과 방향성을 제시하는 선언문 또는 성명서를 발표하는 소위 성명전에 집중될 수밖에 없었다(김대영 2005: 422).

■ 민주주의와 민족통일을 위한 국민연합(1979.3.1) 재야는 1978년의 민주주의국민연합(1978.7.5)을 결성했는데 이는 구성원 수의 대폭 증가와 더불어 기본적

으로는 단체 간 협의나 의결권이 인정되지 않는 개인 구성원 중심의 조직이었지만 소속 단체를 명기했다는 점에서 부분적으로 단체연합의 성격을 지녔다. 하지만 정부가 국민연합의 발기인 대회부터 집요하게 대회를 봉쇄하고 대표를 연행하자 '민주주의와 민족통일을 위한 국민연합'(1979. 3. 1)으로 조직을 확대·개편함으로써 돌파구를 모색했다. 유신체제 말기의 극심한 탄압 속에서 최대연합을 조직하기 위하여 윤보선, 함석헌, 김대중 등 3인의 공동의장에게 전권을 위임했고, 8인의 상임중앙위원과 26인의 중앙위원 및 16개 단체를 중심으로 조직체계를 정비했다(김대영 2005: 433). '국민연합'은 재야의 전국조직으로서는 최초로 민족문제와 통일과제를 명칭에 사용하여 통일문제를 주요 의제로 끌어들였다는 의의를 갖고 있다.

〈표 2-14〉 민주주의와 민족통일을 위한 국민연합의 조직 현황

구분	성명
의장단	김대중 윤보선 함석헌
중앙위원	계훈제 고 은 김관석 김병걸 김승훈 김윤식 김종완 문동환 문익환 박종태 박형규 백기완 백낙청 서경석 서남동 심재권 안병무 예춘호 오태순 이문영 이우정 이태영 조성우 한승헌 한완상 함세웅
가맹단체	△한국인권운동협의회(77.12.29) (지도위원) 윤보선, 함석헌, 윤형중, 지학순, 김병상, 김관석, 박형규, 안병무, 노명식, 성내운, 박세경, 이돈명, 천관우, 송건호. (실행위원) 조남기(회장), 김상근(서기), 조화순, 인명진, 김승훈(부회장), 오태순, 김용준, 공덕귀, 이우정, 김한림, 홍성우, 백기완, 고은, 박태순, 안성열(총무), 안재웅, 이창복, 이재정. △ 해직교수협의회(78.3.24) 성내운(회장), 문동환(부회장), 백낙청(부회장), 김동길, 김병걸, 김찬국, 남정길, 명노근, 문병란, 배영남, 서남동, 송기숙, 송정석, 안병무, 안진오, 염무웅, 우창웅, 임영천, 이계준, 이문영, 이영희, 이우정, 이재현, 이흥길, 한완상, 김윤수, 정창열 △ 민주청년인권협의회(78.5.12) (고문) 윤보선, 천관우, 지학순, 박형규, 문익환, 성내운, 고은 (회장) 정문화, (운영위원) 정문화, 김학민, 장만철, 박계동, 문국주, 배경순 △ 가톨릭정의구현사제단: 함세웅, 신현봉, 문정현, 김택암, 양홍, 장덕필, 오태순. △자유실천문인협의회: 고은, 조태일, 박태순, 이문구, 김규동, 이호철, 신경림, 구중서. △ 양심범가족협의회: 공덕귀, 김한림, 박용길, 조정하. △한국교회사회선교협의회: 조지송, 이창복 △민주헌정동지회: 김종완. △백범사상연구소: 백기완. △정치범동지회: 계훈제 △NCC 인권위원회. △동아자유수호언론투쟁위원회. △가톨릭정의평화위원회. △기독교수협의회 △전국노동자인권위원회. △한국기독청년협의회

3) 1980년대의 재야 단체

■ 민주통일민중운동연합(1985. 3. 29/ 민통련) '민통련'은 재야의 형성 이래 최대 연합조직이라 할 수 있다. 그 직접적 계기는 1984년에 출범한 재야의 두 연합체, 즉 민중민주운동협의회(민민협)과 민주통일국민회의(국민회의)의 통합이었다(서영석 1986: 199). 이를 간략하게 정리한 것이 〈표 2-15〉이다.

두 단체의 결성 배경은 당시 많은 이들이 85년 2.12총선거를 통하여 나타난 국민들의 민주화에 대한 열망에 자극되어 난립양상을 보이고 있던 범민주세력의 전열을 정비할 필요성을 절감하였다는 사실이다. 먼저, 민민협이 중앙위원회에서 민주세력의 통합을 결의(85.2.26)한데 이어 다음날 국민회의 역시 확대집행위원회에서 통합을 확인함으로써 양 단체는 통합의 실마리를 찾았다. 드디어 3월29일 민민협의 공동대표 김승훈·김동완·이부영과 국민회의의 문익환 의장은 "민주화와 통일의 역사적 과업을 위해 단결하자"는 통합성명을 발표하고, 양측 중앙위원 1백여 명이 참석한 가운데 통합대회를 개최, 두 단체가 통합됐음을 내외에 천명했다.

이처럼 민통련은 부문별·지역별 23개 재야민주운동단체의 가맹으로 이루어져 있다. 이들 가맹단체는 민통련 설립 이후 민통련에 의해 만들어진 단체가 아니라 독자적인 영역을 구축한 뒤 가맹하는 형태였기 때문에 자율성을 갖고 있었다. 연대성과 대행 기능을 갖기 때문에 한 두 단체의 와해에도 불구하고 민통련의 활동을 지속할 수 있다는 장점을 가졌다(서영석 1986: 201).

■ 민주화운동청년연합(민청련/ 1983. 9. 30) 민청련은 5·17이후 정국의 냉각상태가 채 가시지도 않은 1983년 9월 30일, 서울 가톨릭 상지회관에서 80년대 공개운동단체로는 최초로 창립대회를 개최함으로써 출범했다. 주도 세력들은 멀리는 60년대의 6·3세대, 70년대의 민청학련세대 그리고 80년대 초에 이르는 학생운동권의 주체들로서 민주화투쟁의 선두 대열에 섰던 인물들이 대부분이었다.

<표 2-15> 민중민주운동협의회와 민주통일국민회의의 비교

	민중민주운동협의회	민주통일국민회의
창립일	1984. 6. 29	1984. 10. 16
임원	△대표위원: 김승훈(신부) 김동완(목사) 이부영(전 언론인) △서기: 김근태(민주화운동청년연합의장) △감사: 배종열(기독교농민총연합회장) △상임위원: 김승훈 김동완(종교) 방용석(노동) 배종열 나상기(가톨릭농민회) 김근태 황인성 김철기(청년) 이부영(언론) 박태순 여익구(문화예술) 김정택 윤순녀(노동선교) △중앙위원: 권호경(목사), 이영순(노협) 이창복(노협), 진병태(가농), 김영원(가농), 김상덕(가농) 권종대(가농) 정성헌(가농), 신홍범(언론), 신경림(시인) 박태순(작가) 김종철(문학평론가), 장기표(민청련), 최민화(민청련) 오세구(기청), 최인규(기청), 김철기(기청), 김영근(가청), 이명준(가청), 이철순(가톨릭노동사목연구소)	△의장: 문익환(목사) △부의장: 계훈제, 신현봉(신부) △중앙위원장: 강희남(목사) △감사: 유운필(목사), 곽태영(민족운동) △분과위원장: 백기완(통일문제위), 김병걸(문화교육위), 고영근(인권대책위), 문정현(민주발전위), 김승균(국제관계위), 임채정(민생문제위), 이창복(사무총장).
활동 목표	민중민주운동선언 ① 소수특권층을 위한 독점경제체제를 시정, 민중의 인간다운 생활을 보장할 수 있는 자립적인 민족경제를 실현. ⑤ 자주적이고 평화적인 방법으로 민족통일을 성취	정관 제3조에서 "본회의는 이 나라의 민주화와 자주적 민족통일을 성취하고 인간생명의 존엄성과 함께 사는 삶의 가치를 구현함에 있다"고 그 목적을 밝히고 있다.
조직	- 종교운동 노동운동 농민운동 청년운동 문화언론예술운동 등 5개분과위 활동	- 통일, 문화교육, 인권대책, 민주발전, 국제관계, 민생문제 등 6개 분과위 활동
참여 단체	△천주교정의구현 전국사제단 △전국목회자정의평화실천협의회 △한국노동자복지협의회 △한국가톨릭농민회 △한국기독교농민회총연합회 △자유실천문인협의회 △민주언론운동협의회 △민중문화운동협의회 △인천도시산업선교회 △가톨릭노동사목연구소 △한국기독청년협의회 △한국기독학생총연맹 △명동천주교회청년단체연합회 △민주화운동청년연합 등 15단체	△민주 · 통일국민회의 △민중민주운동협의회 △한국사회선교협의회 △한국기독교학생총연맹 △대학생불교연합회 △한국기독교청년협의회 △한국가톨릭농민회 △민주화운동청년연합 △국공해문제연구소 △가톨릭노동사목연구소
기관지	「민중의 소리」	「민주통일」

창립 당시 임원진으로는 △김근태(의장), 장영달(부의장), 박우섭(홍보부장), 연성수(사회부장), 홍성엽(재정부장) 6명의 집행부를 선출하였고, △지도위원으로 고은(시인), 김병걸(문학평론가), 김태홍(전 기자협회장), 문익환(목사), 백기완(통일연구소장), 성내운(연세대 해직교수), 함세웅(신부) 등 27명의 지도위원을 위촉했다.

민청련의 등장은 재야운동권의 평균연령을 대폭 낮추는 데 결정적인 역할을 했다. 또한 이들이 광주항쟁 이후 침잠된 운동권의 전위임을 자임하고 나섬으로써 향후 재야운동의 흐름을 젊은 청년들이 주도하도록 하는 데 큰 역할을 했다. 민청련은 단지 재야의 세대교체뿐만 아니라 투쟁성의 회복과 소수 그룹의 주도가 아닌 하부조직의 강화를 가져왔다. 또한 시급한 과제로서 '민주화운동에 대한 거시적 조망 아래 다양한 운동세력과의 구체적 연대'라는 '사회운동

〈표 2-16〉 민주통일민중운동연합 현황

년 월	1985년 3월 29일
임원	△의장단: (의장) 문익환 (부의장) 계훈제, 김승훈, 이소선, 송건호, 이창복, 백기완 △집행위원: 이호웅, 김승권, 여익구 △상임위원장: 배종열(농민위원장), 제정구(빈민위원장), 김희택(청년위원장), 엄영애(여성위원장), 성유보(언론출판위원장), 채광석(문화교육위원장), 최열(공해위원장), 이재오(민주발전위원장), 정동년(통일위원장), 곽태영(인권위원장)
활동목표	'규약'의 제4조(사업) 조항의 ③ 민주·통일·민중운동의 주체적 역량을 집결하여 나라의 민주화와 민족의 통일을 촉진
조직	- 10개 분과위 - 정책기획실(임채정), 총무국(홍성엽), 조직국(유영래), 사회국(조춘구), 홍보국(임정남), 대변인(김종철), 사무국(장기표)를 운영
참여단체 (26) 참여단체 (26)	△민주화운동청년연합 △인천지역사회운동연합 △서울노동운동연합 △한국노동자복지협의회 △민주언론운동협의회 △민주문화운동협의회 △자유실천문인협의회 △한국기독교노동선교협의회 △한국가톨릭농민회 △한국기독교농민회전국연합회 △대한가톨릭학생총연맹 △천주교정의구현전국사제단 △천주교사회운동협의회 △전남민주화운동청년연합 △부산민주시민협의회 △충북민주운동협의회 △민통련 서울지부 △민통련 경남지부 △민통련 경북지부 △민통련 강원지부
기관지	「민주통일」

의 이론화'에도 기여했다(윤재걸 1985: 167).

민청련은 자체 언론매체로 『민주화의 길』이란 기관지와 타블로이드판의 『민중생활소식』을 발행하였다. 이 단체의 운영 경비는 회원(3백여 명)들의 회비로 충당하였는데 회비 규모는 개인 소득의 5% 정도로서 재정상의 독립을 지향하였다. 상근 간부급들에겐 생활보조비형태의 상근수당을 지급하고 있다.

■ 서울노동운동연합(서노련/ 1985.8.25) 서노련은 1985년 6월 대우 어패럴 노조위원장 김준용의 구속을 계기로 구로지역 동맹파업에 직·간접으로 참여했던 청계피복노조·노동운동탄압저지투쟁위원회·구로지역노조민주화추진연합·노동자연대투쟁연합 등 4개 단체가 모여 결성한 단체이다. 서노련의 주요 인물들은 해고 노동자들이었기 때문에 운동권 내에서도 투쟁성과 선명성이 투철하였으며, 대다수 간부진이 수배를 받았기 때문에 거의 지하단체화 했다. 창립 당시 임원진으로는 △고문 이소선, 위원장 민종덕(청계노조), 부위원장 이옥순(원풍노조), 사무국장 이봉우(남화전자)이었으며, 기관지로 『서노련신문』(13호부터는 『노동자신문』)을 발행했다.

■ 한국노동자복지협의회(노협/ 1984.3.10) 홍제동 천주교성당에서 열린 노동절행사를 계기로 1984년 3월 발족했으며, 70년대부터 80년대 초반까지 노동현장에서 중심적 활동을 벌여왔던 인사들이 중심이 되었다. 당시 선출된 임원들의 면면을 보면 노동운동뿐만 아니라 종교계와 여성단체 등 한국노동운동의 연합체 성격을 띠고 있음을 알 수 있다. '노협'은 "뜨거운 동지애로 강철같이 단결하여 노동자의 인간다운 삶이 보장되는 민주사회 건설"을 목표로 설정하였다.

이사회와 운영위원회의 이원조직으로 구성되어 있으며, 창립당시 임원은 다음과 같다. △이사장: 지학순(천주교원주교구 교구장), △부이사장: 박형규(NCC인권 위원장), △이사: 김승훈(신부), 함세웅(신부), 최기식(신부), 김용백(CCK 사무차장) 이완영(성가수녀원 총장), 조의송(목사), 안병무(한신대 교수), 이우정(여성단체연합 생존권대책위원장), 이효재(이화여대 교수). △운영위원장: 방용석(원풍모방), 부위원장: 박순희(원풍모방), 남상헌(고려피혁), 김문수(한일공업), 이총각(동일방직). △운영위원: 최순영(YH노조), 조금분(반도상사), 양승조(청계피복), 유동우(삼원섬유), 조경수(동남전기), 배옥병(서통), 민종덕(청계피복), 정선순(원풍모방). △간사: 이영순(콘트롤데이타), △감사: 정선순(원풍모방), △사무국장: 이창복.

"우리나라의 8백만 근로자를 대변"하고, '전태일 정신과 민주노동운동'을 표방하면서 공개운동권으로 부상한 '노협'의 출현은 민중민주운동권에 대해 새로운 충격을 안겨주었다. 70년대 진입 이래 지금까지 지식인 중심으로 행해져 왔던 민주화운동의 폭과 깊이가 그만큼 심화·확장된 계기를 이루었기 때문이다. 창립과 함께 『민주노동』이라는 자체 기관지를 발행함으로써 현장과 다른 운동부문을 연결하는 주요 역할을 하고 있다. 노협의 활동 중 흥미로운 것은 현장의 교육과 선전을 위해 "최저임금 일당 5천원을 보장하라"는 주장과 '임금인 상교섭사례' 등에 대한 발빠른 대응이다. 또한, ①해고자 전원복직, ②블랙리스트 철폐, ③노조탄압중지, ④노동악법개정 등을 요구함으로써 노동 의제를 대중화하는 데 크게 기여했다(윤재걸 1985: 186).

■ 민중문화운동협의회(민문협/ 1984.4.14) '민문협'은 "오늘의 반민중적문화를 극복하고 민중의 적절한 자기훈련으로서의 주체적이고 생명력이 넘치는 생명의 문화를 창조하고자 결성"되었다고 창립발기문에서 밝히고 있다. 민문협은 문화운동의 전개를 위한 기초적 작업의 일환으로 기관지『민중문화』를 발간하였으며 연 2~3회에 걸쳐 '민중문화의 날' 행사를 개최하였다. 임원진으로는 △ 공동대표: 송기숙, 김종철, 황석영, 여익구, 허병섭, 호인수, 원동석. △사무국장: 박인배, △실무(유인택), 기획(김봉준), 홍보조사연구(김영철), 연구(정희섭), 제작(장

진영)이다. 민문협은 재야운동단체 중 가장 활발한 단체로 평가받고 있었다. 하지만 다른 단체와 마찬가지로 재정문제가 가장 큰 부담이었다. 재정의 대부분은 자료와 회보의 제공 정도에 따라 3단계 회비(연 1만원~회보회원, 3만원~자료회원, 5만원~특별회원)로 충당되었다.

■ 자유실천문인협의회(자실/ 1974.11.18) 문학인의 실천적 현실참여를 표방하는 〈자유실천문인협의회〉는 유신치하에서 개헌서명지지와 표현의 자유를 내걸고 집단적 공동보조를 취하던 문인들에 의해 1974년 11월 18일 결성되었다. 이날 고은, 백낙청, 신경림, 조태일, 박태순 등 문인들은 '자실'을 결성하고 대표간사(고은)를 선출, '자유실천문인협의회 101인 선언'을 발표하고 곧바로 데모에 돌입했으나 경찰에 의해 저지되었다. 이후 자실은 70년대 후반까지 '민족문학의 밤', '구속문인을 위한 문학의 밤' 등을 개최하며 꾸준히 활동을 전개했다.

자실이 재출발을 한 것은 1984년 12월 19일 서울 동숭동 소재 흥사단 강당에서 '자유실천문인협의회 84회의'를 개최하고, 새로운 정관과 임원진을 구성하면서부터이다. 정관에서는 회원의 확대를 꾀하여 기성문인이 아닌 문학 독자들도 회원으로 가입할 수 있게 하였으며, 무크지『실천문학』을 펴냈다. 1984년 개편 당시 임원진은 다음과 같다. △고문: 김정한, 김병걸, 고은, 이호철, 백낙청, 문병란, 김규동, 천승세, 민영. △대표: 이호철, △집행위원: 이호철, 김규동, 천승세, 박태순, 이문구, 조태일, 황석영, 양성우, 채광석, 이시영, 김정환. △사무국: 채광석(총무 및 수석간사), 김정환(재정), 임정남(홍보), 이시영(섭외), 송기원(복지), 이은봉(연구), 김진경(교육), 나종영(지방).

■ 대한가톨릭학생총연맹(카생/ 1985. 5) 학생단체로서는 유일하게 민통련에 가입하였던 대한가톨릭학생총연맹은 1954년 11월 대한가톨릭학생 총연합회란 이름으로 출발했다. 이는 전국에 14개로 나뉘어져 있는 가톨릭의 각 교구마다

결성된 대학생연합회의 집결체 성격을 띠었다. 하지만 1972년 학생들의 급진적 성향을 우려하는 교회 측에서 전국조직을 해체한 이후 우여곡절 끝에 1985년 5월 '대한가톨릭학생총연맹'이란 이름으로 다시 전국조직이 부활되었다. 하지만 주교단의 공식적 인정을 받지 못하여, 따라서 사무실도 지도신부도 없이 서울대교구 대학생연합회 사무실을 공동으로 사용하고 있다. '카생'은 사회정의 구현을 목표로 활동을 전개하였다. 또한 교회일치운동의 정신에 입각하여 한국기독학생연맹과 더불어 '부활과 4월혁명' 이라는 연례행사를 공동개최하여 왔다. 기관지로는 『총연』이 발행되었으며 서울대교구대학생연합회에서는 매월 『십자가 없이는』이라는 월간지를 발행하였다. 임원진은 △회장: 이동홍(건대 전자과 4년), 총무: 김혜경(서강대 철학과 4년), △서울대교구 지도신부: 박기주 등이다.

■ 민중불교운동연합(민불연/ 1985.5.4) 민불연은 "초종단적인 사부대중의 결집체로서 관제불교, 산속불교, 귀족불교를 배격하고, 불교의 민중화를 이룩하기 위해 부처님을 생생한 삶의 현장으로, 거리로, 낮은 곳으로 모셔 민중의 삶에 동참"한다는 취지 아래 결성되었다. 이를 위해 민불연은 일제하 만해스님의 불교혁신 및 항일독립운동의 정신과 해방 직후의 '불교혁신연맹' 운동, 유신 치하에서의 '민중불교회' 등의 정신을 계승할 것을 천명하였다. 민불연은 민중불교 운동론의 부단한 창출과 불교관계 제 문제에 대한 개선투쟁의 전개와 조직의 확대강화, 민주화운동과 민족통일운동에의 적극 동참을 실천과제로 제시하였다. 기관지로 『민중법당(民衆法堂)』을 간행하였다. 임원진으로는 △고문: 경우, 월운, 용태영, △지도위원: 고은, 김지하, 김승균, 성열, 지선, 황석영, 장기표, 성승표, 백영기, 김만선, △의장: 여익구, △부의장: 목우, △집행위원장: 서동석, △기획: 위원장 현기 등이다.

■ 민주헌정연구회(민헌연/ 1984. 11. 15) 1978년 중반 무렵 야권 정치인들과 일

부 재야인사들은 민주회복국민회의를 결성하고 반유신운동을 선도하고자 했다. 이 모임의 중심인물인 박종태, 양순직, 예춘호, 김달수, 김윤식, 이상돈, 김종완 등은 몇 번에 걸쳐 모임을 갖고 정치인만의 모임을 따로 만들 것을 구상하여 1979년 중반 무렵 민주헌정동지회를 발족시켰다. 10·26직후 민주헌정동지회는 대표지도위원으로 예춘호, 김윤식, 김종완 등 3인을 선출하고, 과거 김대중 계열의 지방조직을 되살리는 작업에 착수했다. 당시 이 작업은 거의 전국적 규모에 이른 조직과 제1 야당에 버금가는 지구 책임자를 확정할 정도여서 당국의 비상한 관심을 끌었다. 하지만 1980년 5월 이 모임의 주역인 예춘호, 김윤식, 김종완 등이 김대중 내란음모 사건으로 옥고를 치루면서 조직이 와해되었다.

이들은 석방과 정치해금 뒤 신민당과 김영삼이 주도하여 1984년에 결성된 민주화추진협의회(민추협)에 참여하기보다는 민주화운동단체와 함께 재야정치인 중심의 민주화운동을 전개하기로 결정했다. 민주헌정동지회사건으로 옥고를 치른 27명과 박종태, 양순직, 박영록, 최영근, 송좌빈, 김종완 등 6명이 발기인으로 참여한 창립대회에서 민헌연이 결성(1984. 11. 15)되었다. 민헌연은 설립 방향을 "본회는 우리나라 민주헌정 질서의 실현을 위한 현실적 대안의 연구와 실천운동을 전개"한다고 명시하고 있다(정관 제2조). 이러한 목적에 맞게 민헌연은 매달 '민헌연 세미나'를 개최하여 왔고, 『민주헌정』이라는 회보를 발간하였다.

■ 민주언론운동협의회(언협/ 1984.12.19) 1984년 12월 19일, 70년대 중반의 동아·조선 일간지 해직언론인과 80년도 해직언론인협의회 회원 및 출판계 인사로 구성된 27명의 발기인, 그리고 회원 등 70여명이 모여 민주언론운동협의회를 발족시켰다. 이들은 창립선언문을 통해 단체의 성격을 "어떠한 정치단체도 아니며 기성의 여당이니 야당이니 하는 개념과도 무관하게 자주독립을 표방"하는 '재야언론인의 모임' 또는 '재야언론인과 출판인들의 새로운 인식과 자각에서 발족하게 된 순수한 자주적 문화단체'로 규정하였다. 또한 자신들의 과

제를 '민주민족 언론의 창조 및 언론민주화운동과 사회민주화운동과의 연대'로 설정하였다. 이날 모임에서는 규약을 만장일치로 채택하고 대표위원 5명과 실행위원 8명, 감사 2명의 임원을 뽑았다. 선출방식은 회원들의 추천과 찬동에 따라 70년대 해직언론인, 80년 해직언론인 그리고 출판계 인사 등에 각각 2명씩을 안배 선임했다. 언협의 재정은 150여 명 회원이 내는 회비로 운영되며, 회지이자 진보적 대중잡지인 월간『말』을 발행(창간호 1985. 6. 15)하였다.

△의장(대표위원겸임): 송건호. △대표위원: 김인한, 최장학, 김태홍, 김승균. △실행위원: 윤활식, 이부영, 신홍범, 성한표, 노향기, 박우정, 이호웅, 김도연. △감사: 이경일, 나병식. △사무국장: 성유보.

■ 전남민주청년운동협의회(전청협/ 1984.11.18)등 지역운동단체 1980년대 민주화운동의 가장 큰 특징 중 하나는 기층 민중운동의 재야운동권 가세와 더불어 지역운동권의 확산을 들 수 있다. 70년대까지는 '서울공화국'이라는 말이 공공연할 정도로 운동권 역시 서울에만 편중되었다. 그러나 80년대 이후 운동부문 간의 강한 연대성과 더불어 조직화가 진행되면서 독자적이며 주체적인 '지역운동권'이 형성되었다. 1980년대 중반에 발족된 지역운동단체만 보더라도 △인천지역사회운동연합 △강원민주통일국민회의 △충북민주운동협의회 △충남민주운동청년연합 △전북민주화운동협의회 △경북민주통일국민회의 △경남민주통일국민회의 △부산민주시민협의회 등이 있다. 특히 전남·광주에는 △전남사회운동협의회 △민중문화연구회 △5.18광주의거유족회 △5.18광주의거부상자회 등이 집중 포진되어 있다. 이중 가장 활발한 활동을 보였던 단체 중 하나가 전남민주청년운동협의회이다.

'전청협'은 1984년 11월 18일 오후 4시 광주 YMCA에서 지도위원을 비롯한 민주인사 등 250여명이 참석한 가운데 창립총회를 가졌다. 이날 선출된 임원진을 보면, △집행위원: 정상용(의장), 정용화(부의장 겸 집행국장), 김종배(부의

장). 송재형(사업부장), 장갑수(조사부장), 신영일(홍보부장), 이춘희(여성부장). △지도위원: 김성룡(신부), 문병란(시인), 박석무(한학연구가), 전계량(5·18유족회장), 배종열(한국기독교농민회총연합회장), 서경원(가농회장), 정동년(5·18구속자), 장두석(5.18구속자), 명노근(해직교수), 황석영(소설가), 나병식(풀빛출판사대표), 문국주(정평위간사), 김태홍(전기자협회 회장), 임채정(언론인) 등 모두 34명이다. 전청협은 기관지『광주』(창간호/ 1985. 1. 20)와 부정기 유인물『광주의 소리』를 제작·배포하여 광주민주화운동의 실상 및 지역현안을 알리는데 주력하였다.

이와 함께 이 지역의 새로운 운동단체로 부상한 민중문화연구회는 1984년 12월 20일 "문화의 민주화와 민중이 주체가 되는 민족정서의 함양을 위해 연구 실천하며 통일문화의 실현"을 목적으로 창립되었다. 한편, 전남사회운동협의회는 이보다 앞선 1984년 12월 8일 창립되었다. 이 단체는 5·18유족회, 5·18부상자회, EYC, JOC, 전청협, 기독청년협의회 등 광주지역 사회운동단체 대표자 14명이 모여 "전남지역 각 부문운동의 질적 발전과 진정한 상호연대의 강화를 통하여 올바른 지역운동론을 정립하고 통일적인 운동방향을 모색하기 위하여" 결성되었다.

(2) 재야의 발전 과정

〈표 2-17〉은 우리나라에서 재야의 발전 과정 및 그 특징을 시기별로 구분한 것이다.

첫째로 주목해야 할 부분은 1960·70년대와 1980년대 재야의 이념과 노선이 현격한 차이를 갖고 있다는 점이다. 1960·70년대의 재야는 일반인들의 생각과 비슷하게 친미·반공주의를 견지하였다. 박정희 시대의 재야와 이전 국가형성기의 좌파와는 조직적·이념적 연계가 전혀 존재하지 않았다. 두 세력의 결정적 차이는 제도적으로는 의회의 존재와 이념적으로 마르크스-레닌주의의 폐기인데, 즉 전통좌파가 사회주의를 추구한데 반해, 재야는 자유민주주의를 추구하였다. 그러한 구조적 차이는 그들의 출신 및 신념의 차이에 따른 것이라 할 수 있다. 재야의 1세대 리더들은 대부분 국가형성 시점에 반공주의로 무장한 보수적 인사들이었다. 〈표 2-17〉에서 잘 드러나듯이 그들은 대개 민족주의, 북한 출신, 그리고 기독교 인사라는 공통점을 지녔다. 실제로 강원용, 한완상 등을 비롯한 기독교 지도인사들은 북한의 침략위협을 들어 박정희 정부 말기까지도 주한미군의 계속 주둔을 요구했다(박명림 2008: 247).

하지만 1980년 5월 광주항쟁을 경험하였던 80년대 재야 및 운동권 인사들은 반미 성향과 사회주의 노선의 지향이 강했다. 그것은 무엇보다도 인권과 자유의 우방국 미국의 지원을 기대하였지만 결국 정부수립 이후 국가권력에 의해 자행된 '가공할 폭력의 축제'(최정운 1999: 264)와 맞닥뜨려 맨몸으로 무장투쟁을 감행할 수밖에 없었던 광주항쟁의 비극적 상황이 초래한 불가피한 결과였다. 광주항쟁 이후 자유민주주의의 모델이었던 미국도, 무자비한 폭력적 진압으로 대규모 인명살상을 초래한 남한의 정부도 신뢰하기 어려웠고, 보다 급진적인 대안이 모색되었다. 그런 이유에서 박정희 시대의 재야가 휴머니즘에 근거한 명망가형 운동에 가까웠다면 1980년대의 재야는 변혁적 대중운동에 근접하였다(정해구 2002: 393~395).

둘째, 민주주의 특히 자유민주주의에 대한 인식에 있어서도 적지 않은 차이가 있다. 1960·70년대의 재야의 자유민주주의란 자유민주주의의 내용과 제도

〈표 2-17〉 1960·70년대와 1980년대 재야의 이념과 성격의 비교

	60~70년대	80년대
기본이념	온건주의	급진주의
민주주의	자유민주주의	민중민주주의 또는 사회주의
미국문제	친미주의	반미주의
통일문제	반공·안보우선	통일 또는 친북노선

출처: 박명림(2008: 254).

<표 2-18> 재야 1세대 주요 인사의 출신 지역

성명	출생연도 출생지	직업/분야	성명	출생연도 출생지	직업/분야
강만길	1933 경남마산	교육	변형윤	1927 황해도황주	교육
강희남	1920 전북김제	종교	서남동	1918 전남목포	종교
계훈제	1921 평북선천	사회운동	성내운	1926 충남공주	교육
김규동	1925 함북경성	문학	송건호	1927 충북옥천	언론
김재준	1901 함북경흥	종교	안병무	1922 평남안주	종교
김찬국	1927 경북영주	교육	이병린	1911 경기양평	법조
라영희	1929 평북운산	교육	장준하	1918 평북의주	언론
문익환	1918 만주 북간도	종교	지학순	1921 평남중화	종교
박형규	1923 경남마산	종교	함석헌	1901 평북용천	종교/사회운동
백기완	1933 황해도은율	사회운동	홍남순	1914 전남화순	법조

출처: 박명림(2008: 235).

에 충실한 것을 요구하고 있다는 점에서 권위주의 체제가 말하는 반공권위주의
로서의 자유민주주의와는 다른 것임에 틀림없다. 그들의 핵심 가치가 절차적
민주주의였다는 점에서 재야는 일종의 '자유주의적 개혁운동'으로 불릴 수 있
다(최장집 1989: 194). 하지만 80년대의 운동권 논의에서는 재야의 개혁적 시민민
주주의 노선(CDR)조차도 '기층민중의 역할을 과소평가하는 오류'를 갖고 있는
소시민적 사회관, 낭만적 운동관에 기초하고 있는 것으로 혹독하게 비판받고
결국 기각되었다(홍윤기 2004: 64). 반면 민족민주혁명론(NDR)과 민중민주혁명론
(PDR)은 그 본질적 차이에도 불구하고 민족적 과제를 본질적인 것으로 인식하
였고, 노동계급을 주체세력으로 설정하는 등 변혁 문제를 정면으로 제기하였다
는 점에서 공감을 얻었고 이 점이 민주화운동론의 중심으로 자리 잡게 되었다.
한 연구자의 지적대로, 60~70년대의 재야의 이념(자유민주주의)을 80년대 재야
는 거부하였고, 80년대 재야의 핵심가치(사회주의 및 급진민주주의)를 60~70년대
의 재야는 반대하였던 것이다(박명림 2008: 244).

셋째, 조직 운영 및 연대 방식에 있어서도 차이가 크다. 1960·70년대의 재

야의 조직체계는 주로 사상과 양심, 언론·출판·집회·결사를 중시하는 지식인들, 인간의 존엄성이 훼손당하는 현실을 비판하는 종교인들, 그리고 체제로부터 배제당한 저항적 정치인들을 중심으로 자연발생적으로 구성되었다. 따라서 상근활동가 중심의 사무국 체계, 중앙과 지방의 협업적 분업구조, 체계적인 지역 조직망과 연대기구 등은 대단히 취약했다. 하지만 80년대에 이르러 재야는 정부의 탄압에 공동 대응하고, 효과적인 여론 및 홍보를 위하여 연합체 조직을 결성하기 시작했다. 아울러, "70년대와 달리 80년대의 운동권이 지닌 가장 큰 특색은 '충실한 이론'으로 무장"되었다는 것이다. 이러한 이론적 무장의 가장 큰 도구가 바로 앞서 살펴본 회보 형태의 자체 매체(민중언론매체)와 회지였다(윤재걸 1985: 182).

그러한 차이에도 불구하고 재야는 하나의 단일 세력으로 다음과 같은 공통점을 지녔다. 하나는 재야가 전반적으로 민주화 운동 중심의 담론정치를 지향했다는 것이다(김대영 2005: 437~438). 박정희 정권이 배타적으로 보유한 압도적 우위의 물리력에 저항하면서 민주진영이 가용할 수 있었던 정치적 자원은 빈약했다. 그럼에도 불구하고 민주-반민주 구도를 정착시킬 수 있었던 가장 큰 요인은 민주주의 담론 체계를 형성, 정착시킴으로써 이념적 정당화에 성공했다는 것이다. 유신체제는 반공-개발 담론을 확산시켰던 반면에 재야운동은 민주화 담론을 확산시켰다. 구체적으로 재야담론의 특징은 첫째, 체계적인 철학과 이론에 기초한 것이 아니라 유신체제의 다양한 비판을 수렴한 저항담론이었고, 둘째, 경제적 민주화보다는 정치적 민주화에 관심을 가졌으며, 셋째, 급속한 산업화로 인해 야기되었던 불평등과 민중적 처지에 깊은 관심과 애정을 갖는 휴머니즘 담론이라는 것이다.

다른 하나는 1987년 민주적 개방 이후 독자적 정당화나 민주연합이론이 부상하여 재야의 정치권 진입이 이루어지기까지는 반정당·반정치 담론이 우세했다는 점이다. 재야의 담론에는 민주·반민주 대립구도를 도덕적인 운동 대 부패한 정치로 보는 관점 또는 정치=특권계급의 정치=독재정치라는 등식과 운동 =국민의 운동=도덕적 결단행위라는 인식이 견고하게 자리를 잡았다. 이는, 세 가지 영향 탓인데, 하나는 재야에 미친 개신교나 가톨릭교의 종교적 영향이고, 다른 하나는 지식인과 독립투사들을 끊임없이 매수·회유하려고 하였던 총독부 권력 즉 식민지 경험 탓이며, 끝으로는 정치로부터 거리를 두는 전통적 선비정 신의 영향으로 볼 수 있다(김대영 2005: 82).

02 _ 인권단체(Group7-2)

(1) 인권단체의 현황 및 특성[5]

1) NCC 인권위원회(1974. 4. 11 창립)

국내 6개 개신교 교단(기독교장로회, 감리교, 예수교장로회통합측, 성공회, 대한복 음교회, 구세군)이 가입된 NCC 인권위원회는 우리나라 민주화 운동 및 인권운동 의 방향타 역할을 해왔다. 특히 NCC 인권위원회 산하 고문대책위원회는 김근 태 고문사건(1985.12)을 계기로 기존의 인권문제 중 고문문제를 보다 깊이 있게 다루어야 한다는 의도 하에 총회가 잠정적인 상설기구로 인정한 위원회이다.

집행부는 김상근 목사(위원장), 금영균 목사(서기/ 시청료거부운동집행위원장), 조승혁 목사(위원), 오충일 목사(위원), 이우정 교수(위원), 김재열 신부(위원)로 구 성되어 있다. 고문대책위는 NCC 인권위원회로부터 고문사건에 대한 보고를 접 수하거나 고문피해자로부터 진정을 받게 되면 이와 관련된 조사활동을 전개한 다. 조사위원을 지정하여 조사하고 관계기관에 항의, 조사보고서의 작성, 재판 진행에 도움이 되게 하고 여론을 환기하는 역할을 하고 있다. 또 고문반대 캠페 인의 일환으로 전국 각 교회에 고문 사실을 알리고 국내외 기자회견을 통한 홍 보활동도 전개하여 왔다. 그밖에 엠네스티, 유엔인권위, 세계교회협의회(WCC), 아시아기독교협의회(EACC), 미국 NCC 등의 국제기구의 인권담당 부서와 연대하여 고문방지를 위한 연대활동에 참여하고 있다. 매주 목요일 『인권소식』이란 기관지를 통한 고문사례 고발도 빼놓을 수 없는 활동이다. 1981년 6월 '전국민주학생연맹' 사건에 연루된 이태복에 대한 고문 사실을 6개 구단 공동명의로 작성하여 국무총리에 항의하기도 하였다. 또한 6개 교구단장 주최 형식으로 '고문 및 용공조작 저지 공동대책위원회'가 발족(1985. 10. 17)한 바 있다.

2) 민주화실천가족운동협의회(민가협/ 1985. 12. 12 창립)

민가협은 기존의 6개 구속자 가족모임(구속학생부모협의회, 구속노동자협의회, 청년구속가족자협의회, 재야인사가족협의회, 구속장기수가족협의회, 민주화운동유가족협의회)이 모여 결성한 단체이다. 민가협은 "민주화운동을 하다가 정치적으로 탄압받는 사람들의 인권을 수호하고 가족 상호간의 연대와 상호부조 및 올바른 현실인식과 실천을 위해 노력하며, 민주주의와 민중생존권 보장, 자주적 민족통일을 위해 전진함"을 목적으로 규정하였다.

민가협은 6개 구성단체의 상위기관이 아닌 공동사안에 연대하여 활동하는 협의체의 성격을 갖고 있다. 전국적으로 4백여 명의 회원이 있으며, 광주·청주·전주·부산 등에 지부를 두고 있다. 고문사건에 대한 지체 없는 관계기관 및 언론에 대한 고발과 유인물 배포, 연행 소재지 파악 및 가혹행위 근절에 대한 압력 활동에 주력하여 왔다. 민가협의 살림은 각 협의체의 회비와 인권단체, 개인들의 성금으로 이루어진다. 지출의 주 용도는 회지 『민주가족』의 발행과 인쇄비, 상근 직원 두 명의 인건비, 유인물 발간, 수감자 영치금 지원 등이다. 다른 인권 및 재야단체와 마찬가지로 재정 해결이 당면 과제이다. 회의는 보통 2주일에 한 번 종로구 연지동의 기독교회관 2층에서 갖는 것이 통례이다.

3) 대한변호사협회 인권위원회

대한변협의 상설 기구로서 매주 월요일 12시 회의를 갖고 있다. 다른 단체와 달리 고문사례에 대한 진상조사, 가해자나 책임이 있는 상급자를 상대로 민·형사 고발을 취하고 고문 피해자의 재판을 직접 참관하는 구체적이고 전문적인 역할을 수행한다. 동시에 각종 인권침해 사례에 대해 사직당국에 항의하고 시정을 촉구한다. 김근태 사건, 부천서 성고문 사건, 서울노동운동연합(서노련) 사건(1986. 5) 등에서 관련 경찰관을 고발하고 재정신청, 증거보전신청 등 법적 대응을 취해 왔다.

1985년부터 각종 인권관계 사건을 취합, 전후 과정을 객관성을 유지·정리하면서 판결을 내린 판사 이름까지 수록한『인권보고서』를 발간하고 있다. 발간 당시부터 지금(2015년 제30집)까지『인권보고서』에 대한 내외의 관심이 지대하였는데, 1985년의 경우 총 발간 비용 1천 5백만 원 가운데 미국의 아시아재단에서 8백만 원을 지원받았다.

4) 신민당 인권옹호위원회

국회의원 겸 변호사 자격을 지닌 7명과 15명의 재야변호사를 합쳐 원내외 도합 22명의 위원으로 구성되어 있다(위원장은 박찬종의원). 인권침해 사례를 직접 의정 단상에서 언급할 수 있어 문제제기에 따른 사회적 영향력이 크다.

서울대 복학생 우종원, 인천 연안가스 근로자 신호수, 서울대생 김성수 군의 의문의 변사사건 재조사를 의정단상에서 신임 정호용 내무장관에게 촉구해 답변을 얻어내기도 하였다. 1985년 12월에는 구속자 가족들에게 8백만 원을 지원했고, 1986년 말에는 의원들이 세비에서 5만원씩 갹출하고 당의 예산지원을 얻어 1천만 원을 마련 구속자 가족들에게 전달하기도 했다.

5) 민추협 인권위원회

1983년 민추협 창설 당시 산하부서로 설치되었다. 신민당 의원과 일반 변호사 22명으로 구성되어 있는데, 야당과 민간단체라는 법률적인 차이 외에 신민당 인권옹호위원회와 큰 차이는 없다. 민추협 인권위원회는 재야와 연대, 성명서를 발표하고 지원하는 업무가 주요 역할이다.

6) 천주교 정의평화위원회

교황청에서는 1970년에 교황청 정의평화위원회(정평위)가 조직되었고, 1976년 한국천주교에서도 정평위가 결성되었다. 정평위는 전국본부(회장은 구속된 이돈명 변호사, 윤공희 대주교가 담당주교직)와 함께 각 교구본부가 있다. 가톨릭의 사제, 수도자, 평신도들이 이끌어가고 있으며 전국본부의 중앙위원 48명이 실무를 진행하며, 48명의 중앙위원들은 사제, 수녀, 사회사업가, 변호사, 신학자, 작가 등 각계각층의 전문직으로 구성되어 있다.

해마다 한두 차례의 헌금을 통해 기금을 마련하고 구속자 가족의 생계보조, 영치금, 재판비용 지원, 석방자의 생업 알선 등을 주선한다. 세계 각국의 정평위에서 보내온 양심수 지원 성금의 배분 역할도 맡고 있다. 고문사건 발생시 동위원회 소속 변호사나 민간단체를 통해 조사와 진상공개, 여론조성, 시정 요구와 압력을 펼친다. 한국천주교 주교회의 산하 공식기구로서 그 해의 사업계획에 따라 예산지원을 받고 있어 타 인권단체보다 나은 편이다.

(2) 우리나라 인권운동의 발전 과정

우리나라에서의 인권 담론과 그에 따른 단체를 정리한 것이 〈표 2-19〉이다.

인권에 따른 시기 구분은 다음의 3단계로 나눌 수 있다(장동진 2000). 1단계는 정부수립에서 제2공화국까지의 잠재적 단계이다. 인권에 대한 일반 국민의 자각 및 인식 그리고 사회운동으로서의 표현이 아직 형성되지 못했던 시기였다. 4.19와 제 2공화국을 계기로 서구 자유민주주의와 제도들이 도입되었지만 국가권력을 감시하고 통제하는 시민사회가 아직 제대로 형성되지 못했기 때문에 인권 인식이나 인권단체가 출현하지 못했다.

2단계는 제3공화국의 수립에서 1987년 민주화 항쟁이전까지의 소극적 저항단계이다. 인권의식과 운동이 구체적으로 표출되는 단계라 할 수 있다. 한국기독교교수협의회가 발족(63.12)되어 그리스도교 정신에 입각한 사회정의운동이 시작되었다. 전태일의 분신사건(1970. 11. 13)은 한국에서 인권운동의 획기적 계기가 되었다. 특히 기독교에서는 이후 도시빈민선교회가 결성(1971. 9)되었고, NCC(National Christian Council)를 통해 인권선언을 채택한데 이어 1974년 인권위원회를 발족하였다. 박정희 정부 특히 유신체제하에서는 군부독재에 저항하는 사회민주화운동에서 출발하였기 때문에 인간 권리의 측면을 주장하기보다는 공권력에 의한 물질적, 정신적 폭력에 저항하는 성격이 강했다. 1970년대 초반

〈표 2-19〉 인권담론 변화에 따른 인권운동단체의 변화

구분	년도	인권담론	주요단체	활동내용
발생기	1951~1960	경제성장우선담론 안보담론	국제인권옹호한국연맹	인권제도 개선 및 침해구제, 인권 홍보
	1961~1970		(사)한국인권옹호협회	국민의 기본적 인권보장
	1971~1980	경제성장과 안보담론의 공존 자유권 제기	(사)태평양전쟁희생자유족회 국제엠네스티한국지부 한국민주화운동정치범동지회	양심수 석방, 고문폐지, 민주주의의 발전에 기여
분화기	1981~1990	자유권 중심	천주교정의구현사제단 새생명사랑회, 민가협, 유가협, 민변, 천주교인권위, (사)노동인권회관, 장기수가족후원회, 불교인권위원회, 정대협	생명존중, 양심수 석방, 종교인의 인권회복 활동
성장기	1991~	자유권과 사회권 제기	고난받는 이들과 함께하는 모임, 나눔의 집, 주한미군범죄근절을 위한 운동본부, 친구사이, 낙태반대운동연합, 인권운동사랑방, 부천외국인노동자의 집, 인권센터, 한국동성애자단체협의회	생명존중, 외국인노동자의 인권회복, 불평등한 한미관계 개선, 국내외 인권문제 개선

출처: 이정은(1999: 55).

의 국제엠네스티 한국지부나 정의구현사제단, NCC 인권위원회는 모두 신체, 사상, 양심의 자유를 억압하는 국가권력에 투쟁한 단체였다.

1980년 5·18로 인권 말살이 정점에 이르렀다. 광주민주화운동 과정에서 나타난 비인권적 행위는 인권의 중요성을 국민에게 각인시킨 계기가 되었다. 이후 국가부문이 가하는 억압이 지속되면서 인권운동은 전문화되었다. 지속적인 국가폭력에 보다 적극적으로 대응하기 위해 구속자가족들이 민주화운동가족협의회를 설립하고 변호사들이 민변을 조직화하는 등 전문 인권운동단체로써의 면모를 갖추기 시작했다. 하지만 이 기간의 인권운동은 정치권력으로부터의 인권보호라는 소극적 측면이 여전히 강했다. 기본권 이외의 사회권과 환경권과 같은 차원의 인권 개념이 형성되지 않았고 국가권력과 자본만을 인권 침해의 주체로 인식하였다. 인권 개념에 따라 분류하자면, 주로 국제인권조약의 '시민, 정치적 권리에 관한 규약' 중심의 자유권적 인권운동 단계라 할 수 있다(이정은 1999: 56~57).

3단계는 1987년 6월항쟁 이후의 적극적 참여단계이다. 인권운동을 전문으로 하는 단체가 등장하였고, 종합적 시민단체들 역시 인권문제에 직·간접적으로 지원하고 관여하였다. 세부적인 인권문제에 집중하는 전문화 경향과 특정 인물보다는 시민단체 중심의 조직 운영 경향을 보였다. 정치권력뿐 아니라 정부기관 및 관료기관, 사적 단체 및 심지어 개인 상호간의 인권침해 사례를 인식하는 단계로 인권 개념이 확장하였다. 1990년대 이후 공권력뿐 아니라 일상생활에서 권력에 의한 폭력이 이슈화됨으로써 주한미군범죄근절을 위한 운동본부나 외국인노동자대책협의회 등이 설립되었다. 불평등한 한미관계나 고용관계에서의 차별문제, 성폭력 문제 등이 제기되었고, 기존의 피해자 구제운동 중심에서 노동권이나 생존권, 행복권과 환경권 등 사회권에 대한 요구가 진행되었다. 성 정체성의 확장을 요구하는 한국동성애자단체협의회가 설립된 데서 알 수 있듯이 사회의 고정관념에 도전하며 인권의 영역을 새롭게 확장하는 단체들이 선보였다. 이 단계는 인권운동의 도약기로서, 국제인권조약의 '경제, 사회문화적 권리에 관한 규약' 중심의 사회권적 인권운동 단계라 할 수 있다.

03 _ 여성단체(Group7-3)

(1) 여성단체의 현황 및 특성

〈표 2-20〉은 개항 이후 1980년대 중반까지 활동하였던 여성단체들의 현황을 보여준다. 1981년에는 52개 등록단체에 회원 수는 6,632,160명이, 1987년에는 단체 수는 60개로 늘었지만 회원 수는 오히려 6,248,882명으로 감소한 것으로 나타났다. 1985년과 1980년의 총인구조사에 따르면 당시 여성 인구는 각각 20,192,088명과 18,657,509이었는데, 이는 우리나라 여성의 약 18.6%와 17.3%가 여성단체의 회원이었음을 말해준다. 한편 20세 이상의 성인 여성인구를 기준으로 할 때는 중복가입을 고려해도 무려 그 비중이 30%를 넘어서고 있다. 여성운동이 개화되기 이전의 시점에 이렇게 회원 비율이 높은 이유는 도시와 농촌에서 조밀하게 구축된 무려 300만 회원이 넘는 새마을부녀회의 영향이 큰 것으로 보인다.

등록 단체의 형태를 살펴보면 압도적 비중이 사단법인이며 그 다음이 사회

〈표 2-20〉 여성단체 현황

		계	사단법인	사회단체	특별법인	재단법인	원호단체 (공법단체)	기타
1981	단체 수	52	33	14	2	1	1	1
	회원 수	6,632,160	2,940,637	416,404	7,643	7,363	27,626	3,232,487
1987	단체 수	60	35	17	0	1	1	6
	회원 수	6,248,882	1,768,312	774,925		3,000	31,780	3,760,865

주) 기타에는 1981년은 새마을부녀회만 1987년에는 법인 · 단체 · 조직부가 포함됨.
출처: 보건사회부. 『여성단체현황』(1981: 1987)

〈표 2-21〉 여성단체 회원의 비중

	총인구수	여성 인구(A)	성인 여성 인구(B)	여성단체 회원 수(C)	비중(C/A)	비중(C/B)
1981	37,406,815	18,657,509	10,732,358	3,232,487	17.3%	30.1%
1987	40,419,652	20,192,088	12,023,719	3,760,865	18.6%	31.3%

단체이다. 두 단체의 합산 비중은 1981년이 90.4%, 1987년에는 86.7%에 달하고 있다. 또한 아직 여성부가 발족 전이었기 때문에 보건사회부와 문화공보부에 등록된 단체를 합한 비중이 각각 57.7%와 55%에 이르고 있다.

　산업화 시기의 여성단체 중 새마을부녀회를 제외하고 가장 많은 회원을 보유한 단체는 한국여성단체협의회(1,781,192)와 6개 소비자단체가 가입되어 있던 소비자보호단체협의회인데, 느슨한 협의체조직이라 〈표 2-23〉에는 누락시켰다.

〈표 2-22〉 여성단체의 부처별 등록 현황

	계	사단법인	사회단체	특별법인	재단법인	원호단체	새마을부녀회
단체 수	52(60)	33	14	2	1	1	1
보건사회부	16(15)	12	2	1	1		
문화공보부	14(18)	9	5				
문교부	6(7)	6					
외무부	6(7)	1	5				
법무부	2(2)	2					
농수산부	1(1)	1					
교통부	1(1)	1					
경제기획원	1(2)		1				
내무부	1(2)			1			
국토통일원	1(2)	1					
상공부	1(1)	1					
원호처	1(1)					1	
기타	1(1)						1

주: ()는 1987년의 현황임.

여기에서 몇 가지 특징을 발견할 수 있다. 첫째는 한국소비자연맹, 전국주부교실중앙회, 대한주부클럽연합회 등 소비자운동단체의 강세인데, 이는 우리나라 여성운동의 모태가 소비자보호였음을 보여주고 있다. 다른 하나는 대한여자기독교청소년연합회나 한국천주교중앙협의회 등 종교 관련 여성단체가 일찍 조직화되어 있다는 점이다. 끝으로는 한국가정법률상담소와 같이 여성의 권익신장을 관장하는 전문직 운동단체의 출현이다.

다음으로는 등록된 단체의 소재지를 살펴보았다. 무려 94.7%가 서울에 있었으며, 수로회나 국제존타부산클럽 등 나머지 단체 모두 부산에 주소지를 두고 있었다. 시민단체의 서울중심 현상은 여성단체의 경우 보다 일찍이 그리고 심각한 수준이었음을 확인할 수 있다.

〈표 2-23〉 규모별 상위 10단체

회원		임원		상근(직원)	
명칭	수	명칭	수	명칭	수
대한여자기독교청소년연합회	1,473,567	대한여약사회	31	대한전몰군경미망인회	49
한국부인회	1,175,844	한국천주교중앙협의회	27	전국주부교실중앙회	25
한국소비자연맹	761,036	한국소비자연맹	25	한국가정법률상담소	24
전국주부교실중앙회	281,996	대한어머니중앙연합회	25	대한간호협회	21
대한주부클럽연합회	200,000	한국꽃꽂이협회	25	대한주부클럽연합회	21
대한미용사회	36,127	대한어머니중앙연합회	25	대한여자기독교청소년회연합회후원회	19
한국간호조무사협회	33,630	한국소비자연맹	25	대한약사회여약사위원회	17
대한전몰군경미망인회	31,780	국제존타서울클럽	23	한국소비자연맹	15
대한간호협회	27,831	대한여학사협회	23	예지원	15
예지원	20,210	한국꽃예술작가협회	20	한국여성단체협의회	13

출처: 보건사회부(1987)에서 재작성.

〈표 2-24〉여성단체의 지역별 비중

	계(76)	비중(100)
서울	72	94.7%
지방	4	5.3%

출처: 보건사회부(1987)에서 재작성

(2) 여성단체의 발전 과정

〈표 2-25〉는 설립시점을 기준으로 한 여성단체들의 분포 현황을 보여주고 있다. 가장 오래된 여성단체는 구세군대한본부(1908)이며 이밖에도 대한여자기독교청소년연합회(1922), 대한기독교여자절제회(1923), 세계여성기독청년회(1924) 등 종교단체들이 오래된 연원을 자랑하고 있다. 일제시대부터 1960년까지의 여성운동을 전체적으로 보자면, 해방 이후의 과도한 정치화로 인해 좌우 이념적 노선에 따라 분열되었고 여성 이슈를 내걸고 공동의 연대활동을 모색하기는 어려웠다. 이런 한국적 특수성과 더불어 서구의 여성운동에서 나타난 동일한 이념적 지평 내에서의 남녀 사이의 대립과 갈등은 나타나지 않았다(정현백 2006: 8~10).

본 연구의 대상인 산업화 시기의 여성단체는 전체의 69.7%를 차지하고 있다. 앞서 보았듯이 5·16쿠데타가 일어나자 정당·사회단체와 함께 모든 여성단

〈표 2-25〉여성단체의 설립 시점

설립연도	수	비율1(%)	비율2
1945년까지	6	7.9	30.3
1946~60	17	22.4	
1961~71	32	42.1	69.7
1972~79	11	14.5	
1980~86	10	13.2	
합계	76	100.0	100.0

출처: 보건사회부(1987)에서 재작성

체가 해산되었고, 본격적인 여성단체의 활동이 다시 활발해진 것은 1964년부터이다. 이 공백기에 해당하는 기간에도 가족법개정을 위한 운동은 꾸준히 계속되었다. YWCA가 중심이 되고, 대한가정학회, 대한어머니회, 대한기독교여자절제회, 대한여학사협회, 여성문제연구회가 함께 참여하여 친족상속법 개정과 가사재판소 설치를 요구하는 건의문을 제출하였고, 이에 따라 박정희 정부는 1963년 10월 가정법원을 설치하였다.

이 시기에 가장 주목할 만한 단체는 1959년에 설립되어 당시의 여성운동을 주도하였던 한국여성단체협의회였다(이하 여협). 이외에도 대한YWCA, 대한부인회, 대한여성교육동지회, 한국부인상조회, 새여성회, 한국여성경제인연합회, 재향군인회부녀부 등 여러 여성단체들이 여협과 함께 활동하였다. 당시 시대적 상황에서 적극적인 여성운동을 매우 어려웠음에도 불구하고 가정법률상담소, 여성유권자연맹, 여협 등 일부단체들이 제한적이나마 여성의 지위향상을 위해 실질적인 노력을 하였다는 점은 주목할 만하다(박채복 2005: 237~238). 그 중 한국부인회는 건전가정 육성에 무게중심을 두면서 윤락여성 선도, 부녀구호지원을 포함한 미망인 구호, 그리고 '무직여성의 직업보도' 및 '직업여성의 지위보장'에 관한 사업을 표방하였다. 한편 여협은 이미 해방공간에서부터 활동해온 익히 알려진 명망가 여성들이 대거 참여하여 주목을 받았다.[6] 그럼에도 불구하고 60년대 여협에서 이루어진 핵심 사업은 생활향상운동이었고, 이를 통해 주택 및 보건문제, 식생활이나 경제생활에서 부딪히는 폐습과 불균형을 개혁하고자 하였다. 아울러 당시 여협의 주력 사업으로는 가족계획상담실의 운영과 함께 산아제한운동의 적극적인 전개였다.

전체적으로 보자면 60년대의 여성단체 활동은 미미하였다. 이는 1968년에 행해진 24개 여성단체에 대한 조사에서 단지 1개 단체가 여권옹호를 핵심 활동으로 내세웠다는 결과에서 잘 드러난다(정충량·이효재 1969: 245). 나머지 단체의 경우 그 활동이 여성적인 교양과 자질 향상, 회원의 상호친목 및 복리, 사회복지를 위한 봉사활동 및 반공정책 관련 활동 등이었다. 이 단체들은 회원의 자발적인 참여나 재정적 기여에 기반을 두기보다는 지도자 개인들의 재정조달이나 조직적 역량에 따라 구성된 경우가 많았기 때문에 회원들은 수동적이었다(정현백 2006: 10). 또 다른 연구 역시 "60년대의 활동은 그 목적이 회원의 친선도모와 자질향상 혹은 사회 봉사차원 등으로 현모양처를 강조하는 전통적인 여성상에서 벗어나지 못했고, 여성의 지위향상과 불평등 문제를 직접적으로 다루기보다는 여성의 사교활동에 치중함으로써 여성운동을 담아내기에는 거리가 있었다. 따라서 이 시기 한국의 여성운동은 여성단체의 수적 확대에 비해 여성운동의 질적 발전을 꾀하기 어려웠다고 평가"하고 있다(박채복 2005: 239).

1970년대는 이전 시기보다 사회적으로 여성의 권리의식이 확산되고 지위향상을 위한 활동도 보다 활발해진 시기였다. 1970년대의 여성운동은 가정법개정운동으로 대표되는 가부장적 차별과 한국자본주의 발전 과정에서 나타난여성노동자들의 불평등으로 집약되는 여성문제를 중심으로 전개되었다. 앞에서 설명하였던 것처럼 1970년대의 가족법 개정 운동은 법 개정에 참여하는 여성의 수가 늘고 전국적인 조직화가 이루어졌을 뿐만 아니라 이념과 상관없이모든 여성단체들이 전근대적으로 가부장적인 가족법에 도전하여 많은 내용을변경시킬 수 있었다는 점에서 여성운동 발전에 중요한 기여를 하였다. 더불어지적할 점은 1970년대 한국 자본주의의 외형적 발전에 따라 수출 일변도의 파행적 산업화로 한국 사회의 모순이 심화·확대되면서 열악한 여성 노동자의 문제가 부각되기 시작하였다는 것이다. 그러나 산업화라는 새로운 사회상황으로대두된 여성 노동자들의 자발적 투쟁은 '여성'노동자들의 문제를 해결하는 운동으로까지 발전하진 못했다. 당시 대한 YWCA, 한국교회여성연합회 등 기독교여성운동단체 등을 중심으로 여성 노동자들의 투쟁에 대한 지지활동이 있었다.하지만 여성 해방적 관점이 미약한 상태에서 여성운동이 여성 노동자들의 생존권 투쟁을 흡수하기에는 역부족이었다. 이러한 한계에도 불구하고 1970년대의 광범위한 여성 노동자층의 형성과 여성 노동자운동을 통한 여성 노동자들의 사회의식의 성장은 사회변혁과 여성 해방을 결합하려는 진보적 여성운동이 출현할 수 있는 토대를 마련해주었다(박채복 2005: 240).

1970년대 여성운동의 또 다른 특징은 기독교여성운동의 부흥이다. 한국교회여성연합회를 위시한 교회여성운동은 독재정치에 저항하다 투옥된 정치범을 돕는 인권운동과 더불어 일본인들의 매춘관광 반대운동을 활발하게 전개하였다(정현백 2006: 13). 특히 1974년에 크리스찬아카데미에서 여성문제에 대한 의식화 교육이 시작되었는데 이는 여성주의 의식과 여성인권을 실천하는 기반을 제공하였고 그 결과 80년대로 이어지는 여성운동의 본격적인 발전에 모태역할을 하였다(최민지 1979: 255). 한편, 이 시기에 국제적으로는 1975년에 '유엔 세계 여성의 해'를 계기로 서구 여성운동과 이에 대한 이론을 접하게 되었는데, 특히 제3세계 여성운동에 대한 소개는 한국의 여성운동에 큰 영향을 미쳤다. 국내적으로는 1977년에 이화여대를 필두로 대학의 교과과정에 여성학이 도입되면서 여성차별과 불평등 문제에 대한 다양한 이론이 연구되기 시작했다.

1970년대 말에 접어들면서, 여성운동이 보다 구체적으로 민주화운동 및 분단시대라는 맥락 속에서 설정되어야 한다는 주장이 제기되기 시작했다. 여성문제를 전체 사회구조의 모순과 연결하여 총체적으로 해결하려는 여성운동으로의 발전은 기존 여성운동에 대한 반성과 비판, 그리고 여성운동의 새로운 방향성과 실천을 모색하게 되었다. 이른바 진보적 여성운동의 등장과 성장에는, 자본주의 모순에 저항하면서 성장한 1970년대 여성 노동운동의 경험과 교육받은 중산층 지식인 여성들의 성장이 중요한 내적 배경이 되었다고 할 수 있다. 이처럼 한국의 진보적 여성운동이 사회변혁 운동 속에서 등장, 발전해왔다는 점은 자유주의나 급진주의를 기반으로 여성문제의 독자적 이해를 추구하는 서구 여성운동과는 많은 차이가 있다.

1980년대 여성운동은 여성운동이 소비자운동에서 벗어나 민주화운동으로 전환하였다는 점이 특징이다. 1980년대는 한국 여성운동이 민족·민주·통일운동과 접목되어 여성문제 해결을 사회의 민주화와 사회변혁에서 찾았던 시기이다. 광주민주항쟁을 계기로 진보적 사회운동단체와 연대한 여성운동이 생기면서 이전 시기와 질적 차별성을 갖는 여성단체를 만들어가기 시작했으며, 여성운동을 주도하는 단체들은 대중조직으로 성장했다. 이 시기에 여성문제를 본격적으로 다루기 시작한 여성운동단체들은 정부에 순응적이고 보수적이었던 과거의 여성단체와는 달리, 가부장제에 대한 본격적인 도전과 민족민주운동에 동참하는 여성운동으로 자신의 정체성을 규정했다.

한편, 1980년대 초에 이르러서는 지식인 중심의 여성단체들이 잇달아 창립되는데 여신학자협의회(1980), 여성평우회(1983), 또하나의문화(1984), 기독교여민회(1986) 등이 그것이다. 또한 여성의전화(1984)는 아내 구타 및 성폭력 피해자들에 대한 상담 사업을 전개했으며, 1987년에는 독자적인 여성노동단체로서 여성노동자회가 결성되었다. 그러나 무엇보다도 1980년대 여성운동의 가장 큰 특징은 이전과는 달리, 주도적으로 여성정책 의제들을 제기하고 요구하기 시작했다는 점이다. 민주화운동 과정에서 각 계층별, 지역별로 확산되고 성장한 진보적인 여성운동은 1987년 한국여성단체연합의 결성으로 그 정점을 이루게 되었다. 또한 여성평우회('여성민우회'로 개칭)는 독자적인 여성운동체로서 여성해방의 이념을 갖춘 조직 운동을 분단 이후 최초로 시도하였다는 점에서 여성운동의 새로운 지평을 열었다고 할 수 있다.

아울러 여성운동 내부에서는 합법적인 법 개정이나 정책을 요구하는 운동에 대한 관심이 점차 높아졌으며 이러한 단초는 1980년대 중반부터 나타나기 시작한다. 대표적인 것이 남녀고용평등법의 제정이다. 1980년대에는 여성정책을 담당하는 정부기구에도 상당한 변화가 일어났다. 1970년대까지 여성 관련 정부부서는 보건사회부 산하 부녀국과 가정복지국이 유일하였으나 1980년대 중반부터 여성정책에 남녀평등이나 차별철폐와 같은 새로운 정책 의제가 도입되면서 한국여성개발원(1983)이 설치되었다. 또한 여성정책심의위원회(1983), 정무장관실(1988) 등이 설립되어 여성정책을 담당하는 정부기구의 위상이 높아졌다.

1980년대 여성운동은 남녀평등과 여성해방이 한국사회의 기본적인 모순구조를 변화시키지 않고는 달성할 수 없는 것으로 보았다. 민주화운동으로서 여성운동의 전개는 당시 여성들의 현실을 규정했던 한국사회의 역사적·시대적 요구에 충실하게 부응하고자 한 것이라는 점에서 분단 이후 한국여성운동이 기여한 부분이라고 평가할 수 있다. 하지만 한계 역시 분명하게 노정하였다. 무엇보다도 1970년대와 80년대 전반기의 여성지위 향상운동은 과거에 비해 서구의 자유주의 여권운동방식에 근접하여 갔지만, 비참한 현실과 동일한 시기에 진행되었던 여성노동자의 치열한 노동투쟁을 감안한다면 상대적으로 미온적인 운동이었다고 말할 수 있다. 이런 현상은 한편으로는 한국 중산층의 허약성과 밀접히 연계된 것이나, 다른 한편으로는 군부독재 아래에서 여성운동이 지닐 수밖에 없는 한계를 노정한 것이기도 하였다(정현백 2006: 17). 비슷한 맥락에서 1980년대 여성운동은 소수 진보적인 여성들의 활동이 지배적이었다. 여전히 여성운동은 조직의 대중적 기반이 약하였고, 현실적으로 부딪치는 여성 문제에 대한 현실적인 대안을 모색하는데 있어 일정 정도 한계를 지녔다. 이와 같은 문제를 해결하기 위해선 1987년 민주화와 개방화라는 역사적 계기가 필요했다(박채복 2005: 240).

제 **3** 장

경제 조직

01 _ 개발 및 주거 단체(Group 6)

(1) 개발 및 주거 단체의 현황 및 특성

우리나라에서 ICNPO가 개발 및 주거단체의 전형으로 예시하고 있는 지역 개발 단체의 역사는 일반적인 예상과 달리 매우 오랜 역사적 기원을 갖고 있다. 우리나라에서 향토개발사업의 시작은 한미합동경제위원회의 합의 아래 1957 년 11월에 시작된 '지역사회개발사업(Community Development Project)'이었다. 처음에는 12개 시범마을을 대상으로 삼아 실험적 의도가 강했으나, 장면정권하인 1961년 5월 '국제지역사회개발회의'를 서울에서 개최할 정도로 그 비중이 확대 되었다. 당시의 지역사회개발사업은 정부에서 재정을 보조하고, 사업의 수위와 방향은 마을 자체가 수립하는 방식을 취하였다.[7] 이 사업의 지지자들은 해당지 역사회의 자율성을 강화하여 농촌사회에 민주화를 정착시킬 수 있는 방안으로 생각했고, 미 원조당국은 제3세계의 농촌안정화정책의 일환으로 이 사업을 지 원했다. 즉 지역사회개발사업은 자조와 협동정신을 통해 민주주의를 이식하고 승공의 토대를 마련할 수 있는 수단으로 간주되었다.

그렇지만 1961년 5·16 쿠데타 이후 점차 뿌리를 내리고 있던 '지역사회개 발사업'은 전면 궤도를 수정하여 '재건국민운동'이라는 정부 주도의 국민운동으로 퇴색하게 된다. 5·16세력은 정권을 장악하자마자 쿠데타를 '국민혁명'으로 만들기 위해 사회지도층이 참여하는 국민운동을 전개하였다. 재건국민운동본부 차장을 맡았던 이지형(준장)은 쿠데타 세력이 구상한 국민운동의 일차적 목적은 "최단 시일 내에 군사혁명의 의의를 국민에게 계몽하고 혁명이념을 일반대중에 확대"하기 위한 데 있다고 지적했다. 홍인근 역시 쿠데타 세력은 거사 이전부터 이미 국민운동을 구상했고, 운동에 참여할 민간인들을 통제하기 위해 국민운동기구를 관제기구로 두었다고 한다. 실제로 쿠데타 세력은 5월 20일부터 국민운동에 대한 구체안을 작성하여 관제 국민운동을 본격 추진해나갔다(이지형 1965).

쿠데타 세력은 재건국민운동을 자신들의 통제 아래 두고자 재건국민운동본부를 국가재건최고회의 산하기구로 배치했다. 재건국민운동본부가 1961년 5월 27일에 공포된 '최고회의법'에 의거하여 발족하였고, 곧 이어 '재건국민운동에관한법률'(1961. 6. 11)이 일사천리로 공포되었다. 재건운동 조직은 하향식 건설방식으로 7월 말까지 두 달여의 짧은 기간 동안 전국에 걸쳐 조직되었다.

그렇다면 이토록 짧은 기간 동안에 각계각층의 인사가 재건운동에 폭 넓게 참여한 까닭은 무엇일까? 하나는 참여인사들, 특히 유진오(1961. 6~1961. 9)·유달영(1961. 9~1963. 4)·이관구(1963. 5~1964. 2) 등 창립 초기 본부장들이 가졌던 인식에서 단초를 찾을 수 있다. 요컨대 이들은 이 운동에 관여하기 전부터 승공과 민주주의를 성취하기 위한 민간주도의 국민운동이 필요하다고 판단하였다. 이들은 6·25전쟁과 재건과정에서 미국 또는 자유진영의 원조 역할을 부정적으로 인식하였고, 자유주의와 공산주의를 모두 극복하기 위한 대안적 방안을 모색했다. 그 내용과 방식은 완결된 형태로 제시되지 않았으나 승공의 반혁명적 태도를 대전제로 삼아 '규율을 내재화한 자율', '전통을 중시하는 근대화' 그리고 '민중을 자립시키기 위한 계몽' 등이 강조되었다(허은 2002: 18).

다른 하나는 이들이 본부장의 역할을 맡으면서 민간운동으로의 전환을 추진하였다는 점이다. 초대본부장 유진오는 8월에 재건운동을 민간운동으로 전환할 것을 밝혔고, 곧 이어 9월에 취임한 유달영도 재건운동이 순수민간운동으로 전환되어야 함을 명확히 했다. 실제로 유달영은 조직개편을 단행하여 관제기구의 성격을 가능한 탈피하고자 했다. 일제하 전시 말단통제기구와 유사했던 재건국민반은 해체되고, 그 대신 각 마을에 재건청년회와 재건부녀회가 만들어졌다. 이와 함께 지부직원들을 공무원에서 촉탁으로 변경시켜 민간인의 참여를 유도하고자 했다. 여기에 중앙과 도지부의 자문위원회를 대신하여 심의결의기관인 본부중앙위원회와 도지부위원회가 설치되었다. 또 재건국민운동본부중앙위원회는 '지역사회개발사업'을 재건운동본부 산하로 이관하고자 했다. 중앙위원회는 1963년 3월과 5월 두 차례에 걸쳐 지역사회개발업무를 본부 관할로 이관시켜 줄 것을 요구하는 건의안을 채택했다. 그러나 지역사회개발사업은 군사정권이 추구한 농촌지도기구 일원화 정책에 따라 1962년 4월에 발족한 농촌진흥청에 흡수되었다. 정리하자면, 쿠데타를 비정상적으로 보았던 이들은 순수민간운동의 확대가 민주주의의 기반을 강화하여 군정을 조기 종식시킬 수 있는 방안이라고 판단했다. 하지만 이들의 의도와 달리 농촌사회에 대한 국가의 영향력이 약화될 수 있는 요청을 군정에서 받아들일 까닭이 없었다.

재건운동 사업은 몇 가지로 정리할 수 있다. 첫째, 가장 역점을 두었던 것이 혁명의 불가피성과 당위성을 강조하고 협력을 독려하였던 '국민교육활동'이었다(김현주 2014). 재건운동본부에서 실시한 교육은 '요원교육'에서 시작하여 전체 국민을 대상으로 한 교육으로 점차 범위가 확대되었다. 먼저, 재건운동본부의 공식 출범 직후 시작된 요원교육은 그 실무를 담당할 본부 및 각급 촉진회 상임간사와 회장, 부녀회장, 그리고 집단촉진회 간부 등을 대상으로 한 교육이었다. 이를 위해 부평에 소재한 경찰전문학교 내에 '재건국민운동훈련소'라는 이름의 교육기관이 설치(1961. 7. 24)되었다. 중앙에 설치된 훈련소 이외에 각 지방 지부에서도 자체적으로 훈련소를 설치하여 시군읍면에서 선출된 요원들의 교육을 실시하였다. 이와 같이 소위 '실천요원'에 대한 교육은 국민교육사업에서 절대적인 비중을 차지하였는데, 〈표 2-26〉에서 알 수 있는 것처럼 교육대상은 본부는 물론이고 시도지부, 촉진회 간부부터 재건청년회·부녀회 회원들, 각 학교 재건학생회 간부들, 그리고 방학을 이용해 농촌봉사활동을 떠나는 학생봉사대까지를 포괄했다.

하지만 교육의 궁극적 대상은 일반 국민이었다. 국민 계몽과 혁명 이념의 신속한 보급을 위해 1962년 1월에는 '재건국민운동훈련소'를 '재건국민교육원'으로 개칭, 보강하고 각 시도지부에 시도지부 재건국민교육원을, 시군단위에는 재건청년교육원을 설치하였다. 교육원이 설치되지 않은 시군구읍에는 전임강사 191명을 양성, 배치하였다. 1963년에는 재건국민교육원을 재건국민운동중앙교육원, 시도지부 재건국민교육원을 재건국민운동 시도지부 교육원, 재건청년교육원을 향토교육원으로 개칭하고, 전임강사도 교수로 개칭, 별정직 3급을 (乙)류 국가공무원으로 하였다. 그 결과 1962년 한해 교육을 수료한 인원이 재건국민운동본부 통계 자료로 6,066, 256명에 달했고, 교육이 본격화된 1963년에는 무려 1,355만 8,000명이 교육을 받았다.[8]

재건운동본부가 역점을 두었던 두 번째 사업은 '향토개발사업'이었다. 이

〈표 2-26〉 1961년도 과정별 수료인원 현황

과정별	기수	목표인원	수료인원	%	비고
각급지구 촉진회상임간사	10	2,487	2,336	94	매기 2주간
집단촉진회 간부	1	200	181	91	매기 1주간
도·군·구 촉진회부녀위원	2	181	177	98	매기 2주간
시·군·구 촉진회장	1	181	157	97	매기 1주간
계		3,049	2,851	93	
지부교육실천요원			6,480		
총합계			9,330		

출처: 김현주(2014: 198).

사업의 주요 내용은 수로 및 마을정비 등 농어촌환경개선, 국민저축운동 등이었다. 또한 그 일환으로 자매부락 결연사업과 기아 및 재해민 지원 운동 등의 국민협동사업이 추진되었다. 자매부락 결연사업은 현격한 불균형 발전에 따른 도시와 농촌의 이질감과 계급의식 강화를 누그러뜨리고 '동포애'란 정서 속에 국민을 통합시키는 것을 목적으로 삼았다.

세 번째 사업은 '신생활운동'이었다. 신생활운동은 표준 간소복, 혼·분식 장려, 화장실 개량과 같은 의식주 개선 등 국가가 다양한 방법으로 국민들의 일상생활에 직접 개입하는 수단이었다. 특히 주목되는 것이 '표준의례'와 가족계획실천 활동이다. 전자는 1955년에 실패했던 의례간소화운동을 이어받아, 이를 제도화하여 국민운동을 통해 생활규범을 강제하려 했다는 점에서 의미가 있다. 표준의례는 재건국민운동이 시작되자마자 시안 위촉, 초안 작성에서 여론수집에 이르는 과정이 일사천리로 진행되어 1961년 9월 19일에 제정·공포되었다. 가족계획실천에 대한 계몽지도는 국가가 가족구성에 직접 개입하는 과정이었다. 재건국민운동본부는 보사부, 대한가족협회와 협조하여 가족계획에 대한 지도와 계몽을 추진했다. 가족계획실천을 통한 인구증가율 조절을 복지국가건설과 목전의 경제개발 5개년계획의 성공적 완수를 위한 중대과제라고 선전하며 재건국민운동의 순회강사가 가임여성 전원을 일일이 호별 방문하여 가족계획의 필요성과 피임방법을 계몽, 지도하였다.

민정 이양 이후 재건운동은 민간운동으로 전환(1964)되면서 군정 시기 430만 명에 이르렀던 조직원이 급격히 감소했다. 이후 재건운동은 사단법인으로 전환하고, 마을금고(재건금고)사업에 치중하였다. 1969년 당시 사단법인 '재건국민운동중앙회' 조직원은 약 126만 명으로 줄어들었다. 마을금고사업에 치중한 이유는 정부의 재정 지원 없이 실행할 수 있는 사업이고, 지역사회운동에 실질적 영향력을 확대하며 조직원들에게 도움을 주었기 때문이다. 사단법인 전환 이후 재건운동은 예산과 인력 등의 한계를 극복하지 못하다가 새마을운동이 본격 정착되기 시작한 1975년 12월에 해체되었다.

군정은 재건운동의 이름 아래 실시한 여러 사업을 통해 이후 국정운영에 상당한 도움을 받았을 것으로 추정된다. 우선 행정단위의 중앙부터 말단까지를 연결시키는 전국 조직을 건설하고 운용한 경험은 1970년대 새마을운동과 매우 유사하다. 또한 향토개발사업 및 학생, 교육자, 노동자의 총궐기대회 등을 통한 국민운동방식도 1960년대 말부터 시작된 향토예비군, 학도호국단, 민방위 등 다양한 국민동원정책과 매우 유사하다. 마지막으로 국민표준의례와 생활복 지정, 시간관념 고취운동, 그리고 건전가요 촉진 사업 등 국민들의 사고와 신체를 정형화하려 했던 경험 역시 이후 장발 및 미니스커트 단속과 금지곡 선정 등의 정책과 유사성을 갖는다(전재호 2010: 37~61).

(2) 도시 빈민 및 철거 반대 운동의 전개 과정

재건운동이나 새마을운동이 주로 농촌을 대상으로 한 지역사회개발이라면 도시에 대해서는 대규모 택지 건설과 철거 위주의 공급 정책이 우선되었다. 해방 이후부터 한국사회에서 무주택·저소득층 주거지는 도시에서 정비해야 할 대상으로 여겨졌다. 특히 1960년대 후반에 이르러 정부의 주택 정책의 핵심은 주택 부문의 공급확대와 더불어 기존의 낙후된 주거지를 어떻게 정리할 것인지에 모아졌다. 보사부는 부정기적 취업자나 이농민이 다른 시민의 생활환경을 악화시키고 있기 때문에 이들의 정착지인 '불량촌'을 철거하거나 개선해야할 도시문제로 보았다. 이처럼, 1960년대 후반 서울시의 무허가 정착지 대책은 판잣집 등 기존의 '불량주택' 철거를 전제로 하였다(김아람 2013: 70~71).

철거는 1950년대부터 행해졌는데 그 당시 무조건·무대책으로 일관하던 것에서 1960년대에는 시민아파트 건설, 집단 이주정착지 건설, 현지 개량(재개발)이라는 철거민 대책을 내놓게 되었다. 철거가 시작된 1960년대에 정부와 서울시는 판자촌을 정치적으로 활용하거나 그곳 주민들을 빈번히 착복하기도 하였다. 선거를 앞두고 선심성 공약으로 무허가건물을 철거하지 않고 더 좋은 집에 살도록(양성화)하겠다는 공약을 남발했다가 선거가 끝난 후 즉시 철거하는 행태를 보여 반발을 샀다.[9] 1960년대의 시민아파트는 처음부터 '날림으로' 지어져 슬럼화 되었고, 부실공사로 인해 와우아파트가 붕괴되었다. 집단 이주지의 문제는 '광주대단지 사건'을 통해 그 문제점이 여실히 드러났다.[10] 이 사건 후 서울시는 항공 촬영을 동원하여 건물단속에 나섰다. 새로 만들어지는 건물은 '발생 즉시 무대책 철거'라는 원칙을 세웠다.

박정희 정부가 추진하던 경제정책은 기존의 기아상태를 벗어나 절대적 빈곤을 축소시켜나가는 과정이었지만, 대부분 도시빈민과 노동자들의 삶을 희생시키며 추진되었다. 이러한 상황에서 자연발생적으로 생겨난 것이 도시빈민운동과 철거투쟁이었다. 빈민운동은 1970년대 진보적 지식인과 종교인들이 가난한 사람들에게 관심을 기울이며 현장 활동에 투신하면서 시작되었다. 1971년 9월 1일, 위원장 박형규 목사를 중심으로 9명의 위원이 모여 건설한 수도권도시선교위원회의 활동이 최초의 도시빈민운동이라고 할 수 있다.[11] 이들은 경기도 광주 대단지와 서울 지역을 중심으로 청계천, 송정동 뚝방 지역, 창신동, 금화시민아파트, 신정동 등에 실무자를 파견해 일상 활동을 전개하고 주민들의 조직화를 위해 힘을 기울였다.

1970년대 이후 주택문제에 있어서도, 인구가 도시로 집중되자 기존의 무허가 철거민을 상대로 '주택개량 촉진에 관한 임시조치법'(1973. 3)과 '도시재개발법'(1976. 12)이 추진되었다. 그러나 미진한 대책으로 인해 1977년의 영동 철거민사건, 1979년 해방촌 주민 농성 사건 등 도시빈민들의 격렬한 저항이 이어졌다. 이 시기의 대표적 활동 사례로는 서울을 중심으로 한 청계천의 김진홍 목사, 하월곡동(꼬방동네)의 허병섭 목사, 난곡의 김혜경(전 민주노동당 대표)의 활동을 들 수 있다. 서울 청계천에서 출발해 양평동을 거쳐 경기도 시흥시로 집단이주한 제정구와 정일우 신부의 활동도 1970년대의 대표적인 빈민 활동이라 할 수 있다.

1980년대 들어 수많은 대중조직이 건설되기 시작했고, 빈민운동 조직 역시 이 시기에 본격적으로 건설되기 시작했다. 과거 정부는 철거부터 아파트 건설과 분양, 판매까지 전 과정을 장악해 이윤을 남기는 공영개발을 실시했다. 철거민들이 정부를 상대로 투쟁하고 저항하자, 전두환 정부는 1981년 도시개발법 1차 개정을 통해 불량주택 정비사업 시 토지소유자 1/2 이상에서 2/3 이상의 동의가 있어야 한다는 식으로 조건을 강화했고, 1982년 합동재개발 정책을 채택했다. 그럼으로써 가옥주들이 주택을 제공하고 재개발조합을 구성하여 건설회사와 함께 개발을 주도하게 되었으며, 건축비와 소유주 지분을 비교해서 그 차액을 지급해야 소유주의 입주가 가능하게 됐다. 그러나 합동재개발 방식은 건설회사의 이윤을 극대화하고자 임대아파트의 비중을 낮추었고, 결국 세입자들을 내모는 상황으로 이어져 철거민 문제를 사회문제로 만들었다.

1980년대에 전개된 대표적인 철거민 투쟁으로는 먼저 양화대교 점거농성 (1984. 8. 27)을 시작으로 1백여 회가 넘는 대대적인 투쟁을 전개했던 목동투쟁이 있다. 세입자들이 대책위원회를 조직하여 세입자 문제를 사회적으로 알리는 데 성공하였던 목동투쟁은 아파트 입주권 부여와 임대아파트 보장 등을 관철시키는 성과를 거두었다.[12] 또 다른 사례는 사당동 철거 투쟁이다. 1981년 서울 사당동 산 22번지 일대에 1,600여 명의 철거반원들이 들이닥쳐 500여 가구가 철거되었다. 그 과정에서 19명의 부상자와 구속자가 발생했다. 사당동에서는 1986년 10월 31일에도 강제철거가 진행되면서 인권침해가 끝없이 이어졌으며, 수많은 학생들과 종교·사회단체가 연대하여 맞서 싸웠다. 사당동 철거민들의 저항은 단순히 이주비를 받는 것이 전부였던 세입자에게 특별 분양권 보장과 별도의 전매보상책을 받아내는 등 나름 성과를 남겼다. 이밖에 서울 상계동은 1985년 4월 20일 재개발사업지구로 지정된 뒤 세입자대책위를 중심으로 약 520세대의 세입자들이 함께 저항한 지역이다. 이들은 명동성당에서 농성을 전개하며 '빈민생존권을 부정하는 재개발 철폐와 도시빈민 생활권 보장, 구속자 석방, 살인철거 즉각 중단' 등의 요구사항을 내걸고 투쟁을 전개하는 등, 합동재개발 방식에서 세입자 문제에 대한 사회적 책임을 요구하며 군부독재 타도를 외치기도 했다.

1980년대 중반까지만 해도 빈민운동의 연대방식에서는 종교를 매개로한 운동의 역할이 매우 컸다. 수도권도시선교위원회의 영향을 받은 천주교도시빈민회와 기독교도시빈민선교협의회가 도시빈민 투쟁에서 선도적인 역할을 했다. 1987년 10월 19일에는 양연수 씨가 중심이 되어 도시 노점상과 영세상인보호법 제정을 촉구하는 도시노점상연합회(1년 뒤 전국노점상연합회로 명칭 변경)를 결성했다. 마침내 1988년 도시빈민 최초의 연대기구인 도시빈민공동투쟁위원회가 만들어졌고, 그 성과를 이어받아 1989년 11월 11일에는 전국노점상연합회와 서울철거민협의회, 일용건설노동조합추진위 등이 모여 전국빈민연합을 결정했다(초대 의장 양연수). 전국빈민연합은 노점상과 철거민뿐만 아니라 군부독재에 맞서는 상설적인 도시빈민 연대 기구를 지향하였다(최인기 2013: 95~101).

02 _ 기업과 협회, 노동조합(Group11)

(1) 사업자단체

1) 사업자단체 현황 및 특성

Group11의 연구 대상은 정확히 말하자면 직능사회단체이다. 통상 직능사회단체는 두 가지 의미에서 사용되고 있다. 하나는 사회분업과정에서 고유한 기능을 수행하는 분야별 집단을 의미한다. 이러한 의미에서 사용되는 직능단체(functional group)에는 생산자·소비자·사용자 집단뿐만 아니라 종교, 문화, 학술 등 사회적으로 존재하는 모든 직업 및 직종 집단이 포함된다. 가령, 현대의 모든 정당들은 직능사회대표의 범주에 직업뿐만 아니라 여성, 청년, 노인 등 세대와

성, 직종을 대표하는 인사들을 포함하고 있다. 다른 하나의 의미는 다양한 직업별 집단(occupational group)을 의미한다. 이러한 의미에서 사용되는 직능사회단체는 시장에서의 지위와 기능에 따라 '노동조합, 사용자단체, 전문직단체' 등으로 분류된다. 따라서 ICNPO의 분류와 정확히 일치하고 있다,

이번 장에서는 직업별 집단이라는 후자의 의미에서 사업자단체와 노동조합을 파악해 볼 것이다.[13] 먼저, 사업자단체는 명료하고 엄격한 개념이라는 장점을 갖고 있다. '독점규제 및 공정거래에 관한 법률'(이하 공정거래법) 제2조는 "사업자단체라 함은 그 형태 여하를 불문하고 2인 이상의 사업자가 공동의 이익을 증진할 목적으로 조직한 결합체 또는 그 연합체를 말한다"고 명확하게 정의하고 있다.

본 연구는 사업자단체의 실태를 파악하기 위하여 공정거래위의 「사업자단체 현황」(2002; 2003)을 기초자료로 활용하였다. 여기에 수록된 1,273개의 사업자단체와 조사과정에서 다른 경로로 확인한 100여 개를 합하여 1,372개 사업자단체에 대한 자료를 수집하였다. 공정거래위에 수록된 1,273개의 단체는 주로 중앙회, 연합회 등 중앙과 지방의 상급 중앙조직이다. 이 가운데 중앙 부처에 소속된 전국 수준의 연합회 897개와 별도로 독립적 법적 지위를 갖고 있는 지부·지회의 수를 파악하였는데 총 6,446개로 확인되었다. 따라서 법적 지위를 갖고 현재 활동하고 있는 중앙과 지방의 사업자단체의 총 수는 약 7,200개 정도라고 할 수 있다.

한편, 설립 시점은 여타의 다른 시민단체와 마찬가지로 1987년 민주화 이전보다는 민주화 이후에 압도적으로 많은 단체가 설립된 것으로 조사되었다. 이는 1994년에 이루어진 일괄 정비에 따라 실질적으로 활동하고 있었으나 등록되지 않았던 단체들이 상당수 포함되었기 때문이다. 아울러, 민주화 이후 개방된 사회분위기 속에서 이익갈등의 증폭이 신규단체 설립과 지방조직으로의 확대를 촉진하였기 때문으로 해석된다. 1998년 이후 설립된 단체 비율이 큰 이

유는 정책의 전환이 큰 영향을 미쳤기 때문이다. 1999년 사업자단체 규제개혁의 일환으로 단체의 설립이 허가제에서 등록제로 변경되었고, 이듬해 입법을 통하여 복수 사업자단체의 설립이 가능하게 되었다. 아울러, 산업 및 기술상의 변화로 벤처, 정보, 통신 등 신설 사업자단체의 설립이 증가한 것도 한 요인으로

〈표 2-27〉 부처별 사업자단체 현황

소관부처	단체수	지회수
공정거래위원회	5	0
과학기술부	4	8
금융감독위원회	11	36
경찰청	4	40
건설교통부	41	465
관세청	2	21
국세청	50	142
농림부	97	1429
문화관광부	61	846
보건복지부	85	2714
법무부	2	13
산림청	19	98
산업자원부	101	0
식품의약품안전청	2	0
재정경제부	11	30
중소기업청	305	365
정보통신부	14	39
조달청	1	0
철도청	2	0
특허청	1	0
환경부	54	122
해양수산부	22	43
행정자치부	3	35
총계	897	6446
중앙+지방(지회수)	7343	

〈표 2-28〉 사업자단체의 설립연도별 현황

설립연도	업체수	비율1	비율4
1945년까지	6	0.4%	4.7%
1946~60	51	3.7%	
1961~71	143	10.4%	29.6%
1972~79	92	6.7%	
1980~86	122	8.9%	
1987~92	207	15.1%	37.4%
1993~97	244	17.8%	
1998~2003	340	24.8%	28.2%
결측값	167	12.2%	-
합계	1372	100.0%	100.0%

해석된다.

여타 단체와 구분되는 우리나라 사업자단체의 가장 큰 특징은 설립 근거에 있다. 〈표 2-29〉를 보면, 전체 6,316개의 사업자단체 중 66.3%에 해당하는 4,187개의 사업자단체가 중소기업협동조합법, 공장발전법, 기타 개별산업과 관련된 특별법에 설립근거를 두고 있으며, 그 나머지 가운데 2,042개는 민법에 기초하여 설립되었다.

중소기업협동조합법과 특별법은 정부가 산업화의 과정에서 특정 사업자단체나 산업을 지원 또는 규제하기 위한 필요성에서 제정한 것이다. 따라서 이러한 법률에 근거한 사업자단체는 민법에 비해 상대적으로 정부개입과 통제가 강하게 작용하고 있는 단체라 할 수 있다(류명석 1996: 56). 한국의 사업자단체들 거의 모두가 설치근거를 구체적으로 규정한 개별 특별법이나 민법 등 법률에 근거하여 설립된 반면 일본의 경우에는 가입과 탈퇴가 자유로운 임의단체가 지배적이라는 점은 주목할 만한 차이점이다. 이러한 차이점은 시민단체와의 비교에서 더욱 선명해진다. 시민단체의 경우 여전히 압도적 형태가 정부로부터 어떠한 형태의 규제도 받지 않는 임의단체가 다수이다. 여기에는 물론 시민단체가

〈표 2-29〉 사업자단체의 설립근거별 현황

	특별법			민법	임의단체	계
	중소기업 협동조합	기타 특별법	계			
제조업	489	597	1,086	284	15	1,385
전기·가스업	2	~	2	1	~	3
건설업	~	96	96	21	2	119
도소매·음식·숙박업	228	961	1,189	679	62	1,930
운송·창고업		140	140	43	1	184
금융·보험·부동산 및 사업서비스업	25	438	463	396	5	864
개인서비스업	2	1,209	1,211	618	2	1,831
합 계	746	3,441	4,187	2,042	87	6,316

자료: 공정거래위원회, 1999, 「공정거래백서」.

자발성과 자율성을 중시하는 비정부·비영리기구라는 데 일차적 원인이 있다. 또한, 최근 활성화되고 있는 온라인 모임 및 지역을 대상으로 활동하고 있는 소규모 풀뿌리 단체의 증가에도 시민단체의 법적 제도화를 지연시키고 있는 이유라 할 수 있다.

〈표 2-30〉 사업자단체와 시민단체의 법인 형태의 비교

법인 형태		시민단체		사업자단체	
		단체수	비율(%)	단체수	비율(%)
임의단체		5,776	64.8	87	1.4
민법	사단법인	2,700	30.3	2,042	32.3
	재단법인	229	2.6	2,042	32.3
	사회복지법인	153	1.7	2,042	32.3
특수법인(특별법)		17	0.2	4,187	66.3
기타		34	0.4	~	0.0
계		8,909	100	6,316	100

출처: 시민단체는 「한국민간단체총람」 (2012)

2) 관련 제도와 사업자단체

우리나라 사업자단체의 형성과 발전에 미친 제도의 영향력은 막강하다. 이를 두 개의 단계로 나눠 살펴보자.

1단계는 사업자단체의 정책형성 단계(1961~79)이다. 한국의 사업자단체의 실질적 역사는 1962년 경제개발 5개년 계획의 시행과 함께 시작되었다. 당시 한국의 경제부문은 산업화를 수행할 수 있는 기업조직의 형성이 미약하였기 때문에 정부는 민간기업 조직의 창업과 성장을 육성하는 한편 민간경제부문을 효율적으로 통제·조정하기 위해 협회의 설립을 적극적으로 유도하였다(공정거래위원회, 1991). 박정권 출범 직후인 1962년에만 정부의 지시(1업종 1협회 원칙)에 따라 38개의 중앙조직 단체가 설립되었다는 사실에서 사업자단체에 대한 국가조합주의를 향한 본격적 시도가 비롯되었음을 알 수 있다.(〈표 2-31〉 참조)

〈표 2-31〉 경제이익단체의 설립추이

기간	1945~55	1955~60	1961~65	1966~70	1971~75	1976~80	1981~84
전국단체 (N=266)	11	14	66	39	38	54	44

자료: 경제기획원 공정거래실, 「사업자단체설립 신고현황」(1985.2). 김영래(1987, 93)에서 재인용.

기업의 입장에서도 정부와 직접적인 연결기능을 가진 사업자단체는 자신의 이익을 정책에 반영시킬 수 있는 중요한 창구로서의 기능과 동시에 업계 전체의 이익을 조정할 수 있는 기능을 수행해주기 때문에 이에 적극 참여하게 되고 이에 따라 사업자단체의 기능과 권한은 줄곧 확대되어 왔다.

그러나 이 시기는 정부의 사업자단체에 대한 법과 규정이 미비하여 주로 관계 장관의 훈령이나 행정지도에 의존하였다는 점에서 정책의 형성단계라고 평가할 수 있다. 사업자단체의 활동을 규제할 '물가안정 및 공정거래에 관한 법률'이 1975년이 돼서야 제정되었지만, 법의 취지가 독과점 규제나 불공정거래 행위 근절보다는 물가안정에 치우쳤고, 조사·단속·징계권한을 가진 독립 기구

가 부재하였다. 법적, 제도적 미비로 인해 이 시기까지는 사업자단체라는 개념
보다는 협회 혹은 직능단체라는 용어가 일반화되었고, 사업자단체는 정부시책
을 홍보하고 선거에 동원되는 보조기구로서 활용되었다. 특히, 이 시기 주목해
야 할 사업자단체의 기능으로는 물가관리 정책을 뒷받침하였던 보조기구로서
의 역할이다. 1970년대 이후 박정희 정권은 엄격한 물가관리체계를 시행하였는
데, 이는 효율적 정책집행을 위해 해당 업종의 일정 정도의 조직화를 필요로 하
게 된다. 중앙부처의 개인서비스 요금 가이드라인 작성시 각 협회는 당해 연도
해당 업종의 경기상황 및 물가변동 요인에 대한 구체적 정보를 제공하며, 각 자
치단체에 구성되어 있는 '지방물가대책위원회'에는 해당 경제단체의 지부장이
참석하도록 하였다. 또한 중앙부처의 물가관련 부처는 관련 협회와 정기적 물
가 관련 간담회를 개최하였는데, 협의의 형식이지만 업계의 애로상황을 건의하
는 기회라기보다는 주로 물가안정에 대한 정부 시책을 전달하는 자리로 활용되
었다. 이러한 과정을 거쳐 설정된 가이드라인은 각종 '협회'를 통해 무수히 산재
되어 있는 자영업자에게로 일사불란하게 전달되었다.

두 번째는 법과 제도의 구축 단계(1980~97)이다. 앞서 언급했듯이, 공정거
래법의 변천을 살펴볼 때 가장 흥미로운 점은 역대 정권 중 가장 억압적이었던
전두환 정권 하에서 그 동안 재벌의 반발로 무산되었던 공정거래법이 전격적으
로 제정되었다는 점이다. 더욱이 1981년 입법회의에서 제정된 '독점규제 및 공
정거래에 관한 법률'은 규제대상 범위를 대폭 확대하였고, 공동 행위와 불공정
거래 행위를 원칙적으로 금지하였으며, 공정거래위원회의 설치를 명시하는 등
물가안정에 초점을 맞추었던 과거의 법에 비해 한층 진전된 형식과 내용을 갖
추었다(주종환 1985: 270~271). 아무튼 이 시기는 공정거래법의 제정과 공정거래
위원회의 신설로 사업자단체에 대한 정부의 정책방향과 담당기구가 구축되었
고, 규제 내용과 징계 절차가 비로소 명문화되었다는 의미를 갖고 있다.

사업자단체의 활성화에 영향을 미친 또 하나의 제도적 전환은 1981년에

이루어진 '중소기업사업조정법'이었다. 원래 이 법은 일찍이 중소기업간의 과당경쟁을 방지하고 중소기업 분야에 대한 대기업의 부당한 침해와 불공정거래를 막기 위하여 1961년 12월 27일 '기협법'과 동시에 제정되었다. 그러나 이 법에는 대기업의 중소기업 분야 진출을 규제할 수 있는 조항이 들어있지 않았을 뿐만 아니라 이를 행정면에서 뒷받침할 시행령을 갖추고 있지 않았다. 시행령이 제정된 것은 무려 법 제정 9년 뒤인 1970년이었으며, 시행규칙이 마련된 것은 그로부터 또 10년이 지난 1979년 5월이었다(중소기업협동조합중앙회 1982a: 226~230).

중소기업사업조정법과 비슷한 시기에 개정된 단체수의계약제도 역시 중소사업자단체, 특히 협동조합의 활성화에 중요한 영향을 미쳤다. 원래 박정희 정권은 1965년 7월 대통령령 제2173호에 의거 '예산회계법시행령'을 개정하여 중소기업협동조합의 단체적 수의계약제도를 마련하였으며, 그 이듬해인 1966년 중소기업기본법 제23조에 중소기업자에게 수주기회를 늘려주기 위하여 단체계약 체결, 입주제도의 개선 등 시책을 강구하도록 규정하였다. 그러나 이 법은 정부의 정책 대강을 규정한 권고안에 그쳤으며, 이후 몇 차례의 국무총리 훈령 역시

〈표 2-32〉 협동조합 단체수의계약 현황

	조합수	금액(백만원)	조합원 수
1966	10	1,738	7,777
1970	22	5,727	7,623
1975	24	33,151	10,672
1980	35	222,548	16,459
1983	48	503,411	16,500
1985	54	654,766	19,370
1990	74	1,602,810	35,365
1995	88	3,192,560	51,943
2000	77	4,223,594	11,755

자료: 1995년까지는 중소기업협동조합중앙회(1992: 541). 2000년은 부패방지위원회(2003.8).
「단체수의계약제도 개선 권고」. p.4.

법적인 효과가 없었다. 이러한 상황에서 전두환 정권 하에서 제정된 '중소기업제품구매촉진법'(1981. 12)과 동법 시행령(1982. 7)은 사문화되었던 단체수의계약 제도에 일대 전환점을 마련하여 주었다. 동법은 "공공기관 및 투자기관의 사장은 상공부장관이 정한 단체수의계약물품을 구매하고자 할 때에는 특별한 사유가 없는 한 중소기업협동조합과 우선적으로 단체수의계약을 체결하여 구매하여야 한다고 규정"하여 놓았다. 때문에 1982년 이후 단체수의계약 실적은 급속한 증가를 보이게 된다(중소기업협동조합중앙회 1992: 528~537).

특히 단체수의계약 제도는 사업자단체뿐만 아니라 중기협의 발전에도 중대한 영향을 미쳤다. 왜냐하면, 단체수의계약은 중기협에게 회원사에 대한 통제력을 증대시키고 물질적 기반을 마련하는 데 중요한 기여를 하였기 때문이다. 중기협은 각 조합의 신청물품을 심의하고 추천기준에 따라 특정 제품에 대해서 지정추천권을 행사하며, 지정받고자 하는 물품 및 조합이 기준에 미달할 때는 추천에서 제외할 수 있는 권한을 갖고 있다. 중기협에 가입한 산하 조합 역시 단체수의계약을 통해 배정받은 물자를 해당 조합원들에게 분배할 수 있는 권한을 지니며, 일정한 수준을 초과하지 않는 범위 내에서 수수료(계약가액의 2.5%)를 받아 사용할 수 있게 되었다. 사업자단체에게 단체수의계약을 통한 납품은 결제기한이 짧고, 품질기준과 검사가 덜 까다로우며, 다년간 계약이 가능하다는 점에서 일종의 특혜로 여겨졌다. 이처럼 1980년대 중반 이후 중기협 회원조합과 조합원 수의 급증은 단체수의계약의 확대와 긴밀하게 연관되어 있다.[14]

하지만 최근 들어 내외적 요인의 변화에 따라 사업자단체는 그 영향력과 수에 있어 감소 추세에 접어들었다. 그 배경으로는 사업자단체의 설립과 운용이 동종업자의 모임을 넘어 갖가지 부작용을 낳고 있다는 내부적 요인과 이들 활동이 전반적으로 담합의 개연성이 매우 높아 외국기업이나 소비자들에게 피해를 가하는 카르텔로 의심받아 왔다는 점을 들 수 있다. 이에 따라 규제개혁 차원에서 ①설립 및 가입강제의 폐지, ②등록업무의 국가기관 회수, ③징계권의

국가기관 회수, ④보수교육의 폐지, ⑤위탁사무 개혁, ⑥설립조건의 완화, ⑦각
종 승인·보고사항의 정비 등을 핵심 내용으로 하는 사업자단체의 개혁이 시행
되기도 하였다(규제개혁위원회 1999: 170~174).

(2) 노동조합

1) 3공화국과 노동조합

이 시기 노사관계의 특징은 정부가 경제성장이라는 국가적 목표를 달성하
기 위해 노동조합 활동을 제약하고 노동문제에 적극 개입하였다는 점이다.
1960년대의 고도성장 속에서도 성장의 원동력이자 직접적인 생산의 주체인 근
로자들의 근로조건은 매우 열악했다. 1960년대의 광공업근로자의 실질임금 연
평균 상승률로 볼 때, 광업은 3.6%, 제조업 3.4%로써, 노동생산성 12.6%에 훨씬
못 미쳤다. 노동시간은 광공업 평균으로 볼 때 1969년 9.5시간이지만 영세기업
이나 중소기업은 10~12시간의 노동을 하고 있는 실정이며 산업재해와 직업병
이 해마다 증가하였다.

노동조합 조직현황을 보면 1963년 노조 수 1,820개, 조합원 수 224,420명

〈표 2-33〉 3공화국의 노동조합 현황

		1963	1964	1965	1966	1967	1968	1969	1970	1971
노조 수 (개)	연합단체	15	16	16	16	16	16	16	17	17
	단위노조	313	341	362	359	386	385	417	419	446
	분회	1,820	2,105	2,255	2,359	2,619	2,732	2,939	3,063	3,062
조합원수 (명)	소계	224,420	271,579	301,522	326,974	377,576	412,906	444,783	473,259	497,671
	남자	174,222	211,144	238,236	250,656	286,576	309,876	333,317	357,881	373,985
	여자	50,198	60,435	63,686	76,318	91,000	103,030	111,466	115,378	123,686
조직률(%)	소계	-	-	-	-	-	-	-	-	-

출처: 고용노동부, 『전국노동조합조직현황』.
http://kosis.kr/statHtml/statHtml.do?orgld=118&tblld=TX_11824_A009&conn_path=I3

에서 1965년 2,250개 노조, 301,533명의 조합원, 그리고 1971년 3,062개 노조, 497,000명의 조합원으로 가파르게 늘어났다. 노사분규 현황을 보면 1963년에 89건, 1966년에 117건, 1968년에 135건으로 가장 많았고, 1971년에 109건이 발생함으로써 1950년대에 비해 꽤 증가하였다.

이 시기 노동운동의 특징은 첫째, 정부 의존적이고 종속적인 산별, 전국연맹체와 일선 노동자 사이의 의견·이해대립이 생겨나 노동운동 조직의 이중구조가 형성되기 시작하였다. 5·16 직후 혁명정부 포고령 제6호에 따라 노동법의 효력이 정지되고 노동단체가 해산되었다. 정치적 지배를 목적으로 한 혁명정부의 구상에 따라 기업별 조합에서 산업별 조합으로 재편되었다. 한국노총 결성 (1961. 8. 30) 당시 14개 산별노조 172개 지부에서 1970년에는 17개 산별노조에 419개 지부로 그 규모가 확장되었으며, 조합원 수는 473,259명이었다.

둘째, 정부의 기업 우선 정책이 기업의 인사·노무관리 합리화를 지연시켜 체불임금, 부당노동행위가 증대되는 경향을 빚었다. 1960년대는 공업화에 의한 급속한 경제발전을 도모하는 가운데 적정한 분배구조와 복리후생제도가 취약하여 근로자들의 생활급에 못 미치는 저임금 상태가 계속되었다(정종진·이덕노 1994: 43). 그에 따라 일부 노동쟁의가 격화되거나 극단적인 양상을 나타냈으며,

〈표 2-34〉 3공화국의 노동운동의 특징

주요 사건	- 금성사 단결권 수호투쟁(1963), 철도노조 생활급 확보투쟁(1964) - 동신화학쟁의 보복집단해고사건(1965), 한국유리공장 파업 및 직장폐쇄(1965) - 주한일본인 7개 상사 한국인 종업원 파업(1966), 주한미군 한국인근로자 유린에 대한 외기노조 투쟁(1966), 광산노조의 주유종탄정책 반대투쟁(1967) - 강화도 심도직물가톨릭신자 집단해고사건(1968), 일본항공쟁의(1968), 오크시그네틱전자 쟁의(1968) - 금방쟁의91969), 조선공사쟁의(1969)
핵심 이슈	- 기본적인 생활권과 관련된 이슈가 대부분 - 임금인상 요구, 체불임금 지급, 부당해고 문제, 부당인사 조치, 도급제 철폐, 차별대우 철폐, 부녀자와 연소근로자의 혹사·저임금·중노동 문제, 작업조건 개선 등

출처: 서울대학교 노사관계연구소(1997: 29).

쟁의발생 건수의 대부분이 임금쟁의였다. 쟁의발생의 원인 분석에 의하면 임금쟁의가 74.1%로 가장 많고, 권리분쟁관계가 18.2%, 해고반대가 3.4%, 근로시간 관계가 1%였다(노동청 1973: 161).

셋째, 노사의 자율교섭보다는 노사협의회를 통한 산업평화의 유지와 단체교섭의 대행 경향이 생겨났고, 노동쟁의의 대부분이 행정관청의 비공식적인 조정을 통해 해결되었다.

2) 4공화국과 노동조합

1970년대 노동운동의 특징은 첫째, 정부의 강압적 유신체제에 따라 노동3권의 제약과 외부개입으로 참다운 노동운동의 명맥을 유지하기가 어려웠다. 국가보위법과 유신헌법체제 하에서 사실상 노동쟁의가 봉쇄되고 노동쟁의는 불법화 경향을 보임에 따라 일부 노동운동은 극단적인 형태를 취했다. 1970년 11월 13일에 있었던 평화시장의 전태일 분신자살 사건, 동년 11월 15일 조선호텔 이상찬 분신자살 기도사건, 1973년 12월 19일 조일철강사 최재형 자살기도사건, 1974년 2월 대동신철공업사 정세달 자살사건 등이 그 대표적 사례이다.

산업재해의 발생을 보면 1972년의 45,973건에서 1979년 128,457건으로

〈표 2-35〉 4공화국의 노동조합 현황

		1972	1973	1974	1975	1976	1977	1978	1979
노조수 (개)	연합단체	17	17	17	17	17	17	17	17
	단위노조	430	403	432	488	517	538	552	553
	분회	2,961	2,865	3,352	3,585	3,854	4,042	4,305	4,394
조합원수 (명)	소계	515,292	548,054	655,785	750,235	845,630	954,727	1,054,608	1,088,061
	남자	380,706	392,071	463,132	508,966	559,486	634,961	696,865	723,583
	여자	134,586	155,983	192,653	241,269	286,144	319,766	357,743	364,478
조직률(%)	소계	-	-	-	-	-	25.4	24.9	24.4

출처: 고용노동부, 『전국노동조합조직현황』.
http://kosis.kr/statHtml/statHtml.do?orgId=118&tblId=TX_11824_A009&conn_path=I3

급증하였으며, 특히 제조업과 광업에서의 비중이 전체의 68%를 차지하고 있다. 노조활동이 상당히 제약을 받았음에도 불구하고 조합이 크게 신장되어 1972년 17개 산별노조, 430지부, 2,961분회, 조합원수 515,000명에서 1979년에는 17개 산별노조, 553지부, 4392분회에 조합원은 처음으로 100만(1,097,209명)을 돌파하였다. 한편, 노사분규는 계속 증가하였고, 이슈별로 볼 때 임금관계가 전체의 2/3를 차지하였다.

둘째, 국가의 폭력은 노조의 강력한 저항을 초래하여 이 시기 노동운동은 폭발적이고 때로는 폭력적 형태를 취했다. 이를테면 한진상사 KAL빌딩 방화사건, 1974년 현대조선소 폭동사태, 동일방직사건, 그리고 YH사건 등이 그것이다.

셋째, 정상적인 노동운동이 이루어지지 않음에 따라 기존 노동조합 운동에 대한 비판과 어용노조 시비가 일어나 대안으로서 민주노조운동이 본격화되었다. 어용노조에서 탈피하려는 노동자들의 지속적인 투쟁이 민주화를 갈구하는 모든 세력과 연대를 통해 새로운 가능성을 열어준 시기였다. 과거 근로자들의 산발적이고 소규모적인 운동에 지식인들이 참여하기 시작했고, 도시산업선교회, 크리스찬 아카데미, 신·구교 노동문제 공동협의회 등 종교단체의 영향을 받은 노동쟁의가 많이 발생하였다. 노동운동은 반독재민주화투쟁의 중요한 사회적 기반으로 인식되어 민주화투쟁을 적극적으로 전개해 온 종교단체, 학생운동

〈표 2-36〉 노동분쟁의 연도별 이슈 구성비

	1972	1973	1974	1975	1976	1977	1978	1979
임 금 관 계	49.4	27.2	55.6	48.1	61.8	68.8	70.6	63.8
권 력 분 쟁	21.3	31.0	16.0	21.8	18.2	13.5	11.8	9.5
해 고 반 대	11.0	17.1	7.8	7.5	2.7	4.2	1.0	5.7
근 로 시 간 등	17.0	22.0	6.3	3.0	3.6	2.1	4.9	~
근로관계 (기타)	1.2	2.7	14.18	19.6	13.7	11.4	11.7	21.0
계	100.0	100.0	100.0	100.0	100.0	100.0	100.0	100.0

자료: 한국경영자총협회(1988).

등은 노동운동에 더 많은 관심과 지원을 하게 되었다. 그리고 연속된 투쟁의 경험 속에서 상당수 노동자들이 실질적인 노동자의식의 고양이 있었다. 그렇지만 의식에 있어서 민주노조 구성원들은 조합주의적 경제투쟁의 한계를 탈피하지 못하였고 실질적인 조직화를 형성하지 못했다(서울대학교 노사관계연구소 1997: 35). 1972년 한국모방 근로자의 어용노조 축출사건, 1973년 기존 노조를 무시한 삼립식품 파업사건, 1974년 동아일보·한국일보 기자를 중심으로 한 언론노조결성사건, 1977년 기존 노조활동과는 별도의 임금지급과 근로조건 개선을 요구한 방림방적 사건 등이 대표적이다.

3) 5공화국과 노동조합

이 시기의 노동운동은 다음과 같은 양상을 띠게 되었다. 첫째, 노조활동의 위축과 조직률의 저하이다. 정부의 임금인상억제 정책의 지속과 단체교섭 위임 승인의 제한 및 기업별 교섭체제의 미확립, 사용자측의 부당노동행위의 증대 등은 노사관계의 불균형을 증대시키고 자율성을 위축시켰다. 결국 노동운동은 단체교섭을 외면당한 상태에서 피상적인 협력분위기에 휩쓸려 제 기능을 발휘하지 못하였다. 유니온 숍 제도가 폐지됨으로써 노조의 단결권은 자연스럽게 약화되어갔다. 또한 노동조합의 재무사항 공개의무 등 규제적 측면이 강화되어

〈표 2-37〉 4공화국의 노동운동의 특징

주요 사건	- 1970: 한국화이자 분규, 평화시장 전태일분신사건과 청계피복노조 투쟁 - 1971: 아시아자동차분규, 신진자동자 분규, 삼양식품, 한진상사 파월기술자 방화사건 - 1972: 한국모방, 칠성음료, 태광산업, 원풍모방(1975) 사건, 동일방직(1976) - 1973: 진로주조, 삼립식품 농성, 컨트롤데이터 사건, 반도상사 - 1974: 종근당 분쟁, 한국일보·동아일보 언론노조 결성 사건 - 1978: 아리아악기 노동자들의 인질 농성 - 1979: YH여성근로자 신민당사농성사건
핵심 이슈	임금인상과 체불임금 청산 요구, 부당처우 및 작업조건 개선, 노조활동의 방해 및 노동자해고문제, 민주노조 탄압, 노동시간 과중 등 중노동의 해방 요구.

출처: 서울대학교 노사관계연구소(1997: 33).

노조활동은 더욱 위축되어 갔다. 노조조직률도 계속 저하되어 1987년 6·29선언 전까지는 13%까지 내려갔다.

둘째는 기업별 노조의 기능 및 활동 강화이다. 노동조합의 조직형태가 산업별에서 기업별로 바뀌는 과정에서 노조의 조직률이 낮아져 노조의 무력화와 노사관계의 불균형이 초래되었다. 조합원 수의 감소로 인한 노동조합의 재정 약화, 상·하급 노조조직 간의 연대 약화로 인한 조직체계의 혼란과 상급단체에 대한 불신감의 증대가 일반화되었다. 기업별 단위노조의 기능과 활동이 강화됨으로써 상부조직에 대한 비판이 증가하였으며, 노동조합연맹체의 기능은 매우 악화되었다. 그 결과 노사분규 과정에서 노조원들이 집행부와 반(反)집행부 편으로 나뉘어져 심각한 대립을 보여 노조의 정상적인 활동이 마비됨으로써 노사분규의 악순환이 나타났다.

셋째는 재야노동운동과 노동운동의 이원화이다. 어용노조에 대한 사회적 비난이 위장취업, 기업별 조합의 민주화운동을 유발했다. 상부조직과의 연계가 미약한 가운데 단위노조는 직장 내의 일상적인 문제 제기와 해결을 우선하는 현실주의적 운동 경향을 보였다. 하지만 자연발생적인 현장근로자 중심의 노동운동

〈표 2-38〉 5공화국의 노동조합 현황

		1980	1981	1982	1983	1984	1985	1986	1987	1988
노조수 (개)	연합단체	16	16	16	16	16	16	16	16	21
	단위노조	2,618	2,141	2,194	2,238	2,365	2,534	2,658	4,086	5,598
	분회	3,227	-	-	-	-	-	-	-	-
조합원수 (명)	소계	948,134	966,738	984,136	1,009,881	1,010,522	1,004,398	1,035,890	1,267,457	1,707,456
	남자	600,383	628,259	633,106	673,411	683,542	691,911	724,566	900,129	1,232,400
	여자	347,751	338,479	351,030	336,470	326,980	312,487	311,324	367,328	475,056
조직률 (%)	소계1	21.0	20.8	20.2	19.4	18.1	16.9	16.8	18.5	19.5
	소계2	17.4	16.7	15.9	14.9	13.9	13.1	12.9	11.7	15.9

조직률 (%) 소계1의 출처: 고용노동부, 『전국노동조합조직현황』, http://kosis.kr/statHtml/statHtml.do?orgId.
소계2의 출처: 한국경영자총협회(1988).

주요 사건	- 1980: 사북탄광노동쟁의, 동국제강노동쟁의 - 1982: 214개 택시회사 파업, 콘트롤데이터사의 노사분규와 폐업, 원풍모방 분규 - 1984: 대구택시운전사의 노사분규 - 1985: 대우자동차 부평공장 파업, 대우어패럴 사건, 경인지역 노학연대 투쟁
핵심 이슈	- 최저임금 문제, 열악한 근로조건 개선, 노동정책 미비, 민주노조운동

출처: 서울대학교 노사관계연구소(1997: 40).

이 점차 조직화되고 재야민주화 세력의 지원으로 민주노조운동이 점차 강화되었다. 결국 단위노조의 소극적인 자세와 노조의 단체교섭기능의 약화는 재야노동운동을 촉진하는 계기가 되었고, 노동운동은 제도권 노동운동과 체제 비판적이고 계급투쟁을 중시하는 급진적인 재야노동운동으로 이원화되기 시작했다.

이렇게 억눌렸던 자주적이고 민주적인 노동조합에 대한 노동자들의 욕구는 6·29선언을 계기로 폭발하게 된다. 그 동안 각종 법률상의 제약이나 사용자의 방해로 억제되어 왔던 노동조합의 설립이 노동조합법의 개정(1987. 11. 28)으로 폭발적으로 증가하게 되어 노동운동의 고양기를 맞게 되었다.

(3) 사용자 단체: 전국경제인연합회

흔히 전국경제인연합회(이하 전경련)는 '재계의 맏형'으로 불린다. 대한상공회의소, 대한무역협회, 중소기업협동조합중앙회, 경영자총협회 등과 함께 '경제 5단체'의 하나로 분류되지만, 사회적 권위와 영향력은 다른 재계 단체들과 비교가 되지 않을 정도로 크다. 그래서 전경련 회장은 통상 '재계 총리' 혹은 '경제 대통령'으로 불리며 대접받는다.

전경련이 공식 출범한 것은 1961년 8월이었다. 물론 그전에도 자본가들이 조직을 결성한 예는 적지 않았다. 구한말에 이미 지역별로 '상의소(商議所)'가 결성되기 시작했으며, 일제 때는 업종별 자본가 조직이 출현했다. 해방 후에는 무역협회가 설립되었으며, 1953년에는 각 지역별로 조직되어 활동하던 상업회의

소가 전국 규모의 법정단체인 대한상공회의소로 체제를 정비했다. 경제 5단체 가운데 중소기업협동중앙회는 전경련이 결성된 직후인 1962년 5월에 당시 군사정부가 법정단체로 출범시켰다. 그리고 경영자총협회는 전경련이 대한노총에 대항하는 경영자 조직이 필요하다고 판단해 1970년에 결성했다(한국경영자총협회 1988). 전경련의 뿌리는 대자본가 조직으로 1945년에 결성된 '경제보국회'라고 할 수 있다. 왜냐하면, 상공회의소는 모든 업종과 모든 규모의 기업을 망라한 조직이고, 무역협회는 무역업종에 국한된 사업자 단체이기 때문이다(홍덕률 2005: 128~130). 전경련의 조직과 활동의 특성을 살펴보면,

첫째, 설립과 성격면에서 전경련은 민법상 자유설립주의에 의해 설립된 임의단체이다. 전경련 발전사를 보면 1960년대 초의 사회경제적 환경변화로 인한 대기업과 중소기업의 분화현상과 4월혁명 이후 노동운동의 진전과 급진이념의 확산, 대자본가들의 부정축재혐의로 인한 비난 여론과 정치권의 비판에 직면하는 등 대기업의 생존과 체제의 위기 속에서 자구책으로 만들어진 '한국경제협의회'(1961. 1)가 모태이다.[15) 한국경제협의회는 5·16 쿠데타로 해산되었다가 '경제재건촉진회'(1961. 7)로 재건되었고, 이후 한국경제인협회 (1961. 8)로 개칭되어 오늘에 이르기까지 자율적인 조직화를 하여 왔다(배응환 2001: 26).

둘째, 집단규모와 응집력 차원에서 전경련은 대기업들이 모인 단체라는 강한 동질성과 응집력을 갖고 있다. 특히 전경련은 박정희 정권 시기(1961~79)에 급성장하였다. 전경련의 회원 수는 1970년 178개에서 1975년 247개로, 1979년 415개로 커다란 증가를 하였는데, 이는 1960년대와 1970년대를 거쳐 오면서 정부의 경제발전정책을 통하여 많은 대기업들의 태동과 성장이 있기 때문이었다.

전두환 정부에서도 전경련은 규모 면에서 꾸준히 성장하였지만 그 추세는

〈표 2-40〉 박정희 정부에서 전경련 회원의 수

	1970	1971	1972	1973	1974	1975	1976	1977	1978	1979
회원 수	178	198	206	223	232	247	341	372	414	415

〈표 2-41〉 전두환 정부에서 전경련 회원의 수

	1980	1981	1982	1983	1984	1985	1986	1987
회원 수	433	423	422	419	421	427	42	434

1960~70년대만 못하였다. 전경련은 1980년 433개에서 1987년 434개로 점진적 증가를 하였는데, 이는 1980년대 전후에 중화학공업정책의 후유증으로 나타난 대기업들의 부실기업문제를 처리하기 위하여 중화학투자조정과 부실기업정리가 이루어졌기 때문이다. 이후에 대기업들은 다시 태동과 성장을 하게 되어 전경련의 구성원 수가 증가하였다(배응환 2001: 32).

셋째, 재정 차원에서 전경련은 임의단체로서 단체정관에 회비에 대한 규정이 있기 때문에 이에 대해 정부로부터 직접적인 지원, 간섭 또는 통제는 없다. 전경련의 수입은 1970년대에 회비수입이 평균 90% 이상이고, 지출은 1970년에 총 지출액 대비 사업비 지출 비율은 27.7%를 차지하였는데, 1975년 이후에 사업비 지출비율이 50% 이상으로 증가하였다. 1980년대에 들어 전경련은 3저호황에 기대 재정 차원에서 급증 양상을 보였다. 1981년에 회비 수입이 89.2%를 차지하면서 총 수입액이 20억 원을 넘었고, 1987년에는 회비 수입이 97.7%를 차지하면서 40억 원에 근접하였다. 이는 전경련이 재정자립도를 이룩하여

〈표 2-42〉 전경련의 재정 변화(단위: 1,000원)

	전경련수입액		전경련지출액	
	회비(%)	총수입액	사업비(%)	총지출액
1970	131,000(85.2)	153,634	42,602(27.7)	153,634
1975	253,924(94.2)	269,538	140,568(52.2)	268,538
1978	799,100(96.5)	828,395	261,271(55.7)	828,385
1979	1,034,980(94.9)	1,090,661	618,998(56.8)	1,090,661
1980	129,812,0(94.3)	1,376,904	725,613(52.7)	1,376,904
1981	190,455,2(89.2)	2,136,422	1,336,695(62.6)	2,136,422
1985	298,012,0(99.2)	3,004,127	1,898,024(63.2)	3,004,127
1987	361,863,0(97.7)	3,703,485	2,439,559(65.9)	3,703,495

경제이익집단으로서 기능적 자율성을 향상시키고 있음을 의미한다. 지출 역시 1981년에 62.6%인 10억 원 수준에서 1987년에는 65.9%인 25억 원대로 급증하였는데, 이는 회원들의 이익대변 활동이 왕성해졌음을 암시한다.

넷째, 전경련 재정의 증가는 조직 및 구조의 일관된 확장을 반영한 것이다. 1960년대의 임원조직 체계는 회장 1인, 부회장 5인, 이사 55인 정도였으나 1979년에는 회장 1인, 명예회장 1인, 고문 6인, 부회장 8인, 이사 110인 체계로 확장되었다. 1987년에는 회장 1인, 명예회장 2인, 고문 9인, 부회장 12인, 이사 134인으로 더욱 늘어났다. 사무처 조직도 1970년대에는 4부 9과에서 1980년대에는 2실 10부 16과까지로 확장되었고, 사무처 직원 역시 1970년의 52명에서 1979년에는 139명으로 늘어났다. 또한 사안에 따라 신속하게 대응하기 위하여 1970년대부터 일반위원회(10개 정도)와 특별위원회(13개 정도)를 운용하고 있다.

다섯째, 전경련의 연구·교육기능의 확장이다. 특히 1980년대 민주화운동 및 노동운동이 거세지면서 이념 및 홍보 기능이 급격히 강화되어 왔다. 1970년대까지는 부설연구조직으로 경제기술조사센터(1964)와 동서경제연구실(1973)을 운용하였을 뿐 본격적인 이념조직은 없었다. 1980년대에 이르러 현대경제일보를 인수해 한국경제신문으로 이름을 바꾸고 자신의 이해를 대변하는 언론매체로 이용하고 있다. 또한 이전의 경제기술조사센터를 한국경제연구원(1981)으로 확대, 개편하여 전경련의 두뇌조직으로 활용하고 있다. 또한, 자문조직에 각계각층의 전문가를 참여시켜 외연을 확장하여 왔다. 전경련의 자문조직에는 학계, 언론계, 기업인, 정부협회 등 다양한 전문가가 참여하고 있는데, 1970년에 52명에서 1979년에는 103명으로, 1980년대에는 평균 105명에 이르고 있다(배응환 2001: 27~33).

한 때 전경련은 여론을 동원해 국가 의제를 설정함으로써 정부정책을 좌지우지할 정도로 막강한 권한을 행사했다. 한 전경련 임원은 "전경련 역사를 보면 1960년대 이병철 회장이 기간산업 육성을 통한 산업보국을 주창했고, 1970년대에는 김용완 회장이 8·3 사채동결 조처를 박정희 대통령에게 건의해 기업들을 살려냈으며, 1980년대에는 정주영 회장이 올림픽 유치에 앞장섰고, 1990년대에는 최종현 회장이 국가경쟁력 방안을 제시했고, 김우중 회장이 500억 달러 수출 달성의 리더십을 보여줬다"고 회고했다(한겨레신문 2016. 10. 21). 실제로 전경련의 정책반영률(20.6%)은 중기협의 반영률(10.6%)의 2배에 달할 정도로 실제 정책결정과정에 막강한 영향력을 행사하여 왔다(황종성 1997: 96~97).

그러던 전경련이 최근 해체의 위기에 몰렸다. 최순실 국정농단 사태로 밝혀진 바에 따르면, 전경련은 청와대의 요구로 보수·우익단체들에게 25억 원을 지급하였고, 전경련의 주요 회원인 대기업들은 미르·케이(K)스포츠 재단에 무려 774억 원을 출연하였다. 사회적 비난 여론이 들끓자 4대 그룹 가운데 엘지(LG) 그룹은 지난 해 12월 탈퇴했고 에스케이(SK) 역시 회비 납부를 중단하는 등 활동 중단을 선언하였다. 이어 2017년 2월 6일에는 삼성전자 등 삼성그룹 계열사들이 전경련에서 탈퇴했다(한겨레신문 2017. 2. 7). 해체 위기에 몰린 전경련의 문제는 크게 두 가지이다.

하나는 일부 회장단 중심의 의사결정구조이다. 초창기의 정책결정은 회원총회와 사무국 중심으로 이루어지다가 1970년대 이후 규모가 커지면서 회장단 중심의 독단적 결정이 지배하게 되었다(배웅환 2001: 27). 물론 이는 전경련의 재정구조와 밀접한 연관이 있다. 삼성, 엘지, 에스케이, 현대 등 4대 그룹은 2015년 기준으로 전경련의 전체 연간 회비 492억 원 가운데 무려 77% 가량인 378억 원을 부담했다(한겨레신문 2017. 2. 7). 다른 하나는 출범부터 지금까지 이어져온 부정축재와 정경유착의 낡은 관행 때문이다. 해방 직후 상황에서 경제보국회의 정치자금 모금, 4월혁명 직후 경제동우회에 의한 선거자금 제공, 한국경제협의회 때의 정국안정자금 공개 모금, 그리고 한국경제인협회 결성을 전후한 시기의 쿠데타 정권과의 유착은 그 뒤로도 전경련의 관행과 문화가 되었다(홍덕률 2005: 138).

제 4 장

사회 조직 -1

01 _ 교육 및 연구 단체(Group2)

(1) 교육단체의 현황 및 특성

이 시기는 압축적 경제성장뿐만 아니라 교육의 폭발이 있었던 시기였다. 제헌헌법(제31조)과 1949년 12월 교육법의 시행에 따라 한국전쟁 직후 초등 의무교육이 시행되었다. 이 기간(1965~87) 동안 중학교와 고등학교의 학교 수는 각각 2배 이상이 증가하였고, 학생 수는 각각 3.5배와 5.2배가 증가했다. 1965년에 초등학생의 중학교 진학률은 54.3%에 불과했지만 1980년에는 95.8%로 급증하였고, 1985년에 도서·벽지부터 시작된 중학교 의무교육에 따라 1990년의 중학교 진학률은 99.8%에 이르렀다.

더욱 놀라운 것은 고등교육의 양적 팽창이다. 1975년에는 고등학교 졸업자 중 단지 4명 중 1명만이(25.8%) 전문대학 이상에 진학했지만 2005년에는 무려 10명 중 8명 이상(82.1%)이 대학에 진학했다. 특히 2014년에는 여학생의 대학 진학률(74.6%)이 남학생(67.6%)을 앞지르기 시작했다. 이러한 추세에 따라 한국은 OECD 국가들 가운데서 고등교육 이수율이 가장 높은 국가 중 하나가 되었다. 특히, 세대 간의 교육 격차가 가장 큰 국가이다. 독일, 이스라엘, 미국에서는 두 연령 집단 간의 고등교육 이수율 차이가 3% 이내였지만 한국은 무려 52%의

	유치원		초등학교		중학교		고등학교	
	학교수	학생수	학교수	학생수	학교수	학생수	학교수	학생수
1965년	423	19,566	5,125	4,941,345	1,208	751,341	701	426,531
1966년	449	21,859	5,274	5,165,490	1,251	821,997	735	434,820
1967년	468	22,137	5,418	5,382,500	1,314	911,938	781	441,946
1968년	470	22,327	5,601	5,548,577	1,420	1,013,494	840	481,494
1969년	460	21,658	5,810	5,622,816	1,463	1,147,408	861	530,101
1970년	484	22,271	5,961	5,749,301	1,608	1,318,808	889	590,382
1971년	512	22,207	6,085	5,807,448	1,794	1,529,541	898	647,180
1972년	531	22,466	6,197	5,775,880	1,866	1,686,363	942	729,783
1973년	548	25,339	6,269	5,692,285	1,916	1,832,092	1,015	839,318
1974년	588	27,774	6,315	5,618,768	1,935	1,929,975	1,089	981,209
1975년	611	32,032	6,367	5,599,074	1,967	2,026,823	1,152	1,123,017
1976년	635	37,197	6,405	5,503,737	1,977	2,116,635	1,198	1,253,676
1977년	665	41,866	6,408	5,514,417	1,987	2,195,770	1,215	1,350,600
1978년	721	47,571	6,426	5,604,365	2,012	2,298,124	1,253	1,454,376
1979년	794	57,430	6,450	5,640,712	2,056	2,394,620	1,298	1,565,355
1980년	901	66,433	6,487	5,658,002	2,121	2,471,997	1,353	1,696,792
1981년	2,958	153,823	6,517	5,586,494	2,174	2,573,945	1,402	1,823,039
1982년	3,463	168,653	6,501	5,465,248	2,213	2,603,433	1,436	1,922,221
1983년	4,276	206,404	6,500	5,257,164	2,254	2,672,307	1,504	2,013,046
1984년	5,183	254,438	6,528	5,040,958	2,325	2,735,625	1,549	2,092,401
1985년	6,242	314,692	6,519	4,856,752	2,371	2,782,173	1,602	2,152,874
1986년	7,233	354,537	6,535	4,798,323	2,412	2,765,629	1,627	2,262,397
1987년	7,792	397,020	6,531	4,771,722	2,424	2,657,730	1,624	2,237,324

출처: 교육통계서비스 http://kess.kedi.re.kr/index

차이를 나타냈다. 또한 조사 참여국에서 학생이 아닌 성인(25~64세 인구) 중 40%가 부모보다 더 높은 수준의 교육을 이수하였는데, 세대 간 교육 이동성은 핀란드, 벨기에, 한국, 러시아에서 가장 높게 나타났다. 이 국가들에서 학생이 아닌 성인들의 55%가 부모보다 더 높은 수준의 교육을 이수하였다(교육부·한국교육개발원 2014: 98).

〈표 2-44〉 우리나라의 고등교육 현황

	전문대학		일반대학		대학원	
	학교수	학생수	학교수	학생수	학교수	학생수
1980년	128	151,199	85	402,979	121	33,939
1981년	132	188,700	89	535,876	151	44,731
1982년	128	211,404	97	661,125	169	54,208
1983년	130	216,210	98	772,907	170	60,282
1984년	122	230,282	99	870,170	186	62,862
1985년	120	242,114	100	931,884	201	68,178
1986년	120	250,652	100	971,127	203	69,962
1987년	119	259,898	103	989,503	209	70,364
1990년	117	323,825	107	1,040,166	298	86,911
1995년	145	569,820	131	1,187,735	421	112,728
2000년	158	913,273	161	1,665,398	829	229,437
2010년	145	767,087	179	2,028,841	1,138	316,633
2015년	138	720,466	189	2,113,293	1,197	333,478

출처: 교육통계서비스 http://kess.kedi.re.kr/index

그렇다면 학교와 학생, 교사 수의 급증에 따라 교육 관련 단체의 수와 영향력도 그에 비례하여 급증하였을까? 먼저, 문교부가 발행한 『법인 및 사회단체 일람표』(1974)에 나타난 교육관련 단체의 현황을 살펴보자.(〈표 2-45〉 참조)

〈표 2-45〉 법인 및 사회단체 총괄표

	법 인			사회단체	총 계
	사단법인	재단법인	계		
사회교육국	50	124	174	25	199
기획관리실	–	1	1	–	1
장학실	2	–	2	–	2
보통교육국	5	–	5	–	5
고등교육국	5	3	8	–	8
과학교육국	14	3	17	–	17
편수국	1	1	2	1	3
체육국	21	6	27	3	30
계	98	138	236	29	265

출처: 문교부. 1974. 『법인 및 사회단체 일람표』.p.1.

여기에는 총 265개 단체가 등록되어 있는데, 한국영리학회나 여성문제연구회와 같은 교육단체는 물론이고 아산장학재단이나 호암재단과 같은 육영사업 기관도 포함되어 있다. 또한 한국학원연합회나 전국도서관연합회와 같은 교육서비스를 제공하는 영리기관과 대한어머니회나 대한산악연맹처럼 순수한 교육단체로 간주하기 어려운 기관도 포함되어 있다. 〈표 2-46〉은 여기에 수록된 단체 중 회원이 500인 이상인 대형단체를 순서대로 간추린 것이다. 산악이나 합기도, 골프, 축구 등 스포츠 관련 단체와 통신교육연구회나 자유교육협회가 포함되어

〈표 2-46〉 회원 500인 이상의 대형 교육단체 현황

구분	단체명	임원 및 회원 수	설립 시점
사단법인	전국주부교실중앙회	117,970	1972
사단법인	한국보이스카우트연맹	69,149	1947
사단법인	한국걸스카우트연맹	31,000	1951
사단법인	대한어머니회	30,000	1959
사회단체	대한민국합기도협회	26,747	1973
사단법인	대한산악연맹	5,375	1966
사단법인	한국레크레이션협회	3,756	1964
사단법인	대한사립학교교직원공제회	2,115	1963
사단법인	흥사단	1,646	1969
사회단체	한국킥복싱협회	1,500	1970
사단법인	한국농업교육협회	1,350	1968
사단법인	서울컨트리구락부	1,189	1954
사단법인	대한삼락회	1,136	1969
사단법인	대한수박도회	1,070	1960
사단법인	대한사립중고등학교장회	841	1973
사단법인	부산컨트리구락부	828	1956
사단법인	대한기도회	745	1963
사회단체	대한민국축구협회	625	1974
사회단체	한국통신교육연구회	600	1974
사단법인	유스호스텔한국협회	594	1967
사단법인	한국복지여성협회	560	1971
사단법인	한국사학재단연합회	541	1949
사회단체	독서장려협회	532	1971
사단법인	한국자유교육협회	500	1971

출처: 문교부(1974: 1).

있다. 보이스카우트연맹과 걸스카우트, 흥사단 등 청소년단체가 비교적 규모가
큰 단체라 할 수 있다. 교직원공제회와 사립중고등학교 교장회와 같은 교원단체
들도 일부 포함되어 있다.

물론 단체 수나 가입 회원 수가 절대적으로 작은 것은 아니다.

〈표 2-47〉을 보면 알겠지만 한국청소년단체협의회에 가입된 회원 수 만해

〈표 2-47〉청소년단체협의회 회원단체 현황(1985년도)

단체명	창립연도	회원수(명)	등록부처
한국청소년단체협의회	1965	4,683,086	문 교 부
국제경상학생협회	1962	1,500	임 의
국제연합한국학생협회	1952	4,000	문 교 부
국제학생기술연수협회	1969	400	외 무 부
대한가톨릭학생전국협의회	1954	150,000	문 교 부
대한불교청년연합회	1920	1260,000	문 공 부
대한불교청소년교화연합회	1966	80,000	문 공 부
대한 YMCA 연맹	1903	48,442	보 사 부
대한 YMCA 연합회	1922	23,285	문 공 부
서울청소년지도육성회	1970	18,568	농 수 산 부
세계대학봉사회	1954	500	내 무 부
아시아자유청년연맹	1962	7,072	문 교 부
원불교중앙청년회	1964	40,599	문 교 부
율곡향약회	1968	4,460	문 공 부
청소년적십자	1953	211,151	문 공 부
MRA한국본부	1961	256,384	문 공 부
한국가톨릭노동청년회	1958	10,000	문 공 부
한국가톨릭농민회	1966	3,500	문 공 부
한국걸스카우트연맹	1946	145,044	문 교 부
한국기독교교회협의회	1946	800,000	문 공 부
한국기독학생회총연맹	1969	50,000	문 공 부
한국보이스카우트연맹	1922	265,457	문 교 부
한국불교청년회	1911	5,400	문 공 부
한국BBS중앙연맹	1964	56,233	내 무 부
한국새마을청소년후원회	1954	974,045	문 교 부
한국유네스코학생협회	1965	5,000	문 교 부
한국유스호스텔협회	1967	67,341	문 교 부
한국청소년연맹	1981	165,453	문 교 부
한국해양소년단연맹	1962	20,077	해 운 항 만 청
흥사단	1913	9,185	문 교 부

출처: 청소년대책위원회(1986).

도 29개 단체의 4,683,086명에 이르고 있다. 이 단체는 국제연합헌장과 세계인
권선언의 정신에 입각하여 1965년 12월에 설립되었으며 회원단체간의 상호연
락, 제휴, 협조 및 국내외 각종 청소년단체와의 교류, 청소년문제와 활동에 대한
조사연구 및 자료수집 기능과 세계청년회의(WAY)와 아시아청소년단체협의회
(AYC) 한국위원회로서의 기능을 수행하고 있다. 여기에 소속된 29개 단체는 각
기 설립목적과 활동목적에 따라 청소년문제에 대한 연구 및 훈련, 연수사업, 국
제교류사업 및 각종 시설사업과 봉사 활동 등을 통해 청소년의 건전육성에 기
여하고 있다. 사업내용을 구체적으로 보면, 청소년을 위한 교육연수가 55개로
가장 많고, 그 다음은 봉사활동, 국제교류, 학술회의, 각종 행사 등이다. 1980년
의 경우 소요예산은 16억 3,630만원으로 그 중 국고보조가 15.1%를 차지하였
다(청소년대책위원회 1980: 301).

(2) 교육단체의 발전과정

이 시기 교육기관 및 관련 단체의 발전과정을 정부의 공식 기록에만 의존
할 경우 전체적인 실상을 파악할 수가 없다. 왜냐하면, 거기에는 야학(夜學)과 교
원단체라는 매우 중요한 시민사회 조직과 활동이 누락되어 있기 때문이다.

야학은 "학령기에 학교를 가지 못한 아동 또는 성인 등 소외계층을 대상으
로 주로 문해(文解)교육을 하였던 초중등교육기관"이며, 한편으로는 "재정과 교
사, 교과내용이 국가로부터 독립되어 있으며, 학력인정기관이 아닌 비제도 교육
기관"으로서 수업과 활동이 야간에 이루어진데서 유래한 것이다. 최초의 야학
으로 기록된 것은 1898년 경성에 설치된 사립 흥화학교의 야간과와 1899년 세
천야학교인데, 이를 기점으로 삼으면 무려 120여년의 역사를 갖고 있다. 학당,
강습소, 야학과, 배움터, 야간학교, 야간 중·고등학교, 학교, 교실, 센터 등 다양
한 이름으로 불리었으며, 설립자의 의도와 사회적 역할에 따라 재건학교, 새마
을학교, 성경구락부학교, 적십자학교, 향토학교, BBS학교, 직업청소년학교, 직업

〈표 2-48〉 한국 야학의 기능에 따른 유형화

구 분		유형화
보완적 교육기능	국가주도	일제강점기 국문강습소, 간이야학(학교), (고등)공민학교, 문해교육기관, 직업소년학교, 직업청소년학교 등
	민간주도	개화기 계몽 야학, 새마을 야학, 검정고시 야학, 성경구락부 야학, 향토학교, 문해 교육기관 등
대안적 교육기능	국가주도	현실에서 존재하지 않는 형태
	민간주도	공부방, 대안학교, 장애인 야학, 노동 야학, 농민 야학, 문해 교육기관, 외국인을 위한 한국어 교육기관 등

출처: 천성호(2009: 41).

소년학교, 근로청소년학교, 실업학교, 전수학교, 고등공민학교 등 다양한 명칭을 갖고 있다(천성호 2009: 28~29).

야학은 설립 목표 및 운영 주체에 따라 〈표 2-48〉과 같은 구분이 가능하다. 1960년대 문해교육 및 검정고시 등 제도교육의 보완적 기능을 수행하였던 국가주도 야학의 가장 대표적인 형태는 '재건학교'였다. 1964년 8월 민간기구로

〈표 2-49〉 재건학교 연도별 현황

	현황(개교)	주요 사항
1965	246	재건국민운동 정관 제4조에 재건학교를 개설
1966	411	지도교사 3,601명/ 수료생 4,500명
1967	952	수료생 13,818명
1968	771	문교부에서 711개교에 1억 2천만원 국비보조(수료생 11,215명)
1969	361	읍면단위 정규학교가 설립됨(수료생 8,361명)
1970	460	수료생 6,175명
1971	427	수료생 5,257명
1972	460	수료생 4,522명
1973	460	수료생 4,923명
1974	460	수료생 4,268명
1975	230	재건국민운동중앙회 해산, 마을금고연합회가 승계(수료생 4,428명)
1976.1		재건학교를 새마을청소년학교로 개칭

출처: 천성호(2009: 239).

발족한 재건국민운동중앙회는 정관 4조에 의해 1965년 3월 1일 재건학교 규정을 제정하고 각 지역의 학교마다 학교운영위원회를 구성, 사회교육에 뜻있는 유력인사의 참여를 유도하였다. 재건학교는 당시 초등학교를 졸업하고 중학교에 진학하지 못하는 학생들에게 교육을 통해 이들의 교육적 욕구를 해결하는 한편 당시 사회적 문제가 되고 있는 미(未)진학 청소년들의 비행에 대한 단속과 통제역할을 했다.

1965년에 246개의 재건학교 1만 5,000명의 학생들이 '일하면서 배우고 배우면서 일하자'를 외치며 일제히 문을 열었다. 이로부터 10여년 뒤 재건학교가 '새마을청소년학교'로 전환될 때까지 해마다 적게는 4천여 명에서 많게는 1만 3천여 명의 수료생을 배출하였다. 그러나 〈표 2-50〉에서 알 수 있는 것처럼, 정부의 지원은 아주 보잘것없었다. 설립 초기에는 재건국민운동본부에서 교재 및 교사 활동비를 지원했으나 회원 수 감소 및 새마을운동의 본격화와 더불어 국고보조가 주를 이루게 된다.

1970년대에 들어 재건학교를 이은 것이 새마을청소년학교였다. 새마을청소년학교는 가정이 불우하여 진학하지 못하는 청소년, 구두닦이, 신문팔이, 껌팔이, 넝마주이 등 불특정 직업을 가진 직업청소년을 모아 중등교육의 기회를 부여하기 위해 설립되었다. 애초부터 새마을운동의 흐름 속에서 불우한 청소년의 탈선과 사회범죄를 예방하는 차원에서 청소년을 선도·계몽하려는 의도를

〈표 2-50〉 재건학교 운영비 (단위: 원)

	1965	1966	1967	1968
학생부담	1,100,000	5,448,000	10,705,000	없음. 국고보조 12,000,000
국민운동본부담	7,015,380	8,597,086	15,455,246	없음. 국고보조 12,000,000
계	8,115380	14,045,066	26,160,246	24,000,000
학교 수	246	411	983	737
1개교 지급액	32,989	34,172	26,612	32,564

갖고 출발했다. 교육방법은 시설규모나 지역실정에 맞게 산학협동 교육을 병행하였으며, 수업연한은 중·고등부 2년 이상 3년으로 주야간 모두 정규학교에 준하는 수업시간을 이수토록 하는 등 재건학교보다는 내실화에 치중하였다.

새마을학교는 1985년 10월 25일 사회교육법 시행령이 발효됨에 따라 1986년 9월 30일까지 관할 시도교육위원회에 등록 및 학력 인정 지정을 받도록 했다. 시설기준 미달로 1986년에는 43개교 학교 중 17개 학교만 등록을 마쳤고, 미등록학교는 26개가 되었다. 학력 인정학교는 실업학교나 상업계학교, 공업학교로 전환하고 미(未)인가학교는 사회교육시설, 야학으로 변화를 거듭했다. 재건학교와 새마을학교는 22년 동안 13만 명의 불우 청소년에게 교육의 기회를 제공하였다는 중요한 역할을 수행했다. 아울러 1970년대 산업화의 과정에서 발생되는 노동자의 인력수급이라는 측면에서 노동자를 양성하는 하나의 훈련기관이자, 불우 청소년의 범죄를 차단하려는 계몽적 역할도 수행했다(천성호 2009: 276).

끝으로 살펴볼 국가주도 보완교육 야학은 '공민학교'이다. 공민학교는 8.15해방과 함께 민중에게 기초교육을 제공하기 위해 탄생된 사회교육기관이다. 공민학교는 공민(公民)의 자질향상을 위해 기초 문자교육과 교양수업으로

〈표 2-51〉 새마을청소년학교 연혁

	현황(개교)	주요 사항
1975	230	마을금고연합회에서 사업 승계(수료생 4,428명)
1976	–	새마을학교 실태 조사 후 지방비로 지원
1977	203	178개교에 학교당 100만원의 지방비 보조(수료생 5,149명)
1978	155	새마을청소년학교 학력평가 매년 실시(수료생 8,051명)
1979	139	육성대상학교 139개교 지정(수료생 8,051명)
1980	119	육성대상학교 119개교 지정(수료생 5,849명)
1985.10		사회교육법 시행령 발효로 43개교 문교부에 사회교육시설 등록신청
1986.9		사회교육시설 필한 학교는 17개교. 미등록 26개교
1986.11		문교부의 지도감독. 미등록학교는 자체 소멸됨.

진행되었다.

공민학교는 1960년대를 거치면서 초등과정과 함께 고등공민학교로 이원화된다. 고등공민학교는 중등교육과정을 운영했는데 1960년대 문해율이 77.8%에 육박하면서 기초학력 미취학자를 위한 기초교육에서 중등교육 미취학자를 위한 중등교육의 필요성이 대두되었기 때문이다. 공민학교, 고등공민학교는 초등학교 의무교육과 중학 의무교육이 도입되면서 점차 인원이 감소했다. 공민학교는 1970년대 중반부터, 고등공민학교는 1980년대 중반부터 명맥을 유지하는 수준으로 감소했다. 2015년 현재 고등공민학교는 전국 3개교 7학급에 85명만이 재학하고 있다(한국교육개발원 2015).

야학의 또 다른 형태는 농민야학이나 노동야학 등 기존 교육체계를 넘어서려는 민간주도 대안교육이 있다. 이들 야학은 정치·사회·경제적 모순에 대한 대안적 사회운동과 교육문화운동의 성격을 지녔으며, 민중의 정치·의식화 교육을 목표로 설정하였다. 그 출발은 노동운동은 물론 한국사회에 커다란 충격을 준 전태일 분신사건(1970)이었다. 1960년대까지만 해도 농촌과 도시 빈민을 중심으로 한 아래로부터의 야학이 있었지만 대부분 사회운동이나 노동운동과 무관하게 검정고시를 위주로 하는 순수한 봉사형태의 야학이었다.

이와 구분되는 노동야학의 시작은 청계피복노동조합이 조합원들을 대상으로 중학교 과정을 개설하였던 '평화새마을교실'(1972. 5. 22)이었다. 평화새마을교실은 1년간의 성과를 바탕으로 1972년 말에는 가칭 청계피복노동교육원을 추진했다. 그러나 노동교육의 설립은 유신이라는 시대적 상황으로 새마을운동 이름이 포함된 '평화새마을교실'을 그대로 사용할 수밖에 없었다. 새마을교실은 조합원들에 대한 중등교육과 더불어 실제 청계천 지역의 봉제업종에서 일하는 노동자를 대상으로 한 지역노조의 성격을 지녔다. 노동교실의 교육 내용과 방법은 1970년대 중후반 노동야학의 초기 형태 모델을 제공했다. 교사들은 담임교사가 있었지만, 대학생들의 지원을 받았고 야간에 운영되

〈표 2-52〉 공민학교 현황

	공민학교		고등공민학교	
	학교 수	학생 수(전체)	학교 수	학생 수(전체)
8·15 당시	1,073	74,120	28	12,073
1946	8,287	777,868		
1947	15,506	849,008		
1948	9,874	701,236		
1952	3,083	81,832	418	47,071
1954	2,976	222,200	512	66,337
1956	2,844	211,578	384	45,373
1958	2,302	174,827	347	35,816
1960	1,745	136,158	333	38,761
1962	561	41,453	292	51,165
1964	215	19,916	331	49,806
1966	106	11,710	369	58,560
1968	40	6,019	301	58,561
1970	69	7,852	336	72,338
1972	55	5,959	278	54,507
1974	30	3,029	257	52,532
1976	15	1,145	223	47,545
1978	10	1,039	178	37,874
1980	5	262	136	19,482
1982	5	283	67	7,789
1984	3	195	40	3,900
1986	1	142	24	2,237
1988	1	142	13	1,082
1990	1	150	11	393
1995	1	140	7	369
2001	1	140	5	302
2004	1	106	4	147
2007	1	65	4	191

출처: 1945, 1952~1960: 교육신문사(1961). 1946~1947: 조선은행조사부(1949).
1962~1964: 대한교육연합회(1965). 1966~1990: 교육부(1997).
1990~2001: 교육부 · 한국 교육개발원(각년도). 2007: 교육인적 자원부 · 한국교육개발원(2007)

〈표 3~53〉 야학교사의 직업 및 연령 분포

		대학생	공무원/교사	회사원	목사/전도사	무직	기타/무응답	계
서울	인원	107	38	35	2	8	6	196
	비율	54.6	19.4	17.9	1.0	4.1	3.1	100
인천	인원	32	12	14	0	4	8	70
	비율	45.7	17.1	21.0	0	5.7	11.4	100
비교		20~29세 (18~20세)	30~39세 (21~23세)	40~49세 (24~26세)	50세 이상 (27세이상)	계		
서울	인원	156	16	17	7	196		
	비율	79.6	8.2	8.7	3.6	100		
(인천)	인원	8	22	8	6	70		
	비율	11.4	68.6	11.5	8.5	100		

출처: 서울지역 10개 야학은 한경호(1984). 인천지역 5개 야학은 이민규·허정봉(1979).

었다(천성호 2009: 293).

1970년대 후반에 이르면 청계피복노조를 중심으로 한 노동야학과 다른 한 축으로 빈민야학, 생활야학이 등장하였다. 빈민지역에서 활동하는 빈민교회의 빈민야학이 1970년대 중후반을 거치면서 늘어났고, 야학의 구체적인 방향에 있어서도 보수적이고, 체제보완적인 검정고시 야학을 벗어나 생활야학, 노동야학으로의 질적 변화를 겪게 된다. 대표적인 것이 영등포산업선교회, 도시선교위원회, 수도권선교위원회 등에서 주관하였던 야학활동이었다. 대학생이 중심이 된 교육운동 차원의 야학은 서울뿐 아니라 전국적으로 확산되었는데, 그 중 광주지역에서 활동하였던 '들불야학'이 대표적이다.[16)]

1980년대에 이르러 서울지역의 야학은 검정고시 야학을 비롯해서 생활야학, 노동야학, 교회야학, 직업소년학교, 새마을학교, 공민학교 등을 포함하여 대략 200~300여 개 정도가 활동하였던 것으로 추정된다. 이 중 교육목표별 분류에서 검시야학이 45%, 노동야학이 33%, 그 외 교회 및 교양야학이 23%에 이르렀다. 그렇다면 당시 20여만 명에 달할 것으로 추정되는 학교 밖 청소년들을 지도하였던 야학교사는 누구였을까? 한 연구에 따르면 대부분은 20대 초중반의 대학생들인 것으로 나타났다. 야학교사의 절반 이상은 대학생으로 구성되고, 공무원과 일반 회사원도 포함되었다. 일반적으로 노동야학이 주로 대학생으로 구성된 측면이 강한 반면, 일반 검시 야학은 교사 등 직장인의 참여도 적지 않게 이루어졌다.

야학의 성격 및 시대 변화에 따라 정리한 것이 〈표 2-54〉이다. 여기에서 보듯이 한국 교육운동, 나아가 사회운동의 한 형태로서 야학은 시대에 따라 변화해 왔다. 1980년대 중반을 거치면서 일각에서는 모든 야학을 노동야학으로 전환하려는 급진적 시도가 있었고, 다른 한쪽에서는 그에 반대하여 야학 영역의 독자성과 교육활동이 갖는 특수성을 강조했다. 전자는 노동야학의 형태로, 후자는 생활야학의 성격을 가지면서 분화가 일어났다. 두 형태의 야학들은 기본적으로 '노동자의 의식화를 통해 노동운동의 외곽지원 역할'로 야학의 방향을 잡아간다는 점에서 흐름을 같이한다. 이 같은 흐름은 1987년을 중심으로 노

〈표 2-54〉 야학의 시대별 변천

	검시야학(~1986)	생활야학(1986~90)	노동야학(1990~)
수업목표	정규교육에서 소외된 이들에게 지식습득, 학력취득 등을 위한 교육기회의 제공	생활교육을 통해 교양을 쌓고 인생관, 가치관을 정립시키고 교육기회도 제공	사회문제 해결의 주체로서 민중의 자각 및 실천을 위한 의식화 교육
대상	고입 및 대입검정고시 대비	배움을 원하는 젊은이	18세 이상의 노동자
교육기간	중고등부 각 2년	10개월	4개월
수업일수	주당 6일	주당 4일	주당 3시간
1일 수업	4~5교시	3~4교시	2시간씩
교과목	국어, 영어, 수학, 도덕, 국사, 사회, 물상, 생물, 한문, 기술, 가정, 음악, 미술	국어, 영어, 역사, 사회, 한문, 상식, 생활과학, 자치회	문화, 사회, 연극
교재	국정교과서 및 그에 준하는 교재	야학 자체 제작 프린트	'야학연합회'에서 만든 공통 통합교재
수업방법	설명식, 강의식	설명식, 토론식	대화식, 토론식, 체험식

출처: 김영덕(1991).

동야학, 노동자학교가 노동자단체로 전환·통합되면서 새로운 단계에 이른다 (천성호 2009: 469).

02 _ 보건 · 의료단체(Group3)

(1) 보건·의료단체의 현황 및 특성

〈표 2-55〉는 본 연구의 대상인 보건사회 분야의 민간단체를 수록하고 있는 보건사회부가 발간한 자료를 형태별로 분류한 것이다. 이것을 본 연구의 분류 (ICNPO)에 맞게 보건·의료 분야(Group3)와 사회서비스(Group4) 분야로 나누었다. 여기에서 살펴볼 보건·의료 단체는 총 1,300개 중 426개로 전체의 32.8%를 차지하고 있다. 다른 범주의 단체와 가장 큰 차이는 설립 시점이다. 등록 단체 모두가 1962년 이후 설립되었으며, 64.2%가 1980년 이후에 설립을 마친 단체

〈표 2-55〉 보건 · 의료 단체 현황

법 인								단 체		
소계	특수	사단	재단	사회 복지	의료	의료 보험	중소기 업협동 조합	소계	사회 단체	외원 단체
1,211	6	136	35	594	114	312	14	89	11	78

보건사회부(1988.7).

〈표 2-56〉 보건 · 의료 단체의 설립 시점별 분포

설립연도	수	비율1(%)
1945년까지	0	
1946~1960	0	
1961~1971	1	0.2
1972~1979	148	34.7
1980~1986	277	65.1
합계	426	100.0

〈표 2-57〉 보건 · 의료 단체의 지역별 분포

	계(426)	비중(100)
서울	110	25.8%
지방	316	74.2%

이다. 또 하나의 특성은 다른 범주와 달리 중앙보다 지방의 비중이 더 높다는 점이다. 이에 대해서는 다음 절에서 상세히 설명할 것이다.

(2) 보건 · 의료단체 발전사

이 시기(1961~87)는 필수 보건 · 의료 기반이 확충(1962~76)되고 의료서비스의 양적 확대(1977~94)가 이루어졌던 시기이다. 통상적으로 보건 · 의료 정책은 공중 · 보건정책과 의료 · 건강 정책, 그리고 보건 · 의료 산업정책으로 구분할 수 있다. 하지만 이 시기는 세 번째 범주가 본격 등장하기 이전 시기이기 때문에 앞의 두 가지 정책을 통해 관련 단체의 발전사를 조망해 보고자 한다.

먼저 살펴볼 것은 〈표 2-58〉이다. 가장 눈에 들어오는 것은 급격한 산업화나 지속적 고도성장에도 불구하고 보건 · 의료 환경이 1990년까지 질적인 발

〈표 2-58〉 의료시설 및 병상 수의 변화(1960~90)

소유형태	1960(A)		1970		1980(B)		1990(B)	
	수	인구 10만명당수	수	인구 10만명당수	수	인구 10만명당수	수	인구 10만명당수
병 · 의원 수	4,013	16.1	5,637	17.9	6,666	17.8	11,491	26.5
치과의료기관	757	3.0	1,344	4.3	2,028	5.4	5,292	12.2
한방의료기관	1,779	7.1	2,443	7.8	2,328	6.2	4,294	9.9
의료기관계	7,700	30.8	10,493	33.4	11,781	31.5	21,701	50.0
병상 수	9,951	39.8	16,538	52.6	65,041	173.9	134,176	309.2

주의: 총 의료기관 수에는 보건소 등 기타 의료기관이 포함되어 있음.
출처: 보건사회부, 『보건사회통계연보』, 각년도

전이 없었다는 점이다. 여기에는 1989년 7월 1일 국민의료보험 실시와 더불어 비로소 의료수요가 증가하게 되었다는 사실이 중요하다. 또한 민간부문에서의 자원 확충이 매우 빠르게 이루어져 의원에서 병원으로, 병원은 종합병원으로 발전하는 등 병원과 병상이 확충되기 시작하였음을 의미한다(이규식외 2012: 10).

또 하나 주목할 만한 사실은 1960년대와 1970년대는 아직 보건·의료 환경 여건이 불비하여 보건소 등 보조적 의료기관에 대한 의존도가 매우 높았다는 점이다. 보건소법이 처음 공포된 것은 자유당정부 시절인 1956년 12월이었지만 보건소사업의 확장이 활발하게 시작된 것은 1962년 9월 보건소법이 전부 개정된 이후였다. 정부는 보건소에 간호사 출신의 보건요원을 배치하여 가족계획사업, 전염병예방과 결핵관리, 방역 등의 사업을 추진하였다. 당시 보건정책의 중심과제는 '개인의 질병퇴치'가 아니라 '전염병의 관리'였기 때문에 읍면 단위로 진료를 위한 조치는 별로 필요하지 않았다.

1960년대를 통해 정부가 적극 추진했던 보건정책은 가족계획사업이었다. 당시 우리나라는 베이비붐(1955년) 이후여서 인구과잉을 걱정하던 시기로 경제성장을 위해서는 출산율을 낮추는 것이 중요하다고 판단하고 가족계획 사업을 핵심 국가사업으로 채택하였다. 이와 함께 고출산(高出産)의 원인이 높은 영아사망률이라고 판단하고 모자 보건사업도 병행 추진하였다. 1963년에는 가족계획요원을 전국 면단위에 배치하였고, 1964년에는 모자보건요원을, 1971년에는 결핵관리요원을 면당 각 한명 씩 배치하였다.[17] 이 시기의 또 하나 특기할만한 공중보건제도는 보건소 기능의 강화와 의료인력 확보를 위해 의대생들에게 군복무 대신에 무의촌에서 근무하게 하는 '국민보건·의료를위한특별조치법'(1978)이다. 이 특별법에 의거하여 1979년 의사 300명과 치과의사 304명이 최초로 공중보건의 자격으로 보건소 및 보건지소에 배치되었다. 이 제도는 1970년대 중반부터 제기된 무의촌 농어민들의 의료욕구 불만과 이를 담당할 재원과 인력이 부족한 정부, 사병으로 장기 복무해야 하는 의대생들의 입장이 절충되어 만들어진 것이었다.

여기에서 중요한 보건·의료단체는 1961년에 설립된 대한가족계획협회이다. 앞서 설명한 박정희 정부의 인구 억제 정책과 맞물려 대한가족계획협회는 급성장을 하게 된다. 농촌지역의 가족계획 요원을 지원하는 역할과 자율적인 피임생활화 유도를 목적으로 1968년 대한가족계획협회에 의하여 조직화된 리·동단위의 어머니회는 자원봉사단체의 성격을 띠면서 책임있는 부모상을 강조하고 지역사회개발에 기여하는 조직으로 발전하였다. 1976년 27,300여 조직에 750,000여명의 회원을 확보하였던 어머니회는 1977년에 새마을부녀회로 흡수·통합되었다(홍문식 1998: 188). 본 연구에서 보건·의료단체의 수가 아주 적은 이유는 대부분의 민간단체가 이처럼 Group4(사회서비스)나 Group7-2(여성)으로 분류되었기 때문이다.

하지만 무엇보다도 이 시기의 보건·의료 단체의 발전에 미친 정책의 효과는 의료보험에서 확연히 드러난다. 1961년 5월 쿠데타를 통해 집권한 군사정부는 정권의 정통성과 지지기반 확보를 위하여 각종 사회입법과 사회보장에 대해 관심을 나타냈다. 군사정부는 1961년 12월 생활보호법을 제정하여 의료보호를 그 내용의 하나로 포함시켰고 1962년 3월 사회보장제도 도입을 위한 사회보장심의위원회를 설치하였다. 이런 과정을 거쳐 1963년 의료보험법, 사회보장에관한법률 등이 최고회의를 통과하였다. 그러나 당시 의료보험법은 '임의 가입'을 내용으로 하여 강제적인 의료보험제도의 실시는 무기 연기되었다.

군사정부에서 만들어진 의료보험법에 의거하여 1965년 9월 국내처음으로 호남비료주식회사 의료보험조합이 출발하였고, 1969년 7월 부산에서 자영자를 대상으로 하는 부산청십자조합이 출범하여 비록 임의가입 형태이긴 했으나 의료보험시대의 개막을 알렸다. 그러나 임의보험은 대상자 전원에 대한 강제가입이 아니었던 까닭에 폭넓은 위험분산 효과를 기대하기가 어려웠다. 또 질병을 가지고 있거나 그러한 위험이 높은 사람들만이 의료보험에 가입하는 역선택(逆選擇) 현상이 발생했고, 이로 인해 조합의 재정상태가 불안정해지는 문제점을 드러냈다(이규식외 2012: 44).

앞의 〈표 2-58〉에서 의료보험단체가 5개만이 계산된 까닭이 바로 여기에 있다. 즉 이 통계에는 모든 병의원이 아니라 의료재단과 근로자조합이나 자영자조합의 의료보험 단체만을 포함하고 있다. 한편, 흥미로운 것은 1977년에만 무려 87개 단체(보건·의료단체의 20.4%)가 가입하였다는 사실이다. 그 이유는 〈표 2-59〉를 보면 알 수 있다. 임의보험제도가 시작된 후 5년이 경과한 즈음 정부는 의료보험법을 개정하여 500인 이상 사업자의 당연 가입을 추진하였다. 또 개정 의료보험법은 강제가입규정을 적용하는 일반사업장을 일시에 확대하

〈표 2-59〉 우리나라 의료보험 제도의 변화

1963.12.16	의료보험법 제정 법률 제623호
1976.12.22	의료보험법 전면 개정 법률 제942호
1977.7.1	500인 이상 고용사업장근로자 당연적용 적용 확대
1979.1.1	공무원 및 사립학교교직원 의료보험실시 별도법 제정
1979.7.1	300인 이상 고용사업장근로자 의료보험 적용확대
1981.1.1	100인 이상 고용사업장근로자 적용확대
1981.7.1	3개 지역(홍천·옥구·군위군) 의료보험 시범사업 실시
1981.12.10	직종의료보험(문화예술인단체) 실시
1982.7.1	3개 지역(목포·보은·강화) 의료보험 시범사업 추가실시
1983.1.1	16인 이상 사업장 당연적용 및 5인 이상 사업장 임의적용
1987.2.1	한방의료서비스 보험급여 실시
1988.1.1	농촌지역 의료보험확대 5인 이상고용사업장 근로자 당연적용
1989.7.1	도시지역의료보험 확대직종 의료보험지역에 통합
1998.10.1	지역조합통합(공 · 교 공단과 재정은 분리)
2001.1.1	직장가입자와 공 · 교 공단가입자의 재정통합
2003.7.1	직장가입자와 지역가입자 재정의 완전통합

지 않고 단계적으로 적용하는 방법을 택했다 즉 보험의 부담능력 관리, 운영능력 등을 감안하여 우선 1977년에는 500인 이상, 1979년에는 300인 이상, 1988년에는 5인 이상 고용사업장으로 적용대상을 점진적으로 넓혀나갔다. 그러다 1986년 상반기 역사상 처음으로 무역흑자를 기록한데 고무된 정부는 1986년 9월 '국민복지증진종합대책'을 발표하면서 지역주민에게 의료보험료의 일부를 지원하여 제도를 확대하는 '전국민의료보험' 실시를 선언하였다. 이 결정에 따라 1988년부터 농어민들을 대상으로 농어촌지역의료보험이 1989년부터 도시자영자를 대상으로 지역의료보험이 각각 실시되었다. 그 결과 우리나라는 의료보험제도를 도입한지 12년 만에 '전국민의료보험'을 달성하게 되었다.

직장이든 지역이든 보건·의료단체의 양적 증대가 제도의 신속한 확대에 못 미친 이유는 두 가지이다. 가장 중요한 것은 관련 보건·의료단체들의 출현이 '전국민의료보험' 실시 이후 의료보험 통합을 계기로, 즉 1990년대에 들어 나타났다는 점이다. 또 다른 하나는 1977년 도입된 의료보험은 처음부터 직종(職種)과 지역에 따라 의료보험조합을 각각 따로 조직하여 운영하였다. 그 결과 의료보험조합이 소규모 단위로 운영되다보니 관리의 비효율성, 위험분산 기능 제약 등의 문제가 등장해 통합의 필요성이 제기되었다. 이에 정부는 1980년 7월부터 소규모 조합들을 통폐합하기 시작하여 종래 603개의 직장조합을 1981년 5월 185개로 통폐합하였다(이규식외 2012: 48).

03 _ 사회서비스 단체(Group4)

(1) 사회서비스 단체의 현황 및 특성

〈표 2-60〉은 사회서비스 단체의 현황을 보여주고 있다. 보건사회부에 등록된 단체 중 의료 및 외국원조단체를 제외한 796개 단체이며, 전체의 61.2%를

〈표 2-60〉 사회서비스 단체의 현황

〈표 2-60〉 사회서비스 단체의 현황

법인 및 단체						
소 계	특 수	사 단	재 단	사회복지	중소기업협동조합	사회단체
796	6	136	35	594	14	11

출처: 보건사회부(1988.7).

〈표 2-61〉 규모별 상위 10단체

회 원		임 원		상근(직원)	
명 칭	수	명 칭	수	명 칭	수
한국부인회	1,175,844	대한요식업중앙회	37	대한한의사협회	4,945
대한노인회	820,000	한국의약품도매협회	35	대한영양사회	2,650
대한주부클럽연합회	200,000	대한제약협회	34	대한한약협회	2,631
대한미용사중앙회	39,152	대한한약협회	32	대한적십자사	2,148
한국간호조무사협회	35,700	대한한의사협회	30	국민연금관리공단	1,274
한국이용사회중앙회	25,641	대한노인회	29	의료보험연합회	1,045
대한숙박업중앙회	25,591	한국의약품수출협회	28	아산사회복지사업재단	750
한성협동중앙회	25,000	한국사회복지협회	28	대한가족계획협회	692
대한약사회	22,637	한국유흥음식업중앙회	26	공사교직원의보관리공단	619
축산기업조합중앙회	21,066	대한병원협회	25	한국방역협회	375

출처: 보건사회부(1988.7).

차지하고 있다. 이 중 가장 많은 것이 영·유아 보육원 및 노인·장애시설 등을 아우르고 있는 사회복지법인(75.0%)이다.

〈표 2-61〉은 규모별 상위단체를 알아본 것인데, 대한가족계획협회의 사업 과정에서 조직화된 한국부인회가 회원 규모가 가장 컸고, 그 다음이 대한노인 회였다. 상위 10개 단체 중 미용사, 조무사, 숙박업 등 직능단체가 다수였고, 전 문직 단체로는 대한약사회가 유일하다. 조직의 제도화 및 조직화를 말해주는 임원과 상근 규모는 회원과는 차이가 있다. 한의사나 병원협회, 제약협회 등 보 건의료 분야의 전문직 단체가 다수를 차지하고 있다. 소재지는 서울이 37.2%였

〈표 2-62〉 사회서비스 단체의 지역별 현황

	계(796)	비중(100)
서울	296	37.2%
지방	500	62.8%

고, 지방이 62.8%를 차지하였다. 상대적으로 지방의 비중이 높은 것은 사회복지 시설이 전국적으로 분산되어 있기 때문일 것으로 추정된다.

(2) 사회서비스 단체의 발전 과정

〈표 2-63〉은 사회서비스 단체의 설립 시점의 분포를 보여주고 있다. 다른 단체와 다른 점은 등록단체의 무려 43.9%가 박정희 정권 이전에 설립되었다는 점이다. 이는 해방과 한국전쟁을 거치면서 구호단체가 전국 각지에서 급조되었던 데서 기인한다. 그럼에도 당시 구호의 수준과 비율은 매우 낮았을 것으로 추정된다. 한국전쟁으로 인한 구호 대상자 수는 1951년에서 1953년에는 1천만 명에 달했고, 1954~57년에는 대략 300만~400만 명에 달했다. 하지만 공공구호 비용의 부족으로 미군정 당국은 시설구호에 있어서 지역사회의 자발적인 자선활동을 권장하였다. 전재민(戰災民)에 대해 정부는 중앙구호위원회와 지방 구호위원회를 조직하여 주로 아동, 노인, 임산부 및 유아를 거느린 부녀 등을 우선적으로 구호하였다. 아무튼 이번 조사에서 우리나라에서 비영리민간단체의 뿌리가 외원단체와, 외원단체의 지원을 받은 민간 복지단체임을 확인할 수 있었다.

이러한 단체의 분포는 사회복지 정책의 발달사와 밀접한 영향이 있다. 해방 전후 민간 복지단체가 일찍이 활성화된 데에는 복지정책의 발달이 아닌 오히려 정책 부재의 탓이 크다. 이승만 정부는 최소한의 구호정책과 사회복지문제에 대한 무관심으로 일관했다. 그 원인으로는, 보수적인 지배연합의 성격과

<表 2-63> 사회서비스 단체의 설립 시점 분포

설립연도	수	비 율1(%)	비 율2
1945년까지	6	0.8	43.9
1946~60	340	43.1	
1961~71	166	21.0	56.1
1972~79	96	12.2	
1980~86	181	22.9	
합계	789	100.0	100.0

출처: 보건사회부(1988.7).

정권의 이념, 사회복지정책에 압력을 줄 수 있는 노동자를 비롯한 대중 및 좌파세력의 부재, 그리고 친일경력이 있는 관료집단이 주어진 구호행정을 담당하기에 급급하였기 때문이었다. 무관심의 분명한 사례는 1944년에 일제가 한국사회를 통제하기 위한 목적으로 제정한 '조선구호령'을 건국 후에도 개정 없이 그대로 구호행정에 적용하였고, 이밖에 사회복지행정의 새로운 근거가 될 만한 법 제정이 전혀 없었다는 점을 들 수 있다. 어쨌든 무관심과 정책부재는 민간부문에 대한 의존도 증가라는 당연한 결과를 낳았다. 보건의료와 사회복지서비스의 공급체계가 민간중심으로 발전하게 된 것은 결과적으로 이후 의료보험제도 및 보건의료정책에 사용할 수 있는 국가의 정책수단 및 관리능력의 발전을 제약하는 요인으로 작용하였다(정무권 1996: 332). <표 2-63>에서 1970년대보다는 1960년대에 사회서비스 단체의 설립이 왕성했음을 볼 수 있다. 3공화국은 우리나라 사회보장제도의 기초체계를 형성하였다. 먼저, 보건사회부의 일개 국(局)이었던 노동국을 노동청으로 독립 승격하였고, 원호국을 원호처로, 해방 후 난민·이재민·빈민들의 피난처 및 주택공급의 문제를 다루었던 주택국을 건설부로 이전함으로써 사회정책 기구의 개혁을 단행하였다(정무권 1996: 338).

한편, 군사정권은 쿠데타 이후 1962년 9월까지 1년 4개월 동안 무려 545

건의 법률을 새로 제정하였다. 군사정권 기간 중 복지관련 법률의 제정건수는 총 23건인데, 1961년 쿠데타 이후 그 해 12월 말까지 7개월 동안 공포된 법률이 12개로 가장 많으며, 1962년에 공포된 법률이 5개, 그리고 1963년에 공포된 법률이 6개이다. 법률 제정 23건 중 군인 및 군사원호 관련 법률이 13개로 전체의 56.5%를 차지하며, 법률 제·개정 36건 중 군인 및 군사원호 관련 법률의 제·개정은 13건(36.1%)에 이른다. 그런데, 이 제·개정 수치에는 공무원 연금의 개정을 포함하지 않았는데, 사실상 군사정권이 시도했던 공무원연금법의 개정 4건은 그 내용이 군인에 대한 급여수준 상향조정에 관련된 것이므로 이를 포함하면 군인 및 군사원호 관련 법률의 제·개정은 17건(47.2%)에 달한다. 결국 군사정권기간 중의 복지관련 법률의 형성은 기간으로 보면 1961년의 하반기 7개월 기간에, 그리고 제도의 종류로 보면 군인 및 군사원호관련 법률에 상당히 집중되어 있었다고 볼 수 있다. 이와 같은 사실들은 군사정권의 복지제도 형성이 일차적으로 반공국가 건설이라는 목적에 의해 지배되었으며, 이에 따라 복지제도 재편 시도도 원호제도를 중심으로 이루어졌음을 알 수 있다(남찬섭 2005: 37~38).

　　구체적으로 사회서비스 분야를 살펴보면, 1961년에 아동복리법이 제정되어 아동에 대한 제도적인 정비가 최초로 이루어졌다. 1981년에서야 장애인복지법과 노인복지법이 마련되었으며, 1980년대 중반까지는 사실상 시설수용 보호를 중심으로 대인 서비스가 이루어졌다. 1970년대 들어서도 시설보호중심의 대인사회서비스와 가족에 의한 보호를 강조하는 정부의 이러한 정책지향은 그대로 유지되었으며, 이러한 기조는 1970년에 제정된 사회복지사업법에 그대로 반영되었다. 위와 같이 요보호대상자에 대한 수용보호사업과 요보호아동을 위한 입양사업, 탁아사업, 위탁가정사업은 정부와 민간외원단체의 재정적인 지원에 의해서 이루어졌다. 외원단체는 주로 아동복지사업을 지원하였는데, 1974년에 '외국민간지원단체에관한법률'의 시행령이 개정되어 외원단체의 활동에 대한 통제가 강화되었다. 외원의 철수를 계기로 1976년에는 '입양특례법'을 제정하여 국내 30개소의 입양기관을 지정하여 해외입양을 지양하고 국내입양을 추진하였으나 그 효과는 그리 크지 않았다(백종면 1996: 49).

전두환 정부는 복지국가의 구현을 국정목표의 하나로 내세웠으나, 전반적으로 볼 때, 5공화국에 들어서 사회복지제도의 획기적인 변화는 없었고, 박정희 정부 때부터 존재해 왔던 제도들의 적용범위 확대와 같은 부분적 보완만이 있었다. 각 영역별 변화를 살펴보면 다음과 같다. 먼저, 사회복지서비스 영역에서는 집권 초기인 1981년 6월에 노인복지법과 심신장애자복지법이 제정되고 4월에는 아동복리법이 아동복지법으로 전면 개정되었으며 1982년 12월에는 유아교육체계의 정비를 목적으로 한 유아교육진흥법이 제정되었다. 또한 1983년에 사회복지사업법이 개정되어 사회복지서비스 영역의 전달체계 개선의 바탕이 마련되고, 민간 사회복지 활동의 법적 구심이라 할 수 있는 사회복지협의회의 법적 근거가 마련된 것도 주목할 만하다. 1982년부터 각 시도별로 종합사회복지관이 설치되어 운영되기 시작하였고, 1987년부터 사회복지전문요원(별정직)이 일선 동사무소에 배치되기 시작했다는 점도 사회복지 전달체계에 있어서 의미 있는 변화이다(안상훈 2010).

공공부조 영역에서도 1982년 12월 생활보호법의 전면개정이라는 변화가 있었는데, 내용은 근로능력이 있는 자로서 생활이 어려운 자에 대해 자활을 지원하는 것, 교육보호와 자활보호 추가, 그리고 생활보호대상자를 종전의 영세민과 준영세민의 구분에서 거택보호자, 시설보호자, 자활보호자로 구분한 것 등이었다. 유신체제에서 제도 도입이 무기한 연기되었던 국민연금제도도 전두환 정부 후반기에 실질적인 입법과 시행이 이루어진다. 1986년 12월 국민복지연금법이 전면 개정되어 국민연금법이 탄생하였고, 1988년 1월 1일 부로 상시 노동자 10인 이상 사업장을 당연적용 대상자로 하여 본격 시행되기에 이른다. 정리하자면, 87년 민주화 이전까지 복지시설을 제외한 여타의 사회서비스 시

	50년대	60년대	71~75	76~80	81~85	86~90	91이후	합계
아동상담소	2	3	3	15	21	4	1	49
부녀상담소	0	5	4	11	21	59	21	121
여성회관	0	9	3	3	3	14	11	43
사회복지관	25					35	94	154
일반청소년회관	0	1	0	0	12	7	3	23
청소년상담실	0	0	0	0	0	3	5	8
장애인복지관	0	0	1	0	5	14	11	31
재가복지센터	0	0	0	0	0	0	144	144
보육시설	9.8%					43.5%	47.9%	100%

출처: 백종면(1996: 61).

설과 단체는 아직 걸음마 단계로서 본격화되지 않았다. 이는 〈표 2-64〉에서 잘 드러나고 있다.

04 _ 환경단체(Group5)

(1) 환경단체의 현황 및 특성

〈표 2-65〉에서 알 수 있는 것처럼 우리나라에서 환경 관련 예산과 체계는 1970년대를 지나면서 구축되기 시작했다. 비록 공해방지법은 산업화 초기 단계에 제정(1963.11)되었지만 당시까지는 공해문제가 그다지 심각하지 않았고, 일반 국민도 실업과 빈곤에 관심을 가질 뿐 공해문제에 관해서는 별다른 인식이 없었다. 공해방지법은 경제발전을 위한 외자도입에 필요한 절차와 입법의 구색 요건으로 제정되었기 때문에 제정과 더불어 실질적으로는 사문화되었다. 공해 행정을 전담할 조직과 법 시행에 필요한 예산 책정도 부재하였고, 공해방지법 시행령도 1969년 11월에야 겨우 제정되었다(환경처 1990: 23~25).

<표 2-65> 환경예산의 추이

	환경처예산(A/ 단위 억 원)	정부예산액(B/ 단위 억 원)	비율(%)
1971	0.5 (보사부 환경 분야)	5,553	0.009
1973	0.9	6,594	0.014
1975	10.6	15,864	0.067
1977	22.1	28,699	0.077
1979	51.7	52,123	0.100
1981	152.2	80,400	0.189
1983	206.9	104,167	0.199
1985	420.5	122,751	0.343
1987	670.8	160,596	0.418
1990	902.1	274,557	0.329

출처: 환경처(1990: 58).

〈표 2-66〉은 산업화 단계의 주요 환경단체의 현황을 정리한 것이다. 여기에서 눈 여겨 볼 단체는 우리나라 자연보호운동의 효시라고 할 한국자연보존협회이다. 이 협회는 학자와 전문가로 구성된 '자연자원 및 자연보호 학술조사위원회'의 설립(1963. 12. 24)이 모태가 되었다. 한국자연보존협회는 설악산, 한라산 등의 학술조사를 실시하여 우리나라 자연자원의 현황과 생태계를 포괄하여 자연보호를 위한 기초이론을 확립하는 한편, 멸종되어가는 희귀동식물을 자생지에 이식하는 활동을 전개하였다. 주요 활동으로는 자연보호 계몽, 포스터 전시, 자연보호 사진전 전시, 학술강연회 등 홍보계몽활동을 대대적으로 실시하여 국민의 자연보호의식을 고취하였고, 계몽지『自然保存』을 1968년 12월 이래 매분기 발간하여 왔다.

하지만 박정희 정부 시기의 환경정책 및 환경단체의 특징을 보여주는 가장 중요한 단체는 자연보호협의회이다. 이 단체는 박정희 대통령의 "자연보호를 위한 범국민적 운동을 전개하기 위하여 정부안에 필요한 기구를 설치하고 민간단체도 결성, 서로 협조하여 이 운동을 본격적으로 전개할 수 있는 방안을 강구

<표 2-66> 산업화 단계의 환경 단체 현황

	명 칭	설립시점	비 고	명 칭	설립시점	비 고
1	한국자연보존협회			한국환경보존협회		
	한국국립공원협회			한국야생동물보호협회		
	한국산악회			한국동굴보존협회		
2	한국자연보존협회	69	사단법인	한국산업폐기물협회	86	사단법인
	마산지역환경안전협회	90	..	환경동우회	87	..
	한국환경청소협회	80	..	낙동강보존회	87	..
	한국환경기술연구회	81	..	환경과학연구협의회	87	..
	한국환경정화협회	81	..	유기농업환경연구회	87	..
	환경교육회	81	..	자가측정대행자협의회	88	..
	한국독극물관리협회	83	..	한국폐수위탁관리협회	89	..
	사상공단환경안전협회	84	..	환경안전협회	78	업체: 3994개사 개인: 4395
	대한광산지질학회		학술단체	환경오염방지시설협회	90	
3	새마을운동중앙협의회	80	5개 단체 (2백만명)	한국산악회	45	3,000명
	소비자보호단체협의회	76	10개 단체 (5,599,051명)	한국관광협회	63	2,250개사
	한국해양소년단연맹	62	16개 연맹 (35,000명)	한국방송협회	74	24개 방송사
	환경과학연구협의회	87	16개학회	한국신문협회	62	33개 신문사
	한국보이스카우트연맹	22	270,000명	축산업협동조합중앙회	81	165개 조합
	한국걸스카우트연맹	46	146,000명	국제라이온스클럽	59	45780명
	한국청소년연맹	81	228,000명	한국잠수협회	90	8,891명
	국립공원관리공단	88		한국자동차공업협회	90	4개사

출처: 환경처(1990: 58).

하라"는 지시(1977. 10. 5)가 결정적인 결성 배경이 되었다. 이러한 지침에 따라 정부 안에 국무총리를 위원장으로 하는 자연보호위원회가 구성되었고, 같은 해 10.28일 민간단체로서 자연보호중앙협의회가 결성되었다. 이후 224개의 시도, 시군구 자연보호협의회의 발족과 함께 각급 자연보호협회가 구성되어 활동하게 되었다. 11월 5일에는 전국 일제히 자연보호범국민운동 궐기대회를 개최하여, 마침내 범국민적 실천운동으로 승화되었다(내무부 1980: 46). 〈그림 1〉은 자연보호협의회의 추진체계를 정리한 것이다.

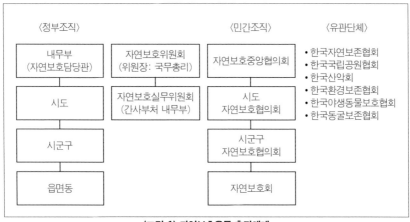

〈그림 1〉 자연보호운동 추진체계

출처: 內務部(1980, 58).

박정희 정부는 자연보호협의회의 성격에 대해 "자연보호운동의 범국민적 추진을 위하여 민간 주도적 측면에서 구성된 국민자율조직"(내무부 1980, 59)으로 규정짓고 있다. 〈그림 1〉에서 알 수 있듯이 중앙에는 자연보호중앙협의회가 있어 여기에 사무국을 두고 기획부, 지도부, 사업부 등을 설치하였다. 주요 기능은 자연보호 범국민운동을 위한 종합계획의 수립과 집행, 그리고 범국민 계몽 및 교육지도 업무를 비롯하여 수시로 자연보호 세미나, 사진전을 개최하고 계몽용 책자, 포스터 등을 제작, 보급하는 것이었다. 한편 시·도·군·구에는 자연호보협의회가 설치, 운영되고 있으며, 각급 직장, 단체, 지역 그리고 보호대상별로 조직되어 있는 자연보호회의 활동을 지도하고 있다. 중앙과 지방을 막론하고 연구기관, 사회단체 각계 전문가, 언론계 문화계 여성단체와 기타 유관 관련단체의 대표 등 자연보호운동에 관련이 있는 지도급 인사를 망라하여 중앙은 20명 내외, 시도는 11명 내외, 시군구는 10명 내외로 구성되었다.

이 시기 자연보호운동의 추진 체계의 특징은 이원화된 조직 구조이다. 먼저 정부추진기구로서 자연보호위원회가 있다. 여기에서는 자연보호에 관한 기본 계획과 주요 정책 및 행·재정적인 지원을 비롯하여 자연보호를 위한 기본정책 사항들이 이 위원회의 심의조정을 거쳐 정부시책으로 추진되었다. 구성은 20명 이내이며, 위원장인 국무총리를 비롯하여 부위원장인 경제기획원 장관과 내무부 장관, 그리고 국방, 교통, 상공, 동력자원, 건설, 보사, 문공 및 서울특별시장이 당연직 위원이었다. 민간인으로는 자연보호중앙협의회 위원장과 한국자연보존협회장을 위촉하였다. 실질적 업무는 자연보호실무위원회에서 추진되었는데, 이 기구는 위원장인 내무부 지방행정차관보를 위시하여 각 부처의 관련 국장 및 심의관, 담당관 25명 내외로 구성되었다.

우리의 기준에서 보다 중요한 단체는 자연보호운동추진을 위한 최일선의 실천조직이자 기초 핵심조직인 '자연보호회'이다. 자연보호회는 지역별로 마을을 단위로 조직할 수도 있고, 관악산보호회, 만장굴보호회 등과 같이 보호대상물을 중심으로 구성할 수도 있으며, 각급 직장·단체·학교별로 조직 운영할 수도 있다. 각급 자연보호회는 회장이 주도하고 있으며, 회장 선임은 지역 및 대상별로 자연보호회의 경우는 회원 상호간에 호선하고, 직장·단체·학교의 경우는 그 장이 맡도록 하고 있다. 1979년 12월 31일 현재 자연보호회는 모두 66,621개회가 조직되어 있으며, 1천 백만 명이 여기에 참여하고 있다. 개회는 조직 시

〈표 2-68〉 보호회 및 회원 현황

	계	지역별	직능단체별	보호대상별	학 교
보호회	66,621개회	32,380	21,579	2,934	9,728
회원	11,109,277명	2,752, 922명	2,201,135명	270,642명	5,884,578명

출처: 內務部(1980, 68).

관할 시·군·구 자연보호협의회에 신고해야 하며, 임무는 자연정화활동, 자연보호활동, 지도계몽, 시설물 설치 및 관리, 자연훼손 사례 신고 등이다. 설립 초부터 시작하여 활동이 유명무실해진 1979년까지 월 1회 이상 책임구역의 정화활동을 실시하였다.

(2) 환경단체의 발전

우리나라 환경운동 및 단체의 발전 과정은 1980년대를 전후로 구분하여 살펴볼 수 있다. 먼저 1960~70년대 환경운동의 특징은 세 가지로 정리할 수 있다. 첫째는 결의대회와 헌장 제정 등 관주도 자연보호운동의 성격이다. 정부의 공식 문서들은 공통적으로 우리나라 자연보호운동의 맹아로서 새마을운동을 지목하고 있다(내무부 1980: 44). 새마을운동의 마을진입로, 소하천, 소류지(小留池)의 주변정비와 버려진 폐경지에 마을동산을 만들어 주민의 정서를 정화시키는 '국토 가꾸기와 자연보호' 사업이 자연보호운동의 시작이라는 것이다. 이후 1977년부터 도시새마을운동의 목표를 환경정화운동, 새마음갖기운동, 도의질서운동에 두었고, 1978년도의 중점 정책은 환경질서운동, 정신질서운동, 행동질서운동의 3대 운동에 두었다. 이는 도시새마을운동에서의 자연보호가 자연보호운동에서 강조하는 자연환경정화운동 및 행락질서 확립시책과 밀접한 관계가 있다는 점에서 두 운동의 밀접한 연관성을 확인할 수 있다.

이러한 관주도 자연보호운동의 성격은 '자연보호헌장' 선포(1978. 10. 5)에서 잘 드러난다. 박정희 정부는 범국민 실천운동으로 자연보호를 정착시켜야 한다는 국민의 여망에 부응한다는 명목으로 자연보호헌장을 제정하기로 하였다. 이후 학계, 언론계, 문화계 등 각계 전문가 100명을 위촉, 거국적인 헌장제정위원회를 구성(1978. 7. 5)하였고, 제정위원 중에서 11명을 다시 헌장심의위원으로 위촉하고 기초위원을 뽑아 6차례의 수정작업을 거쳐 1단계 초안을 작성하였다.[18] 3차례의 심의위원회를 개최하여 헌장초안을 마련한 후 헌장제정위원회와 자연보호위원회의 의결을 거쳐 자연보호운동을 제창한 지 1주년이 되는 10월 5일을 맞아 자연보호헌장을 선포하고 성실한 실천을 다짐하게 되었다. 이밖에 헌장제정위원회는 사회단체 대표 19명, 전문단체 대표 9명, 학계대표 13명, 언론문화계대표 11명, 여성단체 4명, 종교계 3명, 정당대표 3명, 법조계 3명, 시대대표 23명 등 각계각층의 국민대표 100명으로 구성하였다.

관주도 자연보호 운동은 그 실천 전략에 있어서도 결의대회와 궐기대회 등 이벤트 중심의 전시사업에 치중되는 양상을 보여주었다. 가장 대표적인 것이 유신체제 말기에 추진되었던 '안버리기범국민운동'이었다. 늘 그렇듯이 그 출발은 대통령의 연두기자회견(1979. 1. 19)이었다. 박정희 대통령이 연두기자회견에서 안 버리기 운동의 방향을 제시하자 정부는 전국 시도 새마을지도과장 회의를 개최하여 안 버리기 운동 추친 지침을 위시하여 지방행정조직을 통한 주민참여를 유도하였다. 2월 27일 자연보호위원회를 개최하여 국무총리에게 안 버리기 추진계획과 각 부처별 실천계획을 종합보고하고, 3월 3일에 전국적으로 안 버리기 범국민 궐기대회를 개최했다. 실천목표는 껌, 담배꽁초, 종이, 폐수·폐기물, 비닐봉지·깡통·빈병, 침, 성냥불, 화목(花木) 안 버리기였다. 2년 만에 이 운동에 전국 211개 지역에서 총 59,268개 보호회, 664만 명의 회원이 참여했다.

이 시기 환경운동의 두 번째 특징은 예방이나 의식개선보다는 오물수거 중심의 정화활동과 단속과 처벌 위주의 활동이었다. 당시 활동에는 무려 7천 7백만여 명이 참여하였는데, 이중 학생들의 참여가 35,934,239명으로 전체 비중의 46.4%를 차지하였다. 또한 수거 실적으로는 비닐류(9,637톤)가 가장 많았고, 기

〈표 2-69〉 안 버리기 범국민 결의대회 참여 상황

	지역보호회	기능보호회	보호대상별보호회	학교보호회
보호회(개)	26,247	21,421	3,243	8,357
참여인원(천명)	2,271	1,798	339	2,231

출처: 내무부(1980, 95).

<표 2-70> 합동단속반의 단속실적

계	안버리기 위반	자연 훼손	만취 난무	풍기 문란	부녀자 희롱	부당 요금 징수	불법 사주 행위	물품 강매	폭력 사주	기타
192,232	68,586	12,772	31,427	21,683	1,938	2,329	1,993	1,386	8,491	41,627

타(5,293톤) → 깡통과 쇠붙이(2,907톤) → 휴지(2,633톤) → 빈병(2,343톤)의 순서였다. 또한 자연보호운동의 일환으로 일선 행정공무원과 경찰로 편성된 합동단속반(2,173반)을 운영하였다. 〈표 2-70〉은 1978~79년도의 자연보호와 관련한 합동단속반의 단속 실정인데, 사실 환경보호와 무관한 풍속사범이 대부분이라는 점에서 실적을 염두에 둔 과장보고임을 쉽게 알 수 있다.

세 번째 특징은 이 시기 울산지역을 중심으로 반공해 주민운동이 최초로 등장하였다는 점이다. 울산지역에서는 1967~69년 한국알루미늄, 한국비료 등 공장건설이 본격 가동되면서 공해피해가 집중적으로 나타나기 시작하였고, 울산 인근 삼산평야의 벼 피해에 대한 주민운동이 최초로 발발하였다. 하지만 운동 형태는 물론 조직에 있어서도 뚜렷한 중심세력이 없어 조직형태를 갖추지 못했고, 지역유지를 중심으로 공장 측에 피해보상을 요구하는 경제투쟁의 성격에 그쳤다. 그럴 수밖에 없던 이유로는 첫째, 주민들 자신이 공해에 대한 낮은 인식과 피해의 지속성과 입증방법을 알지 못했다. 둘째, 집단적인 대응방법, 여론형성이나 의사결정에 대한 주민은 물론이고 학계와 전문가단체의 해결 역량도 부재하였다. 이후 1970년대 접어들면서 특히 산업기지개발 촉진법(1973)에 따라 중화학공업육성계획의 실시로 동남해안의 임해공단이 조성되면서 인근 농어민에게 치명적인 피해가 발생하였다. 1970년대는 60년대와 달리 주민들이 곧바로 조직적인 공해반대투쟁에 돌입하는 차이를 보였다.

1980년대 이후의 환경운동은 관 주도의 자연보호운동을 넘어서 민간단체 중심의 사회운동의 성격을 갖게 된다. 또한, 1960~70년대의 환경운동이 재산피

〈표 2-71〉 1970년대 대표적인 환경운동

	울산(1971)	온산(1977)	여천·광양(1978)
명 칭	공해대책위원회	공해대책위원회	공해대책위원회
주도세력	유 지	어촌계	주민모임
특 징	진정 또는 협상	전문조사기관 의뢰	손해배상청구소송과 진정
기 업	한국알루미늄, 한국비료	비철금속공업단지	호남정유/남해화학
비 고		지도자(이석준) 역할	

출처: 환경과공해연구회(1991 : 270~272).

해의 경제적 보상에 집중된 발아기에 해당되었다면, 80년대는 이주나 건강피해
에 대한 대책으로 다양화하는 양상을 보인 성숙기로의 진입 시기라 할 수 있다.
1980년대 환경운동은 온산·여천의 주민운동을 빼놓을 수가 없다. 1979년 12월
5일 온산 비철금속단지에서 동 제련 시험가동 중 심각한 악취와 매연이 발생하
는 사고가 발생했다. 이에 대해 지역 주민들을 중심으로 치열한 보상투쟁이 전개
되었는데, 6차례의 협의와 3차례의 시위 및 중재를 걸쳐 보상요구액의 50%에
달하는 1억 9천만 원을 지급받게 되었다. 여천 낙포리의 경우는 1979~80년까지
8회의 이주대책에 대한 진정서 발송 등과 여러 차례의 집단농성으로 집단이주가
결정된 최초 사례이다.

우리나라 환경운동의 역사에서 온산병과 이주투쟁이 차지하는 의미는 적
지 않다. 왜냐하면, 온산병 투쟁은 반공해운동단체들이 주민운동을 직접 지원한
첫 번째 사례이기 때문이다. 1983년부터 광주항쟁의 여파로 한국공해문제연구
소를 필두로 공해반대청년운동협의회, 공해반대시민운동협의회 등이 조직되었
다. 1983년부터 공문연은 온산을 답사하면서 그 동안 무시되었던 피해를 객관
적으로 조사하기 시작했다. 그 동안 우리나라는 중금속에 의한 공해병 문제는
정부에서 철저하게 통제하였고, 학계의 조사도 은밀하게 제재를 가했다. 현지
조사단 파견과 건강조사를 위한 설문조사, 각 종교단체와 연합을 통해 온산의
공해피해가 사회문제화됨으로써 환경운동의 확실한 전환점이 되었다(환경과 공

해연구회 1991: 274).

　1980년대, 특히 86아시아게임과 88올림픽을 앞두고 환경운동은 그간의 농촌 중심에서 공장의 유독가스, 분진이나 소음, 공장의 폐수배출 등 생활환경의 오염에 의한 도시지역의 주민운동으로 확대되었다. 1983년의 목포시 주민들에 의한 영산강 보존운동, 85년의 동두천지역 상수원인 신천의 오염심화에 대한 주민운동, 87년 구로공단 주변 주민운동, 87~8년 상봉동 연탄공장 부근 주민운동, 88년 신정동·오쇠동의 항공기소음피해 운동 등이 대표적인 사례이다. 차이점은 농어촌 운동이 재산피해에 의한 경제투쟁이라면, 도시는 건강피해에 대한 반대운동의 성격이 강하고, 조직에서도 농어촌이 한 두 개 단체나 지역유지 중심이라면, 도시지역은 여러 사회단체들의 연합형태(라이온스, 의사회, 약사회, 각종 종교단체와 청년회 등)가 주류를 이루었다. 예를 들어 상봉동 연탄공장 주변의 주민운동은 반공해운동단체와 인도주의실천의사협의회의 연계투쟁으로 검진에 의해 진폐증 규명에 성공한 사례이다. 〈표 2-72〉에서 알 수 있는 것처럼, 1980년대 중반을 거치면서 반공해운동단체들이나 과학자, 의료계, 법조계 등 전문성을 확보한 조직들의 연계활동과 지원활동이 활성화되었다.

〈표 2-72〉 1980년대 중반의 공해추방운동단체들

	사 례
지역주민 환경단체	서울시공해피해주민공동대책위원회/ 골프장건설반대주민대책회의/ 산업폐기물매립지건설반대주민대책회의/ 서해안개발지역주민대책회의/ 고리·월성·울진·영광·고흥 등 핵발전소 인근 지역주민들의 생존권대책위원회
환경전문 기능단체	공해추방운동연합/ 부산공해추방운동협의회/ 울산공해추방운동연합준비위원회/ 광주환경공해연구회/ 목포녹색연구회/ 공해추방과 핵발전소 건설저지를 위한 여수·여천 시민의 모임/ 한국반핵반공해평화연구소
환경연구 전문인단체	환경과공해연구회/ 공해추방운동연합 연구위원회
대중단체	인도주의실천의사협의회/ 건강사회를 위한 치과의사회/ 건강사회를 위한 약사회

출처: 환경과공해연구회(1991: 280).

05 _ 박애 및 자원봉사단체 (Group8)

(1) 박애 및 자원봉사 단체의 현황 및 특성

우리나라 최대의 박애 및 자원봉사 비영리 민간기관은 대한적십자사이다. 대한적십자사는 시민사회의 제도와 조직의 관점에서 볼 때 두 가지 점에서 주목할 만하다. 첫째는 전 세계적으로 그리고 우리나라에서 가장 오래된 민간 구호 단체 중 하나이다. 국제적십자가 창설된 것은 1863년(10. 26)이고 대한제국이 제네바협약에 가입한 것이 1903년(1. 8)이다. 고종황제의 칙령(제47호)에 따라 대한제국적십자사가 발족된 것이 1905년(10. 27)이며, 상해임시정부에서도 대한적십자회를 창립(1919. 8. 29)하였다. 해방 직후 조선적십자사가 창립되었으며, 정부수립 이후 1949년(4.30)에 대한적십자사조직법이 제정·공포(법률 제25호)되어 본격적인 활동을 전개하기에 이르렀다.[19]

두 번째는 재난 및 구호를 목적으로 하는 최대 봉사단체라는 점이다. 대한적십자사는 병원 및 혈액센터를 포함하여 본사 및 42개 소속기관, 75개 사업장에 유급 직원만 3,409명을 고용하고 있다. 또한 전국적으로 9,359개 조직에 365,034명의 자원봉사 인력을 운용하고 있다.

대한적십자사의 시기별, 주제별 활동은 다음과 같이 구분할 수 있다. 첫째,

〈표 2-73〉 대한적십자사의 조직 현황(2015. 8.31 기준)

구 분	조 직(개)	봉 사 원(명)
구호·사회봉사사업	4,363	150,896
지역보건사업	38	1,138
안전사업	80	4,712
RCY 단원 및 지도교사	4,850	192,725(단원)/ 13,938(지도교사)
의료혈액사업	28	1,625
합 계	9,359	365,034

출처: 대한적십자사(2015.9)

대한적십자사의 설립 목적이자 가장 역점을 두고 벌이는 사업이 각종 구호사업이다. 구호사업은 크게 ① 재해구호, ② 일반구호, ③ 특수구호, ④ 국제구호로 나눌 수 있다. 재해구호는 풍수해, 화재 등 천재지변 또는 이리역 화약열차 폭발사고(1977. 11. 11) 등 돌발적 사태로 발생한 이재민이 구호대상으로 되어 있다. 일반구호는 사회복지시설에 수용되어 있는 고아나 노인, 극빈 산모, 영세민, 근로청소년 등이 대상이다. 특수구호는 외국으로 밀항했다가 체포되어 강제 송환된 자, 외국(대부분 베트남)의 난민 등이 대상이다. 또 극빈 불구자를 위해 의수족을 제작, 장착해주거나 장의(葬儀)문제가 발생했을 때 장의차를 무료로 제공해주는 사업도 여기에 해당된다. 국제구호는 외국에서 천재지변, 또는 인위적인 화재를 당했을 때 구호금, 의약품 등을 보내주는 활동이다(대한적십자사 1987: 97).

그런데 1960~70년대 전반기의 대한적십자사의 구호사업은 재해구호가 대종을 이루어 왔으나 구호범위를 대폭 확대한 것이 70년대 후반이었다. 대한적십자사의 사세가 신장됨으로써 구호 영역도 대폭 확대할 수 있었다. 특히 국제구호와 인도적 차원에서의 남북 이산가족 찾기에 능동적으로 참여하기 시작했다.

대한적십자사가 역점을 두고 전개해온 또 다른 운동이 헌혈사업이었다. 적십자 헌혈운동은 이미 1974년에 서울의 중앙혈액원 외에 전국 각지에 10개소의 적십자혈액원을 설립하여 전국적인 혈액공급체계를 갖추었다. 하지만 의료시설의 확대에 따른 혈액수요를 담당하기에는 턱없이 부족하였다. 1976년에 들어서면서 전국적인 혈액 수요량은 30만 유닛(unit)으로 늘어났고, 2년 뒤에는 35만 유닛으로 늘어났을 정도로 혈액의 수요량은 급증했다. 하지만 1976년의 적십자 채혈실적은 6만 8천 유닛에 지나지 않아, 전체 수요량의 4분의 1 정도만을 헌혈운동에 의해 충당한 것이었다. 나머지는 국공립병원 혈액원의 헌혈, 그리고 사설혈액원의 매혈에 의해 충당되었다.[20]

	풍수재(風水災)		화 재		기타 재해		극 빈		군 및 시설기관	
	세대	인원	세대	인원	세대	인원	세대	인원	세대	인원
1955	(10)	8,125	(38)	6,342	(8)	44,822	(257)	88,407	(14)	5,384
1956	(47)	47,224	(71)	7,835	(1)	77	(89)	36,923	(13)	2,888
1957	(64)	40,821	(55)	7,815			(168)	28,058	(16)	6,279
1958	(123)	68,763	(104)	9,945			(228)	48,298	(12)	2,429
1959	(153)	205,609	(111)	10,914	(2)	59	(193)	90,834	(5)	472
1960	(31)	18,898	(180)	20,816	(13)	974	(285)	32,829	(6)	4,170
1961	(79)	66,853	(168)	9,649	(3)	607	(667)	48,529	(2)	655
1962	(103)	13,246	(252)	10,352	(259)	30,118	(909)	13,046		
1963	(192)	55,723	(335)	5,518	(182)	17,728	(2,327)	23,483		
1964	(186)	52,181	(140)	9,681	(233)	58,371	(2,860)	400,330		
1965	(132)	91,201	(442)	13,560			(2,667)	60,331	(263)	24,939
1966	(163)	61,111	(456)	11,336			(277)	22,031	(2,362)	44,307
1967	(209)	7,941	(713)	14,389	(27)	17,694	(1,963)	27,990	(462)	43,540
1968	4,473	23,941	4,121	17,152	16,234	48,351	7,331	35,041	1,275	14,884
1969	18,787	90,863	2,889	14,550			2,142	10,017	904	16,649
1970	8,623	47,274	3,321	8,782			5,080	19,112	155	8,545
1971	3,709	20,493	1,999	10,342			3,672	28,275	534	9,878
1972	47,738	248,422	1,740	8,073			24,367	127,067	573	18,549
1973	792	4,037	1,344	6,802			8,221	82,977	831	15,522
1974	9,191	45,233	1,484	6,601	295	2,636	28,963	142,288	564	20,659
1975	895	4,789	4,954	4,323	4,817	24,435	19,958	83,310	456	34,520
1976	1,911	10,906	1,185	5,405	388	3,133	24,314	238,405	1,709	62,600
1977	16,235	70,262	988	4,352	6,163	29,566	5,126	19,350	1,323	32,165
1978	2,538	13,100	1,351	5,744	150	353	9,129	21,615	4,265	18,475
1979	7,730	37,040	1,225	5,514	190	3,312	8,102	24,738	3,401	13,505
1980	8,848	40,837	982	4,369	1,405	6,819	15,508	65,679	730	8,600
1981	10,103	45,066	1,041	4,666	550	2,750	13,305	57,798	194	8,547
1982	734	3,491	1,044	4,529	179	688	40,230	158,285	1,081	13,946
1983	1,279	6,321	1,659	6,881	32	128	48,846	184,217	1,704	9,025
1984	52,011	184,398	1,530	6,221	138	595	30,406	102,304	583	4,879
1985	3,577	15,573	1,692	6,766	34	96	37,379	157,541	1,144	7,621
계		1,649,742		269,224		293,312		2,449,108		453,632

1981년은 우리나라 헌혈운동의 커다란 전환점으로 기록된 해였다. 정부는 대통령령 제10285호로 '혈액관리법시행령'을 개정, 혈액의 공급과 관리에 관한 실질적인 권한과 책임을 대한적십자사에 위탁했다. 대한적십자사는 동년 7월 1

〈표 2-74〉 대한적십자사의 활동 현황 - 2

	기타 구호		강제송환자	의복장착	난 민	장 의	계	
	세대	인원	세대	인원	세대	인원	세대	인원
1955							(327)	153,080
1956							(221)	94,947
1957							(303)	82,973
1958							(467)	129,435
1959							(464)	307,888
1960							(515)	77,687
1961			462				(919)	126,293
1962			586				(1,523)	66,762
1963			634				(3,036)	103,005
1964			467	91			(3,419)	521,257
1965			327	108			(3,504)	190,755
1966		20.788	363	90			(3,258)	139,342
1967		58.802	232	90			(3,374)	111,988
1968	5,102		160	107			38,536	160,638
1969	9,985	13.037	287	118	1.562		34,707	191,229
1970		7.442	279	116			17,179	84,089
1971	2,077		349	216	162		11,991	82,498
1972	1,920		415	186	99		76,338	409,990
1973		3.567	523	158	145	1.360	11,188	109,829
1974		3.092	473	142	20	1.437	40,497	219,192
1975		2.598	463		168	1.466	31,080	154,899
1976		2.909	274		65	1.361	23,507	322,388
1977		2.181	461		20	1.206	29,835	157,681
1978		1.790	291		45	1.220	17,433	60,866
1979		2.099	360		186	1.467	20,648	89,502
1980			382			1.490	27,473	131,174
1981			316			1.416	25,193	123,443
1982			257			1.200	43,268	185,711
1983			370			1.110	53,520	210,289
1984						1.173	84,668	301,599
1985							43,826	161,425
계		118.305	8.731	1.422	2.472	15.906		5.261.854

일을 기해 전국의 혈액수급책임을 맡음과 함께 1975년부터 혈액관리업무를 맡
아오던 대한혈액관리협회의 모든 기능과 인력을 흡수하고, 11개소의 사설 관리
목적 혈액원의 장비와 인력을 인수하였다. 이로써 모든 수혈용, 치료용 혈액은

〈표 2-75〉 헌혈사업 연도별 실적 (단위: 1unit=320cc)

	실적		실적		실적
1961	25	1970	1,353	1979	172,659
1962	113	1971	2,552	1980	236,670
1963	959	1972	8,270	1981	369,991
1964	242	1973	15,789	1982	525,112
1965	318	1974	48,635	1983	584,958
1966	658	1975	53,852	1984	629,894
1967	117	1976	68,395	1985	717,495
1968	131	1977	85,000	누계	3,622,258
1969	332	1978	98,676		

출처: 대한적십자사(1987: 504~507).

헌혈에 의해서만 충당하도록 되었으며, 적십자사의 인도적 헌혈운동에 의해서만이 가능하도록 제도적 장치가 마련되었다.

한때 헌혈기근을 겪었던 상황에서 자급자족 체계로 바뀐 데에는 몇 가지 원인이 있다. 먼저, 1974년부터 시작된 헌혈운동과 꾸준한 캠페인의 기여이다. 대한적십자사는 1974년을 '헌혈의 해'로, 주제표어로 '당신의 헌혈, 생명을 구한다'로 정했다. 이 해부터 적십자혈액원에서는 매혈을 일체 중단하고 헌혈만 취급하도록 전환했다. 꾸준한 캠페인과 더불어 사람의 왕래가 많은 가두에 채혈버스를 주차시켜 놓고 헌혈을 유도하는 가두헌혈에서 직장 및 단체헌혈로 헌혈패턴도 점차 바뀌었다. 이에 따라 16세에서 20세까지의 학생층 헌혈의 비중이 60.7%(1981)에서 40.7%(1985)로 낮아졌고, 대신 20세 이상 직장의 청장년 헌혈이 59.3%로 늘어나는 바람직한 헌혈 풍토가 조성되었다. 그러나 무엇보다 헌혈의 확대는 시설과 재정 확충에 따른 헌혈자에 대한 서비스 개선의 효과라 할 수 있다. 1982년부터 혈액화학분석기를 도입해 간염검사 등 6종의 기능검사를 헌혈자에게 제공하였고, 헌혈자에 대한 전산관리 시스템을 구축(1984)하였다.

끝으로 대한적십자사의 중요한 목적 사업 중 하나가 자원봉사이다. 1950년대와 60년대의 사회봉사는 재해구호가 발생할 때마다 인력을 임시적으로 동원하는 비효율적인 형태였다. 1970년대 말에 이르러 사회가 다양화되면서 복지수요 및 자원봉사 욕구가 증대하기 시작했다. 이에 따라 대한적십자사의 사회봉사 체계도 부녀, 청년, 장년, 의료 등으로 세분화되었다. 대한적십자사는 1980년에 이르기까지 273개의 봉사조직에 자원봉사자가 8,406명으로 각종 봉사활동을 벌였다. 새로운 봉사조직 가운데 제일 먼저 출범한 것이 언어장애자를 위한 언어치료 봉사조직였고, 이어 아마무선 봉사회 등 기능별 봉사회 등이 설립되었다. 이밖에 대한적십자사에서 봉사활동의 일환으로 매주 수요일마다 실시하는 국무위원, 주한외교사절, 각 부처 차관, 국영기업체장, 금융기관의 장 부인으로 구성된 수요봉사회도 이를 확대하여 1984년 국회의원의 부인들로 각기 정당별로 팀을 구성, 월1회 봉사활동을 하고 있다.

(2) 대한적십자사의 발전 과정

적십자사와 관련하여 가장 논쟁이 되는 부분이 회비이다.[21] 대한적십자사는 '조직법' 제6조와 정부의 '사무처리지침'에 따라 세대 단위로 부과되는 국민

〈표 2-76〉 자원봉사원 (연 인원)

	연인원		연인원		연인원
1961	862	1970	3,633	1979	7,883
1962	1,116	1971	3,788	1980	7,885
1963	1,423	1972	4,082	1981	7,281
1964	1,511	1973	5,321	1982	8,393
1965	1,807	1974	6,259	1983	8,429
1966	2,390	1975	5,635	1984	8,591
1967	2,499	1976	6,227	1985	8,595
1968	3,008	1977	6,561		
1969	3,524	1978	7,445		

출처: 대한적십자사(1987: 510~514)에서 재작성.

성금 형태의 회비를 걷고 있다. 회비는 일반 국민이 내는 정액 형태(2015년의 경우 세대 당 연회비 1만원)의 일반회비와 병원 및 지방정부, 기업 등이 내는 특별(후원)회비로 구분된다. 2015년 국회의 국정감사 자료(2015. 8.31 기준)에 따르면, 연말정산 혜택 등 '기부자 예우 강화 및 만족도 제고 프로그램 운영'에 따라 후원회비가 최근 3년간 연평균 28%의 증가('12년 112억 원→'14년 180억 원)세를 보였다. 〈표 2-77〉은 대한적십자사의 최근 회비 현황이다.

〈표 2-77〉 2014년 대한적십자사 회비 현황

	계	일반회비	후원회비	비 고
모 금 액	60,220,251천원	46,929,275천원	13,290,976천원	

출처: 대한적십자사(2015: 7).

과거 적십자 회비가 문제가 되었던 데는 공무원과 통반장이 회비를 징수하면서 자발적 성금이 아닌 세금이나 준조세로 인식되었다는 데 있다. 과거에는 내무부와 대한적십자사가 모금액을 결정하면, 시군구청이 할당된 모금액을 통반장을 동원하여 세대별로 상이한 회비(일반적으로 건물분 재산세를 기준)를 징수하였다. 동 직원 및 통반장 등 행정력이 동원되는 과정에서 주민과 마찰을 빚기도 하였고, 보사부와 내무부로 이원화된 관리·감독기구의 문제가 발생하기도 했다(이승철 1994: 137~144).

〈표 2-78〉에서 알 수 있듯이 예산으로 볼 때 산업화단계의 적십자사는 두 번의 도약기를 맞았다. 하나는 앞서 설명하였던 것처럼, '혈액관리법시행령'을 개정하여 혈액의 공급과 관리에 관한 실질적인 권한과 책임을 독점적으로 담당하였던 1980년대 초반이다. 아울러, 이 시기부터 혈액분석기를 도입해 간염검사 등 6종의 기능검사를 시행하면서 헌혈인구가 급증하였다. 이는 1977년 예산 중 수입이 85억 8천만 원에서 불과 6년 뒤인 1984년에는 무려 5배인 414억 원으로 증가한 데서 여실히 드러난다.

다른 하나는 1970년대 초반 이후 남북적십자회담과 이산가족 상봉을 주관하면서 분단국가에 절실히 필요한 인도주의적 봉사기관이라는 인식이 확산되었다. 1971년 8월 12일 최두선 적십자사 총재는 "일천만 이산가족의 실태를 확인하고 이들을 소식을 알려주며 재회를 알선하는 가족 찾기 운동"만이라도 전개하자며 남북적십자회담을 제의하였다. 이 제의는 북한 적십자사에 의해 즉각 받아들여져 판문점에서의 양측 대표 접촉과 1년간의 예비회담을 거쳐 본회담에 들어갔다. 1972년 8월부터 이듬해 7월까지 서울과 평양을 오가면서 7차례의 본회담을 개최하였으나 양측의 의견 차이로 결렬되었다. 실질적인 이산가족 찾

〈표 2-78〉 대한적십자사 연도별 예산규모 총괄집계

	세입(원)	세출(원)	이월금
1962	208,556,805	195,433,280	13,123,525
1963	315,370,253	303,596,139	11,774,114
1964	362,347,769	344,197,462	18,150,307
1965	409,097,294	383,783,059	25,314,235
1966	548,480,777	516,562,458	31,918,319
1967	626,832,490	581,567,017	44,965,473
1968	759,582,456	711,204,072	48,378,384
1969	967,210,167	930,784,292	36,425,875
1970	1,212,719,774	1,152,721,058	59,998,716
1971	1,483,618,173	1,335,677,103	147,941,070
1972	1,934,019,354	1,786,181,600	147,837,754
1973	2,838,918,471	2,591,055,712	247,862,759
1974	3,342,720,155	2,908,264,015	434,456,140
1975	4,919,341,202	4,108,729,004	810,612,198
1976	6,138,354,898	5,816,168,883	322,186,015
1977	8,580,353,719	7,611,785,088	968,568,631
1978	11,137,130,785	9,602,683,923	1,534,446,862
1979	15,708,065,788	13,813,571,592	1,894,494,196
1980	20,261,090,832	17,964,211,138	2,296,879,694
1981	25,360,153,064	23,106,956,349	2,253,196,715
1982	31,530,297,314	29,807,112,820	1,723,184,494
1983	33,585,192,183	32,674,838,801	910,353,382
1984	41,485,069,196	38,720,930,350	2,764,138,846
1985	42,908,367,069	40,130,250,788	2,778,116,281

출처: 대한적십자사(1987: 518~519)에서 재작성.

기와 상봉은 무산되었지만 '인도(人道)의 가교(架橋)'로서 적십자의 역할이 모든 사람들에게 각인되는 계기가 됐다. 실제 이산가족 회담이 시작되었던 1971년의 대한적십자사 예산은 148억 3천만 원이었지만, 본회담이 열렸던 1973년에는 무려 283억 8천만 원으로 2배나 증가하였다.

대한적십자사측의 제의는 본회담이 중단된 이후에도 계속되어 1974년 7월부터 1977년 12월까지 판문점에서 진행된 남북적십자 실무회의 과정에서 '이산가족 성묘방문단 교류', '노부모와 그 가족들의 상봉' 등의 형태로 남북 고향방문사업을 북한 측에 제의하였다. 이 사업은 1985년 5월 28일 서울에서 개최된 제8차 본회담을 계기로 처음 실현되었다. 쌍방은 '남북이산가족 고향방문 및 예술공연단 교환방문에 관한 합의서'에 기초해서 각기 151명으로 구성된 양측의 이산가족 고향방문 및 예술 공연단이 9월 20일 오전 9시 30분, 동시에 판문점을 통과하여 서울과 평양을 방문, 3박 4일간의 일정을 보냈다. 이 교환사업은 제한된 규모와 지역의 고향방문사업이기는 하였지만, 긴 세월을 떨어져 지낸 이산가족의 재회 모습은 남북한의 관계개선 및 통일에 대한 기대와 희망을 던져주었다.

제 **5** 장

사회 조직-2

01 _ 문화예술단체(Group1)

(1) 문화예술단체 현황

〈표 2-79〉는 1986년 현재 문화공보부에 등록된 단체 현황이다. 본 장에서
는 별도의 범주로 분류가 된 종교단체(그룹 10) 221개와 지방문화원 145개, 그
리고 기타로 분류된 정부산하 위원회 8개를 제외한 266개 단체를 대상으로 하
였다.[22]

회원 수가 가장 많은 등록단체는 가락중앙종친회(6,000,000), 신라오능보존
회(3,000,000), 그리고 전주이씨 효녕대군파 종회인 청권사(17,095) 등이었으나
이번 연구에서 연고단체는 제외하였다. 흥미로운 점은 한국반공연맹을 비롯하
여 반공교류 및 안보교육을 목적으로 한 반공단체가 10위권 안에 무려 6개나
된다는 사실이다. 순수 문화예술단체로는 한국예술문화단체총연합회(이하 예총)

〈표 2-79〉 문화예술단체 현황

소 계	특 수	사 단	재 단	사회 단체	종 교			지방문화원	기 타
					재단법인	사단법인	불교단체		
645	10	30	136	95	155	37	29	145	8

출처: 문화공보부(1986).

회 원		임 원		상근(직원)	
명 칭	수	명 칭	수	명 칭	수
한국반공연맹	300,000	대한출판문화협회	71	한국문화예술진흥원	130
한국청년운동협의회	252,420	한국문인협회	69	영화진흥공사	112
국제승공연합	117,291	국제펜클럽한국본부	49	한국국제문화협회	88
한국민주통일국민회	82,200	세종대왕기념사업회	47	한국방송공사공제회	71
대한승공경신연합회	41,481	대한민국팔각회	47	한국반공연맹	67
한국예술문화단체총연합회	26,356	한국역술인협회	45	한국언론연구원	48
대한반공청년회	25,489	한국사진작가협회	44	한국문화재보호협회	39
대한직업사진사협회	20,000	전국서적상조합연합회	40	독립기념관건립추진위원회	38
한국연예협회	12,540	독립기념관건립추진위원회	38	한국언론출판협동조합	38
국제친선협회	11,054	담수회	37	세종대왕기념사업회	35

출처: 문화공보부(1986).

와 대한직업사진사협회 등 4개 단체에 불과하였다. 이는 당시에 문화공보부가 단체 등록을 총괄하는 성격이 있고, 관장 업무도 문화·예술·출판뿐만 아니라 종교와 국제교류까지 담당하였던 데 기인한 것으로 보인다.

순수한 민간단체의 규모를 가장 잘 보여주는 것이 임원 규모이다. 앞의 회원 수와 달리 여기에는 통일안보 및 장학 사업을 펼치는 대한민국팔각회를 제외한 다면 모두 출판·문학·언론단체로 이루어져 있다. 상근 직원의 수는 100명 이상

〈표 2-81〉 상근 직원 수의 분포

구 분	상근직원 수	비 중
100명 이상	6	2.4%
10~99명	29	11.7%
4~9명	36	14.5%
1~3명	177	71.4%
합계	248	100.0

출처: 문화공보부(1986)에서 재작성.

<표 2-82> 문화예술단체의 지역별 분포

	계(266)	비중(100)
서 울	235	88.3%
지 방	31	11.7%

이 6개로 2.4%에 달하는데 대부분 한국방송공사와 경향신문 등 언론 관련 특수법인이나 사단법인이었다. 1~3명이 압도적 다수(71.4%)를 차지하였다.

등록된 단체의 소재지는 서울이 88.3%였고 지방이 11.7%였다. 지방단체는 주로 독립유공자인 허방산선생기념사업회나 왕인박사협회 등 지역인물을 기리기 위한 추모사업회나 전주대사습놀이보존회나 화랑묘보존회와 같은 지역문화사업이 많았다.

(2) 지방문화원 현황

자료『법인체 및 사회단체 등록현황』(1986)에는 145개의 지방문화원이 등록되어 있다. 문화원은 6. 25동란 이후 주한미국공보원(USIS)의 지방홍보와 정부의 반공홍보기능을 담당하는 사설단체로 출발하였다. 미공보원의 공보관이었던 사람들에 의해서 설립되었고, 미공보원의 재정적·행정적 후원으로 출발하여 50년대 말에는 전국적으로 78개소가 있었다.

1960년대에 접어들어 문화원이 정부의 인정을 받고 법인체가 되기 시작했다. 5. 16후 정부는 문화원연합회에 사단법인이라는 법적지위를 인가하고, 연합회를 통해서 각 문화원에 보조금을 지급하기에 이르렀다. 그러나 각 문화원이 사단법인화된 것은 1964년에 제정되어 이듬해부터 시행된 지방문화사업조성법에 의한 것이다. 이로써 문화원의 법적지위가 보장되었고, 정부의 지원금을 직접 받고 시설과 건물을 무상대여 받을 수 있는 법적인 근거가 마련되었다.

이와 같은 정부 지원에 힘입어 1971년에는 전국적으로 문화원이 132개소

설립 목적	주요 사업	시도별 분포(계: 145)
1.국가 및 지방자치단체의 시책 및 업적의 홍보선전 2.향토문화의 개발 소개 및 보급선전 3.자유우방과의 문화예술 선전·소개 및 교류 4.기타 국민계몽	1.지역사회교육 2.애향운동 전개 3.경노효친사상 선양 4.향토사료 수집보존 5.고유민속예술 발굴 6.정부시책 홍보 7.기타 지역문화예술행사	인천직할시 1 경기도 18 강원도 18 충청북도 10 충청남도 17 전라북도 12 전라남도 24 경상북도 26 경상남도 19

출처: 문화공보부(1986: 139).

에 이르게 되었다. 정부보조와 지원에 의존하였던 문화원들의 난립은 결국 다수의 문화원들이 부실 운영되는 결과를 가져오고 정부는 1972년에 보조를 전면적으로 중단하기에 이르러 당시 전체의 30% 가량 되는 문화원이 운영을 중단하였다. 정부 보조가 재개된 것은 제1차 '문예진흥5개년계획'에 따라 '문예진흥기금' 보조가 시작된 1973년이었으며, 1976년에는 국고 보조와 지방비 보조가 모두 재개되었다.

80년대에 와서 문화원은 새로운 발전계기를 갖게 되었는데, 이것은 문공부와 내무부가 '지방문화예술활성화종합계획'을 마련하고 이 계획의 일환으로 지방문화원에 대한 정부 지원을 대폭 증액한 데에 따른 것이다. 정부 지원의 대부분은 문예진흥원의 공익기금 지원인데, 1983년에는 120개 문화원에 대하여 총 8,800만원을 지원(1개 문화원당 평균 73만 원)하였으나 활성화종합계획이 실시된 1984년에는 130개 문화원에 대하여 5억 8천만 원(1개 문화원에 평균 446만원)으로 지원이 대폭 증액되었다. 이러한 중앙의 지원에 따라 지방비에서도 상당한 지원을 하게 되어 1987년 현재 156개 문화원이 설치되어 있다(정홍익 1988: 90~92).

상기해야 할 점은 문화원이 비록 정부 지원에 크게 의존하고 있고, 정부의 지휘·감독을 실제로 받고 있기는 하지만 법적으로 자발적인 민간단체이기 때문에 그 활동은 누구보다도 회원들 자신, 특히 회원들에 의하여 선출된 임원들에 의해서 크게 좌우된다는 사실이다. 1986년 현재 문화원 정관에 의하면 문화원의 임원은 원장 1명, 부원장 약간 명, 그리고 10명 내외의 이사와 감사 2인을 두도록 되어 있다. 한 연구에 따르면, 현재 문화원장들의 직업배경은 1/3 가량이 기업가이고, 다른 1/3은 의사, 약사 등 자유 전문직이며, 나머지 1/3은 다른 직업이 없이 문화원장이 '직업'이었다.[23]

전국적으로 문화원의 회원은 평균 30명 정도로 문화원연합회에서는 추정하고 있다. 한편 문화원의 사무직원은 2~3명인 경우가 대부분이었다.[24] 보통 사무국장이 문화원의 실무를 맡고 있으며, 사무국장 이외로는 여직원이나 다른 직원이 한 명 정도 있는 경우가 많다. 한편, 현재 대부분의 문화원은 시·군 소유 건물을 무상으로 사용하고 있다. 연합회에서 파악하고 있는 전국 153개 문화원 중에서 84.3%가 시·군 소유의 건물을 무상임대하고 있다. 그밖에 자체 건물을 소유하고 있는 문화원은 14개소(9%)이고 개인 소유의 건물을 유상 또는 무상으로 사용하고 있는 곳이 10개소(6.5%)이다. 문화원의 기본정관에 의하면 재정은 회비, 기본재산의 수익금, 정부의 보조금, 지역사회에서 지원하는 찬조금 등으로 충당한다고 되어 있으나, 실제로는 대부분의 재정이 정부와 지방자치단체의 보조금으로 충당되고 있는 실정이다.

(3) 문화예술단체의 발전

〈표 2-84〉는 설립시점이 확인 가능한 265개 단체의 분포 현황인데, 가장 많은 단체가 3공화국 시기에 설립되었음을 알 수 있다. 문화예술을 대표하는 단체들 예를 들어 미술협회(1961), 영화인협회(1961), 국악협회(1961), 음악협회(1962), 연예협회(1962), 연극협회(1963), 잡지협회(1963) 등이 모두 이 시기에 설립되었는데, 이는 아마도 앞서 살펴본 것처럼 '사회단체등록에관한법률'(1961)이나 '신문·통신등의등록에관한법률'(1963)의 제정과 밀접한 연관이 있다.

<표 2-84> 문화예술단체의 설립 시점별 분포

설립연도	수	비율1(%)	비율2
1945년까지	0	0.0	4.1
1946~1960	11	4.1	
1961~1971	116	43.8	95.9
1972~1979	81	30.6	
1980~1986	57	21.5	
합계	265	100.0	

출처: 문화공보부(1986)에서 재작성.

이 시기에 가장 주목할 문화예술 단체는 1962년에 창립된 '예총'이다. 예총은 건축, 문학, 미술협회 등 10개의 회원단체로 구성되어 있으며, 지방지부로 직할시·도에 13개의 지회가 있고 시와 군에 26개소의 지부를 거느리고 있다. 법적 지위는 중앙본부 기능을 하고 있는 예총과 회원단체인 10개 협회는 각각 사단법인이지만, 지방에 있는 지회나 지부는 독립 법인체가 아니다. 지회나 지부의 설립은 서울에 있는 예총의 결정과 관계없이 이루어지고 있어 실질적으로 독립되어 있다고 할 수 있다. 1987년 현재 예총의 회원은 서울의 연합회에 23,659명이 있고, 지방의 지회 및 지부에 20,451명으로 모두 44,110명에 이른다. 지회나 지부의 조직은 지회장, 부회장, 감사, 간사가 있고, 사무는 사무국장 1명이 여직원 1명과 함께 처리하는 경우가 보통이다.

예총의 특징은 재정과 사업에 있어 중앙과 지방단체의 상이한 구조이다. 즉 중앙연합회는 회원단체의 권익증진 활동을 주로 하고 있는데 비해서 지회나 지부는 지역사회의 문예행사를 주로 하고 있으며 회원 자체의 권익증진 활동은 그다지 활성화되어 있지 않다. 이 때문에 예총의 경우는 오히려 지방단체들이 그 지방의 문예 진흥에 보다 직접적인 기여를 하고 있는 셈이며, 공익단체적인 기능을 더 많이 수행하고 있다. 이러한 결과는 주로 재정 충당의 차이에 기인한 것이다. 서울의 예총은 문예진흥원으로부터 비교적 넉넉한 운영비 지원을 받고 있으며, 또 사업비에 있어서는 권익증진이나 정치활동을 독자적으로 수행할 수 있는 예산을 지원받고 있다. 따라서 중앙에서는 수련대회, 세미나, 교육 등 회원을 위한 행사가 가능하다. 반면에 지회나 지부에서는 지방자치단체로부터 넉넉하지 못한 운영비를 보조받고 있다. 문예진흥원의 보조는 전액 사업비이고, 또 지방자치단체의 사업비 지원은 실제로 지방자치단체의 문예행사를 대행하는 것이므로 회원 권익 사업을 할 수 없는 형편이다. 이런 차이 때문에 지방에서의 예총 활동은 중앙보다 더 순수예술적인 활동이 많은 것이 사실이다(정홍익 1988: 98).

문화예술과 관련하여 1960년대의 또 하나 주목할 만한 사건은 1962년에 제정된 문화재보호법(법률 제961호)이다. 이 법은 문화재보호에 관한 기본법으로 오늘에 이르기까지 힘을 발휘하고 있는데, 이에 따라 문화재위원회가 설치되고 유형문화의 국보 및 보물지정, 무형문화재 지정 등의 법적 근거가 마련되었다. 문화재법이 발효되자마자 1964년에 종묘제례악, 양주별산대(1964), 남사당놀이, 갓일, 판소리, 통영오광대, 고성오광대가 먼저 지정되었고, 이어서 1966년에 강강술래, 은산별신제, 진주삼천포농악, 1967년에 강릉단오제, 한산모시, 북청사자, 거문고산조, 봉산탈춤, 동래야유 등이 지정된다. 전통과 민족을 강조하였던 정부의 정책과 맞물려 이 시기에는 이와 같이 민속단체나 지역단체들이 대거 등장하게 되었다(주강현 2005: 18~19).

유신체제는 국가에 대한 정치의 종속뿐 아니라 문화의 통제도 심화시켰다. 1972년 문화예술진흥법(법률 제2337호)이 제정되고 한국문화예술진흥위원회의 창립(1973)과 '문예진흥 제1차 5개년계획'(1974~78)이 발표되었다. 당시로서는 막대한 276억 원이 투입되었으니, 경제적 여건이 빈약한 문화예술계에 자본이 퍼부어짐으로써 일정한 문화예술진흥을 할 수 있는 기반도 되었지만, 역설적으로 국가가 장악한 자본에 의하여 문화예술의 방향이 조정될 수 있는 여지를 열어 놓았다.[25] 실제로 이 기금은 선택된 문화예술인, 그것도 유신에 찬동하는 이들이나 단체에게만 편파적으로 지원되어 늘 공정성 시비를 낳았다.

지금까지의 내용을 정리하면 1950년대는 문화예술인들이 비록 가난하기는 하였으나 '자주관리체제'였다면 1960년대에 '국가관리'로 넘어갔고, 1970년대에 접어들어 '문예진흥기금'에 복속되는, '국가문예정책'의 영향권에 놓이게 되었다(주강현 2005: 24). 하지만 유신체제가 본격화되면서 민중의식과 민족적 자각을 강조하는 탈춤부흥운동을 계기로 본격적인 문화운동이 등장하였다. 탈춤과 마당극을 기반으로 한 대학의 문화운동은 70년대를 경과하면서 학교현장을 넘어선 종교계와 생산현장, 그리고 지역으로 확산되어 나갔다.

1970년대까지 문화예술운동을 주도한 것은 문학과 출판이었다. 1971년 4월 8일에 발족한 민주수호국민협의회에는 학계·언론계·법조계·종교계·문학계 등 각계 단체가 참여하였다. 흥미로운 점은 발기인 44명 중 문학계가 10명으로 다수였다는 사실이다.[26] 동백림사건(1972)이나 문인간첩단적발사건(1974)의 주요 관련자가 문인이었고, 『사상계』, 『창작과비평』, 『문학과지성』이 모두 그러하였다. 결론적으로, 문화출판인들의 저항은 때로는 성명전과 각종 단체에 참여하는 조직적 운동으로, 또는 작가와 예술인들 개개인의 작품을 통하여 발현되었다.

유신체제가 가져온 검열 열풍으로 가장 극심한 제약을 당한 분야 중 하나가 대중음악과 영화였다. 1973년 10월부터는 문공부에서 해마다 국민가요건전보급을 위하여 새로이 노래를 만들어 보급하였다. 이어 1975년 6월, 한국예술윤리위원회에서는 이미 발표되어 있는 가요 전반에 걸쳐 재심의를 하였다. 나아가 동위원회에서는 불건전 외국가요에 대한 심의를 시작했다.[27] 이처럼 유신체제는 대마초는 물론이고 장발과 미니스커트, 그리고 포크송마저도 청년들의 막연한 저항문화로 금기시하였다.

70년대의 영화계 사정 역시 마찬가지였다. 무엇보다 유신선포 이후 유난히 법적 통제장치가 문화예술 각 분야에서 강화된다. 영화법(1966년 제정)은 1973

년 2월 16일에 개정되었는데, 그 중 제3장에 영화 검열조항이 강화되었다. 예고편을 포함하여 모든 영화는 상영 전에 문화공보부장관의 검열을 받아야하며, 검열을 통과하지 못하면 상영불가였다. 검열 받은 영화라 할지라도 TV에 방영하고자 할 때는 다시 검열을 받아야 했다. 물론 통과가 되더라도 가위질은 예사였다. 외국영화수입도 영화법시행령 11조에, '(1)반국가적인 내용이 있다고 인정되는 영화 (2)사회질서를 문란하게 하거나 미풍양속을 해할 우려가 있다고 인정되는 영화'를 엄금하였다. 이처럼, 영화를 유신이념의 구현수단으로 정책화하기 위한 이중검열제도, 그리고 기업화정책을 일층 강화할 목적으로 한 영화제작의 등록제로부터 허가제로의 전환 등 1973년의 영화법 개정은 영화 자체보다 기업을 살리는 것이었으며, 영화를 한층 소비상품으로 끌어내리는 것이었다. 문화예술진흥기금으로 '우수영화'를 선별, 지원하는데 있어, 10월유신을 구현하는 내용, 민족의 주체성을 확립하고 애국·애족의 국민성을 고무·진작시킬 수 있는 내용, 의욕과 신념에 찬 국민정신을 배양할 수 있는 내용이 골자였다. 영화뿐 아니라 모든 문화예술 영역이 유신체제의 통제에 아무런 방어막 없이 노출되어 있었다.

80년대에 들어서도 5공 군사정부의 문화예술정책은 유신정권의 '의도적 육성과 체제적 배제' 방식을 답습하였다(김창남 1989: 1333). 이러한 폭력적 통제의 양상을 단적으로 보여주는 것이 80년에 있었던 소위 '신문·방송·통신사의 구조 개편' 즉 언론 통폐합이다.[28] 이와 같은 대대적 통폐합 조치는 문화 영역에 대한 통제의 수준을 넘어 완전한 장악을 의미하는 것이었다. 아울러, 이러한 정책은 양대 계간지『창작과비평』,『문학과지성』을 포함한 정기간행물 172종의 등록 취소 이후 강력히 행해 졌던 출판 통제와 정기간행물 발간 억제에서 찾아진다. 또 영화·연극·대중가요 등 대중예술 전 영역에 거쳐 강력한 사전·사후 검열과 보도통제가 수행되었다(김창남 1989: 1334).

이 가운데 '국풍 81'은 비록 한 번의 행사로 그치긴 했지만 5공화국의 문화

정책의 기조를 전형적으로 보여주었다. 이 행사는 전국 194개 대학, 244개 서클 및 다수의 연예인 등 총 1만 4천 명이 참가했고 하루 평균 60만에서 100만의 인구가 동원된 대규모 행사였다. 이 행사는 1년 전의 광주항쟁에 대한 국민적 관심을 희석시키기 위한 목적을 배면에 깐 것이었다. 당시 신문에서도 "이를 통해 국민이 일체감을 다지는 보다 차원 높은 국민적 통합 기풍이 양성되기를" 운운하여 이 행사의 목적을 간접 시사하고 있었다(경향신문 1981. 5. 28). 당시 당국은 이 행사에 대학생들을 적극 끌어들임으로써 대학의 비판적 경향을 순화시키고자 하였다. 이 행사의 내용은 거의 박제화 된 민속놀이와 외래적·향락적인 대중문화가 대부분을 차지하였고, 이는 80년대 내내 집권세력이 강조해 마지않았던 '새시대의 민족문화'의 실질적 내용을 구성하는 것이었다(김창남 1989: 1337).

그럼에도 불구하고 1980년대에 들어 문화예술운동은 민주화 운동이 고조됨에 따라 이론적으로 심화되고 조직적으로 확장되는 양상을 보인다. 1970년대의 민족·민중적 지향 때문에 널리 유행되었던 탈춤운동으로부터 1980년 광주를 거치면서 이를 영상화할 수 있는 시와 문학, 노래로 주도 양식이 변화하였다. 하지만 가장 큰 변화는 조직 차원에서 나타났다. 1984년 4월 민중문화운동협의회(민문협)이 창립되었다. 83년 5공 정권이 '자율화조치'를 선택함에 따라 도래한 '유화국면'에서 민중문화운동을 효과적으로 수행하기 위한 단체였다. 언론·출판·종교·교육 등 넓은 의미의 문화 범주와 문학·미술·연행 등의 예술분야에서 상층 실행위원회를 구성하였고, 연희단체를 비롯한 10여개 안팎의 창작소집단들이 협의체 수준의 참가를 하였다. 그 후 한 두 해 사이에 민주언론운동협의회, 한국출판운동협의회, 민주화를위한전국교수협의회, 그리고 자유실천문인협의회, 민족미술협의회 등이 생겨남에 따라 '문화6단체'를 구성하게 되었다. 이 문화6단체들은 따로 조직적 구성을 갖추지는 않았지만 87년 6월 항쟁 전야까지 정치적 사안에 대한 공동실천을 논의하였다(박인배 1993, 274). 이러한 발전은 얼마 후 진보적 예술운동의 상징적 구심이자 예총에 맞설 수 있는 한국민족예술인총연합(민예총)의 결성(1988.12)으로 이어졌다.

80년대 문화예술운동의 두드러진 특징은 지배적인 대중문화와 저항문화의 대립이 이념과 조직 수준에서 첨예하게 드러나기 시작하였다는 점이다. 사실상 대학에서의 탈춤과 마당극 중심이었던 70년대 문화운동과 달리 80년대에 들어서는 예술영역 거의 모든 부분을 넘어 민중문화운동이 확산되었다. 이는 당시 문화운동의 노동계급 지향성에서 분명하게 드러났다. 이미 80년대 중반에 들어 노동조합과 교회 중심으로 여러 지역에 노동자 문화 공간이 설치되어 노동자 문화교실과 소규모 문화 행사가 열렸다. 1987년 7,8월의 폭발적 노동쟁의와 함께 노동대중의 문화적 욕구 또한 크게 증가하였다. 노래·연극·미술·영화 등 다양한 부문에서 전문 문화운동 집단의 활발한 창작이 이루어짐으로써 노동문화운동의 고양을 이루는 계기가 되었다(김창남 1989: 1339).

02 _ 국제단체(Group9)

(1) 국제단체의 현황 및 특성

국제단체에는 국제 수준에서의 교환·교류·문화 프로그램, 개발지원, 재난과 구호, 인권과 평화 활동을 수행하는 단체들이 포함된다.

산업화 단계의 국제단체는 두 개의 그룹으로 세분하여 접근할 수 있다. 하나의 유형은 한국전쟁을 계기로 급증하였던 외국 민간 원조단체(이하 외원기관)이다. 외원기관이란 "그 본부가 외국에 있고 그 본부의 지원으로 국내에서 보건사업, 교육사업, 생활보호, 재해구호 또는 지역사회개발 등의 사회복지사업을 행하는 비영리적인 사회사업기관으로서 그 사업자원이 외국에서 마련되고 실질적으로 외국인에 의해서 운영되는 기관을 말한다"[29] 이러한 정의에 비추어 볼 때 외원기관이란 사회사업뿐만 아니라 광의의 사회복지 또는 사회정책이라 할 수 있는 보건사업, 교육사업, 지역사회개발사업 등을 수행했던 기관으로 볼 수 있다.

이 부분에 대한 자료는 외원기관 활동 내역을 소상하게 정리·평가한 『외원사회 사업기관 활동사』, 1994/ 이하 KAVA40년사)를 활용하였다.[30] 다른 하나는 우리 나라의 민간단체가 국제민간기구의 일원으로서 가입하여 활동한 경우이다. 대표 적인 기구는 국제사면한국위원회(1973년 가입)이다. 이 부분은 외무부에서 발간 한 『국제기구편람』(1986) 중 제2권(비정부간 기구)을 기초자료로 사용하였다.

먼저, 역사가 깊은 외원기관(KAVA)부터 살펴보자. 외원기관은 한국전쟁을 계기로 대거 등장했다. 한국전쟁 중에는 이북·이남 피난민들의 의식주문제, 가 족의 이산 특히 부모를 잃거나 헤어진 아동들과 전쟁으로 남편을 잃은 부녀자 들의 문제가 크게 사회문제가 되었다. 이들 요보호자의 증가는 한국정부나 민 간부문에서 효과적인 대응을 할 수 있는 수준을 넘어선 것이었고, 불가피하게 UN 및 외국민간원조단체의 원조에 의존할 수밖에 없었다. 전쟁 전후의 원조는 UN을 통한 CRIK, UNKRA 등이 있었고, 전후에는 복구를 위한 미국 중심의 FOA, AID, PL-480 원조 등이 있었다. 민간차원의 원조는 KAVA를 통해 이루어 졌는데 그 내용을 간추리면 다음과 같다.

한국전쟁을 계기로 이 땅에 들어온 해외 민간단체들간에 정보를 교환하고 사업계획을 통일하며, 협력체제를 통하여 사업을 원활히 추진할 목적으로 1952 년 3월 7개 기관이 부산에서 모여 KAVA를 발족했다. KAVA 가입기관은 1954년 에 33개로 증가했으며, 1954년 5월 4일 정관을 채택하였다.[31] 회원 자격은 외 국인 원조단체 중 보건사회부에 외원단체로서 등록을 필한 모든 회원으로 되어 있다. 유명무실한 단체의 가입을 막기 위해 이사회에서 서류에 대한 엄정한 심 사를 거친 후 가입여부를 결정했다. 또한 의결기관으로서 이사회와 실질적 활 동을 주도한 5개 분과위원회(사회복지위원회, 보건분과위원회, 구호분과위원회, 교육분 과위원회, 지역사회개발위원회 등)를 두었다. 같은 해 한미재단으로부터 25,000달러 의 기부금을 받아 재정적인 기반을 확충했으며, 1955년부터는 연차회의를 통해 사업을 활성화하였다. KAVA는 그 명칭처럼 일차적인 원조기관은 아니었고, 원조기관들의 연합체로서 정보교환과 사업의 평가계획, 사업의 연락과 조정, 합동 조사연구와 같은 기능을 발휘하였다.

조직을 정비한 KAVA는 1950년대 중반 이래 1970년대 초반까지 약 15년 동안 그 활동의 최전성기를 맞게 된다. 전후복구사업에 이은 경제개발계획의 추진 등으로 한국정부가 사회복지 부문에 대한 노력에 치중하지 못했던 이 기간 동안 전재민 구호와 각종 사회복지서비스를 제공하는데 주축을 이루었던 것은 국제기구와 KAVA를 중심으로 한 외원기관들이었다. KAVA로서는 한때 '제2의 보사부'라는 말을 들을 정도로 적어도 사회복지에 관한 한 주무부처인 보건사회부보다 더 많은 재원으로 다양한 활동을 펼쳐나갔던 것이다.

KAVA의 위상이 높아지고 그 활동이 전성기에 달했다는 점은 우선 가입단체 수의 증가에서 찾아볼 수 있다. 1952년 7개 기관으로 설립하였지만 1954년에는 33개 외원단체가 가입했고, 이후 꾸준히 증가하여 1962년에는 62개, 1970년에

〈표 2-85〉 연도별 외국민간원조단체 원조도입 실적 (단위: 백만 달러)

	도입금액(물자가액 포함)	비고(등록외원단체 수)
1953~60	121	39
1961~70	240	123
1971~80	343	81
1981	43	81
1982	42	80
1983	46	79
1984	40	79
1985	40	79
1986	31	77
1987	37	78
1988	45	75
1989	32	74
1990	33	74

출처: 카바40년사(1994: 78).

는 76개 단체가 KAVA에 가입하였다. 1987년 민주화 이전에 활동하였던 외원단체의 국적과 주요 사업 분야를 정리한 것이 〈표 2-86〉이다.

KAVA는 1950년대 중반부터 70년대 초까지 왕성한 활동을 펼쳤다. 한때 6만 7천 명의 고아 가운데 6만여 명의 고아들이 KAVA의 회원 단체인 선명회(World Vision), 기독아동기금(CFG) 등의 보호시설에서 생활했고, 한미재단(AKF)이 지도하였던 4H클럽은 2만 6천개의 클럽에 60만 명의 회원을 갖는 세계에서 두 번째로 많은 회원을 자랑하고 있다. "한 때 세계 난민의 10분의 1이 남한에 있다"고 할 정도로 고아와 난민이 넘쳐났고, "국민의 90% 정도가 기생충에 감염"될 정도로 심각한 보건·위생상의 문제를 안고 있었다(KAVA 1994: 113). 이들이 벌인 구체적인 사업 내역의 대강을 정리한 것이 〈표 2-87〉이다.

1968년도 사업의 경우 인건비와 경상비를 제외한 순수 복지사업의 비중은

〈표 2-86〉 국적별, 사업별 단체현황 (단위: 개)

	계	보건	구호	교육	지역개발	보건구호	보건교육	구호개발	구호교육	교육문화
계	78	11	18	8	4	17	6	5	6	3
미 국	41	3	12	3	2	10	3	4	2	2
독 일	9	1	1	1	2	3	1			
이태리	6	1		3			1	1		
영 국	4	1		1		1				1
스위스	4					1	1		2	
아일랜드	3	1	1			1				
프랑스	2		1						1	
스웨덴	2		2							
오스트리아	2	1							1	
호 주	2	1	1							
캐나다	1	1								
화 란	1	1								
벨기에	1	1								

출처: 보건사회부(1988: 389).

	1968		1989		비 고
	사용액(달러)	비중(%)	사용액(달러)	비중(%)	
후생시설	6,667,352	27.3	9,755,000	22.3	모든 사회복지 시설지원비
보건사업	2,593,160	10.6	4,634,000	10.6	외원단체 운영 병원지원
교육문화	3,658,815	15.0	7,105,000	16.3	신학교, 미션스쿨, 영세학생 장학금
영세민	3,088,708	12.6	2,489,000	5.7	일반 영세민
지역개발	562,981	2.3	1,402,000	3.2	농촌지역사회개발
선교사업	2,234,927	9.2	10,295,000	23.6	선교사·목사인건비, 교회유지비
경상비	1,499,867	6.1	2,437,000	5.6	외원단체 운영비
인건비	3,137,317	12.9	3,884,000	8.9	직원 인건비
기 타	976,035	4.0	1,670,000	3.8	
총 계	24,419,162	100	43,671,000	100	

출처: 카바(1994: 135와 220)에서 재작성.

67.8%에 달하며, 비중이 가장 큰 사업의 순서는 아동·탁아·모자·양로·직업 등 각종 시설지원을 의미하는 후생시설 지원이었고, 그 다음이 교육·문화와 영세민 지원이었다. 하지만 1989년에는 복지사업의 비중이 58.1%로 낮아졌는데, 그 이유는 선교사업의 비중이 9.2%에서 23.6%로 급증한데 있다. 1989년의 사업 비중 순위는 후생 → 교육·문화 → 보건의 순서였다.

1970년대 들어 한국의 지속적인 고도성장과 정부 재정의 증대로 KAVA의 기능이 약화되기 시작했다. 또한 1975년 외원단체에 관한 법률이 개정되면서 외국 구호물자가 축소되기 시작했고, 또 외원본부에서 한국은 독자적으로 사업 수행 능력이 있다고 판단하여 기관들을 철수시키기 시작한 후 1976년에 이르러서는 전용 사무실까지 폐지되었다. 1987년 현재 우리나라에서 활동하고 있는 외원단체는 대략 79개인 것으로 나타났다.

비록 정부와 일부 언론의 비판과 시비가 있었지만 외원기관들이 한국의 시민사회 특히 사회복지에 미친 영향은 지대하다.[32] 먼저, 한국에 서구식의 전문

사회실천사업을 도입했다는 점에서 한국사회복지사에서 큰 의의를 갖고 있다. 둘째, 외원기관의 사회사업은 한국의 사회복지학이라는 새로운 학문분야를 성립시키는데 직접적인 영향을 미쳤다. 셋째, 국제정치적 측면에서 제2차 대전 후 세계질서의 재편과정에서 미국 주도의 자유세계의 정치적 이미지를 전파하는 데 외원 사회사업이 수단적 기능을 담당했다는 일면도 있다. 넷째, 경제적 측면에서 막대한 지원으로 경제발전에 기여한 순기능과, 반대로 민간의 사회복지재원을 외원에 의존하게끔 함으로써 민간사회복지 부문의 취약한 재정구조를 초래한 역기능을 동시에 안고 있다(KAVA 1994: 224).

(2) 국제민간단체 가입 및 교류 현황

냉전이 채 가시지 않은 1980년대 중반에 외무부는 『국제기구편람』(1986)을 처음 발간하여 국내 민간단체의 국제교류 현황을 파악하였다. 〈표 2-88〉은 여기에 수록된 단체들의 분야별 현황이다.

당시 자료에는 403개의 국제민간단체가 수록되어 있는데, 외무부는 이를 20개의 주제로 분류하였다. 가장 많이 수록된 단체는 체육(13)-의학·보건(9)-자연과학(15)이다. 이는 당시 분단과 냉전의 시대 분위기상 탈이념·탈정치의 순수한 국제민간 교류가 주류를 이루었음을 알 수 있다. 반대로 '비고'는 우리나라는 가입하지 않고 북한만 가입한 국제 민간단체들인데, 노동조합과 언론·출판, 국제정치와 같이 다소 정치성향이 강한 영역이라 할 수 있다. 남북한이 국제무대에서 치열하게 외교경쟁을 벌였던 상황이라 비동맹이나 사회주의 성향이 강한 국제단체에 대해서는 설령 그것이 민간기구라 하더라도 기피하는 경향이 역력했음을 알 수 있다. 또한 이전에 발간되었던 『국제기구편람』(1984; 1982)이 국가안전기획부에서 관장하였다는 사실에서 당시의 민간교류가 국가안보의 전략적 관점에서 이루어졌음을 추측할 수 있다.

흥미로운 점은 이 자료에는 우리나라 사회단체의 공식 가입뿐만 아니라 개

〈표 2-88〉『국제기구편람』에 수록 단체들의 주제별 분류

	주 제	단체 수	한국 가입	비고(북한만 가입)
1	농림수산업	11	10	
2	제조업	17	14	국제개발도상국공기업센타(ICPE)
3	기술	23	21	국제자동처리협회(IFAC)
4	상업무역금융	23	23	
5	교통관광	26	24	
6	직업노동조합	27	18	국제농업.산림.식림노동조합연맹(TUIAFPW) 국제광산.에너지노동조합연맹(TUIMWE) 국제공공기관노동조합(TUIPAE) 국제섬유피복피혁및모피공노동조합(TUITCLFW) 국제상업노동조합연맹(TUIWC) 국제건축.목재.건축산업노동조합연맹(UIBWM) 세계교직노동조합연맹(WFTU) 세계노동조합연맹(WFTU) 세계광업대회(WMC)
7	법률행정	12	10	국제민주변호사협회(IADL)
8	신문·출판·방송	14	10	비동맹방송기구협력위원회(BONAC) 국제언론인기구(IOJ) 사회주의국가우편통신협력기구(OCTPC)
9	의학·보건 주거환경	40	38	
10	사회복지· 인도주의·인권	21	21	
11	여성	5	5	
12	교육·청년	16	15	국제아동및청소년운동위원회(ICCAM)
13	체 육	43	39	
14	예술문화	20	20	
15	자연과학	33	28	국제호소생물학기구(IAL) 합동핵연구소(JINR)
16	사회과학	18	18	
17	국제정치· 국제친선	20	15	아시아아프리카인민단결기구(AAPSO) 제3세계의친선단결을위한자원봉사기구(SIVSAJ) 세계평화이사회(WCP) 세계민주청년연맹(WFDY) 기독교평화회의(CPC)
18	도서문헌	5	5	
19	역사철학	6	6	
20	종교윤리	23	20	
계		403	360	

출처: 외무부(1986).

<表 2-89> 『국제기구편람』에 수록 단체들의 가입 시점별 분류

설립연도	수	비율1(%)	비율2
1945년까지	10	3.2	26.3
1946~60	73	23.1	
1961~71	107	33.8	73.7
1972~79	77	24.4	
1980~86	49	15.5	
합 계	316	100	100

인들의 개별 가입 현황도 기록되어 있다는 것이다. 예를 들어 국제여성법률가연맹(IFWLC)이나 국제여성변호사연맹(IRWL)의 가입은 여성변호사 단체가 채 구축되기 이전이라 이태영(가정법률상담소 소장) 변호사만이 단독으로 가입하였다. 많은 학회들, 예를 들어 계량경제학회는 변형윤 교수(서울대)가 가입(1962)하였고, 국제조류학회 역시 이인규 교수(서울대)가 개인 회원 자격으로 가입하였다.

<표 2-89>는 가입 시기별 분류이다. 제3공화국 이전에 국제민간단체에 가입한 비율은 26.3%인데, 대부분 구세군(구세군 대한본영, 1908)이나 세계기독교여자절제회(조선기독교 여자절제회, 1923)처럼 종교와 관련된 단체들이다. 이 시기에 가장 눈에 띄는 단체는 대한YMCA연맹의 세계기독교청년협회연맹 가입(1914)과 경성로타리클럽의 국제로타리클럽의 가입(1927)이다. 이는 아마도 우리나라 민간단체들이 최초로 국제 민간기구에 가입한 사례가 아닐까 싶다.

1946년부터 1960년까지도 국제단체에의 가입은 활발하지 않았는데, 가장 많은 경우가 체육단체(육상연맹, 농구연맹, 축구연맹 등)의 국제연맹 가입이었다. 아울러 대한의학협회나 대한교육연합회, 한국간호협회, 한국도서관협회 등 전문직종의 국제학술단체 가입도 나타나기 시작했다. 한국반공연맹의 아·태반공협회 가입(1949)이나 한국노동조합연맹의 국제자유노동조합총연맹(ICFTU)의 가입(1949)은 이미 한국전쟁 이전에 좌우 진영의 경쟁이 국제무대에서 진행되고 있음을 보여준다.

박정희 정부 시절에 가장 주목할 만한 국제민간단체는 국제사면한국위원회(AI)의 설립(1973)이다. 한국위원회는 유신시절 양심수 석방과 고문근절을 요구하는 성명서를 발표하였고, 인권실태를 위해 옵저버를 파견하기도 했다(동아일보 1975. 2. 22). 1984년 10월 AI 조사국 부국장 웨슬리 그리코와 아시아담당 조사원 프랑수아즈 반달레가 내한하여 한국의 인권실태를 조사했으며, 1987년 1월 서울대학교 학생 박종철이 경찰의 고문으로 사망하자 AI는 특별성명을 발표하고 한국 정부에 대하여 어떠한 경우에도 구금자에게 고문이나 가혹행위를 금지할 것을 촉구하였다. 또한 AI는 한국 정부에 국가보안법 폐지, 사형제 폐지 등을 요구하여 왔다.

03 _ 종교단체(Group10)

(1) 종교단체의 현황 및 특성

〈표 2-90〉은 민주화 이전 정부에 등록된 사회 및 종교단체 현황이다. 여기에서 알 수 있듯이 당시 종교정책은 언론·출판·문화·예술과 함께 문화공보부에서 담당하였다. 정부수립 직후에는 문교부의 문화국 교도과에서 종교 업무를 담당했으나, 그 후 1968년 문화공보부 문화국 산하 종무과가 정식으로 창설되었고, 1974년 종무담당관이 신설되었다. 1979년에 종무국으로 승격되었다가 1982년에는 종무실로 확대 개편된 이후 현재(2016)까지 이어져오고 있다. 〈표 2-90〉에 따르면 민주화되기 이전인 1986년에 우리나라에는 221개의 종교 재

〈표 2-90〉 종교단체의 현황

소계	특수	사단	재단	사회단체	종교			지방문화원	기타
					재단법인	사단법인	불교단체		
645	10	30	136	95	155	37	29	145	8

출처: 문화공보부(1986).

단·사단 법인과 단체가 등록되어 있었다. 이를 각 종교별로 구체적으로 본 것이 〈표 2-91〉이다.

〈표 2-91〉은 조직의 제도화 상태를 의미하는 재단·사단 비율에 있어 기독교가 압도적임을 보여주고 있다. 제도화 비율은 기독교(43.9%)에 이어 불교(24.9%) → 천주교(17.6%) → 유교(8.1%) 순이었다. 그렇다면, 교파의 세를 가늠할 신도의 수는 어떠할까? 〈표 2-92〉에서 알 수 있듯이 1985년의 종교 인구별 규모를 보면 불교(19.9%) → 개신교(16.1%) → 천주교(4.6%) 순이다. 즉 종교의 조직화 정도와 종교 인구(교세)의 규모가 일치하지 않고 있음을 알 수 있다.

〈표 2-91〉 종교단체의 법인 현황

불교법인		불교단체		기독교		천주교		유교(향교)		기타종교		소계		
재단	사단	종파	신도	재단	사단	재단	사단	재단	사단	재단	사단	재단	사단	불교
15	11	18	11	79	18	38	1	14	4	9	3	155	37	29
26		29		97		39		18		12		221		

출처: 문화공보부(1986).

〈표 2-92〉 한국의 종교 현황 (단위: 천 명, %)

	1985		1995		2005		증감(1985~2005)	
	인구	구성비	인구	구성비	인구	구성비	인구	증감율
총 인 구	40,419	100.0	44,554	100.0	47,041	100.0	6,622	16.4
종교 있음	17,203	42.6	22,598	50.7	24,971	53.1	7,768	45.2
불 교	8,059	19.9	10,321	23.2	10,726	22.8	2,667	33.1
개 신 교	6,487	16.1	8,760	19.7	8,616	18.3	2,129	32.8
천 주 교	1,865	4.6	2,951	6.6	5,146	10.9	3,281	175.9
유 교	483	1.2	211	0.5	105	0.2	- 378	- 78.3
원 불 교	92	0.2	87	0.2	130	0.3	38	41.3
기 타	217	0.5	268	0.6	247	0.5	30	13.8
종교 없음	23,216	57.4	21,953	49.3	22,070	46.9	- 1,146	- 4.9

출처: 강인철(2006: 135)

먼저, 해방 이후 지금까지 근대화 과정에서 나타난 우리나라 종교의 몇 가지 특징을 살펴보자(김정수 2013: 165~190). 우리나라 종교지형의 첫 번째 특징은 전형적인 다종교 사회라는 점이다. 우리 헌법은 국교를 인정하지 않으며 종교의 자유를 보장하고 있다. 2009년 현재 우리나라에는 약 50여 개 종교, 500여 개 종파, 그리고 630여 개 종교 법인이 혼재해 있다(문화체육관광부 2010: 11). 둘째, 종교인구의 비율이 계속 증가해왔다. 1918년 무종교인은 전체 인구의 무려 95.8%였으나, 1960년대 초 80%대로 줄어들었으며, 1970년대에는 60% 이하로 감소했다. 그리고 〈그림 2〉에서 보듯이, 2005년 현재 우리나라 국민 중 종교를 가지고 있는 사람은 전체 인구의 절반이 넘는 53.5%에 달한다. 근대화 과정에서 종교 인구가 줄어든 유럽 모델보다는 그 반대 현상이 나타났던 미국 모델에 가깝다고 할 수 있다(강인철 2006: 136).

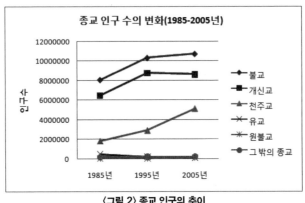

〈그림 2〉 종교 인구의 추이

셋째, 전통 민족종교들이 거의 쇠퇴했다. 1915년 천도교를 비롯하여 각종 민족종교의 신자 수는 14만 9,876명이나 되었다. 이는 당시 천주교인의 약 두 배에 해당하며, 불교 및 개신교와는 비슷한 수준의 교세였다(윤선자 2006: 83). 한국전쟁 이전만 해도 불교·개신교·유교·천도교·대종교가 이른바 '5대 종교'로 병존했다. 그러나 그 후 유교를 비롯해 전통 민족종교들의 교세는 현저하게 위축되어 지금은 자취를 감추었거나 극히 미미한 수준에 머물러 있다. 넷째, 불교·개신교·천주교 등 3대 종교의 독과점적 구도가 확고하게 고착되어 있다. 조선 시대 후기부터 전통종교, 외래종교, 신흥 민족종교 등이 다원적 경쟁 구도를 형성했지만 해방 이후에는 기독교가 급성장했다. 특히 개신교는 이미 1952년 천도교·유교·대종교를 추월하며 불교 다음의 제2종교로 급부상했다. 여기에는 미군정과 이승만 대통령의 개신교 편향적 정책이 큰 몫을 했다(박수호 2009: 176~179). 한편 1960년대 들어 천주교가 제3종교의 교세를 확보했고, 1960년대 말에 이르면 불교·개신교·천주교가 '종교적 중심부'를 이루는 독과점 체제가 확립된다(강인철 2001: 159). 그리고 〈표 2-92〉에서 보듯이 오늘날에는 이 세 종교가 전체 종교인 중 98.1%를 차지할 정도로 압도적 강세를 보이고 있다. 이제 이러한 현상이 나타나게 된 원인, 그리고 종교의 조직화와 교세의 불일치가 역대 정부의 종교정책과 어떤 연관이 있는지를 살펴보자.

(2) 역대 정부의 종교정책과 종교단체의 발전

많은 연구자들이 지적하고 있는 것처럼 일제 식민통치가 끼친 종교에 대한 영향력은 결정적이었다. 당시 종교정책의 목적은 효율적인 식민통치를 위해 종교를 통제하고 이용하는 것이었다. 조선총독부는 1911년 '경학원규정(經學院規程)'을 반포하여 유교를 종교가 아닌 사회교육체제로 격하시켰다. 그리고 조선 정부의 불교 억압정책이던 도성 출입금지를 폐지시키는 대신 '사찰령(寺刹令)'을 제정하여 불교계에 대한 통제 및 회유 체제를 구축했다(류승주 2008). 반면 서양 선교사들에 의해 유입된 천주교와 개신교에 대해서는 적어도 공식적으로는 선교의 자유를 인정해주었다. 1915년에는 교파신도(教派神道)·불교·기독교만을 종교로 인정하는 '포교규칙(布敎規則)'이 제정되었는데, 이는 일본의 '공인교(公認敎) 정책'을 식민지 조선에 이식한 것이었다(윤선자 2006). 이에 따라 조선의 전통종교 및 민족종교들은 종교가 아닌 '유사종교'로 취급되며 철저한 탄압의 대상으로 전락했고, 무당, 굿, 점술 등의 민간 토속신앙은 비합리적인 미신으로 치부되었다(윤승용 1997: 22). 일제의 이러한 '종교공인' 정책은 불교·개신교·천주교의 3강 중심의 종교시장 구도를 만들었고, 이 세 종교만이 '진짜 종교'이며 나머지는 '사이비 종교', 혹은 아예 '종교가 아닌 것'이라는 보편적 인식을 확산시켰다.

미군정기 및 이승만 정권은 개신교 편향적 종교정책의 제도화 단계에 해당된다. 미군정기 종교정책은 일제의 공인교 정책 기조를 그대로 이어받는 동시에 '기독교 편향성'이라는 새로운 기조를 추가했다. 이후 개신교 장로였던 이승만 대통령은 미군정의 기독교 편향적 종교정책을 계승하여 더욱 공고히 했다(강인철 2009; 박수호 2009: 178). 예를 들면 개신교와 천주교만 참여한 군종제도를 도입했으며, 기존 승려들이 담당하던 교도소의 형목(刑牧)을 개신교 목사들이 맡도록 바꾸었다. 또한 정부 인사에 있어서도 타 종교에 비해 기독교인의 비율이 매우 높았다. 이 때문에 이승만 대통령이 "개신교를 '사실상의 국가종교'로 만들어갔다"는 비난(노길명 2002: 9)과 "기독교를 우대하는 수준을 넘어 다른 종교들에 대해서는 종교의 자유를 인정하지 않았다"는 비판까지도 받았다(강돈구 1993; 박수호 2009: 178).[33]

박정희 정부는 종교를 복속시키기 위하여 강력한 통제와 회유책을 병행하는 정책을 구사했다(노길명 2002; 박수호 2009: 179). 예컨대 1962년 사찰령을 폐지하는 대신 불교재산관리법을 제정하는 한편 향교재산법을 제정하여 불교·유교계의 재산권 행사에 대한 정부 개입을 강화했다. 이와 동시에 자신들의 취약한 정통성을 보완하기 위해 종교에 대한 회유를 계속했다. 이에 따라 각 종교계 주류는 정부에 순종·협력하면서 이득을 챙겼다. 예컨대 기독교의 경우, 대통령을 위한 국가조찬기도회를 매년 개최하는 한편 새마을운동 등 정부시책에 적극 호응했다(전명수 2013). 불교의 경우, 1964년부터 정부의 재정 지원을 바탕으로 역경(譯經) 사업이 시작되었고, 1968년에는 베트남 파병을 계기로 불교계의 군종

참여가 이루어졌으며, 1975년에는 석가탄신일이 공휴일로 지정되었다(박종주 1994: 205). 박정희 정권은 미군정과 이승만 정권으로부터 소외당하던 불교에 대하여 공인교적 대우를 강화해주었다. 반면 기독교 편향성과 우위는 상대적으로 줄어든 것으로 평가될 수 있다(박수호 2009: 181). 박정희 정권은 민족적 주체성과 전통을 강조하면서도 무속 및 전통종교에 대해서는 근대화에 반하는 미신으로 계속 통제했다. 이는 결국 주류 종교들의 공인교적 지위가 그대로 유지되었음을 의미한다.

한편, 전두환 정권은 헌법 개정을 통해 민족문화의 계승·발전을 강조하면서 무속과 전통종교의 회복을 시도했다. 하지만 앞의 박정희 정부처럼 전통사찰보존법의 제정(1987)을 통해 불교계 내부의 재정 및 인사에 대한 감독을 강화하였다. 불교계의 비리 정화와 사찰로 은신한 대공용의자 및 불순분자를 검거한다는 명목으로 자행된 '10·27법난'은 불교계 인사의 연행 및 구속과 전국 각 사찰에 대한 일제 수색 등으로 점철된 불교탄압의 대표적 사례이다(김광식, 2009). 10·27 법난 당시 불교계는 오랜 분규를 마감하고 화합적인 종단 운영을 꾀하면서 자율적인 정화 의지를 드러내고 있었다. 그러나 10·27 법난은 이러한 불교계의 자율성을 차단하고, 결과적으로는 불교의 정권예속성을 심화시키는 계기가 되었다.[34] 법난 이후 불교계는 정부 조치의 지지성명에 빠진 적이 없었고, 1987년 대통령선거 때는 노태우 후보의 당선기원법회를 종단 지도부가 앞장서서 개최하기도 했다(박수호 2009).

(3) 종교단체의 성장 및 배경

강인철(2006: 127)에 따르면, 한국은 근대화 과정에서 종교의 쇠퇴보다는 꾸준한 성장이 있었고, 종교공동체가 사회운동의 요람 역할을 해 왔다는 점에서 유럽 모델보다는 미국 모델에 가깝다. 필자가 보기에 또 다른 점에서 우리나라는 미국식 모델에 해당하는데, 그것은 종교가 복지, 교육, 언론 등 사회서비스의 중요한 제공자 역할을 해왔다는 사실이다.

앞서 한국전쟁과 1960년대 중반까지 해외원조단체가 국가가 떠맡아야 할
상당 부분의 복지와 재난구호를 담당해왔음을 보았다. 1960년대 중반 이후 해외
원조의 급격한 감소로 발생한 사회서비스의 공백을 메꾼 것이 국내의 종교단체
였다. 종교단체의 입장에선 이를 적극 활용함으로써 선교와 교세 확장에 적지 않
은 도움을 받을 수 있었다. 이를 간접적으로 확인한 것이 〈표 2-93〉이다.

〈표 2-93〉 종교운영 복지단체 현황

불교	개신교	가톨릭	원불교	기타	그 밖의 종교	계
0	51	11	7	81		150¹
125	251	105	16		10	507²

¹의 출처: 한국사회복지협의회. 1986. 『한국사회복지단체편람』.
²의 출처: 문화체육관광부(2011: 139)에서 재인용.

〈표 2-93〉은 『한국사회복지단체편람』(1986)에 수록된 단체 중 아동복지단
체만을 종교단체별로 정리한 것이다. 아동복지단체 중 종교단체가 운영하는 것
은 69개로 전체의 46%를 차지하고 있다. 종교단체 중에는 공생복지재단이나 한
국어린이재단, 그리고 대한예수교장로회자선사업재단 등 개신교 복지재단이 운
영하는 곳이 가장 많았다(전체의 34%). 가톨릭은 마리아수녀회나 성가수녀회 등
이 있었고, 원불교는 복지재단 삼동회가 운용하는 양로원과 보육원 등 7곳이 있
었다. 기타에는 종교단체는 아니지만 기독교 정신을 표방한 동방아동복지회 산
하의 18개 상담소와 복지시설 등이 포함되어 있다.[35] 불교계의 사회복지 시설
에 대한 관심과 지원은 다른 종교에 비해 늦었던 것으로 평가되고 있다. 『한국의
종교현황』(2011)에 따르면 불교계는 125개의 복지시설을 등록하였는데, 이 중
1987년 이전에 설립된 것은 불과 16개뿐이었고, 실질적인 복지기관은 대전자혜
원 등 5~6곳에 불과하였다.[36] 이처럼 국내의 종교단체들은 1960년대 중후반
이후 외국원조단체가 빠져나가고, 우리나라 정부의 지원이 미치지 못하는 공백

〈표 2-94〉 종교계 방송 및 언론 현황

	불 교	개신교	가톨릭	그 밖의 종교	계
방 송	불교방송(1990)	극동·아세아방송(1956) 기독교방송(1954)	평화방송(1990)		4
일 간		2	1		3
주 간	11	24	2	2	39
월 간	17	62	12	8	99
격월간		6		1	7
계 간	2	9	2	1	14
연 간		2	1		3
계	31	107	19	12	169

출처: 문화부 종무실(1990: 76).

기를 메꾸는 역할을 하였다. 종교기관들은 처음에는 아동 및 장애자, 그리고 부랑인 복지에서 시작하여 80년대 들어 청소년·부녀·노인복지로 점차 영역을 확대하였고, 종교단체에 대한 정부의 보조금 및 위탁 영역이 증대하여 왔다.

둘째, 종교계의 사회서비스 확장에 미친 중요한 또 다른 수단은 언론이었다. 〈표 2-94〉에서 알 수 있듯이 우리나라의 각 종교재단은 4개의 방송국과 3개의 일간신문, 162종의 각종 정기간행물을 발간하고 있다. 각 종교들은 다양한 언론매체를 활용하여 선교 및 수익사업은 물론이고 예민한 종교적 쟁점을 제기·옹호하여 왔다. 특히 종교 언론은 국민일보(1988), 세계일보(1989), 불교방송(1990), 평화방송(1990)의 사례에서 알 수 있듯이 1987년 민주화 이후 설립되었다(1998년 원불교의 원음방송 설립).

끝으로 종교단체의 성장 계기는 1980년대 이후 급속히 증가한 종립(宗立) 학교 때문이었다. 〈표 2-95〉에서 알 수 있듯이 종립학교는 특히 개신교 계열의 대학이 대다수를 차지하고 있고, 특히 ①교사(校舍) ②교지(校地) ③교원 ④수익용 기본재산 등 4가지 최소 요건만 갖추면 대학 설립을 허용하였던 대학 설립 준칙주의(1996.7) 이후 급증하였다.

〈표 2-95〉 종교별 고등교육 시설 현황

〈표 2-95〉 종교별 고등교육 시설 현황

		개신교	천주교	불교	원불교	계
1990	일반대학	44	9	2	1	56
	전문대학	10	-	-	-	14
2011	일반대학	52	14	4	2	72
	전문대학	29	1	1	1	32
	대학원대학교	20	-	2	3	25
	기 타[37]	4		2	-	6

출처: 문화부 종무실(1990, 89)와 문화체육관광부(2011, 116)에서 재작성.

　　종립학교에서 보다 중요한 것은 초·중등학교 현황이다. 정부수립 직후부터 열악한 재정 상황 때문에 종립을 포함한 사립학교에 대한 정부 지원이 없었다. 1949년 12월에 제정된 교육법은 "국고, 특별시 또는 도는 사립학교에 대하여 보조를 할 수 없다"고 규정함으로써 사립학교에 대한 정부 지원을 원천적으로 금지하였다. 이후 정부는 '수익자 부담원칙' 혹은 '설립자 부담원칙'을 내세워 사립학교에 대한 재정적 지원을 거의 하지 않았다. 그러나 1963년 6월에 제정된 사립학교법을 통해 국가는 종전의 정책을 변경하였는데, 이 법의 43조를 통해 사립학교에 대한 정부보조금 제공을 허용하였다.[38]

　　그러나 이런 정책변화에도 불구하고 한동안 실제적인 재정지원은 뒤따르지 않았다. 사립학교에 대한 재정지원이 시작된 것은 1971년부터였다. 이 해부터 사립중학교에 대한 재정지원이 개시되었고, 1981년부터는 사립 고등학교에

〈표 2-96〉 종교별 초중등 교육 시설 현황

	가톨릭	개신교	불 교	그 밖의 종교	계
초등학교	6	22	1	8	37
중학교	28	90	15	88	221
고등학교	38	126	16	117	297
계	72	238	32	213	555

	1981	1985	1988	1990	1992		2004	
					중등	고등	중등	고등
비율(%)	5.7	10.5	18.4	30.5	67	38	81.8	54.4

출처: 강인철(2012: 180).

대한 정부재정지원이 시작되었다. 학생이나 교수가 아니라 학교에 대한 지원이라는 의미에서 사립대학에 대한 정부재정지원이 시작된 것은 1990년부터였다. 따라서 1980년대 중반까지 사립중등학교 재정에서 정부보조금이 차지하는 비율은 매우 낮은 수준이었다. 1985년부터 2004년에 걸쳐 중학교 의무교육제도가 단계적으로 확대되면서 사립중등학교에서 정부보조금의 비율이 빠르게 증가하였다.

흥미로운 점은 보조금의 증대에 따라 오히려 정부와 종립학교의 갈등이 증폭되어 왔다는 점이다. 앞서 설명한대로 정부수립 이후 한동안(1948~68)은 종립학교와 국가의 갈등이 부재하였다. 1948년 제정헌법 제12조는 국교불인정과 정교분리를 천명했고, 이듬해인 1949년 12월에 제정된 교육법(제5조)은 헌법정신에 따라 종교교육을 금지하였다. 이에 따라 대한민국 정부수립 이후 공립학교에서의 종교교육은 엄격히 금지되었지만 사립학교에서의 종교교육에 대해서는 아무런 제약도 가해지지 않았다. 그러다가 평준화 정책과 보조금의 증대는 종립학교와 국가의 갈등을 첨예하게 만들었다(1969년~90년대 초). 1969년에 도입된 중·고등학교의 평준화정책과 1974년에 시작된 무시험(추첨제) 선발제 도입 이후 정부는 종립학교의 종교교육을 통제하고자 하였다.[39] 종립학교들은 정부에 대해 종교교육의 자유를 보장해 줄 것을 요구하였다. 1979년에 대학입학 전형에서 처음 도입된 내신제 역시 종교교육 성적을 내신에 반영할 수 없도록 규제하였다. 내신제 도입은 학생과 학부모의 종교교육 기피를 조장함으로써 종립 중등학교의 종교교육을 더욱 위기에 빠뜨리는 한편 종립학교-정부 갈등을 한층 증폭시켰다(강인철 2012: 178~179).

04 _ 기타: 관변단체(Group12)

재야와 더불어 관변단체는 산업화 단계의 한국사회에서 나타났던 독특한
시민사회의 조직이다. 우리나라에서 관변단체의 뿌리는 해방 이후로 거슬러 올
라간다. 해방 이후 좌우익 모두 조직력이 잘 갖추어진 청년학생단체의 동원을
선호하였는데, 특히 농민과 노동자 등 대중적 지지 기반이 약했던 우익은 의존
도가 더 컸다. 이들의 핵심 이데올로기는 반공이었으며, 이들이 주최한 집합행
동은 미군정과 경찰의 보호를 받았다. 간혹 극심한 활동을 하거나 많은 피해가
발생하여 여론이 악화되면 처벌하기도 했으나 이들의 밀월관계는 변함이 없었
다. 그 중에서도 반탁학생연맹은 이승만의 대한독립촉성국민회(독촉)을 계승한
남한 최대의 우익 학생단체였다(정호기 2008: 173).

관변단체의 뿌리인 해방 후 우익청년단은 훗날 공화당의 핵심 기반으로 발
전하였다. 국가보안법의 등장에 즈음해 반공주의 정치 테러와 폭력의 핵심세력
인 우익청년단은 군부와 경찰로 흡수·변신하였다. 여순사건 이후 숙군은 좌파
의 완전한 제거와 월남한 이북출신자, 우익청년단체 출신들로 채워졌다. 4·3 당
시 서북청년단은 제주도 출동 중 하루아침에 군인으로 급조되어 700명이 입대
하기도 했다.[40] 하지만 법적 제도화를 통한 관변단체의 지원은 박정희 정부 하
에서 본격적으로 이루어지는데, 그 구체적 양상을 살펴보자.

(1) 한국자유총연맹

자유총연맹의 전신인 한국반공연맹은 명칭에서 알 수 있듯이 역대 관변단
체 중 가장 이념지향적인 성격을 띠고 있으며, 해방 이후 번성하였던 서북청년
단, 대한청년단, 태극단동지회, 건국청년운동협의회, 실향민호국운동중앙협의

회 등이 모태가 되었다는 점에서 가장 오래된 단체이기도 하다. 단체의 기원과 관련한 특이점은 그것의 국제적 성격이다. 한국전쟁 이후 한국의 이승만, 중국의 장개석, 필리핀의 마르코스 등의 지원 하에 아시아민족반공연맹이 성립된다. 한국은 동 기구의 조직원칙 제20조에 따라 1955년 12월 4일 한국아시아민족반공연맹을 발족시키고, 이듬해 5월 사단법인 설립을 마침으로써 유일한 민간반공기구로서 법적 지위를 획득하였다(『自由公論』, 1982. 1). 형식적으로는 민간기구였지만 애초부터 임원의 구성과 재정운용, 활동사항은 자율성을 상실한 채 정부의 지시에 의존하였다. 그러나 예산상의 제약에 따른 정부의 지원 부족으로 50년대 후반까지 활동은 침체되었고, 4월혁명의 발발과 장면 정권의 등장으로 자유당의 외곽조직이라는 의심을 받아 반공연맹을 비롯한 관변단체들은 해체 위기를 맞는다.

하지만 박정권 출범 직후 반공연맹은 기구 및 예산의 확대뿐만 아니라 기존의 사단법인체에서 강력한 법적 뒷받침을 받는 국가법인체로 발전하였다.[41] 박정희 정권의 출범과 더불어 급격히 성장하기 시작한 반공연맹은 조직의 성격상 두 가지 변화를 보여준다. 하나는 재정적 지원의 확대와 더불어 정부의 개입이 보다 직접적으로 나타나 거의 준정부기구가 되었다는 점이다. 1965년에는 대공 업무를 수행하고 있던 정부 산하 내외문제연구소를 흡수하였고, 67년에는 이를 확대하여 공산권문제연구소를 개설하였다. 60년대 후반 70년대까지 이데올로기 기구로서 반공연맹은 그 자체에 교과과정심의위원회를 설치하기도 하였다. 연맹과 관련 중요하게 고려할 사항은 전 국민을 대상으로 포괄적인 정치교육을 수행하였다는 점이다. 반공연맹의 안보교육은 교사, 학생, 공무원, 해외파견기술자, 직능 및 지역단체의 조직요원 및 중앙요원을 중심으로 적게는 1주 23시간에서 많게는 3주 67시간으로 구성되어 있었다(『自由公論』, 1982. 9). 강연의 형태를 빌린 반공연맹의 이념교육은 1970년대 이후 새마을운동과 사회정화위의 연수 프로그램으로 연결되는데, 회원의 다수를 점유하고 있던 자영업

〈표 2-98〉 자유총연맹의 지역조직 현황

	1975		1994	
	조직수(개)	회원수(명)	조직수(개)	회원수(명)
본부	1	~	1	70
시도지회	2519	~	15	817
읍면동 지도위원회			3,637	241,311
계	2520	211,394	3,891	242,198

자료: 1975년은 自由公論(1982. 5), 1994년은 국회문체위, 「국정감사요구자료(Ⅰ)」, 1995.

집단 및 주부(부녀회)의 참여가 집중적으로 이루어졌다.

박정희 정권의 전면적 지원으로 새롭게 출발한 반공연맹은 1970년대에 들어와 중앙조직에서 탈피하여 시군구에 지부를 둔 전국조직으로 발전하였다. 반공연맹의 지역기반 구축작업이 유신체제가 강화되었던 1970년대 중반에 이르면 전국적 수준에서 완결되었음은 〈표 2-98〉로 확인된다.

자유총연맹의 전신인 반공연맹을 포함하여 족청, 한청, 노청 등 이승만 정권 하에서 번성하였던 관변조직은 그 성격에 있어서 이념지향적이었고, 구성에 있어서 지주와 룸펜, 실업자들이 다수였으며,[42] 자유당의 외곽조직으로서 기능하였다(손봉숙 1985; 유재일 1996). 그렇지만 박정희 정권에 이르러 관변단체는 당보다는 정부에 직접 편입됨으로써 보다 공식적인 법적 지위를 갖게 되었다. 연맹을 포함한 3대 관변단체들이 1970년대 중반에 이르러 우익청년에서 성장하여 통일주체대의원으로 입문하였음은 〈표 2-99〉가 잘 보여주고 있다.

〈표 2-99〉 통일주체대의원의 3대 관변단체 회원 비율

	도시(명, %)		농촌(명, %)	
새마을운동	48	6.8	69	4.2
반공연맹	26	3.7	67	4.0
정화위원회	15	2.1	5	0.3
합	89	12.7	141	8.5

(2) 새마을운동

전 행정력을 이용하여 온 나라 국민을 동원하였던 새마을운동만큼 권위주의 정권의 대중동원방식을 잘 보여주는 사례도 드물다. 예를 들어 1982년의 새마을운동사업에는 연인원 2억 7천만 명이 참여하였는데, 이는 국민 개개인이 7회에 걸쳐 새마을운동사업에 참여한 셈이 된다(신윤표 1984).

1987년 민주화 이전의 새마을운동은 대략 2단계로 구분할 수 있다. 1단계는 1970년 4월 22일의 전국 지방장관회의에서 박정희 대통령의 '새마을가꾸기사업'에 대한 유시에서 비롯되어 "새마을정신이 새로운 정신혁명의 원동력이 되어 전국에 요원의 불길처럼 타올랐던" 1979년까지의 시기이다. 1974년부터 공장과 직장을 단위로 한 도시새마을운동으로 확산되었지만 이 시기까지 새마을운동의 주된 대상은 농촌과 농민이었고, 일차적 성격은 소득증대 및 환경개선을 핵심 사업으로 하는 농촌개혁운동이었다. 1977년을 예로 보자면, 농촌새마을운동의 전체 비중은 참여인원의 32.9%에 불과하지만 사업건수의 89.3%를, 투자규모의 94.1%를 점유하였다(황인정 1979: 45).

보다 주목해야 할 2단계는 박정희 정권의 붕괴와 더불어 새마을운동중앙협의회가 새마을운동중앙본부(이하 본부)로 개편되었던 1980년부터 민주화까지의 시기이다. 앞선 시기가 대통령을 정점으로 일사불란한 행정부 주도의 농촌운동이었다면, 후자의 시기는 전자의 성격에, 민간 주도와 도시 중심의 성격이 강조되었다는 차이가 있다. 1단계가 운동 면에 있어 '양을 중시하는 성장지향형'이라면 2단계는 '질을 중시하는 성숙지향형'으로의 전환을 뜻하며, 전자가 '농민 중심의 의식계몽운동'이라면 후자는 '직능 중심의 시민운동'이라 할 수 있다(김대연·김유혁·손직수·정지웅 1985: 236~239).

예산이나 활동에 있어서 여전히 정부의 엄격한 통제에 놓여 있었지만 법률적으로는 1980년 12월 13일 새마을운동조직육성법의 통과에 따라 정부기구(시·도 새마을운동협의회)에서 사단법인 형식의 민간운동기구(새마을운동중앙본부)로 독립되었다. 새마을운동에 대한 비판이 유신체제에 대한 부정으로 간주되었던 박정권 하에서 개인의 저항이나 불평은 봉쇄되었고, 정의사회구현을 표방하면서 박정권과 차별화전략을 꾀한 5공 정권에 이르러서야 새마을운동은 재평가를 받게 된다. 그 동안의 운동은 관 주도로만 운영되어 왔기 때문에 주민들이 소외되어 자발적 실천운동이라는 본래 운동의 참뜻을 상실하였고, 지원 위주의 주민참여 유도로 정부에 대한 의타심을 조장하였으며, 성과 위주의 사업추진으로 투자의 효율성이 저하되었다는 뒤늦은 비판들이 쏟아지기 시작하였다(함영훈·박오화 1985). 가장 주목할 점은 참여계층에 있어서 사회지도층 인사를 비롯하여 전문직업인, 중소상공인, 직능단체의 참여가 증대되었다는 점이다(남궁용권·윤익수·김남득 1985: 63~65).

좀 더 구체적으로 한국의 대표적 관변단체인 새마을운동에는 누가 참여하였을까를 살펴보자. 1980년 현재 도시 새마을지도자는 54,213명으로 전체 지도자의 43.3%를 차지하고 있다. 연령별로는 30~40대가 대부분이며 학력에 있어서는 중졸에 집중된 농촌과는 달리 고졸 학력이 높은 빈도를 보이고 있다(박순영 1981: 251). 손현수는 부산 동대신동 새마을지도자의 직업·학력·연령·경력 등을 조사하였는데, 그에 따르면, 새마을지도자의 직업은 공무원 3.6%, 회사원 3.6%, 공업 7.3%, 막노동 1.8%인데 비하여, 자영상인은 무려 83.7%에 달하고 있다. 새마을지도자들의 재산 정도는 대부분 중하층에 속했고, 월수입이 20만 원 이하인 사람이 57.33%나 된다는 점에서 응답자 대부분이 자영 하층임을 추론할 수 있다(손현수 1982). 문병집의 연구는 손현수의 조사가 부산시의 한 동에 한정된 것인데 반해 경상남도 새마을지도자 운영협의회를 대상으로 하고 있기 때문에 좀 더 포괄적이다. 그의 조사에 따르면, 경남지역 도시 새마을지도자의 직업구성은 회사원 15.4%, 기술자 2.6%, 운수업 3.8%, 제조업 9.0%, 기타 12.8%이고 상업이 절반을 상회하여 56.4%로 나타났다(문병집 1982).

그렇다면 이들의 참여 동기는 무엇일까? 새마을운동의 경우 물질적 유인효

과가 컸던 것으로 추측된다. 새마을지도자에게 정부가 제공한 물질적 혜택으로
는 새마을지도자 자녀들에 대한 장학제도, 새마을지도자증 부여, 철도 등 정부
운송수단의 승차할인제, 우수지도자 공무원 특채, 전화가입청약 우선순위조정,
산업시찰, 의료보험제 혜택 등이 있다. 농촌의 경우에는 여기에다 영농자금 및
농업기자재의 우선 배정 등이 추가된다(박주형 1981, 22). 이러한 물질적 혜택과
는 별도로 시장·군수 등의 격려방문 및 표창 등과 같은 시책도 이들의 참여를
고무하였다. 예로, 1971년에서 1998년까지 훈장 및 포장을 받은 지도자는 총
4,546명에 달하고 있다(새마을운동중앙회 2000: 490~495).

(3) 사회정화추진위원회

한국에서 전국적 규모의 관변단체는 시기적으로 중요한 선거 전후에 형성
되며, 최고통치권자인 대통령의 발안 혹은 주도로 생성되는 특징을 갖고 있다.
새마을운동이 1971년 대선을 앞둔 시점에서 "각하의 제창으로 시작되어 각하
의 영도하에 수행되었고 각하의 서거로 침체의 길을 걸었다"면 사회정화위는 5
공의 권력창출기구인 국보위의 지도와 명령으로 만들어졌고, 6공의 등장과 더
불어 바르게살기운동협의회로 전환하였다.

또한, 관변단체들은 범국민적 시민운동을 표방하였지만 예산의 측면에서는
정부에 완전히 종속되었다는 공통점을 갖고 있다. 새마을운동의 경우(1971~79)
정부지원액이 전체 투자에서 차지하는 비중은 최저 11%(1972)에서 최고
88.8%(1977)에 이른다. 예상외로 주민부담이 크게 나타난 까닭은 제공된 주민
노동력을 금액으로 환산하여 계산하였기 때문이다.

사회정화위에 대한 정부보조금 내역은 〈표 2-100〉과 같다. 사무실 무상임
대 등을 제외한 정부의 보조비는 1982년에는 22억7천만 원에 불과하였지만
매년 늘어 1988년에는 73억7천만 원으로 증가하였다. 이러한 보조비 중 상당
부분은 전국의 시도사무국(269개)과 동사무국(168개)의 인건비와 운영비로 지

	1982	1983	1984	1985	1986	1987	1988
국 비	746	1,151	1,239	1,705	1,859	2,022	2,162
지방비	1,528	2,138	2,281	2,411	3,912	4,142	5,145
계	2,274	3,289	3,520	4,116	5,771	6,164	7,307

자료: 사회정화위원회(1988: 40).

출되었다.

관변단체의 또 한 가지 공통점은 각종 캠페인 및 결의대회 중심의 활동양상을 들 수 있다. 사회정화위는 사회정화운동의 시발점으로 1980년 8월 9일 수원에서 열린 '지역정화운동추진 경기도민결의대회'를 거론하고 있다. 사회정화운동을 적극 추진하자는 '자발적인 굳은 결의'가 즉시 전국적인 호응을 얻어서 자연스럽게 범국민사회정화운동으로 승화·발전되었다는 것이다. 경기도민결의대회가 열린 1980년 8월 9일로부터 9월 13일까지 불과 한 달만에 전국에서 12,900회의 결의대회에 연인원 131만 5천 명이 참여하여 비리추방과 의식개혁을 다짐하였다고 적고 있다(사회정화위원회 1988: 18~19).

요약하자면, 사회정화운동은 1970년대 새마을운동의 이념과 조직의 아류라 할 수 있다. 먼저, 이념적 측면에서 사회정화운동은 새마을운동의 근면·자조·협동의 3대 정신을 모방해 정직·질서·창조의 3대 이념을 기치로 내걸었다. 그 추진체계의 구획에 있어서도 지역, 직장, 학교, 단체 등 새마을운동의 기존체계를 그대로 적용하였다(현대사회연구소 1981). 뿐만 아니라 국무총리 산하의 중앙행정기관으로 사회정화위원회를 설립하고, 그것을 정점으로 내무부, 시·도협의회, 시·군·구협의회, 읍·면·동위원회를 구성하였는데, 그러한 수직적 지원체계는 새마을운동의 그것과 명칭마저 동일한 것이었다.

그렇다면 새마을운동이라는 전국적 조직체계가 활동하고 있었음에도 불구하고 기능 및 조직체계가 크게 다르지 않은 사회정화위를 구성한 정권의 의도는 무엇일까. 기존의 연구들은 사회정화위원회가 1980년 5월 광주민주항쟁을 무력 진압한 신군부세력의 위로부터의 강제적인 동원 메커니즘이었다고 설명하고 있다. 이와 아울러 국민적 원성이 높던 공직자의 부정부패, 고액과외, 조직 폭력배 문제 등의 가시적 해결을 통해 정권의 정당성을 확보하기 위한 정치적 시도로 해석하고 있다. 이에 덧붙여할 설명은 사회정화위의 핵심적 동원대상은 새마을운동과 달리 농촌이 아니라 도시였으며, 그것의 추진주체도 농촌의 새마을지도자가 아니라 도시의 사회정화추진위원이었다는 사실이다.

사회정화위원회 설치를 둘러싸고 국보위 내에서는 실제로 두 운동의 통합 방안이 유력하게 제시되었다. 구체적으로 새로운 단일명칭으로 변경·통합하되 농촌은 기존의 새마을운동에 중점을 두고, 도시는 정화운동에 비중을 두는 것으로 하였다. 단일명칭은 '새사회운동'으로 하고, 이 운동의 이념도 새마을운동의 자조·근면·협동과 사회정화운동의 정직·질서·창조가 상호 연계될 수 있는 '성실'로 한다고 정하였다. 이렇게 제안된 통합방안을 놓고 국보위 사회정화분과위원회의 '정화운동기획단'은 새마을기획단과 수차례 논의하였으나 양 운동의 정통성 퇴색, 지지기반 약화, 정화운동의 순수성 상실 등 문제점이 많이 지적되어 결국 별도의 운동으로 추진하기로 결정하였다(사회정화위원회 1988: 253~254).

두 운동의 통합은 좌절되었지만 농촌과 도시를 각자 중점 담당한다는 제안은 이후의 전개과정에서 그대로 관철되었다. 사회정화위의 활동과 추진주체는 도시의 직능대표 및 사회단체에 집중되었다. 특히, 새마을운동에 무관심하였던 도시지역의 유력자 집단이나 중소 상공업자들의 참여가 두드러졌다. 〈표 2-101〉에서 알 수 있듯이 서울시협의회에서 상업종사자의 비중은 50%(19/38)이지만 조직의 근간인 일선 동 위원회에서의 비중은 훨씬 높아져 79.9%를 차지하고 있다.

새마을운동과 비교할 때 흥미로운 점은 학력 및 성별상의 차이이다. 1980

〈표 2-101〉 서울시 사회정화추진위원의 직업별 내역 (1984년 12월 기준)

	위원수	상 업	사업(기업)	교 육	종 교	의 료	법 조	기 타
시협의회	38	19	8	3	2	1	2	3
구협의회	669	410	128	32	5	31	23	40
동위원회	26,133	20,880	2,340	160	10	124	46	2,573
계	26,840	21,309	2,476	195	17	156	71	2,616

자료: 사회정화추진위원회 서울시협의회 사무국, 1985(내부자료).

년 현재 도시지역의 새마을지도자 54,213명에서 여성은 26,922명으로 그 비중은 49.7%에 달해 대체적인 성 균형이 이루어지고 있었다. 그렇지만 사회정화위(전국)의 경우 남성 대 여성의 구성비는 79.5%(140,430명): 20.5%(36,217명)로서 남성이 압도적 비중을 차지하고 있다. 이러한 성별 차는 학력에도 영향을 미쳐 새마을지도자의 경우 대졸 이상이 4.0%에 불과한 반면 사회정화위는 12.4%로 약 세 배에 달하고 있다(사회정화위원회 1988: 400~419).

(4) 민주화와 관변단체

1989년은 관변단체의 역사에 있어서 새로운 전환점이었다. 민주화 이후 관변단체에 대한 사회적 비난여론이 확산되자 5공 시절에 무소불위의 숙정기관이었던 사회정화위원회는 바르게살기운동중앙협의회(1988. 12)로 개칭하고 민간 주도 국민운동을 천명하였다. 1989년 2월에는 한국반공연맹이 한국자유총연맹으로 전환되었고, 1989년 4월에는 새마을운동중앙본부가 새마을운동중앙협의회로 그 명칭을 변경하였다.

그렇다면, 민주화 이후에 3대 관변단체의 조직과 기능상에 어떠한 변화가 있었는지를 살펴보자. 〈표 2-102〉에서 분명히 나타나고 있는 것처럼 관변단체에 대한 정부지원은 해마다 급감하고 있는 추세이다. 김영삼 정부가 실행하였던 '공직선거 및 선거부정방지법'으로 이들 단체에 대한 음성적 자금 지원이 불법화되

<표 2-102> 3대 관변단체에 대한 정부보조금 지원 현황 (단위: 억 원)

	1993	1994	1995	1997	1999	2000
새마을운동	234	200	97	30	17.5	7.34
자유총연맹	63	65	20	-	8.1	3
바샬협	141	113	44	10	5.2	1.8

주: 국비와 지방비를 합산하였음
자료: 박계동(1994), 1995년 이후는 「동아일보」(2000. 6. 12), 「대한매일」(2000. 7. 9)에서 작성.

었다. 더구나 김대중 정부가 들어서면서 시민단체와 언론으로부터 관변단체에 대한 개혁의 요구가 빗발쳐 정부의 지원 규모가 계속 감소하였다.

1990년대에 들어 관변단체의 영향력 축소는 상근 직원의 규모에서 분명히 나타나고 있다. 왜냐하면, 명칭이 함의하고 있는 것처럼 관변단체는 회원의 자발적 회비와 참여보다는 정부의 지원과 독려에 의해 운영되어왔기 때문이다. 3대 관변단체 중 상당한 재정능력[43]을 갖고 있는 새마을운동의 상근 직원 수는 전경환 재임시 1,448명에 달하였다. 그러나 6공 출범 직후(1989. 4. 1) 단행된 조직기구 개편에 따라 885명으로, 문민정부에 들어서는 836명으로 감축되었다. 김대중 정부의 출범과 더불어 단행된 조직개편으로 그 수는 422명으로, 2차 조직개편으로 387명으로 줄어들었다(새마을운동중앙회, 2000. 7). 정부가 시민단체를 지원하는 대표적인 방식이 사회단체보조금 제도이다.[44] 그 동안 3대 관변단체와 보훈단체 등 법정단체들은 사업에 관계없이 매년 일정액을 보조받아 왔다. 그러나 노무현 정부는 행정개혁의 일환으로써 정액보조금 제도를 폐지하는 대신, 자치단체의 인구·예산·면적 등의 크기와 연동하여 자치단체별 지침을 고시하는 상한기준(ceiling) 제도를 도입하였다.

하지만 이명박, 박근혜 정부가 들어서면서 이러한 추세는 역전되었다. 2003년부터 2012년까지 10년 동안 행정안전부의 '비영리민간단체 공익사업 지원 대상 선정내역'을 보면 보수 성향의 시민단체에 지원이 집중된 것으로 나타났다. 우선 정부지원 대상인 이들 보수단체는 2008년 10개에서 2012년 73개로 무려 일곱 배 이상 늘어났다. 보조금 역시 2008년 4억 7천 2백만 원에서 2012년에는 37억 7천 7백만 원으로 여덟 배 가까이 뛰었다(시사저널 2012. 7. 3). 특히 최근에는 자유총연맹의 고위간부가 청와대로부터 관제데모를 지시받아왔다는 양심선언을 하여 사회단체보조금 제도를 전면 개혁해야 한다는 요구가 커지고 있다. 한 보도에 의하면, "3대 관변단체에 지원된 예산은 2015년 기준 216억 4천만 원으로 매년 수백억 원에 달하는 것으로 집계"됐다는 것이다(뉴시스 2017. 1. 25). 특히 주목할 것은 관변단체의 지원이 감시와 견제가 덜한 지방정부를 통해 방만하게 이루어지고 있다는 점이다. 3대 관변단체에 대한 사회단체 보조금 비중이 전국에서 가장 높은 지역은 대구다. 지난해 대구 지역 8개 구·군은 이들 3개 관변단체에만 모두 11억 9천만 원의 보조금을 지급했다. 전체 300여 개 사회단체에 지급되는 보조금 총액 가운데 무려 36.4%가 이들 3개 관변단체에 몰렸다(뉴스타파 2014. 3. 28. http://newstapa.org/9132).

소 결

산업화 단계
한국 시민단체의
생태계

본 연구에서는 국제비영리조직(ICNPO) 분류를 적용하여 국내연구로는 처음으로 산업화 단계 한국 시민사회의 생태계를 복원하고자 하였다. 본 연구에서 확인된 주요 특징을 정리하면 다음과 같다.

첫째, 『한국민간단체총람』(2012)에 따르면 현재 우리나라에는 대략 12,657개의 시민단체가 활동하고 있다. 이 중 1990년 이전에 설립된 시민단체는 626개로 8.1%에 불과하다. 또 다른 자료인 중앙정부 부처의 비영리민간단체 현황에 따르더라도 비슷한 결론에 이른다. 우리가 파악한 정부에 등록된 민간단체는 대략 9,967개 에 달하는데, 이 중 설립 시기를 알 수 있는 단체는 9,228개 이다. 이 중 1989년 이전에 설립된 단체는 1,071개로 전체의 11.6%에 해당된다. 정리하자면, 현재 민간(시민의신문)이나 정부가 파악하고 있는 시민단체의 수는 대략 8,000개에서 1만여 개에 달한다. 이 중 대략 90% 정도는 1987년 민주화 이후에 설립된 것이고, 단지 10% 정도만이 민주화 이전에 설립된 것으로 추정할 수 있다.

하지만 이는 시민단체에 대한 다소 엄밀한 현재의 규정을 근거로 한 추정치이고 당대의 기준으로 보면 다른 설명이 가능하다. 국세청의 『국세통계』를 근거로 할 때 산업화 시기 우리나라의 비영리법인의 수는 1967년의 1,300여개에서 1986년의 8,900여개로 추산된다. 특징은 비영리법인의 수가 1960년대와 1970년대에는 거의 완만하게 상승하다가 1980년대에 들어 급증하였다는 점이다. 이는 앞서 설명한 대로 국세청의 통계 작성 방식이 1982년에 이르러 법인세 납부단체에서 법인세 신고단체로 변화되었기 때문이다.

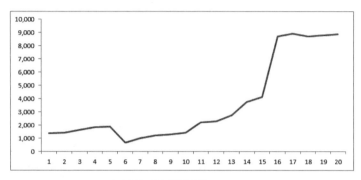

〈그림 3〉 비영리법인 현황(1967~86)

둘째, 사회단체의 범주별 분포와 중요한 특징은 다음과 같다. 우선, 이번 조사에서 확인된 6개 그룹의 설립 시점은 〈그림 3〉과 같다. 해방 이전이나 이승만 정부에 이미 설립된 단체 비중이 가장 많은 그룹은 사회서비스단체와 여성단

〈표 2-103〉 6개 유형의 시민단체의 설립 시점

설립연도	여성단체 수	비율1	비율2	보건의료단체 수	비율1	비율2	사회서비스단체 수	비율1	비율2	문화예술단체 수	비율1	비율2	사업자단체 수	비율1	비율2	국제단체 수	비율1	비율2
~1945	6	7.9	30.3	0		0	6	0.8	43.9	0	0.0	4.1	6	1.4	13.7	10	3.2	26.3
1946~60	17	22.4		0			340	43.1		11	4.1		51	12.3		73	23.1	
1961~71	32	42.1	69.7	1	0.2	100	166	21.0	56.1	116	43.8	95.9	143	34.5	86.3	107	33.8	73.7
1972~79	11	14.5		148	34.7		96	12.2		81	30.6		92	22.2		77	24.4	
1980~86	10	13.2		277	65.1		181	22.9		57	21.5		122	29.5		49	15.5	
합 계	66	100	100	426	100	100	608	100	100	265	100	100	414	100	100	267	100	100

체, 국제단체였다. 사회서비스단체나 국제단체의 비중이 높은 이유는 한국전쟁 이후 구호사업에 정부를 대신하여 민간 및 외원단체가 적극 나설 수밖에 없었던 상황을 반영한 것이다. 반대로 보건의료와 문화예술, 사업자단체 등은 박정희 정권의 본격적인 산업화 정책 이후 대거 출현하였다.

〈표 2-104〉는 이번에 확인된 2,286개 단체의 설립 시점을 정리한 것이다. 해방 이전부터 이승만 정부까지 설립된 단체는 22.7%였고, 박정희 정부에서 설립된 단체가 46.8%로 가장 많았고, 전두환 정부는 30.4%를 차지하였다. 박정희 정부, 특히 유신 이전의 제3공화국에서는 문화예술(43.8%)과 여성(42.1%), 사업자단체(34.5%)의 설립이 많았다. 한편 전두환 정부에서는 보건의료단체의 비중이 높았다. 1980년대에 이르러 보건의료단체의 증가는 의료보험제도의 확대와 깊은 연관이 있다. 의료보험의 100인 이상 사업장 적용(1981. 1. 1), 직종보험(문화예술인단체) 도입(1981. 12. 10), 그리고 16인 이상 사업장 당연 적용 및 5인 이상 사업장 임의적용(1983. 1. 1)이 실시되면서 관련 단체가 급증한 것으로 보인다.

이번 연구에서는 사회단체의 지역별 분포를 조사하였다. 흥미로운 점은 그룹별 분포가 매우 다르게 나타났다는 점이다. 여성단체와 문화예술단체는 압도

〈표 2-104〉 6개 유형의 시민단체의 설립 시점 비교

설립연도	여 성		보건의료		사회서비스		문화예술		사업자		국 제		합 계	
	수	비율	수	비율	수	비율	수	비율	수	비율	수	비율	수	비율
~1945	6	7.9	0	~	6	0.8	0	0.0	6	1.4	10	3.2	28	1.2
1946~60	17	22.4	0	~	340	43.1	11	4.1	51	12.3	73	23.1	492	21.5
1961~71	32	42.1	1	0.2	166	21.0	116	43.8	143	34.5	107	33.8	565	24.7
1972~79	11	14.5	148	34.7	96	12.2	81	30.6	92	22.2	77	24.4	505	22.1
1980~86	10	13.2	277	65.1	181	22.9	57	21.5	122	29.5	49	15.5	696	30.4
합 계	66	100	426	100	608	100	265	100	414	100	267	100	2,286	100.0

<표 2-105> 4개 유형의 시민단체의 소재지 분포 현황

	여성단체		보건의료단체		사회서비스단체		문화예술단체	
서울	72	94.7%	110	25.8%	296	37.2%	235	88.3%
지방	4	5.3%	316	74.2%	500	62.8%	31	11.7%
계	76	100.0%	426	100.0%	796	100.0%	266	100.0%

적으로 서울을 활동의 근거지로 삼았다. 반면, 보건의료와 사회서비스단체는 서울보다 지방의 비중이 훨씬 높았다. 이는 영·유아 보육원 및 노인·장애시설 등을 아우르고 있는 사회복지법인이 전국에 산재해 있기 때문인 것으로 추정된다.

그렇다면 산업화 단계와 민주화 단계의 시민단체의 지역별 분포에는 어떤 차이가 있을까? <표 2-106>을 보면 민주화 이후 시민단체의 서울 집중도가 지속적으로 하락하고 있음을 보여주고 있다. 이번 조사에서 소재지가 파악된 1,564개 단체 중 서울에서 활동하는 단체는 무려 45.6%에 달했다. 『한국민간단체총람』(2012)의 조사에 의하면 그 비중은 28.9%로 감소하였다. 또 다른 자료에 의해도 시민단체의 수도권 비중은 1999년의 66%에서 2003년에는 49.9%로 다소 낮아진 것으로 나타났다(정상호 2006: 239).

그렇다면 이 시기에 대부분의 시민단체가 서울에서 활동하였던 까닭은 무엇일까? 그것은 무엇보다도 지방자치제도의 저발전에서 찾을 수 있다. 5·16 군사정권이 집권하자마자 한 일 중 하나가 높은 비용을 초래한다는 명목으로 지방자치 제도를 폐지(1961. 9. 1)한 것이었다. 1972년 제정된 유신헌법은 본문에서는 지방의회 조항을 규정하면서도 부칙 10조에서는 지방의회의 구성을 조국

<표 2-106> 산업화와 민주화 단계의 시민단체의 소재지 분포 비교

	산업화		민주화(2012)	
서 울	713	45.6%	3,354	28.9%
지 방	851	54.4%	8,259	71.1%
계	1,564	100.0%	11,613	100.0%

통일 시기까지 유예한다고 규정하였다. 1980년 제정된 5공화국 헌법(1980. 10. 27) 역시 지방의회를 지방자치단체의 재정자립도를 감안하여 순차적으로 구성한다고 규정하였지만 실제로는 지방의회의 구성시기를 법률로 정한다는 부칙 10조를 삽입함으로써 여전히 지방자치 시행에 유보적인 태도를 견지하였다. 이처럼 단체장을 중앙정부가 임명하고 지방의회가 부재한 상황에서 풀뿌리 시민단체의 설립과 활동은 침체될 수밖에 없었다.

셋째, 이번 연구를 통해 시민단체의 두 가지 뿌리를 확인할 수 있었다. 시민단체는 크게 사회적 약자를 대변하고 권력을 감시하는 권익주창(advocacy) 그룹과 정부를 대신해 공공재를 제공하는 사회서비스 그룹으로 나눌 수 있다. 우선, 외원단체는 두 가지 점에서 사회서비스 그룹의 원조라 할 수 있다. 하나는 시민단체의 개념 규정이다.

1954년에 설립된 KAVA는 민간단체를 "비영리조직으로서 그 정부의 통제에 종속되지 아니하고 주로 민간의 자발적인 성원으로 재원을 충족하며, 본국에서 인정받는 지위를 가짐과 동시에 한국에서 사회복지활동을 수행하고 있는 단체"로 규정하였다(2항). 이는 오늘날 광범위하게 받아들여지고 있는 NGO의 개념 규정과 대체로 일치하고 있다는 점에서 개념사 차원에서 볼 때 우리 나라 NGO의 효시라고 할 수 있다.[45] 개념 차원뿐만 아니라 활동의 범주와 영향력 차원에서 볼 때도 KAVA를 비롯한 외원단체는 사회서비스 단체의 기원이라 할 수 있다. 그들의 활동 영역은 아동·탁아·모자·양로·직업 등 각종 시설지원을 의미하는 후생사업은 물론이고 교육·문화와 영세민 지원 등 사회복지 전체를 망라하였다. KAVA는 1950년대 중반 이래 1970년대 초반까지 약 15년 동안 그 활동의 최전성기를 누렸는데, '제2의 보사부'라는 말을 들을 정도로 적어도 사회복지에 관한 한 주무부처인 보건사회부보다 더 많은 재원으로 다양한 활동을 펼쳐나갔다.

KAVA가 사회서비스 단체의 기원이라면 재야 및 인권단체는 권익주창 그룹의 한국적 기원이라 할 수 있다. 재야는 4·19와 6·3사태, 3선개헌과 유신체제, 광주항쟁과 6월항쟁을 거치면서 끊임없이 발전하여 왔다. 1960~70년대의 재야가 전문가 및 지식인 중심의 자유주의적 개혁운동을 지향했다면, 1980년대의 재야는 기층민중과 대중조직의 전국적 조직화를 추진하면서 사회적 변혁운동을 지향했다. 재야는 한국의 시민운동사에서 두 가지 점에서 주목할 가치가 있다. 하나는 재야가 시민사회의 의사와 요구를 제도 정당을 대신하여 반영하여 온 대의의 대행(proxy representation) 혹은 준정당적 기능을 수행해 왔다는 점이고(조현연·조희연 2001: 296), 다른 하나는 1987년 민주화 이후 재야가 정당은 물론이고 시민운동의 중요한 인력 풀 역할을 해 왔다는 것이다.

끝으로, 한국적 시민단체의 고유한 특성으로서 좁게는 관변단체 넓게는 국민운동단체의 기원과 발전과정을 살펴보았다. 사실 위로부터 정부가 조직한 민간단체들은 거의 전 영역에 걸쳐 넓고 깊은 뿌리를 갖고 있다. 1981년 기준으로 가장 많은 회원을 가진 여성단체(Group7-3)는 3,232,487명의 회원을 거느린 새마을부녀회였다. 개발 및 주거 단체(Group6)의 원조 역시 국가재건최고회의가 급조하였던 재건국민운동본부라 할 수 있다. 박정권 출범 직후인 1962년에만 정부의 지시(1업종 1협회 원칙)에 따라 38개의 중앙조직 단체가 설립되었으며, 전경련 역시 이 때 만들어졌다. 환경 분야의 최대 단체인 자연보호중앙협의회 (1977. 10. 28)는 형식은 민간단체였지만 대통령의 지시와 정부의 지침에 따라 만들어졌다. 그리고 여타의 단체와 마찬가지로 자연보호범국민운동 궐기대회를 개최하여, 마침내 범국민적 실천운동으로 승화되었다. 정부는 문화예술단체를 예총이라는 단일조직으로 통제하였고, '문예진흥기금'으로 종속시켰다. 이러한 과정은 미국의 결사체에 대한 토크빌(1997: 261)의 다음 설명과 너무나 대조적이다.

아메리카만큼 결사의 원칙이 수많은 목적에 성공적으로 이용되었거나 응용된

나라도 없다. 타운·시티·카운티 등의 이름으로 법률에 의해서 수립되는 항구적 결사 말고도 수없이 많은 결사들이 사사로운 개인들을 매개로 해서 형성되고 유지된다. 합중국에서는 공공의 안녕·산업·상업, 윤리 및 종교를 증진하기 위한 결사들이 만들어진다. 하나의 결사로 뭉친 개인들의 결합된 힘을 통해서 인간의지가 달성할 수 없는 목표는 없다는 것이다.

PART 03

1961

한국
시민사회
생활사

1986

한 국 시 민 사 회 사

제 1 장

'가난한 나라의
선한 국민들의 성금' 운동

01 _ 결핵퇴치를 위한 '크리스마스 씰'(X-Seal) 구매 운동

50대 이상의 중장년 세대들은 어렸을 적 어떤 연유에서든 크리스마스가 다가오면 씰을 구매하여 우표 옆에 함께 붙였던 기억이 있을 것이다. 사실 씰 운동은 오랜 기원을 갖고 있다. 덴마크 코펜하겐의 한 우체국장이었던 아이날 홀벨(Einal Holboell)의 착상과 제안으로 시작(1904)된 이 운동은 30년 만에 유럽과 미국은 물론 아시아에까지 급속히 확산되었다. 일본(1925)에 이어 우리나라에서도 일제강점기였던 1932년에 처음으로 크리스마스 씰이 발행되었다. 1953년 대한결핵협회가 창립한 이래 지난 65년 간 크리스마스 씰은 단 한해도 거르지 않고 꾸준히 발행되며 우리나라를 대표하는 민간의 모금사업이자 결핵퇴치의 상징으로 자리매김하였다.[1]

그렇다면 이렇게 '씰 운동'이 우리나라에서 오랫동안 지속된 이유는 무엇일까? 그것은 무엇보다도 열악한 보건위생 환경과 국가의 재정난 속에서 결핵이 만연하였던 시대 상황에 있다. 식민 시대의 한 보도에 따르면, "2,300만 조선인 중에서 약 40%는 결핵감염자이며 백만 명쯤은 결핵환자로 추정"되었다. 더욱이 "결핵병은 그 9할이 폐결핵이며 진애나 환자의 담 혹은 침의 비말과 함께

	1965	1970	1975	1980	1985	1990	1995
결핵 유병률(%)	5.1	4.2	3.0	2.5	2.2	1.8	1.03

출처: 대한결핵협회, 『제1차 전국결핵실태조사』(해당 연도 판).

전염되는 수가 많은데 그 사망률도 조선인의 경우 발생자 중 7할 이상이라고 하니 실로 조선민족의 중대사"라 아니할 수 없다는 것이다(동아일보 1932. 10. 8). 국민건강을 위협하였던 결핵의 심각성은 한국전쟁 이후 한동안 지속되었다. 활동성 폐결핵 환자의 유병률은 1965년 전국 결핵실태조사에서는 5.1%에 달하였는데, 이 수치는 20명 중 1명이 활동성 결핵 환자일 정도로 심각한 수준이었다.

하지만 정부는 의료시설 및 백신 공급 등 결핵퇴치를 위한 본격적인 예방 체계 구축보다는 예산상의 제약을 이유로 '씰 운동'에 나서는 형편이었다. 따라서 겨울이 오기 전에 대통령이 '크리스마스 씰'을 구매했다는 방송과 군인 및 공무원, 학생들에게 씰 판매를 권장한다는 보도가 연례행사처럼 잇달았다.[2] 1962년부터는 보다 효율적으로 성금을 걷기 위해 영화 관람료에 씰 요금을 부과하는 방식으로 전환하였다. 1963년의 씰 판매 목표액은 7,900만원이었는데, 이 중 43%에 해당하는 3,400만원이 1월 1일부터 2월 19일까지 전국 극장의 입장권에 씰 요금을 부과하는 극장 모금액이었다(동아일보 1962. 11. 01). 이후에도 크리스마스 씰 모금액은 꾸준히 증가하여 결핵퇴치에 결정적으로 기여하게 된다.

하지만, 크리스마스 씰 운동은 몇 가지 이유에서 1987년 민주화 운동 이후에는 민간의 자발적 후원운동으로 성격을 전환하게 된다. 그 배경으로는 첫째, 경제성장과 꾸준한 결핵관리사업 노력으로 결핵이 점차 감소하여 왔다는 점이다. 1965년에 5.1%에 달했던 유병률은 1995년에는 1.0%로 감소하였다. 1980년대 중반 들어 6개월 단기 초치료 처방의 도입, 전 국민 의료보험 도입에 따른 의료기관 접근도의 향상 등으로 유병률의 감소는 더욱 두드러졌다(김희진 2012: 257).

둘째, 학생과 군인을 비롯해 일반 시민이나 기업에게 적지 않은 부담을 주고 있다는 비판 여론의 대두이다. 이러한 비판여론이 제기되자 노태우 정부는 불우이웃성금, 재해의연금, 적십자회비만 존속하고 준조세에 해당하는 20여 개의 나머지 성금을 폐지하기로 하였다. 여기에는 극장입장료에 포함시켜 거둬온 문예진흥기금을 비롯하여 크리스마스 씰 성금, 방위성금, 보훈성금, 새마을운동 관련 성금, 재향군인회 기부금, 문화예술제 찬조금, 학교 기부금, 관공서집기구입 기부금 등 비자발적 성격의 모금 및 금품징수행위가 포함되었다. 중소기업중앙회의 '기업의 준조세 부담 현황' 조사에 따르면 국내기업체의 준조세 부담액은 연간 총 7천 7백 30억 원에 달하는 것으로 나타났다. 이중 의료보험, 국민연금 등 법적 부담금과 수익자부담금, 단체회비 등을 제외한 비자발적 성금·기부금 규모는 3천억 원 내외일 것으로 추정되었다. 여기에 개인이 내는 각종 성금·기부금 등을 포함하면 폐지대상이 되는 성금과 기부금 규모는 4천억 원 내외에 달할 것으로 추정되었다(동아일보 1989. 3. 1).

끝으로 모금액의 증대를 따라잡지 못하는 성금 모집과 사용의 불투명성 때문이다. 초기만 해도 성금 액수 자체가 크지 않았다. 1959년은 목표 금액이 8천만 환이었고, 1962년은 7,900만원에 불과했다. 그렇지만 1990년에는 21억 원으로 증가하였고, 2015년에는 43억 원에 달했다. 그 동안 국회와 언론을 중심으로 크리스마스 씰 사업의 투명성이 필요하다는 주장이 지속적으로 제기되어 왔다. 특히, 국정감사에서는 씰 사업 예산이 일반회계에 혼합 계리되어 있어 정확한 내역을 파악하기 어렵다는 비판이 제기되었다.

이러저러한 상황 변화로 1989년부터 들어 씰 모금 운동은 정부의 개입 없이 완전히 순수 민간운동으로 전환하였고, 결핵 관리의 주체 역시 보건소에서 민간의료기관으로 바뀌었다. 그렇지만 최근 결핵 발병률과 사망률이 'OECD 1위'라는 사실이 새삼 알려지면서 정부차원의 대책이 쏟아져 나오고 '씰 모금' 운동이 새삼 주목받고 있다(연합뉴스 2016. 8. 3).

	1990	2006	2008	2015
합계	2,139(100.0)	6,184(100.0)	5,774(100.0)	4,344(100.0)
사업비	1,616(75.5)	3,286(53.1)	2,815(48.8)	~
인건비	523(24.5)	2,898(46.9)	2,959(51.2)	~

출처: 해당 연도 보건복지위원회 국정감사요구자료.

02 _ 국민성금 운동

산업화단계의 일상적인 시민참여의 가장 대표적인 단면을 보여주는 것이 위문품과 위문편지였다. 일선 군인 및 상이용사들에게 위문편지를 쓰는 관행은 한국전쟁 이후 이승만 정부에서 시작되었다. 자발적 형식을 빌린 위문편지 보내기 운동은 "초등학교 5학년 이상 중·고등학생과 시립농업대학 학생"에 이르기까지 전체 학생을 대상으로 하였다(동아일보 1959. 12. 27). 형식은 자발적이었지만 실제로는 대통령과 정부가 앞장을 섰고, 빈민층 자녀조차 치약과 칫솔을 구매해 위문품 명목으로 학교에 내야 했다. 한 보도에 따르면, 대통령과 국무회의는 파월장병의 사기를 높이기 위해 '위문편지보내기 범국민운동'을 벌이기로 했다(경향신문 1967. 7. 19). 위문편지와 동봉하거나 별도로 발송하였던 위문품의 종류와 참여자는 다양했다. 국방부에 따르면 "지난 1년 동안 일반시민을 비롯하여 4,185개 단체 114,237명이 전후방 부대를 방문하고 위문품 등을 전달"했다. 위문품은 "TV, 라디오 등 전자제품 2,427대, 운동기구 31,488점, 교양서적 18,291권, 칫솔과 치약 등 생활용품을 담은 위문대 255,879대 등 12억 1천 3백 81만 2천여원에 달하며 2백여 만통의 위문편지와 함께 각 방송국 연예단체에선 188회의 위문공연"을 가졌다(동아일보 1978. 1. 27).

1987년 민주화 이후 '억지 위문편지'가 30년 만에 폐지되었다. 오랫동안 교육계에서는 이 제도의 존속 여부를 놓고 군의 사기 진작에 도움이 된다는 긍정론과 획일적인 구시대의 잔재이며 학생들에게도 경제적 부담에 돼 왔다는 비판이 맞섰다. 결국 "문교부는 해마다 연말이면 모든 학교에서 일률적으로 시행되

〈표 3-3〉 국민성금 현황

구 분	주요 내용
불우 이웃돕기	온정의 손길을 골고루, 불우이웃돕기범국민운동의 안팎 - 이번 모금운동의 방법은 종전까지 각 기관별로 갹출 방식으로 하던 것을 조상전래의 미풍양속을 살려 이웃돕기창구를 개설하여 개인이나 단체의 기탁 방식을 원칙으로 하고 있다. 작년에는 불우이웃돕기운동으로 8억 2,900만원이 모금됐었다(동아일보 1975. 12. 4). 이웃돕기성금 12억 전달 - 김종규 한국신문협회 회장은 서울시내 10개 회원사가 모금한 76년 연말불우이웃돕기 성금 9억2,141만 7,859원을 신현확 보건사회부장관에게 전달. 호응이 점차 고조되어 이번에 가장 많은 액수가 모금되었다. 한편 이날 홍경모 방송협회장도 협회모금분 3억 2,800여만원을 신장관에게 전달했다(경향신문 1977. 1. 13).
새마을	청와대비서실 발표 올해 새마을성금 6억 3천만원 - 금년 한해동안 청와대에 헌금된 새마을성금은 총 6억3천8백81만3백43원(이자 2억여원 포함)에 이르고 지난 72년 이래 기탁된 새마을성금은 모두 34억 6천 8만 8천 318원에 달한다고 공식집계 발표했다(경향신문 1977. 12. 28).
방 위	윤국방 밝혀 방위성금 10년간 480억 - 지난 73년부터 올해 6월까지 10년 동안 국방부에 기탁된 방위성금 총액은 480억 5천 3백만원에 이르고 있다. 국방부에 따르면 방위성금의 용처는 팬텀기 헬기구입, 고속정건조 등 군사장비 강화가 250억 8천 2백만원(54.8%)으로 가장 많고 군전투력 시설보강이 119억 7천 9백만원(26.1%), 수도권도시지역방어진지 60억4천8백만원(13.2%), 예비군전력강화가 27억 1천 1백만원(5.9%)이다(동아일보 1983. 6. 29).
원 호	6.7월 원호성금 105억 접수 - 원호처는 금년 6,7월 두 달 동안 언론기관을 통해 접수한 원호성금은 모두 105억 6천 998만 5천 53원이라고 밝히고 이 성금은 내년도에 저소득 무주택원호대상자 2천 853가구의 주택건립 또는 구입을 위해 지원하겠다고 말했다. 원호처에 따르면 원호성금을 모금하기 시작한 지난 74년부터 작년까지 모아진 성금은 모두 239억 2,800만원으로 이중 183억 2200만원을 들여 모두 9,394가구의 원호대상자에게 주택지원을 해 주었다(동아일보 1979. 8. 24).
체 육	노체육장관에 전달 금융계 올림픽성금 30억원 - 대한금융단(10억원)을 비롯 보험단(4억원), 증권단(2억원), 단자단(4억원), 투자신탁회사(10억원) 등 전국 금융계는 88서울올림픽 성금 30억원을 모아 15일 하오 노태우 체육부장관에게 전달했다. 노장관은 이 성금을 이원경 서울올림픽조직위 사무총장에게 건네주었다(경향신문 1982. 4. 15).
독립기념관	독립기념관 본관에 큰 불 - 광복절인 오는 15일 개관예정이었던 독립기념관 본관에 큰 화재가 발생, 천장과 지붕이 전소돼 그 개관이 상당기간 어렵게 됐다. - 독립기념관은 국민의 정성어린 성금을 비롯한 각계 성금 683억원으로 정부보조금 63억원 등 746억원으로 83년에 착공하여 오는 15일 광복절 준공을 앞두고 한창 마무리 작업을 벌이고 있었다(동아일보 1986. 8. 5).

던 일선 장병들에 대한 학생들의 위문편지와 위문품 보내기 운동과 각종 이웃돕기성금 모금 등을 사실상 폐지하라는 지침"을 내렸다(동아일보 1988. 12. 12).

하지만 이것뿐만이 아니었다. 평화의 댐 성금, 독립기념관 건립 성금, 새마을성금 등 정권마다 또는 굵직한 사건마다 정부와 언론의 요란한 선전과 홍보 속에 국민성금은 늘 성시를 이루었다.

하지만, 각종 국민성금의 관리와 지출이 투명하지 않게 이루어지고 있다는 지적과 의혹은 언론과 국정감사의 단골 메뉴였다. 비판은 두 가지 점에서 제기되었다. 하나는 엄정한 관리·감독체계의 부재로 관련 공무원들의 횡령과 착복이 자주 발생되었다는 점이다.[3] 또 하나는 명목은 자발적 성금이지만 정부의 할당이나 실적 경쟁 등으로 실제는 준조세의 성격을 띠워 가계와 기업에 상당한 부담을 주었다는 점이다. 국민성금은 비단 중앙정부뿐만 아니라 도는 물론 시읍면 단위의 지방자치단체에서도 수시로 이루어졌다. 한 예로 1984년과 1985년의 전국체전(대구, 강원)과 소년체전(제주, 경북)에서 거둔 체육성금(기부금)은 무려 163억 2,400만원인데, 이는 소요 예산의 20~25%를 차지하는 액수였다(동아일보 1985. 12. 20). 가계와 기업의 민원이 잇따르자 최규하 국무총리는 "최근 일부 행정기관이나 사회단체 등에서 기부금품 모집에 대한 인식이 부족, 불요불급한 행사나 사업을 추진하면서 이에 필요한 경비를 마련한다는 명목으로 찬조금, 협찬금 등을 모집하여 일반 국민들의 빈축을 사고 있다"고 지적하고, 새마을·방위·원호성금을 제외하고는 그 집행에 있어 사전에 국무총리의 허가를 받으라고 관계부처에 지시하기도 하였다(동아일보 1979. 6. 7).

말도 많고 탈도 많았던 각종 국민성금은 1997년 3월 27일 국회에서 사회복지공동모금회법이 제정(1999. 3. 31 개정)되면서 민간 주도의 공동모금사업으로 전환되었고, 방위성금이나 원호성금 등 상당수가 폐지되었다. 그렇지만 현재까지도 여전히 대형사건만 나면 국민성금운동이 이어지고 있다. 하지만 국민성금을 모아 어떻게 쓸 지에 대해서는 사회적 합의도 없고 사후 보고체계도 없다.

〈표 3-4〉 대형 사건과 국민성금 모금 현황

	인명 피해 규모	국민성금
서해 훼리호침몰(1993)	292명 사망	96억원
성수대교 붕괴(1994)	32명 사망	6억 8500만원
삼풍백화점 붕괴(1995)	502명 사망	서울시 20억 1000만원 서초구 9800만원
대구지하철 공사장가스 폭발(1995)	101명 사망	192억원
대구지하철 화재(2003)	192명 사망	672억원
천안함 침몰(2010)	43명 사망·13명 실종	395억 5천만원

출처: 걷고 나면 '국민없는 국민성금' 『세계일보』(2014. 5. 26).

　권위주의적 산업화 시기에 만개했던 국민성금 운동은 시민사회에 기부문화를 꽃피우기보다는 정부를 비롯한 모금기관에 대한 신뢰의 저하를 가져왔다. '아름다운 재단'에서 실시한 설문조사에 의하면 기부를 하지 않는 이유 중 '기부대상자 및 자선 관련 시설, 기관, 단체를 신뢰할 수 없어서(49%)'가 매우 높게 나왔다. 또한, 자선/모금 기관 기부 시 '운영 및 재정의 투명성(50.1%)'과 '기부금 사용 내용 및 기관정보 지속제공 여부(11.6%)'를 많이 고려하는 것으로 나타났다. 이 사항들은 모두 기부의 투명성과 관련된 문제로, 개인기부자들이 기부하지 않는 가장 큰 이유는 기부재단을 불신하기 때문이라고 판단할 수 있다(김덕용 2012: 57).

제 2 장

100만인 서명운동

서명운동은 국내외를 막론하고 시민들의 가장 평화롭고도 적극적인 의사 표현의 한 수단이다. 시민참여 특히 집단행동을 구분하는 가장 일반적이고 오래된 분류는 법률적 준수 여부를 기준으로 삼은 합법적 채널과 강압적 채널의 구분이다. 합법적 채널은 현대 민주주의 국가에서 평화적이고 정상적인 형태로 나타나는데, 정책결정자와의 공적·사적 접촉을 통한 정보획득, 서명운동과 진정·탄원서 제출, 공청회·청문회 개최 등의 소극적 방법에서부터 특정 정당에 대한 명시적 지지와 정치자금의 제공, 공적 선거에의 입후보나 자신들의 이해를 대변할 정당 창당 등의 적극적 방법이 포함된다. 이런 의미에서 합법적 방법은 표현과 결사의 자유가 보장된 자유다원주의에서는 관례화된(conventional) 정치참여라 할 수 있다. 반면 강압적 채널은 대부분 비합법적이거나 합법적이라도 폭력에 과도하게 의존하기 때문에 비관례화된(unconventional) 정치참여이며, 여기에는 파업과 질서방해, 폭동, 정치적 테러 등의 행동이 포함된다(Almond and Powell 1978: 178~190). 이 중에서도 서명운동은 권위주의 시대에 정당과 사회단체들이 시민들을 대상으로 가장 적극적으로 구사하였던 전략이다. 권위주의 시대의 시민참여 양상을 100만인 서명운동이라는 한국사회의 독특한 집단행동을 통해 살펴보자.

서명운동은 뿌리 깊은 우리나라 민(民)의 집단적 자기 표출방식이다. 특히 영·정조 시대의 상소나 연판, 상언과 격쟁 제도는 국왕이 소통의 주체가 되어 백성들에게 직접 다가가는 국정운영 방식으로, 백성들은 단순한 관람자나 방관자가 아니라 억울함을 개진하는 적극적인 참여자로 평가할 수 있다(이영재 2015: 52). 한동안 자취를 감추었던 서명운동은 본격적인 산업화에 따른 인구의 급격한 증가를 배경으로 다시 등장하였다.

'100만인 서명운동'이 최초로 등장한 계기는 전국미군종업원 노동조합연맹에서 1960년 9월 20일부터 노무협정을 포함한 한미협정체결을 촉구하는 '백만인 서명운동'을 전개한 것으로 기록되어 있다. 당시 인구가 약 2,100만 명이고 성인 선거권자가 1,100만 명 정도였음을 감안할 때 이는 실제 달성 목표라기보다는 적극적인 투쟁 및 관철 의지를 천명한 것으로 이해할 수 있다. 동 노조연맹은 한미 간의 관계로 미군당국이 노조의 주요 기능인 단체교섭권을 위시한 노동기본권을 박탈하고 있음을 비판하여 왔다. 이 문제는 해가 바뀌어도 해결되기는커녕 한미 당국 모두가 우려할 정도로 점차 격화되어 갔다. "주한미국 당국과 장면 박사가 영도하는 친미적 한국정부"는 한국에서 증대되는 반미감정에 관하여 우려하고 있다. 한국동란 이래 최초로 '양키들이여 물라가라'는 포스터가 부산에 나타났다(경향신문 1960. 9. 20). 미군사령부와 한국인종업원들과의 관계는 악화되었으면 미군기관 종업원노조는 서울의 미국대사관 앞에서 한국경찰과 충돌하기까지 했다. 또한 대한민국 국회는 미국과의 '군인신분협정' 체결을 요구하며 미군의 영외범죄를 심판할 한국재판소의 권리를 요구하는 결의안을 통과시킨 바 있었다. 용산거주 주민들은 미군 및 유엔군사령부를 시외로 옮길 것을 요청하는 청원서에 대한 서명운동을 시작하기도 하였다(동아일보 1961. 4. 2). 이러한 상황에 대해 미국은 파업에 가담하면 해고하겠다는 강경대응으로 일관하였다. 이와 같은 미당국의 통고는 '한미행정협정촉구시위대회' 및 '백만인 서명날인운동'을 계기로 미군기관 한국인 종업원들의 단결이 굳어져가고 노조운동이 활발해짐에 따라 일어날지도 모르는 만약의 사태를 예방하려는 조처로 해석되었다(동아일보 1961. 4. 22). 그러나 1961년 5.16이 발발하고 모든 노동조합 및 정당, 사회단체에 해산조치가 내려지는 등 강경탄압이 이어지면서 '100만인 서명운동'은 무산되고 말았다.

이후에도 '100만인 서명운동'은 시민들의 가장 일반적이고 광범위한 정치참여 방식으로 발전하였는데, 그 주체 및 대상에 따라 2가지 유형으로 구분할수 있다. 하나는 북한과 일본, 미국 등 국제문제와 연관된 이슈들이다. 특히 북한 문제는 '100만인 서명운동'의 단골 주제였다. 예를 들어 "조선일보 발행인 방우영씨는 한국동란 중 공산북한괴뢰에 납북된 한국인들의 송환을 요구하며 백만인 이상이 서명한 탄원서를 유엔(탄트 사무총장)에 전달"했다(경향신문 1964. 12. 12). 또 1966년에는 재일교포였던 김귀하(金貴河) 선수의 납북 북괴만행 규탄 서명운동이 전개되었다. 특히 흥미로운 점은 김 선수의 송환을 위한 '100만인 서명운동'을 사회단체나 정부기관이 아니라 성균관대 학생회가 주도하였다는 점이다(경향신문 1966. 12. 17). 납북 또는 재일교포의 문제는 국민적 공분을 얻기가 쉬워 '100만인 서명운동'의 단골 소재가 되었다. 한국여성단체협의회(회장 이숙종)은 재일동포 김광자씨(44)가 북한에 뺏긴 광귀, 광덕 두 아들을 되찾아 주기 위한 범국민적 캠페인을 벌이기로 했다. 협의회는 ①주한일본대사관, 한국적십자 등과 접촉을 벌이는 동시에 ② 일본여성단체 등에 호소문을 발송하고, 일

〈표 3-5〉 역대 대선의 등재 선거인 수와 비율

	인구 수(명)	선거인 수(명)
제4대 대통령선거(1960)	21,526,374	11,196,490
제5대 대통령선거(1963)	26,277,635	12,985,015
제6대 대통령선거(1967)	29,953,000	13,935,093
제7대 대통령선거(1971)	31,435,252	15,552,236
제13대 대통령선거(1987)	40,419,652	25,873,624

출처: 중앙선거관리위원회, 〈역대선거정보시스템〉.http://www.nec.go.kr/sinfo/

본에 대표위원을 파견하는 등 국내에서는 '100만인 서명운동'을 벌이는 것을 골자로 하는 행동강령을 정했다(매일경제 1973. 10. 29).

　1960년대와 70년대는 주로 일본 상품 불매운동이나 아니면 억울한 처지에 있는 재일교포의 구명운동 즉 성격의 즉 국민감정에 호소하는 서명운동이 주를 이루었다. 가장 대표적인 것이 한일협정반대과정에서 뜨거운 관심을 모았던 '일본상품 불매 100만인 서명운동'이다(동아일보 1965. 7. 1). 한일협정 비준반대를 내걸고 단식중인 연세대 학생 221명은 1일부터 일본의 경제적 침략을 분쇄하기 위해 일본상품 불매운동을 벌이기로 했다. 그 방법으로 우선 계속 중이던 단식을 끝내고 교수와 학생들이 일본제품 화형식을 가진 뒤 '일본상품 불매 100만인 서명운동'을 일으키기로 했다. 한편, 살인범이라는 억울한 누명을 쓰고 13년째 이국땅에서 감옥살이를 하고 있는 재일교포(이득현)를 구명하기 위한 백만인 서명운동이 남녀 대학생들에 의해 펼쳐지고 있다. 중앙대학교 적십자단원 140명의 학생들은 대한변협과 문인협회의 협찬을 얻어 시내 전역에서 "이국의 철창 속에서 우는 교포 이득현씨를 구합시다"라고 호소, 20일 현재 5천 여 명의 서명을 받았다(동아일보 1967. 5. 20). 비록 '100만인 서명운동'은 아니지만 꽃씨협회라는 시민단체가 중심이 되어 소녀를 살해한 혐의로 일본 동경형무소에서 사형집행만을 기다리고 있는 재일교포 이진우(21)군을 구하려는 서명운동이 전개된 바도 있다(동아일보 1962. 7. 14).

　1980년대의 '100만인 서명운동'은 보다 조직적이고 체계적인 양상을 띤다. 먼저, 국내는 아니지만 대단히 성공적인 사례로 기록된 운동이 재일거류민단이 외국인등록법 개정을 목표로 전개하였던 '재일교포 지문철폐 100만인 서명운동'이었다. 재일한국거류민단중앙본부(민단)는 나고야에서 연석회의를 열고 민단이 외국인 등록의 지문철폐를 위해 지난 9월부터 실시해온 1백만인 서명운동에서 이날 현재 151만 9,400명의 서명을 받았다고 보고했다. 민단은 이로써 서명운동을 마치고 사회당과 공명당 등 우호정당의 지지를 바탕으로 지문철폐를 골자로 하는 '외국인등록법 개정 청원'을 내년 2월 일본 통상국회에 제출하기로 했다(동아일보 1983. 12. 07). 이 운동은 국내에서 재일교포의 인권 및 법적 지위에 대한 관심을 환기시키는 효과를 낳았다. 국제인권옹호한국연맹 (회장 김준연)은 일본경찰이 지문날인을 거부한 재일동포 이상호씨를 외국인등 록법 위반 혐의로 구속한데 대해 일본수상에게 항의공한을 보내고 구속한 이 씨를 즉각 석방해 줄 것을 요구했다. 인권연맹은 이와 함께 일본의 외국인 지 문채취 제도를 규탄·철폐를 요구하는 '1백만인 서명운동'을 이날부터 시작했 다(동아일보 1985. 5. 11).

'100만인 서명운동'의 또 다른 형태는 재야나 시민사회단체, 야당이 주도 한 시민행동이었다. 가장 대표적인 것은 재야와 야당이 유신체제의 폭압이 가 중되자 그 동안 산발적으로 벌여 왔던 민주투쟁을 개헌이라는 목표로 집약하 고, 이를 실현하기 위한 구체적 행동 전략으로 채택하였던 '개헌청원 100만인 서명운동'이었다. 재야가 주도하고 민주통일당과 신민당이 적극 참여하였던 이 운동은 불과 10일 만에 28만 명의 서명을 받아내는 큰 성과를 얻었다(동아 일보 1973. 12. 24). 그렇지만, '100만인 서명운동'이 전국에서 파죽지세로 번져 나가자 정부는 긴급조치 1호를 발동하여 장준하와 민주통일당의 유갑종, 권태 복, 정동훈, 김장희, 김성복 국장을 전격 구속하여 운동의 확산을 차단하였다 (정상호 2005).

한편, 이 시기에 시민단체가 벌인 특색 있는 몇 가지 서명운동을 살펴보면 우선 1960년대에는 '이승만 박사 환국추진서명운동'이 있었다. 당시의 보도를 보면, "서울시내 종로 네거리에서 이승만 박사 환국추진서명운동원들과 이를 반대하는 '4.19부상동지회' 회원들 사이에 난투가 벌어져 한때 시민의 시선을 받았다"고 한다(경향신문 1963. 7. 17). 하지만 '이승만 박사 환국추진서명운동'은 당시의 비판적 여론 때문에 뜻을 이루지 못하고 무산되고 말았다.[4] 당시 서명 운동의 대표를 맡았던 이활(李活)은 대통령 선거 때 이승만 후보의 사무장을 두 번이나 맡았던 인물로서 환국은 실패하였지만 "국부인 이승만 대통령을 모셔와야 한다는 뜻에는 변함이 없다"고 주장하였다(동아일보 1973. 12. 10).

1970년대에는 YMCA가 남북적십자회담의 성공적인 촉구를 기원하기 위해 벌인 '100만인 서명운동'이 있었다. 서울YMCA는 1972년 서울과 평양을 오가는 남북적십자회담을 맞아 한 달 동안 이산가족의 고통을 덜어주기 위한 '100만인 서명운동'을 전개하였다. 또한 한국여성연합회 회장단은 회견을 갖고 가족법 개정을 위해 '100만인 서명운동'을 전개하기로 하였다. 이들은 국회에 청원서 제출, 의원들에 편지 발송과 더불어 전국에서 여성단체들이 단합하여 호주제 폐지를 중심으로 한 가족법 개정 운동을 전개하였다(동아일보 1984. 7. 23).

제 3 장

불매운동 및
거부운동

01 _ 상품 불매운동

　해방 이후 한국전쟁, 그리고 이승만 시기에는 민족감정에 기초해 정부가 주도하였던 일본 상품 불매를 제외하고는 민간 사회단체에 의한 자발적인 상품 불매운동은 거의 드물었다. 1960년대 중반에 들어와 여성단체와 YWCA를 중심으로 자발적인 소비자 불매운동이 시작되었다. 가장 일반적인 형태는 육류 소비량의 급격한 증가에 따른 가격파동에 대한 여성단체의 불매운동이었다. 예를 들어 가격을 인하하라는 경제기획원 물가분석위원회의 결정이 업자들에게 받아들여지지 않자 대한어머니회는 주부들에게 보내는 호소문을 발표, 주부들의 가난한 가계부를 위협하는 악덕상인들의 버릇을 이번 기회에 고쳐야 한다고 호소하였다. 대한어머니회의 '고기 안 사기운동'이 확산되자 정부는 '물가조절에 관한 임시조치법'을 개정, 쇠고기와 돼지고기를 고시 가격으로 통제키로 결정함으로써 일단락을 지웠다(경향신문 1965. 3. 10). 육류와 연탄 등 기초생필품의 가격을 둘러싼 소비자 불매운동은 이후에도 계속 되었는데, 1973년 2월에는 대한주부교실 중앙회가 일방적인 가격 인상을 문제 삼아 '돼지고기 불매운동'을 전개하였다.

　이 시기의 가장 대표적인 소비자 불매운동은 급격한 산업화와 더불어 발생한 도시지역의 불량식품 문제였다. 1970년 1월 보사부는 보건범죄센터를 발족하였고, 서울시에서도 부정식품고발센터를 설치하여 계몽 및 고발을 접수하였다. 이어 5월부터 상공부가 불량품고발센터를 설치하였으나 실효를 거두지 못하였다. 정부는 1971년 6월 1일부터 8월 30일까지 부정식품합동특별단속반을 두어 제조·공정에서부터 품질관리에까지 종합적인 조사와 단속을 실시하였지만, 날로 증가하는 공업용 유해색소, 가짜 고춧가루, 유해 방부제를 사용한 과자와 간장 등 잇달아 사건들이 발생하면서 시민들의 식품위생에 대한 경각심이 고조되었다.

우리나라 불매운동의 시작은 1970년 6월 20일 수송국민학교와 남대문국민학교의 '불량식품 안 사먹기 운동'이라 할 수 있다(정진자 1974: 40). 이어 1970년 9월 YWCA 소비자보호위원회와 한국소비자연맹이 함께 '불량식품 불매운동'을 전개하였는데, 이는 민간단체의 대표적인 불매운동으로 기록될 수 있다. 당시 이 운동은 19개 회사의 양말, 장화, 운동화, 난로, 비누, 화장지 등 생필품의 불량 실태를 고발하였고, 이는 이들이 개최한 국립공보관의 불량상품 전시회에 20만 명의 관람객이 다녀갈 정도로 국민적 분노를 불러왔다. 그 여파로 각 회사별 공개 사과문이 일간지 등에 발표되었고, 한 동안 품질 향상의 결과를 가져왔다(동아일보 1970. 9. 26). 1972년에는 YWCA 소비자보호위원회가 '불량화장품 불매운동', 소시지의 '방부제사건 불매운동' 등을 전개하였고, 1973년 8월 17일에는 전국 27개 여성단체 대표가 모여 추석전야의 생필품 불매운동을 벌였다.

하지만 1960~70년대에는 효과적인 불매운동이 전개되지 못했다고 평가할 수 있다. 개개의 여성단체에서 개별적으로 불매운동을 전개하였기 때문에 많은 사람이 참여하지 못하였고, 당시의 여건상 소비자의 단결력이 부족하고 그 필요성을 절실하게 느끼지 못한 한계가 있었다. 아울러, 1972년 한국마케팅고발센터에서 '소비자보호기본법안'을 정부에 건의했으나 채택이 되지 않음으로써 소비자 운동을 전개할 법적·제도적 근거가 취약한 것도 중요한 원인이었다(정진자 1974: 41).

1980년대에 들어와 소비자 불매운동은 훨씬 조직적·체계적인 양상을 보인다. 무엇보다 이는 "소비자의 기본권익을 보호하고 소비생활의 향상과 합리화를 기하기 위하여 국가·지방자치단체 및 사업자의 의무와 소비자의 역할 등을 규정"하는 것을 목표로 한 소비자보호법의 제정(1980)과 같은 해 소비자보호운동을 헌법 차원에서 보장한 헌법개정"(제25조)에 근거한 것이었다. 특히 한국소비자보호원의 설립, 소비자의 기본적 권리의 선언, 소비자단체제도의 변혁 등을 내용으로 한 소비자보호법의 전면 개정(1986) 이후 소비자운동은 급격히 발전하였다.

이러한 변화는 국제소비자운동의 공조에서도 확인될 수 있다. 이미 1979년에 '세계아동의 해'를 맞아 세계보건기구(WHO)와 유엔아동기금(UNICEF)은 제네바에서 모유 권장과 지원을 담은 '영·유아 영양개선에 관한 선언문'과 5개 항의 구체적인 실천결의안을 채택하였다. 하지만 1981년 34차 WHO 총회에서 '모유대체식품 판매에 관한 국제규약'이 118개국의 찬성으로 통과되었지만 한국은 기권하여 국제사회의 차가운 눈초리를 받았다. 특히 모유권장운동은 세계 최대의 유아식품 가공회사로서 제3세계 시장의 3분의 2를 지배하고 있던 스위스의 네슬((NESTLE)사가 비판의 표적이 되었다. 세계적으로 번지고 있는 분유배격운동에 동참하여 우리나라의 YWCA도 1984년부터 모유권장을 위한 홍보·계몽 활동을 강화하고 '네슬 불매운동'을 시작하였다(편집부 1983: 61~64).

1980년대에 들어와서는 소비자 단체뿐만 아니라 대기업과 중소기업 등 이익집단 사이의 불매운동도 증가하였다. 정부가 1987년 7월부터 '돈육통조림 수입자유화 조치'를 시행하겠다고 발표하자 해태상사는 덴마크로부터 통조림 54톤을 수입하였다. 이에 전남 나주를 비롯한 양돈농민들이 반발하였고, 한국양돈협회의 중앙회 및 긴급이사회가 개최되었다. 양돈협회가 '해태상품 불매운동'을 범국민운동으로 전개하는 한편 농민권익 수호 및 양돈산업 보호를 위해 2단계

행동을 개시하겠다고 경고하였으나 해태측은 무응답으로 일관하였다. 그러자 양돈협회중앙회는 67개 시군지부를 중심으로 옥외에 현수막을 걸고 불매운동에 돌입하였다.[5] 결국 해태상사는 1987년 10월 15일과 24, 26일 한국양돈협회에 공문을 보내 "앞으로 돼지고기 통조림 수입을 일절하지 않겠으며" "앞으로 여건이 되면 양돈 농민과 약속했던 대로 육가공사업에 기필코 참여"하겠다는 사과문을 발표하였다(편집부 1987: 40~42).

02 _ 언론수용자 운동: 구독 및 거부 운동

(1) 언론윤리위법 파동과 신문 불매 운동

우리나라는 오래 전부터 언론 의존도가 높은 나라였다. 우선, 한국은 '신문 독자들의 나라'(a nation of newspapers readers)라는 표현에서 알 수 있듯이 방송보다는 신문의 영향력이 유달리 큰 국가였다(Steinberg 2000: 221). 그렇기 때문에 정부와 시민단체 모두 자신들의 활동을 대중에게 어필할 수 있는 가장 효과적인 공론화 전략으로 캠페인 등 언론활동에 치중하여 왔다.

특정 언론을 대상으로 한 지지 및 거부 운동의 역사 역시 1900년대로 거슬러 올라갈 정도로 오래되었다. 1903년 『황성신문』이, 그리고 1907년에 『제국신문』이 경영난으로 신문을 정간할 지경에 이르자 전국의 독자들이 격려 편지와 함께 의연금을 보냄으로써 신문들이 속간할 수 있었다(채백 2005: 29~42). 1920년대 중반 자치 및 결사권의 확대를 주장한 『동아일보』의 사설("민족적 경륜")을 일제 식민통치의 옹호로 해석한 지식인 및 구독자들이 전개한 『동아일보』 불매운동은 우리나라 언론 불매운동의 기원이라 할 수 있다. 이후 1920년대 중반으로 오면서 『조선일보』에 대한 불매운동도 나타났으며, 마산·부강·김천·부산 등 지방지에 대한 불매운동도 벌어졌다.

박정희 시대에 이르러 언론수용자 운동은 매우 분명한 양상으로 전개되었다.[6] 이를 이해하기 위해서는 신문의 획일화·종속화와 사회의 대중화라는 당시의 구조적 변화를 이해하는 것이 필요하다. 1961년 5·16 쿠데타에 성공한 주역들은 곧바로 계엄령을 선포하고 언론 검열에 들어가면서 뒤이어 언론 통폐합을 실시하였다. 채찍과 당근을 앞세운 박정희 정권의 언론 정책에 언론사들은 굴복하고 순응하면서 그 당근을 바탕으로 기업적 성장을 거듭하였다.[7] 박정희 정권은 먼저 세 개의 대표적 야당 신문을 여러 수단을 동원하여 굴복시켰다. 『경향신문』은 1966년 강제 경매 처분의 형식으로, 『조선일보』는 1967년 호텔 건설을 위한 현금 차관이라는 특혜로 포섭하였으며, 『동아일보』는 1968년 월간지 『신동아』의 기사를 반공법 위반이라고 문제 삼아 굴복시키고 말았다.

3공화국에서부터 5공화국에 이르기까지 '신문의 탈정치화와 획일화'는 점차 가중되었다. 먼저, 정부에 불리하거나 비판적 내용에 대해서는 사실보도조차 제대로 이루어지지 않게 되었다. 『동아일보』 해직기자인 성유보의 회고에 의하면, 유신체제 내내 서울 한복판에서 있었던 대학생들의 시위는 물론이고 서울대생 김상진의 자결과 같은 충격적인 사건 등이 전혀 보도되지 않았다(한겨레 2014. 3. 24). 더구나 박정희 정권은 1960년대 중반 이후부터 언론사에 기관원을 상주시켜 지면제작에 개입함으로써 사실상의 사전 검열을 실시하였다(강준만 2000: 428). 이러한 언론의 획일화와 탈정치화는 급기야 이병주로부터 "사람이 신문을 만드는 것이 아니고 윤전기가 신문을 제작하는 것 같다"는 조롱(경향신문 . 1967.4.7)을 받거나 당시의 대표적 논객인 천관우로부터 급기야 '연탄가스 중독'에 걸렸다는 비판까지 받게 되었다(동아일보 1969. 9. 23).

이 시기에 이르러 신문은 산업화와 경제성장으로 소득 수준도 성장하면서 엘리트만이 아니라 국민 누구나 구독하는 대중화 단계에 접어들었다. 1969년 말 문공부가 시행한 '전국 신문구독자 현황'에 따르면 신문의 구독률은 1967년에 비해 52만부가 늘어 33.8%의 가파른 증가율을 보였으며, 전국 가구의 50%가 신문을 정기구독하고 있는 것으로 밝혀졌다. 특히 서울은 0.9가구당 1부 즉 상당수의 가구가 2종 이상을 정기 구독하는 것으로 나타났다(경향신문 1970. 4. 21). 이러한 변화 속에서 발생한 최초의 언론수용자 운동이 바로 1964년에 있었던 '언론윤리위원회법 반대 운동'이었다.

1964년에 들어 박정희 대통령의 부정적 언론관을 반영하여 정부와 여당은 언론 규제를 목적으로 언론의 공적 책임과 윤리를 강조한 언론윤리위원회법을 제정하고자 하였다. 그러자 한국신문발행인협회와 통신협회 등 언론단체 대표들은 1964년 7월 22일 언론규제대책위원회를 구성하여 언론윤리위원회법 제정을 반대하는 한편, 대안으로 7월 27일 한국신문윤리위원회의 자체심의 기능 강화 방안을 발표하였다. 언론계의 반대 투쟁에도 불구하고 7월 30일 공화당은 언론윤리위원회법을 단독으로 국회에 제출했다. 야당이 단상을 점거하고 통과를 저지하면서 여당과 협상을 벌이기도 했지만, 결국 공화당은 야간 국회를 강행해 일요일인 8월 2일 밤 제15차 본회의에서 날치기로 통과시켰다. 그리고 정부는 8월 5일 오전 임시국무회의에서 국회로부터 이송되어온 언론윤리위원회법 공포를 의결해 법률 제1652호로 공포했다. 이에 반발한 언론계는 1964년 8월 4일 각 부처 출입 기자단이 언론윤리위원회법 반대 24시간 취재 중지 성명을 발표하였다. 언론 5개 단체가 구성한 기존의 언론규제대책위원회는 '언론윤리위원회법 철폐투쟁위원회'로 개편하고, 8월 10일 대규모 반대집회를 가졌다. 8월 17일에는 언론윤리위원회법을 악법으로 간주, 이 법의 철폐를 기치로 내걸고 한국기자협회가 창립되었다.

그러나 언론계의 맹렬한 반대에도 불구하고, 정부 당국의 태도는 더욱 강경해졌다. 정일권(丁一權) 내각은 8월 31일 임시국무회의에서 "언론윤리위원회법을 준수하지 않고 시행에 협력을 거부하는 기관이나 개인에게는 정부가 부여하는 일체의 특혜와 협조를 배제한다"는 보복 조치를 결의하였다. 또한 정부기관에 9월 1일자로 『경향신문』, 『동아일보』, 『조선일보』, 『매일신문』 등 4개 신문을 구독하지 말 것을 지시하였고, 신문용지 배정과 융자 등을 금지하겠다고 공언하였다. 정부의 이러한 조치는 언론기본권의 침해는 물론이고 경영과 취재에 있어 실질적이고 심각한 타격을 미치는 것이었다.

가령, ① 신문용지는 제지협회와의 협정가격으로 톤당 4만 2천원으로 각 신문사에서 구입하고 있었는데 배급대상에서 제외되면 톤당 4만 7천 원 이상의 시장가격으로 구매해야 했다. 상공부는 1일 하오 제지협회 간부들을 불러들여 반대 언론사에 대해서는 협정가격을 적용치 말라고 통보했다.

② 광고면의 타격이다. 정부기관은 물론 직할기업체 및 금융단의 광고수탁 금지와 나아가 극장협회와 약품공업협회에 이르기까지 반대 4사에 대한 광고수탁 중지를 강력하게 작용한 것으로 알려졌다. 조직화된 광고주는 위의 두 협회가 가장 큰 것으로 약품과 연예광고는 사실상 전 광고량의 8할 가까이를 차지하고 있어 두 협회에 대한 압력이 주효할 경우 막대한 타격을 받을 전망이다.

③ 구독금지의 여파였다. 정부 자체에 그치지 않고 정부직할기업체와 금융단이 포함되어 있으며 27만 전국공무원 가정에 대해도 은근한 압력을 넣을 것이라 한다. 관계당국자는 정부기관이 구독하는 신문부수는 총 50만에 달한다고 추산했다.

④ 융자 및 후원 중단이다. 금융권에 대한 압력은 신문사 경영의 방대한 자금 및 금전 거래에 지대한 영향을 미칠 것이 분명하다. 정부는 정부기관에서 후원하는 신문사의 각종 문화행사에 대한 후원을 취소하고 있으며 외화 배정 등에 일체 외면할 뜻을 보였다. 당장 공보부는 『동아일보』 주최 신인합동무용공연 후원을 1일부로 취소했다.

⑤ 취재 협조 거부이다. 신문사 차량의 야간운행증 반환 요구는 가장 직접적인 취재방해 조처의 하나다. 서울시경은 1일 상오 조간신문사인 『조선일보』에 대해 야간차량운행증 반환을 요구했다. 또 해외특파원에 대한 소관부처 추천거부 및 환금조치 금지가 강행되고 있다. 외무부 및 국방부는 '주월한국군사원조단'의 종군기자로 파견하기로 했던 본사의 윤량중 기자에 대해 이미 교부했던 여권을

회수, 발급을 보류하는 한편 외환조처를 철회했다(동아일보. 1964. 9. 2).

야당(민정, 민주, 자민, 국민당)과 사회단체는 정부의 구독 금지령에 맞서 악법시행에 앞장서서 찬성한 『서울신문』, 『한국일보』 등 중앙의 일부 신문을 구독하지 않는 '윤리위법 찬성 신문 불매동맹 범국민운동'을 전개하기로 결정했다.

구체적으로는 ① 불매동맹기구를 통해 언론계에 대한 정부의 압력을 전 국민에게 호소하고, ② 각 지구당을 통해 전국 당원에게 불매를 지령하며 ③ 전국 각지에서 군중대회와 규탄 강연회를 열어 정부의 비위를 고발하고 ④ 정부탄압의 철회를 요구하는 서명운동을 벌이며, ⑤ 경우에 따라서는 각종 사회·종교단체 및 학생들을 연합하여 시위운동을 벌이는 것을 강구하기로 했다(경향신문 1964. 9. 1). 당시 분열 상황은 가위 '민족분열의 징조'라 개탄하지 않을 수 없는 정도였다(경향신문 1964. 9. 3). 관청이나 공무원, 여당 지지자들은 언론윤리위법에 반대하고 나선 4대 신문 구독중지가 때 아닌 선풍을 불러일으켰고, 반면 적지 않은 시민들은 언론윤리위법에 찬성하고 나선 신문들에 대해 '××신문 사절'이라는 팻말을 붙이고 불매운동을 전개하였다.

결국 동법 제정을 둘러싼 정부·여당과 언론계의 갈등은 당시 동양통신 사장이며 공화당 소속 국회의원으로 국회 재경위원장인 김성곤(金成坤)의 중재로 언론계와 정부대표가 회합을 갖고, 9월 8일 언론계 대표들이 유성에 체류하고 있던 박정희 대통령을 찾아가 사태수습을 건의하였다. 그 결과 9월 9일 저녁 청와대 대변인을 통해 언론윤리위원회법의 시행 보류를 발표해 38일간에 걸쳤던 언론파동은 일단 수습되었다. 이때 제정된 언론윤리위원회법은 폐기되지 않은 채 언제든지 대통령이 공포하면 효력을 발생할 수 있는 형태로 살아 있다가 1980년 언론기본법이 제정되면서 정식으로 폐기되었다(정진석 1995).

(2) 『동아일보』 광고사태

　반(反)유신 시위가 전국 대학가로 번지면서 대부분 언론 문제가 결의사항에 포함될 정도로 언론은 위기 상황에 놓여 있었다. 이에 자극을 받아 언론계에서는 제2차 '언론자유수호운동'이 전개되었다. 1973년 10월 『경향신문』부터 언론의 본분을 다할 것을 선언하기 시작하였다. 이어서 각 언론사 기자들이 같은 취지의 '언론자유수호선언문'을 채택하였다. 이렇게 시작된 기자들의 제2차 '언론자유 실천운동'은 1974년에 들어서면서 보다 근본적이고 효율적인 투쟁을 위해 '언론노조' 설립을 추진하였다. 그해 3월 『동아일보』가 먼저 노조 설립을 시도하였다. 그러나 이에 대해 권력은 탄압 일변도의 정책을 유지하였으며, 이에 굴복한 회사 측도 주도적인 기자들을 인사 조치하며 운동을 탄압하였다. 박정희 정권은 자유언론수호운동의 선도적 역할을 하던 『동아일보』에 대해 광고 탄압이라는 전대미문의 통제를 시도하였다. 『동아일보』에 광고를 실었거나 싣기로 계약되어 있던 광고주들에 압력을 행사하여 광고를 하지 않도록 한 것이다. 이에 따라 1974년 말부터 광고주들이 하나 둘 광고를 철회하기 시작하면서 급기야는 광고란이 백지로 나가는 사태까지 빚어졌다. 광고를 주요 수입원으로 하는 자본주의 언론의 약점을 악용하는 교묘한 탄압책이라 하겠다.

　『동아일보』의 광고면이 백지로 나가자 1974년 12월 30일자에 원로 언론인 홍종인이 광고비 10만 원을 개인 부담하며 의견 광고를 게재하였다. '언론 자유와 기업의 자유'라는 제목의 이 광고에서 홍종인은 "동아일보사에 실려야 할 신문광고에 대한 강제 해약은 일시적으로는 어떤 힘의 작용으로 될 수 있었다 하더라도 이런 일은 감히 해서도 아니 될 심히 위험한 권력 자신의 자해행위가 될 것이다"라고 강도 높게 비판하였다.[8] 이를 계기로 독자들이 나서서 『동아일보』의 빈 광고 면을 채우기 시작하였다. 1975년 신년호에는 천주교정의구현사제단과 신민당의 광고가, 1월 4일자에 자유실천문인협의회의 격려 광고가 게재된 것을 계기로 1월 7일부터는 일반 독자들의 격려광고가 게재되기 시작하였다.[9] 이 격려광고 운동에는 그야말로 전국 각지에서 각계각층의 사람들이 자발적으로 참여하였다. 대부분 익명이 많았지만 신분을 밝힌 사례 중에는 절반 정도가 학생들이었다. 대학생뿐만 아니라 중고생 및 초등학생까지 참여하였다. 학생 외에는 전문직에서부터 농민과 주부에 이르기까지 여러 직업 집단이 참여하였다. 지역적으로는 국내뿐만 아니라 해외 교포 및 외국인들도 참여하였다. 이 격려광고 운동은 1975년 5월 중순까지 총 1만 352건이 접수되었다.

독자들의 눈물겨운 참여와 격려에도 불구하고 『동아일보』 격려광고운동은 권력의 탄압에 굴복한 회사 측이 그해 3월 17일 회사에서 농성 중이던 기자들을 폭력배를 동원하여 강제로 해산하였으며, 그 후 여러 차례에 걸쳐 『동아일보』와 동아방송 소속 언론인 118명을 해고하였다. 회사 측은 그해 7월 11일 '긴급조치 9호를 준수'한다고 서약하고 말았다. 이로써 7월 16일부터 다시 광고가 게재되기 시작하면서 독자들이 참여한 『동아일보』 돕기 운동은 막을 내리고 말았다.

시대가 흘러 진실·화해를위한과거사정리위원회는 『동아일보』 광고 사태를 중앙정보부 등 국가 공권력에 의한 중대한 인권 침해 사건으로 규정하였다. 이들의 조사에 따르면, "1974년 12월 중순경부터 1975년 7월 초순까지 지속적으로 『동아일보』와 계약한 광고주들을 남산 중앙정보부로 불러 『동아일보』와 동아방송, 『여성동아』와 『신동아』 심지어 『동아연감』에까지 광고 취소와 광고를 게재하지 않겠다는 서약서와 보안각서를 쓰게 하는 방법, 소액 광고주까지 중앙정보부에 출두하게 하거나 경찰 정보과 직원에 의한 연행 조사, 세무서의 세무사찰, 백지광고에 대한 격려 광고를 게재한 교수가 속한 학교에 압력을 넣는 방법" 등을 사용했다. 중앙정보부는 『동아일보』 광고 게재를 위한 최종 협상조건으로 『동아일보』사에서 정부 비판적이었던 것에 대해 사과 성명을 내고 편집국장 등 5개 국(局)의 주요 간부들 인사에 있어서도 사전에 중앙정보부와 반드시 협의하는 조건을 제시했으며, 사측이 이를 수용했음을 밝혔다. 이를 토대로

동 위원회는 『동아일보』측에게 "민주화의 진전으로 언론 자유가 신장돼 권력 간섭이 사라진 이후까지 해임 언론인들에 대한 아무런 구제 조치도 취하지 않았으므로 그들에게 사과하고 피해자들의 피해와 명예를 회복시키는 등 적절한 화해 조치를 취하라"고 권고했다(한겨레신문 2008. 10. 29).

(3) KBS 시청료 거부운동

공영방송인 KBS는 전두환 정권하에서 공익성을 상실하고 정부의 지침만을 충실히 전달하는 관제언론으로 전락했다. 이른바 '땡전뉴스'를 만드는 등 전두환 군사정권의 하수인으로 전락한 KBS에 대한 국민들의 실망과 분노는 커져만 갔다. 이런 가운데 'TV 시청료 납부 거부운동'이 1980년대 초·중반에 농민들부터 시작하여 재야와 종교단체로 확산되기 시작했다. 그 발단은 1984년 전주의 고산성당에서 "TV 시청료는 민정당과 정부만 내라"는 성명서 발표였다. 이 운동은 특히 종교단체와 여성단체가 초기부터 앞장섰다. 왜냐하면, 한국교회협의회(KCC) 등 70년대 이후 개신교를 중심으로 형성되어 왔던 교회 내 민주화 세력이 이 운동을 적극적으로 주도해나갈 준비가 되어 있었기 때문이었다. 또한, 시청료를 내는 당사자가 주로 주부였고, 부천서 성고문 사건으로 인권과 민주화에 대한 요구가 높아져 있었기 때문에 여성단체들이 선두에 서게 되었다(편집부 1992).

이러한 상황에서 1986년 1월 20일 'KBS-TV 시청료거부 기독교범국민운동본부'가 발족되면서 새로운 전기를 맞이하였다. 2월 14일 운동본부는 〈KBS-TV를 보지 않습니다〉라는 문구의 스티커 5만 부와 홍보 유인물 1만 부를 제작·배포하였다. 주요 내용은 "KBS-TV가 1985년의 2·12 국회의원 선거 보도의 경우에서처럼 여당인 민주정의당의 홍보·선전매체로 전락하여 대중의 정치의식 잠재우기로 일관"하고 있다는 규탄이었다.

시청료 거부운동에 대한 당시 국민들의 호응과 지지는 매우 높았다. 3월 25

일에는 민주화추진협의회에서 김대중·김영삼 공동의장 명의로 "회직자(會職者) 에게 드리는 서신'을 통해 '정권의 여론조작에 이용당하여 언론의 본질을 망각한 채 왜곡, 편파 보도를 일삼는 KBS, MBC TV를 규탄하며, TV 시청료 납부 거부운동이 범국민운동으로 확산되기 위하여 서신과 전화를 통한 캠페인의 전개'를 당부했다. 4월 8일에는 신민당 정무회의에서 'KBS 뉴스 안 보기'와 시청료 납부 거부운동을 국민운동으로 확산시키기로 결의했다.

이에 대해 전두환 정부는 시청료 거부운동을 정권 안보에 대한 불안 요인으로까지 인식하면서 '반체제적 공세'라고 규정하는 한편, 운동의 범국민적 지지를 의식하여 KBS 운영 개선 방안을 내놓았다.[10] 하지만 그것은 미봉책에 불과한 것이었고, 시청료 거부운동에 대한 김수환 추기경의 공개적 지지 발언 이후 이 운동은 더욱 확산되어 갔다. 5월 15일 김 추기경은 기독교방송과의 대담에서 "언론의 자유를 떼어놓고는 신앙의 자유를 비롯해 모든 다른 자유도 완전할 수 없다"며 "현 정부는 공영방송인 KBS와 MBC의 보도태도 때문에 신뢰를 잃고 있다"고 지적했다. 7월 11일에는 운동본부 임원단을 중심으로 가두홍보 캠페인까지 전개했다.

이러한 활동들의 결과 9월 29일 '시청료 거부 및 언론자유 공동대책위원회' 결성이 결의되었다. 여기에는 기독교범국민운동본부와 민주통일민중운동연합, 민주언론운동협의회, 천주교정의평화위원회, KBS시청료폐지운동 여성단체연합 외에 신한민주당과 민추협까지 참여하였다. 이들은 "KBS는 공영방송임을 자처하며, 국민의 시청료와 방대한 독점적 광고료 수입으로 운영하면서도 계속하여 현 정권의 하수인으로 왜곡, 편향보도를 일삼는 등 공정한 보도와 건강한 공영방송으로서의 회귀를 포기하고 있다"고 지적했다.

또 '시청료는 공정보도를 하고 그 대가로 받는다는 국민과의 계약이며 의무로서 KBS가 이를 지키지 아니할 때 시청료 납부를 거부하는 것은 원천적으로 정당한 국민적 권리'임을 확인하면서 '시민불복종운동'을 본격적으로 전개했다.[11] 그 결과 1984년 1,148억 원이었던 시청료 징수액이 계속 떨어져 1988년에는 785억 원으로 급감하였다. 이 운동은 국민들의 광범한 지지를 받았고 6월 항쟁의 기반 형성에 큰 역할을 했다.

참여와 동원
사이

제도사와 조직사의 주요 행위자가 정부와 정당, 그리고 사회운동이라면 생활사의 주인공은 시민이다. 시민들의 일상의 삶이라는 차원에서 보면 이 시기는 '노예, 머슴, 그리고 허수아비'로서 '물려줄 것은 부끄러움뿐'인 동토(凍土)의 '겨울공화국'(양성우 1977)만은 아니었다. 그렇다고 해서 그 시대가 '하늘이 내린 반인반신의 지도자'의 탁월한 영도력(국민뉴스 2016. 4. 30)에 의해 이끌려졌던 약진과 번영의 위대한 시대만도 아니었다. 우리가 살펴본 바에 의하면, 이 시기의 시민들은 자신들의 여건이 허락하는 한에서 어려운 이웃과 가난한 나라를 위하여 십시일반(十匙一飯)으로 정성껏 성금을 기탁하였다. 또한 도를 넘어선 정부의 독재와 기업의 횡포에 대해서는 서명운동이나 거부투쟁과 같은 매우 창의적인 방식으로 항의했다.

가장 오래되었고, 지명도가 높은 우리나라를 대표할 민간의 모금사업은 대한결핵협회가 지난 65년 간 단 한해도 거르지 않고 꾸준히 발행하여 온 크리스마스 씰 판매이다. 이 운동이 오랫동안 지속된 이유는 무엇보다도 열악한 보건위생 환경과 국가의 재정난 속에서 결핵이 만연하였던 시대 상황에 있다. 활동성 폐결핵 환자의 유병률은 1965년 전국 결핵실태조사에서는 5.1%에 달하였는데, 이 수치는 20명 중 1명이 활동성 결핵환자일 정도로 심각한 수준이었다.

법정전염병인 결핵의 심각성과 더불어 빈약한 국가재정에 대한 공감대도 이 운동의 참여 저변을 넓힌 이유였다. 연말연시면 학생과 공무원, 군인을 중심으로 작고 예쁜 크리스마스 씰을 붙이는 모습은 지금과 같은 인터넷(SNS) 시대에는 볼 수 없는 정겨운 풍경이었다.

그렇지만 각종 국민성금은 적지 않은 부작용도 낳았다. 기부금이나 성금은 수입과 지출의 투명성이나 의회의 감시가 확보되지 않은 채 정권의 필요나 여론에 따라 쉽게 만들어졌다. 87년 민주화 이전까지 불우이웃성금, 재해의연금, 적십자회비, 크리스마스 씰 성금, 방위성금, 보훈성금, 새마을운동 관련 성금, 재향군인회 기부금, 문화예술제 찬조금, 학교 기부금, 관공서 집기구입 기부금 등 준조세적 성격을 갖는 성금이 무려 20여개가 넘었다. 민주화가 되면서 이에 대한 비판 여론이 고조되기 시작했다. 비판은 두 가지 점에서 제기되었다. 하나는 엄정한 관리·감독체계의 부재로 관련 공무원들의 횡령과 착복이 자주 발생되었다는 점이다. 또 하나는 명목은 자발적 성금이지만 정부의 할당이나 실적 경쟁 등으로 실제는 준조세로써 가계와 기업에 상당한 부담을 주었다는 점이다. 그러나 보다 본격적인 문제제기는 '한강의 기적'이라고 늘 경제성장을 자랑하면서도 언제까지 서민의 주머니를 털어 국가가 마땅히 부담해야 할 복지와 구호를 국민들이 책임져야 하는가에 대한 인식의 확산이었다. 결국 이 문제는 1997년 2월 17일 국회에서 사회복지공동모금회법이 제정(1999. 3. 31. 개정)되면서 민간 주도의 공동모금사업으로 전환되었고, 방위성금이나 원호성금 등 상당수가 폐지됨으로써 일단락되었다.

생활사에서 살펴본 시민참여는 재야 및 민주화운동과도 다르고, 관변단체의 국민운동과도 다르다. 민주화운동이 대학생과 지식인, 그리고 및 전문가 중심의 조직적 저항운동이라면 서명운동이나 불매운동은 일반 시민들의 자발적 참여에 근거한 집단행동이다. 또한 관변단체의 국민운동이 정부로부터 인사와 재정, 규약 등의 상당한 제약을 받는다면 서명이나 불매운동은 자발성과 자율성을 지향한다. 우리는 오늘날 촛불집회와 조선일보 불매운동의 뿌리를 이 시기의 서명운동과 시청료 거부운동에서 찾을 수 있다.

서명운동은 권위주의 시대에 정당과 사회단체들이 시민들을 대상으로 가장 적극적으로 구사하였던 전략이다. 이중 급격한 인구 증가 및 도시화를 배경으로 나타난 '100만인 서명운동'은 매우 창의적이고 독특한 집단행동이었다. 그 유형 중 가장 대표적인 것은 북한과 일본, 미국 등 국제문제와 연관된 이슈들이다. 특히 북한 문제나 납북 또는 재일교포의 문제는 국민적 공분을 얻기가 쉬워 '100만인 서명운동'의 단골 주제였다. '100만인 서명운동'의 또 다른 형태는 재야나 시민사회단체, 야당이 주도한 집합행동이었다. 가장 대표적인 것은 재야와 야당이 유신체제의 폭압이 가중되자 그 동안 산발적으로 벌려 왔던 민주투쟁을 개헌이라는 목표로 집약하고, 이를 실현하기 위한 구체적 행동 전략으로 채택하였던 '개헌청원 100만인 서명운동'이었다. 재야가 주도하고 민주통일당과 신민당이 적극 참여하였던 이 운동은 불과 10일 만에 28만 명의 서명을 받아내는 큰 성과를 얻었다. 그렇지만, '100만인 서명운동'이 전국에서 파죽지세로 번져 나가자 정부는 긴급조치 1호를 발동하여 운동의 확산을 차단하였다. 이 시기의 '100만인 서명운동'은 훗날 '1천만인 서명운동'의 자양분이 되었다. 3당합당 이후 하룻밤 사이에 제1야당에서 소수 야당으로 전락한 평화민주당은 '3당 통합 규탄 1,000만인 서명운동'(1990. 1. 25)을 벌였고, 한나라당은 국세청불법모금 사건에 대한 수사와 정치권 사정을 규탄하며 '1천만인 서명운동'을 펼쳤다(1998. 9. 18). 또한 의료보건단체들은 통합보험의 조속한 실시를 주장하면서 '국민연금 ·의료보험료 납부거부 1천만인 서명운동'을 전개하였다(1997. 7. 14).

'동아일보 격려광고 운동'과 'KBS 시청료 거부운동'은 엄중한 시국 속에서 창의적인 운동방식이 시민들의 참여를 효과적으로 견인하였던 사례라 할 수 있다. '동아일보 격려광고 운동'에는 그야말로 전국 각지에서 각계각층의 사람들이 자발적으로 참여하였다. 대학생뿐만 아니라 중고생 및 초등학생까지 참여하였고, 학생 외에는 전문직에서부터 농민과 주부에 이르기까지 여러 직업집단이 참여하였다. 지역적으로는 국내뿐만 아니라 해외 교포 및 외국인들도 참여하였다. 이 격려광고 운동은 1975년 5월 중순까지 총 1만 352건이 접수되었다. 그러나 독자들의 눈물겨운 참여와 격려에도 불구하고 격려광고운동은 권력의 탄압에 굴복한 회사 측에 의해 대규모 해고 사태로 막을 내리고 말았다. 하지만 이들은 민주언론운동협의회 설립(1984)과 최초의 시민신문인 『한겨레신문』을 창간(1988. 5. 15)하는 등 언론운동을 주도하여 왔다. 최근 대법원은 권근술 등 전직 동아일보 기자 12명과 고 성유보 전 동아투위 위원장의 유족이 국가를 상대로 낸 손해배상 소송 재상고심에서 "권씨 등에게 각 1천만원씩 지급하라"고 판결한 원심을 확정했다. 41년 만에 국가의 배상판결이 내려진 것이다(미디어오늘 2016. 5. 9).

이와 함께 'KBS 시청료 거부운동'에 대한 당시 국민들의 호응과 지지 또한 매우 높았다. 부산에서는 부산기독교교회협의회 인권위원회를 중심으로 운동이 전개되었는데, 폭주하는 전화 때문에 다른 업무를 전혀 할 수 없어 임시 자원 봉사자 2명을 채용해야 할 정도였다.[12] 이는 1981년에 있었던 갑작스러운 시청료 인상(2,500원)이나 '땡전 뉴스'(시보가 울리고 뉴스를 시작하면 반드시 "전두환 대통령 각하께서는…"으로 시작되는 정권 홍보용 뉴스가 흘러나온 것을 비꼬아 불렀던 말) 때문만은 아니었다. 'KBS 시청료 거부운동'은 이미 독재정권에 대한 광범위한 민심의 이반의 증거이자, 독재정권의 수구 노릇을 하는 언론에 대한 매서운 질타였다. 사실 그러한 민심 이반은 유신정권의 붕괴를 촉발시킨 1978년의 10대 총선에서 나타났다. 온갖 관권 및 금권선거에도 불구하고 공화당은 신민당의 득표율에 1.1% 뒤지는 실질적인 참패를 당하였다. 당시 공화당의 패배에 대해서 언론은 중화학공업화의 부실에 따른 경제침체, 부정부패와 정경유착 등을 지적하였고, 정부와 여당은 통일벼 강제 제배에 따른 벼농사 흉작과 부가가치세 도입에 따른 중소 자영계층의 반발 등을 지목하였다.

그러나 보다 본질적 요인은 초법적인 유신체제의 장기화와 박정희의 장기 집권에 따른 광범위한 민심 이반에 있었다. 그러한 흐름은 군사정권 하에서 치러진 선거 중 최대 이변을 낳은 선거 중 하나인 1985년 2.12 총선으로 이어졌다. 우여곡절 끝에 1984년 12월에는 김영삼, 김대중, 김상현 3인의 이름으로 민추협의 총선 참여 및 신당 창당이 공식적으로 발표됐다. 선거를 불과 한 달 앞두고 창당(1985.1.18)된 신민당은 무서운 신당 바람을 일으키기 시작했다. 유세장마다 신민당과 양김을 외치는 유권자로 넘쳐났고, 연금에서 해제된 정치인들은 저마다 민주주의의 복원을 외치기 시작했다.

그 결과 신민당은 서울, 부산, 인천, 대전, 광주 등 대도시에서 후보 전원이 당선됨으로써 제1 야당(50명)으로 급부상하였다. 5공의 관제 야당이었던 민한당은 26명, 국민당은 15명에 그쳐 이후 신민당으로 흡수 통합되거나 해체되는 운명을 맞았다. KBS 시청료 거부 운동은 이러한 흐름의 연장선에서 발생하였다. 이 운동은 정권의 언론 통제와 어용 언론에 대한 국민들의 비판인식과 분노를 보여줌으로써, 정부의 언론 정책에 큰 영향을 미쳤을 뿐만 아니라 본격적인 시민 언론 운동의 태동을 알리는 사건이기도 하였다. 또한 1987년 이후 활동을 시작한 시민운동이 시민 속에 자리 잡는 중요한 계기가 되었다.

PART 04

1961-

한국
시민사회
이념사

1986

한 국 시 민 사 회 사

제 1 장

민주주의

01 _ 자유민주주의의 한국적 특성: 자유민주주의 대 자유민주주의

실질적이든 형식적이든 우리나라의 공식적인 지배 이념은 자유민주주의임에 틀림없다.[1] 한국의 자유민주주의는 다른 나라에서는 찾아보기 어려운 몇 가지 비교사적 특성을 갖고 있다.

첫째는 국민국가의 수립부터 자유주의와 민주주의의 결합 형태인 자유민주주의가 지배적이고 공식적인 국가이념으로 천명되었다는 점이다. 현대의 자유민주주의는 서구 근대사에서도 장기간에 걸친 복합적인 진화의 산물이다. 그 과정에서 자유주의와 민주주의라는 두 요소는 서로 보완하고 충돌하면서 상호 수렴하여 왔다. 영국에서 자유주의는 민주주의에 선행했지만, 다른 많은 지역에서는 양자가 거의 동시에 발전하거나 또는 민주주의가 자유주의보다 앞서 수용되었다. 비서구 사회에서는 통상 자유선거, 연설의 자유, 보통선거권, 다수의 지배 및 평등에 대한 권리로 제도화되는 '인민에 의한 지배'라는 민주주의의 핵심적인 관념이 원자론적이고 소유 집착적인 개인주의, 제한정부의 원리, 권력 분립, 재산권의 옹호라는 자유주의적 요소보다 더 큰 호소력을 지니고 있기 때문이다(강정인 2002: 57).

한국의 자유민주주의는 보수성과 허약성을 체질로 삼고 있다. 한국의 자유주의의 허약성이 민주주의의 한계를 낳고 있다는 인식은 좌우를 떠나 공감대를 얻고 있다. 일찍이 최장집은 "한국의 자유주의가 보수 세력에 의해 오염되고 비판적 운동세력에 의해 버림받았다"고 묘사한 바 있다(최장집 2002: 167). 상황이 그러함에도 불구하고 현실에서는 역설적으로 자유민주주의의 언술과 규범 속에서 민주주의의 내용과 범위가 규정되어 왔다. 가장 대표적인 것이 앞에서 설명한 바 있는 '자유민주적 기본질서'를 규정하였던 제4공화국 헌법이었다. 그리고 그것은 현재까지도 시민사회를 규정하는 지배 이념으로 작동하고 있다.

둘째는 자유민주주의가 지배 이념이자 저항 이념으로 적대적 양진영에 의해 동시에 사용되었다는 점이다(자유민주주의 對 자유민주주의). 우리는 앞서 유신 헌법의 '자유민주적 기본질서' 조항이 상징하였던 자유민주주의가 헌법은 물론 시민사회의 지배 이념으로 내면화됨으로써 사유권의 절대화와 인권과 사회권의 위축을 가져왔음을 살펴보았다. 흥미로운 점은 저항세력 역시 자유민주주의라는 담론을 자신들의 활동과 주장의 정당성을 알리는 논거로 활용하였다는 점이다. 일례로 민주당 신파와 구파가 결합하여 민중당을 창당(1965)하면서 "민중당은 '자유민주주의'를 터전으로 전진적 민주주의를 지향하며 진보와 혁신을 취하는 진정한 반공정당으로 이질세력에 항쟁하는 민주정당이 될 것"이라고 주장했다(윤보선 1991: 313).

1960년대 후반 이후 박정희 정권에 비판적인 자세를 견지한 재야 및 야당인사들은 재산권과 반공질서를 옹호하였지만 '안보'를 빌미로 한 국가권력의 자의적인 행사와 인권침해를 용인하지 않으려 했다. 자유의 가치와 민주적인 원칙을 중시하였던 자유주의적 지식인들은 "박정희 정권이 민주주의 질서를 위반함으로써 오히려 국제적 고립을 자초하고 나라의 위신을 땅에 떨어뜨렸다"고 했다. 또 1973년 12월 31일 민주수호국민협의회 주최 시국간담회에서 대통령에게 제출한 건의문을 보면 "국민의 기본권을 철저히 보장할 것, 삼권분립의 체제를 재확립할 것, 공명선거에 의한 평화적 정권교체의 길을 열 것" 등 자유민주주의의 가치를 강조하고 있다. 한편 1974년 과거 야당인사까지 참가한 〈민주회복국민회의〉의 '국민선언'을 보면 박정희 정권이 역사적 현실이라는 변명 하에 '민주주의의 본질적 요소'를 무시한 점을 지적하고 있으며, '민주적 과정을 통한 국민적 합의', '민주체제의 재건·확립을 통한 국제적 고립의 탈피, 민주체제 확립을 통한 공산체제의 위협 방어'를 강조하고 있다.

이처럼 일부 야당인사와 재야지식인들은 반공국가의 정당성은 인정하면서 정권의 비민주성을 비판하고, 반공의 실질적 토대 구축과 국제적 고립을 탈피하기 위한 방법으로서 더 '본질적이고 원칙적인' 자유민주주의의 질서 회복을 강조하였다. 따라서 이들과 박정희 정부의 '국가주의적 자유주의'의 차이는 박정희 정부가 어떠한 방법을 동원하더라도 반공질서를 구축하는 것이 선이며 자유민주주의라고 본 것이라면, 자유지식인들은 자유민주주의 원칙을 준수함으로써 반공질서가 강화될 수 있다는 논리인 셈이다. 따라서 남한의 분단국가와 반공주의의 정당성을 부인하지 않고 있다는 점에서 둘 사이에는 큰 차이가 없었다(김동춘 1994: 237).

셋째는 서구와 달리 자유민주주의가 늘 반공주의나 성장주의와 긴밀히 결합하여 사용되고 있다는 점이다. 남한에서 자유민주주의는 한국전쟁을 거치면서 비로소 헤게모니적 지위를 누리게 되었지만, 동시에 한국전쟁은 자유민주주의를 곧 반공과 동일시할 수 있는 역사적 경험과 정당성을 제공함으로써 자유민주주의의 발전에 중대한 장애물로 작용했다. 권위주의 정권들은 공통적으로 자신들에게 도전하는 민주화운동세력이나 진보세력들을 반체제인사 또는 좌경용공으로 매도함으로써 자신들의 정권을 쉽게 유지할 수 있었다. 그 결과 "자유민주주의를 지키기 위해 반공을 해야 한다"는 논리가 "반공을 위하여 자유민주주의를 제한할 수밖에 없다"는 논리로 전도되었다가, 급기야는 "반공이 곧 자유민주주의"라는 억설로 둔갑되고 말았다. 반공은 남북대치 상황을 구실로 대내적으로는 물론 대외적으로도 국가안보와 직결된 요소로서 최우선 순위를 부여

받았다. 그 결과 자유민주주의는 반공과 경제발전에 종속된 하위담론으로 전락할 수밖에 없었다(강정인 2002: 50~51).

02 _ 한국에서 자유민주주의의 발전 과정

(1) 제3공화국과 자유민주주의

이 시기는 집권세력보다 야당과 자유주의적 지식인들이 자유민주주의를 더 뜨겁게 외쳤던 시기였다. 반공주의로서 자유민주주의를 이해했던 박정희 정권은 때로 서구의 민주주의를 비판하고, 한편으로는 민족주의, 더 나아가 필요에 따라서는 국가사회주의를 찬양하기도 하였다.

박정희 정권과 자유민주주의의 관계를 정확히 알기 위해서는 박정희가 일본 군국주의 체제가 요구하였던 사회화 과정을 충실히 이수하였던 식민지의 충량한 군인으로서 자유민주주의에 대한 일제(日帝)의 증오를 공유하였음을 이해해야 한다. 그는 개인적 자유뿐만 아니라 언론과 사상의 자유와 같은 자유민주주의의 중요한 권리보다도 민족의 이익이 우선이라는 국가주의 사상을 갖고 있었다(전인권 2002: 151). 그에게 있어서 자유민주주의는 늘 '남의 민주주의', '환상적인 민주주의'로 인식되었다. 또한 그는 자유민주주의를 '가식적 민주주의', '사대주의적 민주주의', '껍데기 민주주의' 등으로 표현하고 있는데, 이는 특히 반대파였던 윤보선의 정치이념과 야당의 선거운동을 비판하기 위한 것이었다.[2]

이러한 그의 사상은 당시 교과서 내용에도 반영되었다. 교과서에는 "제2차 세계대전 이후 독립한 신생국가들은 정통적인 서구의 자유민주주의를 그대로 채택했으나 정치가의 무능, 관료의 부패, 경제적 빈곤 등의 혼란 속에서 독재정치 내지는 권위주의와 부정선거가 자행되어 실효를 거두기 어렵다"고 진단한다. 이어 "부패 제거, 경제계획의 수행, 번영을 이루기 위해서는 과도적 독재나 선의의 독재가 필요"하며 그 예가 '수카르노의 교도민주주의(guided democracy)

와 나세르의 군부사회주의 등의 신대통령제'라는 주장으로 이어졌다.

하지만 이 시기 자유민주주의의 가장 특징적인 요소는 반공주의와의 결합이었다. 박정희 정권은 반공을 제1의 국시로 내세웠으며, 제2차 교육과정(1963~74)을 통해 국민윤리를 신설하는 등 반공교육을 한층 강화하였다. 반공=(자유)민주주의는 당시 교육법 1조에 명기된 교육목적 중 하나가 "민주적 신념이 확고하고 반공정신이 투철하여 민주적인 생활을 발전시킬 수 있는 인간"이었다는 점에서 그리 이상한 일은 아니다. 반공과 민주주의의 결합은 '국민교육헌장'(1968)에서 가장 극명한 형태로 드러났다. 헌장은 "반공민주정신에 투철한 애국애족은 우리의 살길"이라고 분명히 명시하고 있다. 이처럼 민주주의는 그 자체로 등장할 수 없었고 '반공민주정신'으로 표현되어 반공에 포획되는 형태로 변형되어 나타났다. 즉 민주주의를 제도가 아닌 정신의 영역으로 국한함으로써 권력을 구성하는 제도와 실천의 문제를 배제하고 오직 권력에 대한 정신적 태도의 문제로 봉쇄하는 것이었다. 즉 민주주의의 핵심이자 요체는 공동체의 의사결정에의 참여나 토론이 아니라 질서와 안보를 중시하는 '반공시민'의 육성에 있었던 것이다(황병주 2005: 157). 자유민주주의를 반공으로 파악한 또 하나의 저의는 박정희 정권의 개발독재를 정당화하는 데 있었다. 자유민주주의를 지키기 위해서는 공산주의를 이겨야만 하고, 그러기 위해서는 경제재건과 국방이 절대적이라는 것이다. 그리고 절차와 과정을 중시하는 '형식상의 민주주의'는 이러한 길에 장애가 될 뿐이다. 따라서 공산위협으로부터 자유민주주의를 수호하기 위해서는 민주주의를 유보해야 한다는 논리가 제시되었다(송병헌외 2004).

주목할 것은 이 시기까지 야당과 재야를 비롯한 어느 저항집단에서도 반공과 자유민주주의 자체에 대한 비판과 거부는 거의 보이지 않았다는 사실이다. 박정희 정권 출범 이후 서울대에서 발생하였던 최초의 격렬한 학생시위인 '민족적 민주주의 장례식'(1964. 5. 20)의 초점은 민주주의가 아니라 굴욕적 한일협상을 주도하였던 정권의 반민족성과 매판성에 있었다.[3] 오히려 윤보선 같은 야당인사는 반공주의를 강하게 내세우면서 박정희의 자유민주주의가 독재나 억압의 가능성이 있기 때문에 반대하는 것이 아니라 공산주의라는 이질적이고 위험한 사상 의혹 때문에 비판하는 것임을 명확히 하였다(송병헌외 2004: 121).

(2) 제4공화국과 '수식어' 민주주의

이 시기에 이르러 자유민주주의는 두 가지 점에서 분기 현상을 보이고 있다. 먼저, 집권세력에게 자유민주주의는 온갖 접두사가 붙은 '수식어 민주주의'로 전락하고 말았다. 그 시작은 이미 민주주의보다 능률과 질서를 앞세운 쿠데타 직후의 '행정적 민주주의'와 '민족적 민주주의'였다. 1962년 3월 발간된 『우리 민족의 나아갈 길』에서 박정희는 '행정적 민주주의'를 "국민들이 스스로를 다스려나가는 힘을 길러 올바른 사회를 이룩하기 위한 임시정책으로 행정적 방법을 사용"한다는 이유로 주장하였으며, '능률 있는 정치'라는 구호로 정당화하였다(조현연 2003: 315). 한편 박정희는 1963년 『국가와 혁명과 나』에서 '민족적 민주주의'를 내세우면서 이것을 "한국 사람이라는 강력한 민족정신을 가지고, 그 위에 민주주의를 건설하는 것"으로 설명하였다. '민족적 민주주의'는 당시 어느 학자가 인도네시아 수카르노 수상의 교도민주주의(guided democracy)를 모방해 진상한 구호로 박정희가 지극히 사랑한 표현이었다고 한다. 따라서 민족적 민주주의에 대한 비판은 한때 제3공화국에 대한 체제전복 기도로 받아들여졌다(한국일보 2003. 4. 10).

그러나 수식어 민주주의의 가장 명시적 형태는 유신과 더불어 제창되었던 '한국적 민주주의'였다. 한국적 민주주의는 형식적 민주주의조차 완전히 벗어버린 유신독재를 정당화하기 위해 등장한 것이었다.[4] 주목할 점은 한국적 민주주의가 새마을운동과 더불어 국민운동 차원에서 전개되었다는 점이다. 주로 농촌의 생산성 향상 등 잘살기 운동으로 알려져 있는 새마을운동은 '한국적 민주주의의 토착화를 위한 실천도장'으로 제시되었다. 즉 "새마을운동의 특징은 마을사람들이 모든 면에서 이견 백출하는 토론을 거쳐서 만장일치로 결정을 하여 자기의 이익과 아울러 마을의 이익을 일치할 수 있게 하는데 있는 것"으로, 새마을운동은 '기초적 민주주의의 발전과정'이라 할 수 있다는 것이다. 관련자들은 당시 새마을운동을 '이웃 민주주의', '직접 민주주의'라고 하면서 "생활 속에서 당면 과제를 해결해 나가는 자치와 협동의 민주적 생활태도가 우리 사회에 뿌리를 내리고 있다는 사실"을 강조하였다. 1976년 10월 '월간경제동향보고서'에서 "농촌의 새마을지도자 선출"은 "부락민이 전원일치로 지도자를 추대"함으로써 이루어지는 것으로 이를 보면 새마을운동은 "한국 민주주의의 실천 도장"으로 신라의 화백제도에 비유될 수 있다는 것이다(송병헌외 2004: 131~132). 이처럼 집권세력은 은연중 새마을운동의 실천이 한국적 민주주의의 구현임을 강조하였다.

자유민주주의의 본질적 제도와 가치가 퇴화되고 각종 수식어 민주주의로 전락하는 사이 저항세력 내부에서도 자유민주주의를 놓고 분화와 대립이 나타나기 시작하였다. 1970년대 후반에 이르러, 일부 학생운동세력과 재야에서는 '민중' 특히 농민과 노동자들의 생존권을 언급하면서 그들의 생존권 확보를 민주화운동의 중요한 목표로 제기하기 시작했다. 특히 이러한 인식은 70년대에 등장한 '민중'이란 개념에 잘 집약되어 있는데, 이것은 당시 사회체제에서 억압받는 계층 모두를 포괄하는 개념이었다. 따라서 민중 개념의 등장은 자유민주주의를 단순히 형식적 차원뿐 아니라 사회·경제적 측면에서 평등의 증진이라는 실질적 차원으로 확장시켜 이해하게 된 인식의 변화를 보여준다. 70년대의 민주화운동은 대부분 자유민주주의를 형식적 차원에서 이해했지만, 일부 세력은 민중 개념을 수용하면서 자유민주주의를 실질적 민주주의 차원으로 확장하여 이해하기 시작했다(전재호 2002).

(3) 제5공화국과 자유민주주의

12·12 쿠데타 사태와 광주항쟁의 유혈진압을 통해 등장한 제5공화국은 정

당성의 결핍에도 불구하고 '자유민주주의'를 천명하였다. "우리가 지향하는 것은 생명력이 넘치는 개방사회이며, 인간의 존엄성과 가치와 능력을 존중하면서 개인의 자유와 이익을 최대로 보장하는 자유민주주의"(1981. 3. 3. 12대 대통령취임사)라는 것이다. 전두환 정권은 유신체제의 이념을 그대로 이어받아 박정희 정권의 민주주의관을 계승하였다. 단지 민주주의에 있어 차이가 있다면 '정의사회'와 '단임제'에 대한 과도한 강조였다.

전두환 정권은 자유와 평등의 상위개념으로 '정의'를 강조하였다. "현대에 있어서 보편적으로 요청되는 윤리적 개념들은 자유, 평등, 정의"인데 그 중에 정의가 상위개념이라는 것이다. 그 이유는 정의로운 질서 아래에서만 참다운 자유를 누릴 수 있고 참다운 평등이 실현된다는 것이다. "정의 없는 자유는 방종이 될 것이고, 정의 없는 평등은 매우 비생산적인 획일화가 될 것"이라는 것이다. 따라서 사회정의의 실현 없이는 참다운 민주주의의 토착화는 불가능한 일인데, 흔히 개인주의적이고 자유적인 민주주의의 신봉자들이 이러한 사실을 잊어버린다는 것이다. 이러한 정의사회의 강조는 국민을 억압하는 국가권력을 정당화하기 위한 것으로, 삼청교육과 녹화사업 등 사회정화운동을 전개하여 전두환 정권은 인권을 유린한 대표적인 억압적 국가권력의 사례가 되었다(송병헌외 2004: 134).

전두환 정권이 박정희 정권과 다른 것이 있다면 그것은 민주주의 원리로서 '평화적 정권교체'를 강조했다는 점이다. 1980년 9월 헌법개정안 공고에 즈음해서 전두환은 "지난 개헌사를 반성하면서" 자신이 "중임금지를 발의하는 최초의 현직 대통령으로서 이 조항의 성공여부가 민주주의의 토착화의 사활을 가름하는 분수령"임을 강조하였다. 즉 민주주의의 보편적인 기본 이념은 항구적인 주권은 국민에게 있고 통치자는 한시적인 권한을 책임 있게 행사하는데 있기 때문에 제5공화국의 출범을 보장한 헌법에 대통령 임기를 7년으로 하고 단임제를 규정했다는 것이다. 폭력적으로 집권한 전두환 정권이 단임 정신과 평화적 정권교체를 그토록 강조하였다는 점은 흥미롭다. 그것은 7년만 참으면 된다고 국민을 달래는 전략이자 정권에 대한 국민의 저항감을 누그러뜨리기 위한 어설픈 정당화였다(한배호 1994: 14~15).

그러나 이 시기 자유민주주의에서 있어 두드러진 변화는 저항 세력의 인식에 있었다. 앞서 설명한 대로 1970년대 중반부터 민중 개념을 받아들인 학생운동은 1980년 서울의 봄 및 광주민주화운동에서 보인 무기력한 대응을 반성하면서 한국사회를 좀 더 체계적으로 분석하는 가운데 마르크스주의와 조우했다. 이 과정에서 학생운동은 기존의 민주화운동이 목표로 하던 형식적 차원의 자유민주주의는 부르주아의 계급지배를 정당화하기 위한 이데올로기에 불과하다는 생각을 굳혔고, 이를 극복하기 위한 체제변혁과 대안으로서 사회주의를 받아들였다. 물론 이러한 사회과학적 민주주의에 대한 인식은 대다수 일반학생들이나 야당, 재야인사보다는 일부 전위적인 학생운동과 노동운동에 한정된 것이었다.

하지만 1980년대 중반 민주화운동의 목표와 전략을 둘러쌓고 학생운동 내부에서 노선투쟁이 발생하면서 그러한 인식들은 사회 전반으로 확산되기 시작하였다. 당시 '민중민주주의(PD)' 계열은 한국사회의 기본모순을 국내의 계급관계(노동자와 자본가의 갈등)로 생각했고, 주로 공장지역의 가두시위와 철거반대 투쟁 등 민중지원 투쟁을 벌였다. 반면, '민족해방(NL)' 계열은 한국사회의 기본 모순이 제국주의(미국)와 우리 민족 간의 대립에 있다고 보고, '전방입소 거부', '아시안게임 반대', '미군기지 습격' 등 반미투쟁에 중점을 두었다. 양자는 모두 마르크스-레닌주의를 받아들였지만 현 단계의 목표를 전자는 노동자 또는 민중이 중심이 되는 새로운 사회 건설로, 후자는 미 제국주의로부터의 민족해방으로 설정하면서 대립했다.

정치지향적인 노동운동 역시 학생운동과 마찬가지로 민중민주주의 노선과 민족해방 노선으로 분열되었다. 민중민주주의 노선의 대표 단체였던 서울노동운동연합은 기존의 제도권 노조를 부정하면서 계급적 관점에서 노동자가 주인이 되는 사회를 건설하는 것을 목표로 하며, 전국적인 노동자 조직 결성을 모색

	이승만·민주당 정권		박정희 정권		전두환 정권	
	1950년대	1960~61	1961~72	1972~79	1980~84	1985~87
민주주의 성격	형식적 민주주의	형식적 민주주의	형식적 민주주의	형식적 민주주의	형식적 민주주의	형식적·실질적 민주주의
접합 담론	반공주의	반공주의 지양	반일	민중	민중·반미	사회주의·반미

전재호(2002: 160).

했다. 특히 서노련은 개헌국면에서 외세-독점자본-군부로 이어지는 지배 동맹을 타도하고 민주·민족·민중이 중심이 되는 삼민헌법을 제시했다. 반면 민족해방 계열은 서노련이 한국사회의 문제를 오직 계급적 관점에서만 파악함으로써 제국주의의 문제를 무시한다고 비판하면서 한국사회의 기본 모순을 제국주의와 군부독재, 매판자본을 한편으로 하고, 중산층을 비롯한 노동자·농민·학생 등 민중을 다른 한편으로 하는 대립관계를 설정하고 인민연합에 기초한 민주정부 수립을 제시했다(전재호 2002: 156~157).

이처럼 사회주의를 지향하는 학생운동과 노동운동의 자유민주주의에 대한 인식은 재야세력과는 크게 달랐다. 80년대 초반까지 큰 차별성을 보이지 않는 양자는 전자가 사회주의를 적극적으로 받아들이면서 자유민주주의를 지양하고 사회주의를 지향하는 단계로까지 발전하면서 커다란 차이를 보이게 되었다. 지금까지의 논의를 간략히 정리한 것이 〈표 4-1〉이다.

제 2 장

경제성장과
분배

01 _ 조국근대화론

산업화 단계의 대표적인 경제이론으로는 근대화론과 발전국가론을 들 수 있다. 근대화론은 제3세계의 친소적 비자본주의적 발전 노선에 대항하여 자본주의적 경제발전의 근대화 추진이 제3세계의 민주주의적 발전을 가능케 하리라는 의도에서 제시되었다(Rostow 1960). 이 같은 근대화론은 1960년대 미국 케네디 정부의 제3세계 전략의 일환으로 추진되었으며, 우리나라에서도 박정희 체제의 경제발전 추진을 설명하는 대표적인 이론으로 제시되어 왔다(한국역사연구회 1991: 49~69).

박정희 정권의 핵심적 지배 담론 중 하나였던 '조국근대화' 즉 발전주의는 일반 국민은 물론 지식층의 광범위한 지지와 동참을 이끌어내기도 했다. 박정희는 민정이양 직전에 쓴 『국가와 혁명가 나』, 『우리 민족의 나아갈 길』 등의 저서에서, 근대화에 대한 자신의 포부를 밝힌 바 있다. 그는 한국 근대화의 과제를 반봉건·반식민지적인 잔재로부터 민족을 해방시키는 일, 빈곤으로부터 경제적 자립을 이룩하는 일, 기형적인 관권의존 경제와 불로소득의 양반경제 관념 및 민중의 숙명관 극복, 진정한 민주주의의 재건 등으로 요약하였다. 지배집단이 갖는 경제성장과 근대화 논리는 1966년 박정희 대통령의 연두교서에 잘 집약되어 있다.

"조국의 근대화야말로 우리의 진정한 미래상입니다. 나는 조국근대화의 작업이 다음 3단계를 거쳐 비로소 이루어질 것이라고 생각하고 있습니다. 공업국가의 기초가 마련될 제1차 경제개발 5개년계획이 끝나는 1966년을 그 첫 단계로 한다면, 제2단계는 공업화를 이룩하는 제2차 경제개발 5개년계획이 끝나게 될 1971년을 말하는 것이며, 제3단계는 제3차 5개년계획이 끝나 대량생산을 거쳐 대량소비가 이루어지게 될 1970년대 후반기가 될 것입니다. 1970년대 후반기는 '소비가 미덕'인 대량생산 대량소비의 풍요한 사회를 건설하자는 것입니다. 우리가 지향하는 조국근대화야말로 남북통일을 위한 대전제요, 중간목표인 것입니다. 통일의 길이 조국근대화에 있고, 근대화의 길이 경제자립에 있는 것이라면, 자립은 통일의 첫 단계가 되는 것입니다"(대통령비서실 1967: 29).

박정희가 제시한 조국근대화의 개념은 경제적 자립과 공업화와 사실상 일치하는 것임을 알 수 있다. 이러한 '조국근대화'는 곧 남한만의 독자적인 경제성장을 추구하는 것이며, 사회발전의 지표를 주로 경제의 양적 성장에 두는 것이었다. 이러한 근대화 또는 발전주의 논리는 자유주의 경제질서와 반공주의, 대기업 주도의 경제발전, 서구화를 내용으로 하였다. 흥미로운 점은 조국근대화에 대한 당시 지식인들과 학생들은 물론이고 일반 시민들조차 지지하였다는 점이다. 5·16 직후 『사상계』는 제3세계의 군사혁명을 다룬 특집을 냈고 일부 대학 학생회는 지지 성명을 냈다. 주한 미 대사는 "깜짝 놀랄 만큼 많은 지식인들과 언론인, 정치인들이 쿠데타가 불가피한 것이었으며, 좋은 일이었다고 느꼈다"고 할 정도였다(홍석률 1998). 현실비판적 지식인을 배제하면서 한편으로는 광범위한 지식인을 체제 안으로 동원하고자 한 박정희의 의도는 상당한 성공을 거두었다. 지식인들은 근대화 담론에 압도당했으며, 당시 한국 민족주의의 과제를 산업화에 두고 "클로즈업된 문제의식은 근대화요, 경제성장이요, 공업화요, 기술입국이요, 국가발전론이요, 민족번영론"이라고 주장하는 것에 이끌렸다(안병욱 1968). 대표적인 비판적 지식인 잡지였던 『사상계』조차 박정희 정권의 조국근대화와 기묘한 공명을 일으키는 상황 속에서 대중을 '산업전사', '근대화의 기수'로 호명하여 동원하는 것은 시대적 과제로 다가왔다(황병주 2004: 487).

그렇다면 로스토우의 근대화론은 구체적으로 한국에 어떤 경로로, 어느 정도의 영향을 미쳤을까? 먼저, 로스토우의 근대화론의 주요 내용과 일반적 특징을 살펴보자(박태균 2004: 136~166). 그의 근대화론은 모든 사회는 끊임없이 발전한다는 낙관적 입장에 있으며, 모든 발전과정은 전통사회→도약준비기→도약기→성숙기→대중소비사회라는 5단계로 구분할 수 있다는 진화론적 인식을 깔고 있다. 로스토우의 근대화론의 첫 번째 특징은 최고의 가치로서 근대화가 장기적 관점에서의 안정뿐 아니라 불안과 불안정을 필연적으로 내재한다고 보았다는 점이다. 특히 불안정은 근대화 과정에서 한 사회가 겪어야 하는 불가피한 요소이다. 이러한 인식은 '민주주의를 뒤로 미룬다 할지라도 경제성장을 우선적으로 추진'해야 하며, 이 과정에서 국민통합의 힘으로 작용할 수 있는 민족주의를 잘 이용해야 한다는 주장으로 연결된다.

무엇보다 로스토우의 근대화론은 박정희 정권의 내포적 산업화 전략을 좌절시킨 이론적 무기로 활용됐다는 점에서 우리나라의 산업화 전략에 결정적인 영향을 미쳤다. 산업화는 분명 1961년 이후 본격화되었지만 산업화 전략을 둘러싼 논쟁은 정당과 학계에서 1950년대 말부터 공론화되었다. 당시 일부 경제학자들은 불균형성장과 대외수출의 중요성을 주장했지만 대세는 내자와 국내산업의 연관성을 강조하였던 균형성장론이었다. 박정희와 쿠데타 세력이 1962년에 발표하였던 경제개발계획(원안)은 다음의 이유에서 내포적 공업화 전략의 성격을 명확히 하고 있었다(기미야 다다시 1991). 첫째, 한국의 국시가 반공이라는 것을 전제하면서도 정책결정에 있어서 냉전 이념보다는 국익을 우선해야 한다고 주장했고, 둘째, 공업화의 순위를 외화획득이나 국제수지 개선효과라는 대외

적 차원보다는 일국 단위의 국민경제의 대내적 완결성에 두었다. 셋째로 국가
주도의 경제개발계획을 강력히 추진해 나갔다.

그러나 이러한 경제정책은 미국의 대한정책과 충돌하였다. 당시 로스토우
의 근대화이론을 신봉하였던 미국정부는 박정희 정부의 경제정책이 '사회주의
적'이며 '민족주의적'이라고 판단하였다. 이러한 정책에 대한 미국의 평가와 군
사정부에 대한 압력은 로스토우의 이론에 근거한 것이었다(박태균 2004: 158). 나
아가 미국은 한국이 비교우위의 원칙에 따라 노동집약적 경공업을 중심으로,
더욱 중요하게는 한일관계의 정상화를 기반으로 국제 분업 체제에 편입할 것을
강력히 요구하였다. 결국 한미경제협력위원회와 재정안정계획을 매개로 한 미
국의 압력과 무리하고 방만한 투자·조달계획의 차질이 맞물리면서 1차 5개년
계획이 수출지향적 공업화로 그 기조를 일대 전환했던 것이다(김용복 1998:
282~283).

1970년대 중반에 이르러 경공업 위주의 수출정책에서 중화학공업 육성정
책으로의 중대한 전환이 있었지만 수출일변도의 고도성장정책이 근본적으로
변한 것은 아니었다. 대기업과 거점 지역을 중심으로 한 성장제일주의는 경제
발전의 지표로서 국민동원의 이념으로 기능하였다. 한국은 후발산업주자로서
경제의 총량 확대와 성장전략을 주축으로 '한강의 기적' 또는 '아시아의 네 마
리 용'으로 지칭되어 왔다. 하지만 로스토우가 제안하고 박정희가 실천하였던
수출주도 성장전략은 상당한 문제점도 수반하였는데, 먼저 생산력 발전이 지고
의 가치라는 생산력 만능주의, 목적을 위해서는 수단과 방법을 무시하는 성장
제일주의를 가져왔다. 둘째, 성장제일주의는 외연적 확대에만 관심을 갖고 산업
구조의 내적 연관성을 소홀히 하였다. 따라서 목표달성을 위한 쉬운 방법으로
재벌에 의존하는 결과를 가져왔으며, 중소기업의 육성을 통한 경제적 하부토대
의 구축과 유연성 확보에는 실패했다.

02 _ 민족경제론

민족경제론은 박현채 개인의 경제이론이 아니라 1960~80년대 일단의 진보세력 내부에서 공유하였던 변혁적 정치경제 이론이라 할 수 있다. 민족경제론은 전기와 후기로 구분할 수 있다. 전기(1960~70년대)는 비자본주의적 길이 아니라 민주적 자본주의와 통합된 국민경제를 지향하였던 시기에 해당된다. 한편 후기(1980년대 이후)는 탈식민경제의 종속적 성격을 강조하고 민족모순을 주요 모순으로 설정함으로써 민족해방론(NL) 입장에 기울어지게 된 시기를 지칭한다. 이 시기에 이르러 국가사회주의가 민족경제론의 궁극적 지향으로 선언되었다(이병천 2001: 20~23).

민족경제론의 이론 형성에 가장 큰 영향을 미친 사상적 조류는 1950년대 이후 탈식민지 국가에서 널리 확산되었던 내포적 공업화론이다. 내포적 공업화론은 그것의 구성 요소로서 국내적 분업관련의 심화, 농공업간의 긴밀한 관련, 이를 통한 국민경제 전반의 자립적이고 자율적인 발전을 지향한다. 민족경제론의 뿌리가 당시 널리 확산되고 있었던 내포적 공업화론임은 이론의 여지가 없다. 내포적 공업화론은 두 가지로 그 유형을 세분할 수 있다. 하나는 반제민주주의혁명에 입각한 변혁노선(NLPDR)의 산업화 전략을 일컫는다. 이러한 의미에서 내포적 공업화론은 탈식민화 과정에서 반제국주의적인 것을 기본성격으로 국가자본주의를 통해 비자본주의적 발전을 지향하였던 민족민주정권(ND)의 변혁 전략을 의미한다(양우진 1991: 391). 이러한 유형의 내포적 공업화론은 소련 정치경제학의 동양학 논리와 북한의 자립적 민족경제론에 그 뿌리를 두고 있다. 류동민은 민족경제론에서 강조하고 있는 1부문의 우선적 발전이나 생산부문간의 유기적 연관에 대한 강조가 이미 1950년대 말~1960년대 초 자립적 민족경제론에서 정식화되었음을 밝히고, 그 근거로 민족경제라는 용어가 진보적 민족주의 진영 내부의 특정 그룹에만 집중적으로 사용되고 있다는 사실을 들고 있다

(류동민 2002: 228). 이러한 의미의 내포적 공업화론은 근본적 변혁을 지향하였다는 점에서 단순한 내포적 국민경제발전론이나 당시 지식인들 일반의 자립경제 담론과도 분명히 구분된다.

박현채의 민족경제론의 형성 및 발전과정을 추적할 때 가장 중요한 논문인 "계층조화의 조건"(1969.11)을 보면 내포적 공업화론의 영향을 쉽게 관찰할 수 있다. 이 논문에서 처음으로 자주적 민족경제의 개념이 등장하였으며, 민족적 생활양식, '국민경제의 자율적 재생산구조' 민족경제와 국민경제의 괴리, 민족경제의 확립 등 박현채의 민족경제론의 기본 골자가 모두 포함되어 있다. 실제로 민족경제론의 핵심 주장과 인식들은 북한의 자립적 민족경제론에 적지 않은 영향을 받았다. 박현채가 우동읍, 이재문 등과 함께 사회당, 통민청 인맥이라는 것은 1964년 인혁당 사건 이후 알 만한 사람들 사이에서는 대부분 알려진 사실이었다(류동민 2001: 220).

1987년 민주화 이후 민족경제론은 점차 영향력을 상실하였는데, 그 원인은 첫째, 외적 환경의 변화이다. 주지하다시피 민족경제론은 한국사회를 매판적 관료독점자본주의 단계로 인식하였고, 이를 극복하기 위하여 국지적 지역권에 근거한 중소기업과 국민산업의 자율적 재생산 구조를 강조하였다. 하지만 1980년대 후반에 이르러 한국경제의 꾸준한 성장, 자립화·개방화, 동구 사회주의의 붕괴를 맞아 민족경제론의 가정과 전망, 그것의 분석적 유용성이 근본적 도전에 직면하게 된다. 점차 반대자뿐만 아니라 옹호자 내부에서도 민족경제론의 과도하고 무리한 자급자족론의 편향에 대한 의구심이 커졌다(이병천 2001: 27~28).

둘째, 민족경제론은 상대적으로 민주주의를 소홀히 함으로써 정치경제 이론으로서의 흠결을 지니게 된다. 박현채의 민족경제론은 민주주의는 국민경제의 자립적 구조와 깊이 관련되어 있으며, 민주주의와 자립적 국민경제는 상호협력적으로 성장·발전한다는 오오츠카(大塚久雄)의 국민경제론에 심대한 영향을 받았다(이병천 2001: 18). 그렇지만 정치적 민주화의 방향과 내용에 대해서는 그다지 심도 있는 논리를 발전시키지 못하였다. 민족경제론에서 정치적 민주주의는 "사회계층간의 합리적 경제잉여의 배분을 보장받기 위한 전제 조건"일 따름이다(박현채추모전집위원회 2006: 765). 민족경제론에서 민주주의는 권위주의적 발전국가가 아닌 민중부문의 민주적 절차에 기초한 정치참여로 정리될 수 있다. 결국 밑으로부터 민중의 자발적 힘을 모을 수 있는 자발적 결사의 활성화와 이들을 기초로 한 민주적인 정치질서의 구축만을 강조하고 있다(김원 2007: 74). 그럼으로써 민족경제론은 반독재민주화 시기 야당의 노선을 서민과 중산층 중심으로 설정할 수 있는 이론적 기반을 제공할 수 없었고, 나아가 광범위한 계층을 연대할 수 있게 만든 이념적 토대로 작용하는데 한계를 지녔다.

그럼에도 민족경제론은 좁게는 유신체제의 수립, 보다 넓게는 성장일변도의 근대화론에 맞선 한국현대사에서 의미심장한 하나의 역사적 사건이었다. 무엇보다도 민족경제론은 단순한 학술 이론의 성격을 넘어서 개발독재체제에 대항하는 현실적 대안의 정치경제학이자 구체적인 정책 담론이라는 역사적 위상을 갖게 되었다.

03 _ 대중경제론[5]

대중경제론은 두 가지 차원에서 정의될 수 있다. 넓게는 1966년 1월 20일 민중당의 박순천 당수가 국회기조연설에서 당의 경제정책으로 밝힌 '대중자본주의'에서 출발하여, 1968년 5월 20일 전당대회에서 당의 공식 노선으로 채택된 이후 유신체제의 붕괴 이전까지 신민당에서 주창하였던 당의 공식적인 경제정책 일반을 지칭한다.[6] 다른 하나는 일반화된 통념적 의미인데, 1971년 제7대 대통령 선거에서 당시 야당이었던 신민당의 김대중 후보가 핵심 공약으로 제안하였던 경제 분야의 정책 묶음을 의미한다. 후자의 의미에서 대중경제론은 김대중 정부의 출범 이전까지 형성·발전·수정되어온 김대중 개인의 경제철학과 개혁 프로그램을 지칭한다. 본 연구에서 대중경제론은 박정희의 조국근대화론에 맞선 김대중과 야당의 정치경제 이념으로 규정한다.

대중경제론 역시 앞서 설명한 내포적 공업화론에 적지 않은 영향을 받았다. 하지만 그것은 비자본주의적 발전 경로라기보다는 계획경제에 의한 국가자본주의를 지향하며, 수입대체 산업화 전략을 강조하는 개량주의적 입장이다. 1960년대 초반까지만 하여도 보수·진보를 가릴 것 없이 당시 지식인 사회에서 상당히 일반화된 견해였으며, 경제 관료들의 생각도 비슷하였다. 장면 정부가 만든 '경제개발 5개년계획'이나 군정 하에서 시행된 '제1차 경제개발 5개년계획'(원안)이 여기에 해당된다(김일영 2006: 191). 기미야 다다시는 "원시산업과 소비재가공업 사이에 가교역할을 하는 기초적 생산재공업을 건설하여 내포적 또는 내향적 공업화를 달성해야만 자립경제를 실현"할 수 있다는 박희범이나 국민저축운동과 통화개혁 등 강력한 계획경제를 주창한 유원식의 관여가 내포적 공업화 전략의 구상에 중요한 영향을 미쳤다고 설명하고 있다(木宮正史 1991: 38~40).

비자본주의적 변혁노선으로서 내포적 공업화론이 민족경제론에 상당한 영향을 미쳤다면 자본주의 체제 안에서 보다 자립적인 국민경제를 지향하였던 후자의 관점은 대중경제론에 보다 분명한 영향을 미쳤다고 할 수 있다. 반면 대중경제론은 마르크스 정치경제학과 사회주의 경제체제를 노동대중의 억압을 가중시킨 망상과 환각이라며 공개적으로 비판하고 있으며, 자유경제의 장점, 시장경제의 존중, 민간기업의 자유로운 운용 등 비자본주의적 길에 대한 단절을 선언하였다.[7] 그런 점에서 박정희의 조국근대화론과 김대중의 대중경제론이 내포적 공업화라는 같은 뿌리에서 연유하였다는 김일영의 주장은 일면 타당하다. 김일영은 두 노선 모두 자립경제의 실현을 목표로 하고 있고, 이를 실현하기 위한 수단으로서 중공업과 국가주도성을 인정한다는 점에서 공통된다고 설명하고 있다. 차이는 단지 근대화론이 개방·외자의존·수출지향·불균형적 성격을 갖는 반면 대중경제론은 폐쇄·내자중심·수입대체지향·균형적 요소를 강조하고 있을 뿐이다(김일영 2006: 172). 비슷한 맥락에서 박순성·김균(2001: 94) 역시 민족경제론은 박정희의 국가주도형 수출전략과 차이가 있지만, 그들이 공유했던 국가의 경제에 대한 개입, 경제계획의 중요성, 중공업우선 발전전략, 그리고 민족주의의 강조는 식민 지배에서 벗어난 신생 독립국가의 발전전략이라는 기본 성격을 공유하고 있다고 설명하고 있다.

근로대중이나 피해대중이라는 서술적 용법에서 발전하여 '대중자본주의 경제체제'라는 어느 정도 체계화된 개념이 처음으로 등장한 것은 민중당 대표 박순천의 연두기조연설(1966.1.20)이었다. 이 연설에서 대중자본주의는 근로대중의 권익, 특히 중산층의 이익을 옹호하는 경제체제로 정의되고 있다. 이 연설문은 체계적 이론이나 분석적 정책 틀을 갖춘 것은 아니지만 중산층, 중소기업, 농공병진, 내포적 공업화 등 대중경제론의 핵심 요소와 지향점을 두루 갖추었다는 점에서 그것의 원형에 해당된다고 할 수 있다. 김대중은 이 연설문의 구상과 실제 작성을 주도한 것으로 알려져 있다.[8] 먼저 그는 연설문을 작성한 8인 소위원회의 멤버로 참여하였고,[9] 당시 당의 선전국장이자 대변인으로서 대중자본주의에 대한 대외적 설명을 도맡아 하였다. 박순천 당수의 기조연설을 하루 앞두고 열린 기자회견에서 그는 "대중자본주의는 중산층의 이익을 대변하고 근로계층과 결속하여 양심적인 기업인을 보호하는 것을 내용"으로 한다고 설명하였다(조선일보 1966. 1. 20). 대중경제론의 기본 아이디어와 철학을 김대중이 직접 만들었다는 사실은 이 시기에 발표된 다른 글들에서도 확인할 수 있다. 김대중은 같은 해 3월에 발표된 한 논문을 통해 대중자본주의의 세 가지 요소를 강조하고 있다. 첫째는 민주사회의 안정적 발전의 기반으로서 중산층이며, 둘째는 효율적 생산보다 효율적 고용이 긴박한 과제이기 때문에 대기업보다는 중소기업의 육성 강화가 바람직하며, 셋째는 대중자본주의는 불평등과 차별의 축소를 지향하는 '평등자본주의'(equalized capitalism)를 목표로 삼는다는 것이다(김대중 1966: 44).

김대중이 주도적으로 작성한 박순천의 기조연설은 유명한 중산층 논쟁을 야기함으로써 이후 대중경제론의 이론화에 기여하게 된다. 중산층·중소기업·균분을 강조하는 야당의 주장에 대해 공화당은 대기업으로부터 단절 내지 분리된 중소기업 자체의 단독적 육성은 실패를 가져올 뿐 아니라 역사 역행적이기 때문에 야당의 대중자본주의는 체계적 정책이 아닌 위험한 인기전술이라고 비난하였다(조선일보 1966. 1. 26). 이에 대해 김대중은 반론 칼럼을 통해 박정희 대통령의 연두 교서는 대공업 개발주의에 해당된다고 비판하면서, 자본축적과 균배를 동시에 달성할 방법을 자세히 제안하였다. 그는 이를 위해 국영과 민영의 대기업의 주식을 대중화시키며, 신규시설에 있어서 대규모 자본 조성방식보다는 중소규모에 주력하고, 국책의 중심을 중소기업의 육성 강화 및 농촌경제의 병행발전에 두어야 한다고 주장하였다(조선일보 1966. 1. 27).

정치권에서 촉발된 중산층 논쟁은 학계로 이어지면서 본격적으로 확대되었다. 임종철 서울대 교수는 민중당의 대중자본주의란 생산의 극대화를 가로막는 전근대적 사고방식이며, 빈곤의 범국민화를 초래할 것이라 비판하였다. 그는 중산층이란 "비효율적인 생산수단을 갖고 전근대적 경제 위에서 구차한 목숨을 이어가고 있는 계층으로서, 전근대성과 비효율성으로 말미암아 필연적으로 소멸할 것"이며, "근대화를 지상의 정책목표로 범국민적으로 추구하고 있는 지금 이들 중산층에 대한 일체의 논의는 그런 점에서 무익한 것이며, 이들에게 정책 보호를 강구한다는 것은 복지사회로의 역사의 흐름을 거역하는 반동"이라고 주장하였다(조선일보 1966. 1. 29). 이에 대해 이창열 교수가 중산층 소멸론은 편파적인 학설에 입각한 것으로 수정자본주의에 있어서는 경영자혁명과 아울러 소득혁명이 소득의 평준화와 절대적 궁핍의 감소를 실현시켜왔다고 반박하였다. 그는 민주주의 사회에서는 안정세력으로서 중산층의 확대가 필수적이며, 노동집약적 중소기업이 과잉인구와 실업자 문제 해결에 기여한다는 점을 들어 야당의 대중자본주의를 옹호하였다(조선일보 1966. 2. 15). 신문의 지상논전은 잡지로 옮겨 서울대 박희범 교수가 『청맥』을 통해 '중소기업 소멸론은 탁상공론'이라고 비판하였고, 『정경연구』가 특집을 통해 임종철 교수의 '중산층의 몰락, 그 필연성', 서울대 신용하 교수의 '한국근대화와 중산층의 개편' 등을 게재함으로써 중산층 논쟁은 육성론과 소멸론으로 압축되면서 논쟁의 강도와 깊이를 더해갔다 (손세일 1976: 441~489).

이후 대중경제론이 정치사에서 나름대로 의미가 있게 된 것은 그것이 한 개인이나 후보의 이론이 아니라 신민당이라는 한국정치사에서 가장 오래 존립하였던 야당의 공식 당론이었다는 데 있다. 신민당은 1968년 5월 20일 전당대회를 통해 강령 및 정강을 대폭 개정하였다. 이번 개정을 통해 대중자본주의는 당의 공식 강령으로서의 지위를 부여받았다. 당 강령은 "우리 당은 사회정의에 입각한 대중경제를 지향하여 독점을 방지하고 자유와 계획을 조정함으로써 민생의 안정을 期한다"고 선언하였다. 같은 날 제정된 '당의 성격'이라는 문건에서는 "우리 당은 대중경제체제의 확립을 지향하는 정당"으로 규정하고 이를 다음과 같이 보다 구체적으로 설명하고 있다(중앙선관위 1968: 516).

"우리 당은 현하의 경제체제가 농민, 노동자에 대한 무자비한 수탈과 중소기업의 희생 위에 관료 특권재벌들의 독점적 치부를 위하여 봉사하는 반민주적이고 반대중적인 것임을 명백히 한다. 우리 당은 합리와 시장기능에 의한 자유경제의 원칙을 존중하는 동시에 우리나라의 경제건설의 방향을 무엇보다 농민경제의 발전 위에 건전한 공업화를 추진할 것이며, 민주주의의 기본 부대인 중산계층의 이익을 중점적으로 대변하며, 노동자의 권익을 보호하여 절대 다수의 국민이익을 발전시키는 대중경제체제의 확립을 기할 것을 다짐한다"

이와 함께 개정된 '당면정책'(1968. 5. 20)은 대중경제론의 이론적 발전을 추적하는데 중요한 문건이다. 여기(3장 경제)에는 대중경제 확립을 위한 구체적인 정책 대안들이 제시되어 있는데, 이는 대중경제론을 집대성한 교과서로 알려진 『대중경제론 100문100답』(1971. 3)의 인식은 물론 정책처방과 많은 점에서 대단히 유사하다. 또한, 이 문건의 내용과 틀은 대중경제에 관해 김대중이 쓴『신동아』(1969. 11)의 기고문과 그 구성은 물론 선행조건·기본전략·자본의 동원 등 세부 용어까지도 정확하게 일치하고 있다.

이를 정리하자면 김대중은 1960년대 중반에 이르러 자신의 경제개혁의 구상과 비전을 대중경제로 정식화하고 당의 강령과 정책에 적극 반영하고자 노력하였던 것으로 보인다. 박순천 당수의 기조연설(1966. 1)은 그의 대중경제론이 공식적으로 세상에 드러낸 첫 계기였음이 분명하다. 1967년 대선 등을 계기로 꾸준히 발전을 거친 대중경제론은 1968년 5월 전당대회를 통해 당의 공식적인 강령·정책으로 승격된다. 이 과정에서 김대중은 대중경제론의 이론화·정책화를 주도하였다. 특히 김대중이 운영하였던 내외문제연구소가 이 역할을 주도하였던 것으로 보인다. 당시 내외문제연구소는 김대중의 공식 보좌관이었던 권노갑·김옥두·방대엽·한화갑 등이 실무를 맡았고, 김대중 자신을 비롯한 당대의 진보적 지식인들이 교양강좌를 열어 젊은 청년학생들이 운집하였다고 한다.[10] 아무튼 내외문제연구소는 그의 정치활동의 거점으로서 뿐만 아니라 경제정책에 대한 전반적인 연구와 분석을 수행함으로써 대중경제가 정책담론으로 발전하는데 중요한 자산으로 활용되었다(김대중 1970: 538).

이러한 과정을 거쳐 대중경제론은 1971년 대통령 선거에서 남북문제의 평화적 해결과 교류협력의 증진, 4대국의 안전보장 등 당시로서는 대단히 진보적이고 획기적인 정책 묶음으로써 선보이게 되었다. 이러한 정책들을 통해 김대중은 새로운 지지층을 결집하여 1971년 대선에서 선전할 수 있었고 장기적으로는 개혁적인 정치인으로서 강력한 리더십을 구축할 수 있었다.

김일영은 박정희의 조국근대화론과 김대중의 대중경제론의 우위를 판가름한 바 있다. 그에 따르면, 두 노선 중 어느 쪽이 옳았는가는 이미 역사적·경험적으로 판명이 났다. 조국근대화론의 경제적 성과는 국제적으로 공인된 반면, 대중경제론과 유사한 국가자본주의적 길을 택했던 인도나 중국은 오랜 기간 만성적 정체를 벗어나지 못하였기 때문이다. 결론적으로 자율적 자본축적에 근거한 대중경제론은 자본, 기술, 구매력 등 당시의 조건을 고려할 때 이론상으로만 가능하였지 현실적으로 불가능한 프로젝트였다는 것이다(김일영 2006: 198~212).

하지만 대중경제론은 박정희의 개발독재노선 즉 남북대결과 특권경제 노선에 대항하는 아주 유력한 실현가능한 진보적 대안이라는 정치사적 의미를 갖고 있다(이병천 2001: 24). 무엇보다도, 대중경제론은 박정희의 산업화 전략이 결여한 사회질서의 원리, 즉 민주주의에 천착함으로써 또 다른 가능성을 제공해 준 이데올로기적 원료였다(김원 2007: 76). 대중경제론은 노동, 자본, 기술의 3자가 평등한 입장에서 서로 협동하고 노동자와 기술자도 이윤 분배에 대한 응분의 참여가 이루어지는 산업민주주의를 강조하고 있다. 구체적으로 노동조합의 경영참여의 제도화, 종업원 특수제도, 노동조합 결성의 완전 보장 등을 제시하고 있다. 그렇지만 대중경제론은 민주주의를 자립경제의 실현 조건뿐만 아니라 대중민주주의라는 또 하나의 고유한 비전으로 설정하였다. 대중민주주의는 헌법상의 기본권이 충분히 보장된 정치, 경제, 사회의 제 측면에서 대중 참여를 보장하는 정치체제이다(대중경제연구소 1971, 290). 특히 대중의 폭 넓은 정치경제참여, 이를테면 지방자치, 공무원의 노조결성 등 국가권력의 민주화와 대중화를 지향하고 있다. 바로 이러한 배경에서 대중경제론은 훗날 『대중참여경제론』(1997)으로 발전하게 된 것이다.

제 3 장

민족문제 및
외교관계

01 _ 남북관계

이 시기 통일운동을 비롯한 남북문제는 매우 대립적인 몇 가지 흐름들이 병존하였다는 특징을 보이고 있다.[11] 하나의 흐름은 남북한 정부 당국끼리의 공식적인 통일논의와 외교적인 협상이다. 다른 하나는 국내와 해외에서 진행되었던 남북한 화해 및 통일을 위한 민주화운동이다. 상이한 주체와 목적을 가졌던 이러한 운동 중 민간부문을 중심으로 이루어진 후자의 주장은 무엇이었고 어떻게 전개되었는지를 살펴본다.

(1) 통일운동의 전개 과정

1960~70년대 박정희 정권기의 남북관계는 갈등과 대결 양상을 기본으로 하면서도 남북 간 접촉과 대화가 시도되곤 했다. 흥미로운 것은 1972년 7·4 남북공동성명이라는 해방 이후 최강의 데탕트 국면에서 남북 모두 막후에서 유신체제와 유일주체사상이라는 초헌법적 독재체제를 강화시켰다는 점이다. 그런 점에서 산업화 단계의 남북관계는 정보의 봉쇄 속에서 양쪽 과격파가 서로 이권을 챙겼던 '적대적 공생관계'로 설명될 수 있다(이종석 2014: 102).

그 시작은 휴전 이후 남북 간 첫 접촉으로 기록되었던 1963년 남북체육회담

(로잔회담)이었다. 이후 남쪽 사회 내부의 민간 통일논의 역시 단속적으로 전개되었다. 1964년 도쿄올림픽 당시 북쪽 신금단 선수와 남쪽 아버지의 상봉, 『세대』지 필화사건,[12] 1967년 서민호의원 구속사건[13] 등은 분단의 비극을 되새기게 하는 동시에 통일 논의가 형성되는 계기로 작용했다. 1964년 인민혁명당 사건, 1974년 제2차 인민혁명당사건 및 민청학련사건, 1979년 남조선민족해방전선준비위원회 사건 등을 통해 어느 정도 드러난 바와 같이 비공개 사회운동세력에 의한 통일논의도 이루어졌다. 군사정권의 '선건설 후통일' 노선과 통일논의 독점에도 불구하고, 1971년 대선 시기 김대중 후보에 의한 '3단계 평화통일론' 주장과 7·4남북공동성명을 계기로 재야세력 사이에서 통일에 대한 논의가 있었다. 특히 1970년대 초 국제적인 데탕트 국면에 전개된 남북대화 결과, 1972년 7·4 남북공동성명이 발표됨으로써 남북관계에 커다란 이정표가 마련되었다. 그러나 통일논의는 유신체제라는 당시의 엄혹한 상황에서 내면화된 상태에 머물 수밖에 없었으며, 대중적인 통일운동으로까지 나아가지는 못하였다. 당국 간 대화 역시 1973년부터 중단되었다가 1970년대 중반 인도차이나 사태, 8.18판문점사건, 1978년 팀스피리트 한미군사훈련 실시 등으로 인해 단속적인 남북 간 접촉마저 완전히 끊기게 되었다.

쿠데타로 집권한 전두환은 1981년 3월 대통령에 취임한 후 정통성 없는 정치권력을 받쳐줄 관변기구들을 양산하기 시작했는데, 민간 통일운동기구로 내세운 민족통일협의회도 그중 하나였다. 전두환 정권은 이 기구를 내세워 남북한 당국 최고책임자회의를 제안했으며, 이듬해 1월 '민족화합민주통일방안'을 발표했다. 민족통일협의회는 남북한 당국 및 정당·사회단체 연석회의를 제의하는 등 주로 정부의 대북제의를 담당했으며, 대북정책 홍보기구의 성격마저 띠었다. 그밖에 관변 성격의 민간통일 운동기구로 통일여성안보회, 민족문화통일회, 민주통일촉진회, 북한선교통일훈련원, 민족통일불교협의회 등이 있었다(통일노력60년 발간위원회 2005: 124).

위와 같은 어용적 성격의 관변 통일단체와 달리 순수한 민간 차원의 남북 간 접촉을 시도한 세력은 기독교인들이었다. 1980년대 내내 기독교인들의 통일 운동은 선도적이었으며 매우 적극적이었다. 1981년 11월 해외 한인 개신교 신자들이 오스트리아 빈에서 제1차 '조국통일을 위한 북과 해외동포 기독자 간의 대화'를 개최한 이후 1984년까지 모임을 이어나갔다. 1984년 3월 고(故) 마태오 신부의 평양 방문과 11월 세계교회협의회(WCC) 대표의 평양 방문을 통해 1986년 9월 남북 개신교 대표가 제1차 글리온(스위스) 남북기독자협의회에 참석함으로써 분단 이후 첫 남북 간 직접 교류라는 만남의 장을 형성하였다(이만열 2001, 385). 이때 남측 한국기독교교회협의회(KNCC) 소속 여섯 명, 북측 조선기독교도연맹 대표 네 명이 세계교회협의회 대표 등과 함께 처음으로 비공식 접촉을 가졌다.

재야통일운동세력은 제5공화국 초기에는 강권적인 지배권력 하에서 소극적이었으나 1983년 '유화국면'을 맞이하면서 새로운 활로를 모색하였다. 1984년 1월 한국기독교사회문제연구원 주최의 '통일문제에 관한 교과서 분석' 발표회도 그러한 움직임의 하나였다. 초중고 교사들을 대상으로 '해방 후 남한의 통일정책 변화과정' '분단시대를 어떻게 보아야할 것인가'라는 주제의 강의도 진행되었다. 그런데 검찰이 강연 내용을 문제 삼아 조승혁 기사연 원장과 리영희 한양대 교수, 강만길 고려대 교수 등을 반국가단체 지지 및 찬양·고무 등의 혐의로 구속하였다. 비록 관련자들은 공소보류로 석방되었지만 민간 통일논의를 용납하지 않겠다는 정권의 태도가 분명히 확인된 사건이었다.

전두환 군사정권 하에서 민주화와 통일을 추구하는 재야민주화운동의 중심 세력으로 처음 등장한 단체는 1984년 10월 16일 창립된 민주통일국민회의(의장 문익환)였다. 이 단체는 창립선언서를 통해 "분단의 극복과 민족통일 없이는 민족의 해방과 자주가 이루어질 수 없으며, 민주화의 길을 통하지 않고는 분단의 극복과 민족통일이 성취될 수 없다는 것이 우리의 확신"이라는 입장을 표명하였다. 이들은 당시 남북 간에 난무하는 각종 제의와 주장, 단속적인 접촉과 대화의 분위기 속에서 국민적 의사를 수렴, 대변하고자 노력했다. 적십자회담, 경제회담, 체육회담 등 각종 남북대화가 진행되는 와중에 1985년 2월 한국기독교교회협의회는 제34차 총회를 열고 "한국 교회 평화통일선언"을 발표하였다. 이 선언은 "평화의 길인 분단의 극복, 즉 통일문제는 집권세력의 전유물이어서는 안 될 것"이라고 지적함으로써 민간 통일논의의 필요성을 일깨웠다. 사회민주당(대표 김철)과 신정사회당(대표 고정훈) 등도 각각 통일정책을 발표함으로써, 정치권과 민간 차원에서 통일논의가 차츰 형성되어나가기 시작했다. 1980년대 민주화와 통일운동의 모체로 기능한 단체는 1985년 3월 29일 창립된 민주통일민중운동연합(약칭 민통련, 의장 문익환)이었다. 민주통일국민회의와 민중민주운동협의회의 통합에 의해 출범한 민통련의 등장으로 재야세력에 의한 통일운동과 논의가 활성화되기 시작했다. 특히 민통련 대표였던 문익환 목사의 통일론은 주목할 만하다. 문익환은 1970년대 말부터 민주화와 민족통일문제의 일치성을 강조하였다. 그는 장준하, 함석헌 등과 마찬가지로 민족통일을 당위로 강조하면서 통일의 주도권을 권력자가 아닌 민중이 행사해야 한다고 보고, 민중을 통일운동의 주체로 설정하였다.

1985년 2.12 총선에서 야당 돌풍이 일어나고 개헌논의가 서서히 불붙기 시작하면서 1986년의 대학가는 격랑에 휩싸였다. 학생운동 내부에서는 북한·통일 문제에 대한 치열한 논쟁이 전개되었다. 특히 NL(민족해방)계열의 학생들은 자주화투쟁을 정점에 놓고, 민주화운동과 함께 '조국통일촉진투쟁'을 주요 투쟁목표로 설정하고 있었다. 이들은 민주화운동에 집중한 나머지 조국통일운동을 방기해온 과거 운동을 비판하며, 현실적인 당면과제로 통일운동의 전면화를 촉구했다. 1986년 4월 서울대 대학원생 630명은 시국선언을 통해 "개헌의 즉각 실현"과 함께 "민주적 통일논의 보장"등을 요구했다. 같은 해 8월, 민족미술협의회 주최로 '그림마당 민'에서 열린 '통일전'이라는 통일 주제의 전시회도 특기할 만하다. '통일전'은 신인 및 중견 작가 71명이 참여한 대규모 미술전이었으며, '민족미술 대토론회'도 함께 개최되었다. '통일'이라는 주제가 미술에 어떻게 구현되는가를 보여준 전례 없는 문화예술행사였다.

해외에서도 남북대화에 호응하면서 통일논의를 형성하기 시작했다. 1985년 12월 '조국통일을 위한 민족연합대표자회의'가 오스트리아 빈에서 개최되었다. 이들은 성명을 통해 '두 개의 한국'과 '반공'의 영향에서 벗어나 민족화해의 길로 나서자고 호소했다. 이처럼 1980년대 중반까지 간헐적인 남북대화의 국면에서 민간 통일운동이 조심스럽게 피어올랐으나, 본격적인 통일운동의 양상은 1987년 6월 민주항쟁 이후부터 나타나기 시작했다.

(2) 해외의 통일·민주화 운동

국내에서는 잘 알려지지 않았지만 유신체제와 광주항쟁을 거치는 동안 정부의 노골적 탄압과 은밀한 회유 속에서 해외의 통일·민주화 운동도 간단없이 이루어졌다. 해외의 민주화운동은 국내보다는 자유롭고 개방된 여건 속에서 이루어져 온 것이 사실이다. 그렇지만 남북한 정부의 공작과 회유, 대사관 및 정보기관의 끊임없는 탄압과 감시가 지속적으로 이루어졌다. 인권선진국 독일에서조차 정보요원들은 광산에 상주하면서 노동자간에 불신 분위기를 조성했고, 유학생들을 불러서 운동권 인사들과의 접촉금지령을 내리고 위협했다. 반체제 운동권 인사들은 재외공관으로부터 여권을 압수당해 독일정부에 정치망명을 신청함으로써 신변보호를 받을 수밖에 없었다. 그 과정에서 많은 사람들이 한국정부로부터 '반체제인사' '친북인사' 심지어 '북한공작원'이란 낙인이 찍혀야만 했다.[14)]

해외의 통일·민주화 운동은 대략 3단계로 구분하여 설명할 수 있다. 첫 번째 단계는 해방 이후부터 1970년대 후반까지 한국에서 권위주의적 정부가 집권하고 있던 시기로 해외에서는 이에 대한 소수의 저항운동이 주를 이루었다. 2

단계는 1980대와 90년대 초까지의 통일·민주화 운동인데, 1980년의 광주항쟁은 해외에서 민주화운동이 대중화되는 계기를 마련해 주었다. 그 이전까지 반공의식과 조국에 대한 귀속의식 때문에 소극적이던 반독재 운동이 1980년의 광주항쟁을 계기로 확산되며 운동의 성격도 점차 남북한을 등가로 놓고 연계해 보려는 통일운동이 그 세를 잡아가기 시작한다. 1990년대의 해외의 통일·민주화 운동은 해외동포들을 연계해 주는 역할을 했으며, 남북한 정부 사이의 균형자 역할을 했다. 마지막 단계는 한국에서 민주화가 진행되는 1990년대 이후로 운동의 주체들이 2, 3세대로 바뀌었고, 성격도 점차 현지에서의 인권을 위한 시민운동으로 전환하였다. 이 시기 해외교포들의 민주화(통일) 운동을 일본과 미국, 그리고 독일을 중심으로 정리하여 본다.[15]

1) 일본의 통일·민주화 운동

해외에서 교포를 중심으로 가장 먼저, 가장 넓게 민주화운동이 시작된 곳은 일본이다. 일본 교포의 민주화운동의 특징은 재일본대한민국거류민단(민단)과 재일본조선인총연합회(조총련)라는 대립적인 양대 조직을 중심으로 전개되었고, 끊임없는 남북한 정부의 개입으로 갈등이 심화되었다는 특징을 갖고 있다.

1965년 한일조약 체결 후 민단은 남한정부의 휘하에 종속되게 되며 이에 민단의 자주성을 지키려는 개혁인사들은 1961년 '민단정상화유지간담회'를 조직하고 민단의 자주화와 민주화를 요구하기 시작한다. 1965년 한일국교정상화 이후 민단 내부에 개혁파들이 등장하게 되었고, 남한만이 일본의 수교국이었으므로 민단으로 적을 바꾸는 교포들이 부쩍 증가하였다. 또는 정치적 입장과 관계없이 남한의 억압적인 상황에서 그곳에 남아있는 가족이나 친척들과의 관계 때문에 국적을 바꾸는 사람들도 적지 않았다. 이러한 변화는 민단 내의 갈등을 초래하였다. 이처럼 초창기 재일 한국인들의 활동은 주체적이기보다는 한국에서의 이념갈등을 그대로 재현하며 남북한 정부에 종속적이었다고 볼 수 있다.

이러한 갈등 속에서 가장 먼저 독재적인 한국정부에 저항하는 움직임은 민단의 학생조직이었던 '한국학생동맹'에서 시작되었다. 민단의 남한 정부의 종속성에 대해 반발하면서 학생들 중심으로 한국학생동맹을 결성하여 반유신운동 등을 전개하였다.

일본의 본격적인 민주화운동은 1972년 7·4공동성명 이후 시작된다. 7·4 공동성명은 재일동포들 사이에 조국통일운동에 대한 새로운 계기가 되어 민단과 총련의 지부가 '7·4공동성명 지지 공동대회'까지 개최하였다. 그리고 정세변화에 호응하여 통일운동을 추진하는 모체를 결성하기로 하고 8월 민족통일협의회 (민통협)를 결성한다. 민통협은 남북공동성명의 정신인 자주·평화·민족대단결의 3대원칙에 따라 조국통일을 달성한다는 것을 강령으로 민단의 범위를 벗어난 전 민족적 운동으로 발전하였다. 민통협을 포함하여 자주위, 민단도쿄, 민단가나가와, 한청, 부인회도쿄 등 6단체 협의회가 구성되었고, 이들은 민단중앙에 대항하는 민주세력의 거점이 되었다. 이들이 유신체제 수립 이후 한국민주회복통일촉진국민회의(한민통) 결성의 모체가 되었다. 한민통은 그후 김대중 구출사건뿐만 아니라 통일운동의 선봉에 서게 되며 미국, 유럽 등에 지부를 설치하여 해외운동을 연계하는 주도자 역할을 하였다.

1980년의 광주항쟁은 이미 조직되어 있던 한민통의 미국지부와 유럽지부를 활성화하며 이 운동의 중심으로서 일본의 역할을 강조하게 된다. 당시 재일한국인 민주화운동세력으로는 지식인들, 소수의 교회 지도자, 한민통 조직이 있었다. 지식인들은 성명서 발표 등 온건한 운동에 제한되어 있었으나 한국의 인권상황을 일본에 알리는 데 적극 나섰다. 교회 지도자들 역시 대다수의 기독교 신도들이 보수적인 정치적 입장을 견지하고 있었기 때문에 활동의 폭은 제한되었으나, 교회라는 배경을 가지고 민주화운동의 여러 지도자들을 조직하는 데 큰 역할을 하였다. 이러한 활동은 재일한국인들을 조직하는 것뿐만 아니라 일본인들의 협조를 얻어내는 데에도 기여하였다. 사회당은 아시아 차원에서의 문제제기로 한국의 인권문제에 대해 관심을 가졌고 한국에서의 민주화운동을 존경과 부러움의 대상으로 바라보는 시각도 있었다. 여기에 김대중 납치사건이 일본에서 발생했다는 사실에 대한 책임감도 있어 폭 넓은 지원을 이끌어 낼 수 있었다.

2) 미국의 통일·민주화 운동

미국에서의 민주화운동이 조직적으로 시작된 것은 김대중이 1973년 7월에 도미하여 만든 일본 한민통의 미주본부에서부터였다. 그 이전에도 유학생 중심으로 3선개헌반대운동, 유신반대운동 등이 산발적으로 있었으나 조직적으로 결합된 것은 한민통이 처음이었다. 김재준 목사, 임창영 전 유엔대사, 김상돈 전 서울시장 등이 주축을 이루었으며, 의장에 김대중, 부의장에 안명국이 선출되었다. 한민통 미주지부는 망명객인 김대중을 통해 한국의 직접적인 영향을 받았으며 이미 일본에서 형성되었던 한민통의 미주지부라는 이름을 사용함으로써 해외운동의 연계를 시도하였다. 그러나 1974년 한민통 의장선거를 기점으로 조직 내에서 갈등이 불거졌다. '선민주 후통일'을 주장하는 세력은 한민통을 한국민주화운동연합운동으로 이름을 바꾸고 민주주의국민연합과 통합하여 한국민주회복통일촉진국민연합(민통연합)을 결성하게 된다. 이 세력들은 김영삼 세력과 김대중 세력으로 분열양상을 보이기도 하지만, 1987년까지 꾸준히 한국의 민주화를 위한 운동을 전개했다. 이들은 워싱턴 D.C를 중심으로 활동을 벌였으며, 특히 미국정부에 압력을 가하는 데 가장 영향력 있는 집단이었다.

'선통일 후민주'를 주장하는 임창영 계열은 1977년 미주민주국민연합(미주민련)을 결성하여 통일운동에 무게 중심을 두고자 했다. 미주민련은 15개 단체의 연합체로 재미민주한인협회 등이 중심을 이루었고 1980년대 이후 폭발적으로 성장하여 아직까지 운동을 전개하고 있다. 위의 두 단체가 동부 중심이라면 서부에서는 교포문제연구회(1973), 조국자유수호회(1974), '한민통서부지역' 참가자들이 주축이 된 조국민주회복남가주국민회의(국민회의) 등이 중심을 이루고 있다. 이 시기의 운동은 이념의 분화에도 불구하고 반독재민주화운동이 주류를 이루고 있었고, 명망가 중심의 운동이라는 한계를 가졌다.

1980년 광주의 충격 이후 미국에서도 새로운 운동의 물결이 분출하였다. 사실 1970년대의 운동은 지도부의 노력에도 불구하고 대중적인 지지를 받지는 못했다. 이는 특히 한인사회가 영사관, 한인회, 보수언론의 삼각연합에 의해 주도되었기 때문이다. 영사관 주도의 이권을 매개로 결합되어 있는 삼각연합은 반정부적인 인사들을 탄압하고 때로는 한인사회로부터 비판세력들을 제거하는 역할을 했다. 광주항쟁의 보도 이후 수동적이던 재미한인사회는 침묵을 깨기 시작한다. 특히 그간 대립관계에 있었던 한인대학생총연합회와 민주학생협의회는 광주항쟁을 계기로 군부독재 타도시위를 여러 차례 공동 개최했으며, 광주항쟁 시기에는 미 적십자사를 점거하고 헌혈운동을 전개하여 미국언론의 주목을 끌었다.[16] 또 『스트리트저널』지 창간을 통해 한국 언론에서 다루지 못하는 민감한 이슈를 다루었고, 한국의 민주화운동세력의 입장을 대변하는 역할을 하였다. 또한, 양심수 돕기 운동 등 모금운동을 전개하여 한국의 운동권과 좀 더 밀접한 관계를 유지하게 되었다. 『스트리트저널』은 100만부 이상 발간한 적도 있으나, 노태우 정권 이후 한국의 신문들의 언로가 트이기 시작하면서 시대적 소명을 다했다는 생각에서 1991년 2월에 폐간하게 된다.

1980년 광주항쟁의 또 다른 영향은, 미국에서의 운동이 일부 진보학자 중심이거나 특정 정치인의 후원그룹으로서의 소극적 역할을 넘어 대중적인 민주통일운동으로 발전하였다는 점이다. 광주항쟁을 통해 재미한국인들은 미국이 자유의 수호자가 아니라 자국 이익 우선주의를 추구한다는 사실을 새삼 깨달았다. 그 결과 1981년 오스트리아 빈에서 조국통일에 관한 북과 해외동포기독자 간의 대화가 열렸고, 이 대회는 1982년 헬싱키, 1984년 빈에서의 세계적 동포들의 모임으로 이어졌다. 한편, 이 대화에 참가한 사람들이 방북하여 방문기를 모은 『분단을 뛰어넘어』가 출판되어 국내에서 통일논의의 물꼬를 열기도 했다.

또 이들을 중심으로 1987년 조국통일북미주협회(통협)가 결성되어 북한과 공식적·조직적 관계를 갖게 되었다. 통협은 1989년 평양에서 열린 13차 세계청년학생축전북미주대표단 및 참관단에 참여했으며, 북한에서 열린 주요 행사에 자체 대표단을 파견했다.

이러한 운동 주제의 확대와 함께 주체세력의 변화도 동반되었다. 그 동안 명망가 중심으로 산발적으로 일어나던 운동이 점차 청년중심, 전업운동가 중심의 조직운동으로 발전하였는데, 윤한봉 중심의 민족학교나 조국통일북미주협회가 대표적인 사례이다. 특히 광주항쟁에 참여했다가 미국으로 망명한 윤한봉은 광주와 미국을 잇는 중심점으로서의 역할을 하며 미국 민주화운동의 대중화에 새로운 전기를 마련하였다. 광주와 연결된 활동은 민족학교, 호남향우회가 주축이 된 광주위령탑모금운동, 1986년 34개 한인 단체장의 직선제개헌양심선언, 1987년 직선제요구시국선언대회 등으로 이어졌다. 1987년 6월항쟁 이후 남북한의 교류가 확대되면서 활발한 방북활동과 함께 공개적 통일운동이 확산되었고, 1989년 '평화대행진'의 성과로 평양에서 제1차 범민족대회(1990)가 개최되었다. 하지만, 남·북·해외 3자연대로 구성된 범민련에서 점차로 북이 주도권을 행사하면서 민족학교를 위시한 통일단체들이 탈퇴를 감행하는 등 갈등도 심화되었다. 그 후 통일운동은 미국내에서 북의 입장을 대변하는 재미동포전국연합회와 1990년대 중반 이후 결성된 자주민주통일미주연합, 1999년에 만들어져 한반도 통일문제를 전문적으로 다루고 있는 인터넷신문인 『민족통신』 등에 의해 지속적으로 전개되고 있다.

3) 독일의 통일·민주화 운동

일본과 미국에 비해 독일에서의 운동은 한국의 영향을 덜 받으면서 자율적인 모습을 띠었다. 한국의 4월혁명은 독일 언론에 한국문제를 소개하는 시발점이 되었으며, 이때 한국 유학생이 토론 프로그램에 나가 한국의 상황을 전하면서 알려지게 되었고, 이는 소수이지만 유학생들의 의식을 일깨우는 원인이 되기도 했다. 그 당시 300~400명 정도로 추산되던 유학생 중 50여 명의 학생이 모여 '물러나서 도를 닦는다'는 의미의 퇴수회(退水會)라는 단체를 설립(1962. 6)한다. 그 주체는 이영빈, 안병무, 윤이상 등이었다. 이 모임은 초창기에는 의식화와 민주화의 뜻을 가지고 있었으나 점차 대사관의 간섭으로 활동이 침체되었고, 결국 독일한인회를 결성하는 기초로서의 의미만 남게 된다. 1964년 4월에 광부와 간호사가 중심이 되어 한인회를 출범하였지만, 주소를 대사관으로 하는 등 대사관에 종속되는 분위기로 나아갔다.

이후 동백림 사건 등을 거치면서 한국문제에 대한 언급이나 반정부적인 발언은 표현하기 어려웠으며 한인 조직도 어려운 상태였다. 이러한 소강기를 거쳐 가장 먼저 형성된 민주운동조직은 유신체제를 계기로 1974년에 설립된 민주사회건설협의회(민건회)를 들 수 있다. 우선 기독교계에서 가장 먼저 움직임이 있었는데, 독일교회와 한인 기독교인들이 박형규 목사가 발표한 청계천빈민문제에 대한 저항성명서에 동조하는 '한국기독교연대선언'(1973)을 하고 이를 바탕으로 조직화 작업이 시작되었다. 또 하나의 흐름은 사회주의 사상에 동조하면서 『주체』라는 신문을 내고 있던 좌파 그룹이었다. 민건회는 1974년 3·1절을 기념으로 유학생, 기독교인, 광부, 간호사들이 함께 참여하여 본의 뮌스터광장에서 성토대회와 가두시위를 벌이고 이들을 중심으로 단체를 조직하게 된다. 그들이 내걸었던 목표는 독재정치의 횡포와 탄압, 국민경제의 예속과 파탄, 서민대중의 착취와 빈곤을 초래한 박정희 정권의 비민주적·반사회적인 유신체제를 철폐하고 인간의 존엄과 사회정의를 구현하는 민주사회의 건설을 촉구하는 것이었다. 또한 1960년대 후반부터 시작된 신좌파운동의 여파로 자유로워진 독일내의 상황이 유학생이나 교포들로 하여금 한국의 인권문제에 관심을 돌리게 했으며, 조직을 결성하도록 촉진하는 요인이 되었다.

80년대 이후 민주화운동은 더욱 확대됐다. 베를린노동교실(회장 윤운섭), '전태일기념사업회 유럽본부'(대표 김대천) 등이 결성됐고, 원풍모방·동일방직 분규를 지켜본 '재독한인여성모임' 회원들은 한국여성노동자 지원을 위해 힘을 모았다. 또 양심수후원모임이 결성되어 구속된 조국의 동지들을 위해 분주히 움직였다. 또한 매년 '오월민중제'와 '갑오동학농민제' 등 다양한 대중행사를 개최해 유럽사회의 주목을 받기도 했다. 그리고 한독문화협회, 한국학술연구원 등을 결성, 한국문화와 역사를 알려나가는 데에도 힘을 썼다. 또한 민족학교와 문화모임 결성에도 힘을 쏟아 베를린의 세종학교와 천둥소리(2세풍물모임), 보훔지역의 한국민중문화모임 등이 현재까지 활동하고 있다. 이러한 성과는 1987년 재유럽민족민주운동협의회(유럽민협) 결성으로 모아졌고, 유럽민협은 이후 유럽동포운동의 중심체로 우뚝 서게 되며 유럽동포운동의 전성기를 이루게 되었다(오마이뉴스 2006. 11. 18). 민건회의 성립은 재독한인노동자연맹(노연)의 조직으로 이어진다. 노연은 당시 재독 노동자들을 중심으로 결성되어 한국의 민주화운동을 중점으로 다루었으며 재독 노동자들의 체류문제나 인권문제 등에 대해서도 적극적으로 대처하였다. 이후 민건회를 비롯한 독일의 민주화운동은 1987년 6월 항쟁 및 문민정부의 출범 이후 활동의 한계에 부딪치게 된다. 일부 회원들은 귀국하였고, 나머지 회원들은 통일운동에 참여하는 등 각자의 길을 걸었다.

4) 해외의 통일·민주화 운동

이처럼 초창기 해외의 통일·민주화 운동은 한국의 권위주의적 정치체제에 대한 저항이나 비판에서 시작되었지만 대중화되지 못한 채 소수운동가들의 참여로 이루어졌다. 특히 남북한 정부의 간섭이 심했던 일본에서는 좌우이념 갈등이 한인사회에서 그대로 재현되었으며, 남한정부에 종속된 민단은 자율적이고 독립적인 활동을 할 수 없었다. 그러나 일본에 비해 지리적으로나 정치적으로 다른 환경에 있던 미국과 독일의 한인사회는 당시 서구에 불기 시작한 신좌파운동의 영향으로 보다 독립적으로 활동할 수 있었다. 일본이나 미국이 남한 반체제인사의 구명이나 지원에서 직접적인 동기를 얻었다면, 독일은 그에 비해 한국의 운동세력과의 연계로 시작되었다. 또 일본이나 미국이 교포들을 중심으로 운동이 결성되었다면 독일에서는 유학생들을 중심으로 조직결성이 시작되었다. 독일에서는 1980년 광주항쟁을 계기로 이미 조직되어 있던 민건회나 노연, 재독여성모임이 한국의 민주화운동을 주도하였고, 소극적 자세에 있던 교포들의 참여가 확산되었다. 그리고 유학생들과 교포들을 중심으로 베를린의 노동교실 등 새로운 단체가 조직되었다.[17)

독일 민주화운동에 영향을 미친 또 하나의 한국정세는 통일운동이었다. 남한에서의 통일정책과 관계없이 기독교통일협의회가 이미 1980년에 급진적인 기독교운동그룹에 의해 조직되었고, 북한을 방문(1981)하기도 하였다. 하지만 남한과 연관을 가지면서 독일에서 통일운동을 주도한 조직은 범민련이라 할 수 있다. 범민련은 1980년대 말 남북한 관계가 비교적 완화되고 남북한의 직접적인 만남에 관심을 가지면서 시작되었다. 범민련은 남한의 전국연합에서 가장 먼저 제안했으며, 1차 범민족대회를 1990년 평양에서 개최했다. 1990년 이후 독일에서의 민주화운동은 범민련 주도로 이루어졌으나 여러 가지 갈등으로 1995년 이후 활동이 급격히 약화되었다. 물론 이는 회원들의 문제나 사회주의 붕괴 등 다른 요인들이 있지만 가장 결정적 원인은 남한의 민주화가 정착되어 가면서 독일에서의 민주화운동의 활동 근거가 약해졌다는 사실이다.

물론 이들의 활동은 언로가 막혀 있는 한국의 상황에서 국제적으로 한국문제를 제기하여 여론화하고, 때로는 한국정부를 압박하는 중요한 통로가 되었으며, 때로는 국내활동에 물질적 지원을 하거나 한국 활동가들의 피신처 역할을 했다. 특히 통일운동에서 해외의 역할은 남북한이 직접 교류하지 못하는 상황에서 중립적 제 3자로서의 역할을 충실히 해냈다. 그러나 한국의 민주화과정이 진행되면서 해외운동 주체세력은 커다란 고민에 부딪치게 되었다. 무엇보다도 한국에서 시민운동의 영향력이 커지면서 외부의 지원이 불필요하게 되었다는 점이다. 상황이 이렇게 되자 최근 해외의 민주화운동은 2세대를 중심으로 이주민들의 권익 및 인권 문제에 역점을 두는 활동을 새롭게 전개하고 있다.

02 _ 한미관계

(1) 반미의 무풍지대

지역감정과 지역주의, 반미감정과 반미주의, 그리고 반일감정과 반일운동은 서로 다른 개념이다. 예를 들어 지역감정은 "다른 지역·출신자들에 대한 집단적인 정서적 거리감"으로 일반적으로 편견이나 고정관념 등 부정적인 의미를 담고 있다. 지역주의(regionalism)는 지역의 정치적 영향력이나 권력을 신장시키거나 지역의 이익을 실현하고자 하는 체계적인 정치적 이념이다(김진하 2010: 91~98). 반미감정과 반미주의 역시 같은 맥락에서 구분될 수 있다. 김진웅(2003: 52~55)에 따르면, '반미감정'은 주로 감성적인 차원에서 미국의 특정한 정책에 대한 반발로 드러나는 것인 반면 '반미주의'(anti-Americanism)는 미국 전체에 대한 거부로서 하나의 이데올로기이다. 일상적으로 쓰이는 반미는 반미감정과 반미주의를 모두 아우르는 복합적인 용어이다. 그렇다면 우리나라에서 '중장기적인 지속성과 구조적 기반을 전제'로 '미국에 대한 이데올로기적 거부를 의미하는 반미주의'(강진웅 2015: 361)는 언제, 어떤 계기를 통해 나타나게 된 것일까?

이 분야의 많은 연구자들은 대체로 그 기원을 1980년 5월의 광주민주항쟁에서 찾고 있다. 물론 역사학계에서는 그 뿌리를 '신미양요'(1871)로 거슬러 올라가기도 한다. 주지하다시피 1866년 미국 상선 제너럴셔먼호가 통상을 목적으로 대동강을 따라 평양 근처까지 침입했고, 당시 쇄국정책을 폈던 조선은 미국의 요구에 불응하여 제너럴셔먼호를 소실시켰다. 이에 격분한 미국은 1871년 다시 함선 5척을 이끌고 강화도에 침입하여 조선의 사과를 받고 통상조약을 체결하려 했는데 이 사건이 바로 신미양요이다. 이 사건은 한국인들의 반미감정을 불러일으킨 최초의 사건이었다. 반미주의를 국가 이념으로 공고화한 북한의 역사에서 이 사건은 '반미인민항쟁의 성전'으로 교육되어 왔다(사회과학원 역사연구소 1989: 19~23). 그러나 남한의 역사에서 이 사건은 하나의 작은 불미스런 사건에 불과하다. '반미' 역시 '반서양'이라는 틀에서 이해된 것이었지 반미 그 자체가 강조된 것은 아니었다. 오히려 이 사건을 계기로 서양국가와 최초로 맺은 1882년 조미수호통상조약을 통해 공식적인 한미관계가 성립되었고, 이 과정에서 미국은 한국과 우호적인 관계로 발전할 수 있었다. 일제의 식민통치 기간 동안에 국제사회에서 한국인들의 의사를 대변해 줄 통로는 미국 선교사들뿐이었고, 이들 또한 한국인들의 기대에 어느 정도 부응해 줌으로써 미국에 대한 한국인들의 우호적 이미지는 강화될 수 있었다. 이러한 배경에서 1910년 주권을 상실한 이후 이승만 등은 미국을 위시로 한 서구열강들의 독립 지원에 기대는 독립청원외교를 전개해 나갔다(김진웅 2003: 13~22).

해방정국에서 잠시 좌파세력에 의해 반미주의의 기치가 고조되기도 하였다. 하지만, 반공을 국시로 한 미군정과 이승만 정권의 탄압으로 좌파 조직이 궤멸되면서 반미주의 또한 대중들과 고립된 채 잠복하게 되었다. 특히 한국전쟁으로 인한 남북대립의 구조에서 전쟁에 관한 김일성의 책임론이 부각되고 남한 내 좌익이 몰락함에 따라 공산주의를 옹호하거나 미국을 부정, 비판하는 것은 금기의 대상이 되었다. 그야말로 한국사회는 한국전쟁 이후 아시아에서 유례를 찾아 볼 수 없는 '반미의 무풍지대'로 변화된 것이다(강진웅 2015: 367). 한국전쟁 이후 한국인들은 자신의 조국을 방어할 수 있게끔 도와준 미국의 존재를 혈맹 속의 우방이자 구세주로 각인하였으며, 이에 맹목적인 친미주의가 태동하게 되었다. 1965년 5월 서울 거주 500명의 한국인들을 대상으로 주한미공보원이 조사한 결과에 따르면, 선호하는 국가를 묻는 질문에 68%가 미국을 꼽았고, 싫다는 반응은 단지 1%에 불과했을 정도였다(김진웅 1992: 19). 따라서 역대 한국 정권들은 자신들의 정통성의 기반으로 반공과 친미를 내세웠고 반미운동은 용공

내지 친북과 동일시되어 탄압받았다.

1960~70년대의 민주화세력들 또한 미국의 지원을 필요로 했고, 미국을 모델로 한 입헌민주주의 체제를 선호했다. 한 때나마 반미감정이 싹 튼 시기도 있었다. 1977년 출범한 카터 행정부는 박정희의 유신체제에 대하여 인권문제를 중심으로 비판적 입장을 보여 인권을 둘러싼 한미 간의 긴장은 한국의 지도층 특히 박정희의 반미감정을 강화시켰다. 이어 카터 행정부에 의한 주한미군의 철수 문제, 한국의 대미로비 활동에 대한 미 의회의 압력, 청와대 도청설 등등은 한국 국민을 분노하게 만들어 반미감정이 일기도 하였다. 그러나 한미 양국은 안보 면에서는 긴밀한 협력을 유지하였고, 일반 한국인들 역시 미국에 대해 우호적 태도를 지녔다. 결국 1970년대 말까지 한국에서 공개적인 반미주의가 대두한 적은 없었으며, 오히려 지배층과 반정부 세력 모두 미국에 대한 과도한 의존과 막연한 환상을 가졌다(이강로 2004: 249).

(2) 광주항쟁과 반미주의의 발전

사실 광주항쟁 초기 시민군의 투쟁 담론은 전두환 정권을 북한 공산집단과 같은 적으로 묘사하며 공격하였을 뿐 미국에 대한 비판은 드러내지 않았다. 오히려 항쟁 초기 광주 시민군은 군사 쿠데타를 억제할 힘으로 미국에 대한 막연한 기대를 걸었다. 민주화 항쟁 당시 절대 다수 광주시민들은 '고독'했고 "광주 이외 다른 지역에서 일어난 봉기나 미국의 도움만이 그들이 원하는 것을 동시에 지킬 수 있다는 것을 알았기 때문"에 "미국의 지원과 미국 대사의 중재"를 너무나 간절히 바랬다(최정운 1999: 218). 실제로 미국은 최종 진압작전이 시작되기 직전 광주시민으로부터 들어온 중재요청을 거절했음을 시인한 바 있다. 미국의 공식 보고서에 따르면, "이때는 이미 군의 공격이 임박했다는 것은 누구나 다 아는 일"이었기 때문에 글라이스틴 대사가 중재 요청을 거절했다는 것이다. 이에 대해 그는 "그러한 역할이 미국대사에게 합당치 않으며 또 한국 당국이 받아들이지 않을 것으로 그가 믿었기 때문"이었다고 진술하였다(이삼성 1993: 141).

그러나 인권을 이유로 박정희의 군사독재를 비판하고 주한미군 철수까지 검토했었던 민주주의 국가 미국에 대한 기대와 환상은 신군부의 학살과 미국의 방조를 계기로 급격한 반전을 맞게 되었다. 광주항쟁을 계기로 미국이 '인권과 민주주의의 국가'가 아니라 동북아에서 미국의 국익과 안보에 충실한 '제국주의 국가'라는 관점이 확산되기 시작했다. 그것은 구체적으로는 공수부대의 잔악행위 및 20사단의 투입 승인에 대한 미국의 묵인과 공조행위에 대한 분노였다. 이에 대해 위컴 주한미군사령관과 글라이스틴 대사는 5.17 계엄령 확대 직후 군부가 3김을 체포하자 미국은 즉각 이들의 석방을 요구했고, 여기에 온통 신경을 쓰느라 광주에서 한국 공수부대가 벌인 잔악한 진압행위를 몰랐다고 변명하였다.

이와 더불어 작전권을 갖고 있던 미국이 20사단의 광주 투입을 승인한 사실에 대해서는 다음과 같이 해명하였다. 첫째, 공수부대의 잔학상을 알고 난 이후 폭력을 개탄하고 평화적 해결을 촉구했으며, 둘째, 20사단(사단장 박준병 소장) 투입을 승인한 것은 광주에서의 시민군과 협상이 결렬되었을 때에만 사용한다는 조건이었고, 또 20사단은 공수부대에 비해 폭동진압훈련을 잘 받은 부대여서 폭력을 덜 사용할 것이라 판단하였다. 셋째, 협상기회를 주기 위해 최종적인 진압작전을 이틀간 연기했다는 것이다. 하지만 이에 대한 반론도 지속되어 왔다. 무엇보다 진압작전 날짜를 5월 27일 새벽으로 결정한 것은 시민군과의 협상을 기다렸기 때문이 아니라 '북의 오판'에 대비하여 미국의 항공모함(코랄시호)과 공중정보기 등을 한국 쪽에 증파하는 문제로 인한 것이었고, 이 과정에서 미국 세네월드 장군(당시 미8군사령관 겸 한미연합사령관)을 매개로 미국 측과 긴밀한 협의를 거쳤다는 것이다. 무엇보다도 미국은 당시 광주 항쟁을 "사이공 함락 이후 아시아에서 미국의 맹방이 맞이한 최대의 위기"(Washington Post, 1980. 5. 27)라는 보도에서 알 수 있듯이 안보적 관점에서 접근하였다. 이 시기에 미국 정부는 3만 9천

명의 주한 미군과 "한반도의 엄청난 경제적, 정치적, 전략적 이익 때문에 미국은 안보와 공공질서를 최우선으로 삼았다"고 지적했는데, 이는 20사단의 광주투입 승인이 이러한 맥락에서 이루어졌음을 알 수 있다(이삼성 1993: 143).

광주항쟁을 계기로 대한민국은 반미의 무풍지대에서 아시아에서 반미주의의 중심으로 부상하였다. 이와 더불어 당시에 불기 시작한 비판적 사회과학의 인식, 특히 커밍스로 상징하는 수정주의 역사 해석은 반미감정을 반미주의로 상승시키는 데 한 몫을 했다. 브루스 커밍스의 『한국전쟁의 기원』(1981)의 출간은 국내 사회과학 및 역사학 분야에 커밍스 신드롬을 낳았을 정도였다(전상인 2003: 204). 그 결과, 미국은 해방 후 남한정치사에서 "진보를 추구하는 다수 민중의 자주적 운동을 억압하고 구질서 밑에서 기득권을 지닌 특권세력의 편에 서왔다"고 인식되었다. 따라서 비판적 대미 인식은 "미국의 주도로 파쇼적 자본주의가 이식되면서 좌절되어 버린 한국 민중의 사회적 비전을 어떤 형태로든 계승하려는 측면"을 보인다는 것이다(이삼성 1993: 301).

전두환의 광주항쟁 유혈진압에 대한 미국의 묵인은 사실 여부와 무관하게 한국에서 미국의 역할에 대한 재평가를 초래했음은 분명하다. 학생들은 한국군의 작전지휘권을 지닌 미국이 광주항쟁의 진압을 부추겼다고 보았고, 레이건의 전두환 초청은 '광주진압에서 미국의 공모'에 대한 학생들의 믿음을 재확인시켜 주었다. 학생들은 미국을 제3세계를 억압하는 제국주의 국가라 칭하고 해방 이래 미국의 대한정책을 비판하기 시작했다(이강로 2004: 251). 이에 커밍스는 "광주에서의 경험으로 한국인들은 독재로부터의 탈출과 미국의 통제에서 벗어나는 일을 연관짓게 됐다"고 밝히기도 했다(연합뉴스 2007. 5. 10). 실제로 1980년 12월 9일 광주 미문화원이 방화된 사건이 최초로 일어났고, 이후 광주 미문화원은 1989년 5월까지 학생들로부터 28번의 공격을 받아야 했다. 1982년 3월 발생하여 문부식 등이 사형 선고된 부산 미문화원 방화사건은 광주 미문화원 방화사건에 이어 광주학살에 대한 미국의 묵인, 방조의 책임을 묻는 학생운동권의 전투적 반미투쟁의 대표적인 실례였다. 한국 대학생들의 반미시위에 대해 뉴욕타임스가 "한미 양 국민에게 있어 가장 큰 손실은 미국이 한국에서 민주주의를 옹호할 것이라는 희망에 종말을 고했다는 점이다. 이제는 악의 화답만이 남아 있을 뿐이다"(New York Times, 1982. 7.6)라고 보도할 정도였다.

학생들의 반미 인식은 점차 이론적으로 체계화되어 갔다. 1983년까지 학생들은 한국을 신식민지국가로 규정하고, 전두환 파쇼 정권에 대한 투쟁은 제국주의 국가에 대한 투쟁으로 인식하였으며, 한미일 3각 군사동맹의 가능성에 대한 위험과 신냉전의 등장을 반대하였다. 1984년 학생운동은 전두환 정권과의 투쟁에서 반제·반파쇼의 민족민주혁명을 주창하였으며, 이는 1985년 민주·민중·민족의 '삼민주의'로 발전하였다. 학생운동이 미국을 제국주의로 인식, 비판한 것은 미국의 전두환 정권에 대한 지지만이 아니라 통일을 위한 민족주의적 각성과도 깊게 연결되었다. 1986년에 이르러 미국의 전두환 정권에 대한 계속 지지, 미국의 한국시장의 개방 압력, 민족주의의 각성 등은 학생운동에서 공공연한 반미주의로 귀결되었다. 결국 학생들의 비판은 '민족해방 민중민주혁명론'(NLPDR)으로 발전하여 한국 민중과 미 제국주의와의 대립 모순을 한국사회의 근본 모순으로 간주하는 이념적 반미주의로 체계화되었다(이강로 2004: 256). 이러한 반미주의는 북한의 주체사상을 수용하면서 1987년에는 전국대학생대표자협의회(전대협)와 1993년 한국대학총학생회연합(한총련)의 출범을 낳게 했다.[18]

한국사회의 이데올로기적 반미는 1980년대 후반 들어 농산물 시장개방과 보호무역을 실현하려 했던 미국의 경제정책과 함께 이전부터 지속되어 온 주한미군 범죄와 불평등한 한미행정협정 등 군사·외교적 주권에 대한 정치경제적 비판으로서의 반미로 변화되기 시작했다. 1990년대 이후에는 시민사회의 성숙에 따라 반미운동은 친북적·급진적 반미주의보다는 불평등한 한미행정협정의 개혁은 물론 남북 간 평화협정, 군사긴축, 반핵평화운동 및 농산물 시장개방에서의 농민들의 생존권과 주한미군 범죄 및 기지 사용 등에서의 환경, 노동, 인권을 사수하는 생존권적 반미운동으로 전환했다. 돌아보자면, 1980년대에 태동했던 한국사회의 반미주의는 한편으로는 광풍 같은 정권의 매카시즘과 언론의 마녀사냥에 가까운 일방적 매도를 낳았고, 다른 한편으로는 급진적 이념이 초래한 여러 부작용을 가져왔다. 그럼에도 불구하고 그것은 민주화 이후 시민들의 합리적 비판의식의 밑거름이 되어 성숙한 시민사회와 평등한 한미관계를 촉진하는 원동력이 되었다(강진웅 2015: 381).

03 _ 한일관계

미국의 동아시아 지역통합전략에 따라 한국과 일본은 이미 1951년부터 관계정상화를 위한 회담을 시작했다. 한국전쟁 와중에서도 이어졌던 한일회담은 난항의 연속이었다. 1차 회담(1952. 2)과 2차 회담(1953. 4)은 청구권과 어업 문제(평화선)로 첨예한 대립을 보였고, 3차 회담(1953. 10)에서 일본 대표 구보타의 "36년간 일본의 한국 지배가 한민족에 유익했다"는 망언으로 한일회담은 장기간 중단되었다.

한일회담의 난항에는 이러한 쟁점과 더불어 이승만의 비타협적인 대일 강경노선도 한몫했다. 이승만은 일본이 기본적으로 변한 것이 없으며 언젠가 아시아에서 군사적·경제적 지위를 되찾아 재무장을 함으로써 한국의 독립을 위협할 것이라 생각했다. 또한 한국경제가 일본경제의 하부로 전락하는 것도 두려워했다. 일본에 대한 불신과 경계심은 이승만뿐 아니라 당시 많은 한국인들이 공유하고 있었던 현실인식이었다(민주화운동기념사업회연구소 2008: 395). 이승만은 이러한 한국인들의 대일 인식을 반공주의와 결합시켜 정치적으로 이용했다. 특히 1950년대 중반부터 일본이 대 공산권 적극 외교에 나서 소련, 중국은 물론 북한에 대한 접근을 강화하자 대규모 반일시위를 일으켰다. 1955년 5월 30일 전국애국단체연합회에서는 '일제용공정책 분쇄 국민대회'를 열고 일본제국주의의 재기를 철저히 분쇄할 것을 결의하였다. 당시 언론은 이날까지 일본의 용공정책을 규탄하는 시위에 전국 각지에서 40여 만 명이 참여하였다고 보도했다. 이승만은 반일운동을 벌이면서 미국에 일본의 용공정책을 묵인하지 말것을 촉구했다. 사실상 이승만은 일본과의 교섭과정에서 일본이 아니라 미국을 상대로 협상하려 했고, 미국으로부터 더 많은 원조를 얻어내기 위해 한일문제를 이용했다. 일본 또한 한국보다 미국과 실질적인 협상을 하려 했다. 이는 미국에 절대적으로 의존하고 있던 한일 양국이 미국의 동아시아 지역통합전략에 따라 회담을 진행했기 때문에 생긴 현상으로 한일회담을 지속적으로 결렬시킨 근본 원인이었다(오제연 2005: 31).

(1) 박정희 정부와 반일운동

5·16 쿠데타가 일어난 1961년 미국에서는 케네디 정부가 출범했다. 베트남과 대만, 한국 등 동아시아 지역에 대한 원조의 급증에 당면하였던 케네디 정부는 경제부흥에 성공한 일본이 이 지역에서 보다 적극적인 정치경제적 책임을 수행하기를 원했다. 또한 대한정책에서 한국의 경제개발계획의 성공을 위해서는 일본의 자본과 시장이 필요하다고 보았다. 이에 따라 미국의 한일관계정상화 압력은 1950년대보다 일층 강화되었다.

1961년 10월 20일 제6차 한일회담이 시작되었지만 타협은 쉽지 않았다. 가장 큰 쟁점은 역시 청구권 문제였다. 한국은 실질적으로 식민 지배에 대한 보상 성격을 갖는 청구권을 관철시켜 한국 국민들에게 한일협정 체결과 일본 자금 유입의 정당성을 입증하려 했다. 반면 일본은 미국의 견해를 따라 2차 세계대전 이후 미군정이 한국 내 일본인 소유 재산을 한국에 이양함으로써 청구권은 사실상 소멸되었다는 입장을 갖고 있었다. 대신 한국에 제공할 자금의 명목을 '경제협력자금' 또는 '독립축하금'으로 규정하려 했다. 청구권의 명목 못지않게 중요한 것이 액수문제였다. 1961년 6차 회담 당시 한국은 일본에 8억 달러 정도의 청구권 자금을 요구했다. 이에 대해 일본은 청구권은 5천만 달러 정도만 인정할 수 있으며, 여기에 약간의 경제원조가 가능하다고 대응했다.

양측의 입장이 분명해진 가운데 최종 담판을 위해 김종필 중앙정보부장과 오히라(大平正芳) 일본 외상이 회담을 가졌다. 1962년 10월 21일과 11월 12일 두 차례 회담에서 두 사람은 유명한 '김종필·오히라 메모'를 통해 최종 합의를 이끌어 냈다. 이 메모는 일본이 "무상 3억 달러, 유상(정부차관) 2억 달러, 민간차관 1억 달러 이상"을 한국에 제공한다는 것을 명시했다. 반면 자금 제공의 명목에 대해서는 한 마디도 언급하지 않았다. 이후 한국은 이 자금을 청구권 자금이라 설명했지만 일본은 일관되게 경제협력자금으로 해석했다. 한일 양국은 1965년에 체결된 청구권 관련 협정의 제목을 '대한민국과 일본국 간의 재산 및 청구권에 관한 문제의 해결과 경제협력에 관한 협정'이라고 하여 양국이 서로 다른 주장을 할 수 있는 여지를 열어 놓았다.

당시의 한일협상에 대해 다수 국민들은 반대의견을 가졌다. 그 원인은 첫째, 한국 정부가 보인 '굴욕적인 저자세 외교' 때문이었다. 한일관계의 정상화, 나아가 동아시아 평화와 협력의 출발은 군국주의와 식민지의 기억으로부터 자유이다. 그러기 위해서 대다수 한국 국민들은 일본 측의 진정한 배상과 사과, 즉 과거사의 청산이 기본이 되어야 한다고 생각했다(김용복 2013: 51). 하지만 박정희 정부는 청구권이라는 명목조차 제대로 관철하지 못했다. 군사정권은 청구권 자금이 한국의 경제발전을 위해 꼭 필요하다고 주장했지만 오랜 식민통치와 한국전쟁을 거치면서 민족주의 이념을 체득하였던 국민들 사이에는 경제종속 우려가 더 컸다. 한국정부의 '굴욕적인 저자세 외교'와 일본정부의 불성실은 쟁점을 봉합하는데 급급한 절충주의를 양산하였다. 나중에 독도문제나 위안부문제에서 드러난 것처럼 한일협정의 가장 큰 특징은 문구의 모호성과 해석의 자의성이었다(민주화운동기념사업회 2008: 440).

둘째는 한국국민에게 민감한 평화선 문제였다. 군사정권은 청구권 자금의 조속한 도입을 위해 청구권과 평화선의 상쇄를 주장하는 일본의 요구를 수용할 의사가 있었지만 그 동안 평화선(소위 이승만 라인)을 대한민국의 주권이 미치는 영토로 인식하고 있던 한국국민들은 이를 국토의 일부를 돈을 받고 팔아먹은 행위로 간주했다. 생존권을 위협받던 어민들 역시 청구권 문제 타결 직후부터 군사정권에게 평화선을 청구권과 흥정하지 말 것을 계속 요구했다.

셋째는 비공식라인과 밀실협상에 의존하였던 협상 과정의 비민주성 때문이었다. 연일 학생시위가 계속되던 1964년 3월 26일 김준연 의원은 국회 본회의에서 박정희 정권이 일본으로부터 1억 3천만 달러를 받았다고 주장하여 파문을 일으켰다. 그는 4월 2일에도 박정희·김종필 라인이 일본으로부터 2천만 달러를 받았다는 등 13가지 의혹을 제기했다. 여당인 공화당은 김준연 의원을 허위사실 유포 및 명예훼손으로 고소·고발하였고, 여야의 격돌 끝에 결국 4월 25일 김준연 의원이 구속되었다. 한일협상과 관련된 정치권의 뒷거래에 대해서는 국교수립 이후에도 의혹이 끊이지 않았다. 국교정상화 직후 협상과정의 중심인물이거나 일본 재계의 주요 접촉창구였던 이후락(대통령 비서실장), 김성곤(민주공화당 재정위원장), 장기영(부총리), 길재호(민주공화당 사무총장), 백남억(민주공화당 정책위원회의장) 등 당시의 권력실세를 둘러싸고 '정경유착'과 '흑막'의 파문이 연이어 제기되었다(안소영 2011: 31~68). 최근 공개된 미국 CIA의 문서는 이러한 의혹이 정치공세가 아니라 충분한 근거가 있음을 보여주었다. 1961년부터 1965년까지 일본 기업들이 공화당 예산의 3분의 2를 제공했으며, 6개 일본 기업이 한 기업 당 100만~2천만 달러까지 총 6천 6백만 달러를 제공했다(홍석률 2005: 279~280).

이러한 반대를 무시하고 한일정부 사이의 회담 타결이 임박해오자 야당과 지식인, 학생들은 '대일굴욕외교반대 범국민투쟁위원회'(범국민투위)를 결성(1964. 3. 9)하였다. 범국민투위는 15일부터 전국을 돌면서 집회를 개최하였는데, 여기에는 부산 3만 명, 마산 1만 5천명, 광주 1만 명 등 많은 청중이 모였으며,

21일 마지막 서울집회에는 4만여 명이 운집하였다. 그럼에도 불구하고 한일회담이 지속되자 1964년 3월 24일 서울대 문리대, 고려대, 연세대 학생들이 5.16 쿠데타 이후 최초의 대규모 가두시위를 벌였다. 학생들은 선언문을 통해 한일 양국 정부가 6억 달러에 불과한 식민지 착취와 탄압의 대가로 평화선을 흥정하고 있다고 비판하고, 이제 일본자본이 민족자본을 침식·예속시켜 매판자본화할 것이라고 경고했다. 시위는 3월 25일 전국 각 대학교와 고등학교로 확대되어 4만여 명의 학생이 시위에 참여했다. 서울의 시위대는 청와대 부근에서 수도경비사령부 소속 군인 2개 중대와 대치했다. 야당도 국회에서 한일회담 즉시 중지와 구속 학생 즉각 석방을 요구했다. 3월 26일 박정희 대통령은 특별담화를 통해 학생들의 우국충정은 이해하지만 자신은 재임 중 부여된 임무를 확고한 신념과 명확한 목표 하에 추호도 변동 없이 수행할 것임을 분명히 하였다. 박정희의 특별담화는 학생들을 자극하여 26일의 시위 참가 인원은 전국 11개 도시에서 6만여 명으로 늘어났다. 결국 정부는 27일 김종필 소환을 발표했고, 김종필은 다음 날 일본에서 귀국하였다. 김종필 소환 이후 학생시위는 일단 소강상태를 보였다.

5월 11일 박정희 대통령은 시국수습을 위해 전면 개각을 단행하고 국무총리 겸 외무부장관에 정일권, 부총리 겸 경제기획원장관에 장기영을 임명했다. 이는 국민들의 뜻과 상관없이 현재의 위기를 정면 돌파하고 한일회담을 조속히 타결짓겠다는 박정희의 승부수였다. 미국과 일본 역시 정일권 내각을 '한일회담 촉진내각'으로 파악하고 환영의 뜻을 나타냈다. 5월 20일 서울대 문리대 교정에서 '민족적 민족주의 장례식'이 열렸다. 여기에는 서울대, 고려대, 동국대, 성균관대, 건국대, 경희대, 한양대 등 각 대학 학생과 시민들이 참여하였다. 이전까지 학생들의 반대투쟁이 각 대학별로 진행된 것과 달리 한일굴욕회담반대 학생총연합회가 주도한 이날 집회는 서울시대 주요 대학 학생들이 참여한 연합집회였다. 학생들은 이날 선언문을 통해 반외세·반독재·반매판의 민족민주정신과 민족자립의 중요성을 강조하고, 5·16을 4·19를 부정하는 것으로 규정했다. 무엇보다 민족적 민주주의 장례식은 1963년 대통령 선거에서 민족적 민주주의를 내세워 당선된 박정희 정권을 직접 겨냥했다(대학신문 1964. 5. 21). 민족적 민주주의 장례식을 계기로 1964년 한일회담반대투쟁은 반정부투쟁의 성격을 띠기 시작했다.

5월 22일 박정희 정권은 민족적 민주주의 장례식을 폭동으로 규정한 반면, 시위 관련자들에게 영장을 발부하라며 법원에 난입(5.21)한 무장군인들은 우국충정에 의한 우발적 행동이라고 옹호하였다. 5월 26일에는 내무부장관이 민족주의비교연구회(민비연)을 4·19 직후 학생통일운동을 주도한 민통련과 관련을 가진 '사회주의 찬동자'로 규정하고 배후에 공산세력과 야당이 있다고 주장했다. 이에 대해 5월 29일 34개 대학 학생회장들은 '난국타개대책회의'를 개최하고 학원난입 경찰 처벌과 법원난입 군인 처벌, 그리고 구속학생 석방 등 학생들의 요구사항이 관철될 때가지 '집단 단식농성'을 벌이겠다고 통고했다. 당시까지 유례를 찾기 힘든 학생들의 집단 단식농성은 사회적으로 큰 파장을 불러일으켰다. 요구사항이 무시되자 결국 학생들은 6월 3일 '박정희 정권 타도'를 목표로 전면적인 항쟁에 돌입했다. 계엄선포설이 나돌고 비가 오는 상황이었지만 6월 3일 서울에서만 1만 2천~1만 5천 명의 학생들이 제각기 교내에서 '박정희-김종필 화형식' '5·16 피고 모의재판' 등 행사와 성토대회를 연 다음 스크럼을 짜고 거리로 쏟아져 나왔다. 이날 시위는 세종로와 청와대 인근에서 경찰과 삼엄한 투석전과 대치를 벌일 만큼 격렬하였는데, 학생들뿐만 아니라 적지 않은 일반 시민들도 합세하였다. 1964년 6.3시위에서 학생들은 ① 박정희 정권 하야 ② 악덕재벌 처단 ③ 학원사찰 중지 ④ 여야 정객의 반성 촉구 ⑤ 민생고 시급 해결 ⑥ 부정부패 원흉 처단 등의 구호를 외쳤다. 이는 이날 시위가 굴욕적 한일회담에 대한 단순한 반일감정이 아니라 민족주의라는 이념에 기초한 반일운동이자 박정희 정부에 대한 전면투쟁으로 운동의 성격이 발전하였음을 보여

주었다(민주화운동기념사업회연구소 2008: 430~431).

박정희 정권은 자신에 대한 반대와 타도를 선언한 학생들을 막기 위해 군대를 동원했다. 1964년 6월 3일 밤 9시 50분 서울시 일원에 비상계엄이 선포되었고, 수도경비사령부 소속 군인들이 투입되어 시위대를 해산시켰다. 이날 시위로 체포된 학생과 시민이 1,200명이 넘었고 그 중 91명이 구속되었다. 이튿 날에도 일부 대학에서 시위가 이어졌지만 정부는 해당 대학에 휴교조치로 맞섰다. 계엄사령부의 포고에 따라 집회·시위, 언론·출판의 자유가 제약받았으며 전국의 모든 대학이 휴교와 주도 학생에 대한 강경 처벌에 들어갔다.[19] 야당과 학생의 성토대회와 조인식 반대투쟁에도 불구하고 1965년 4월 3일 한일 양국은 어업, 청구권, 재일한인의 법적 지위 등 3개 현안을 일괄타결하고 각각의 협정에 가조인했다. 이로써 1951년 처음 시작한 후 14년 동안 재개와 중단을 반복해오던 한일회담이 마침내 타결되었다. 이후에도 한일협정 정식 조인이 있던 1965년 6월 22일까지 2개월 동안 "제2의 을사조약인 한일협정의 즉시 철회" "생명선인 평화선의 절대 사수"를 내걸고 야당과 학생들은 격렬한 시위를 벌였다. 이에 대해 정부는 폭력진압과 휴교·조기방학으로 맞섰다. 이어 학생과 야당, 사회지도층 인사들의 적극적인 비준 반대 투쟁에도 불구하고 박정희 정권은 1965년 7월 14일 국회에서 한일협정비준동의안을 베트남전쟁 전투병파병동의안과 함께 날치기로 발의하였다. 이어 야당의원들이 출석을 거부한 가운데 공화당만의 국회 본회의에서 1965년 8월 14일 한일협정비준동의안이 통과되었다. 한일협정이 비준된 이후 범국민투위의 활동은 소규모 옥내집회를 개최하거나 성명을 발표하는 것이 전부였다. 야당인 민중당은 이 과정에서 투쟁, 전략을 놓고 강경파(윤보선)와 온건파(박순천)로 갈라져 적전분열 양상을 보였다.

한 동안 소강상태를 보였던 시위는 모든 대학이 개강한 1965년 8월 하순부터 재개되었다. 전국 14개 대학 1만여 학생들이 "한일협정 비준 무효화와 박정희 정권 타도, 매국 국회 해산"을 외치며 거리로 쏟아졌다. 대규모 학생시위가 부활하자 박정희 정권은 보다 강력한 탄압으로 맞섰다. 이 과정에서 시위진압에 투입되었던 수도경비사령부 소속 무장군인 500여 명이 시위학생들을 쫓아 고려대에 난입하여 학생들을 무자비하게 구타·연행하는 사건이 발생했다. 무장군인의 고대 난입 사건(1965. 8. 24)에 대한 규탄성명과 시위가 이어졌지만 정부는 오히려 위수령을 선포(1965. 8. 26)하고 전방에 주둔하고 있던 6사단을 서울로 이동시켜 시위 진압에 동원하였다. 시위 주동자와 교수 등 배후인물에 대한 대대적인 검거와 구속 등 박정희 정권의 초강경 탄압으로 학생시위는 점차 힘을 잃었다. 정부는 시위 주동학생과 소위 '정치교수'에 미온적으로 대처한 책임을 물어 문교부장관과 서울대총장을 경질(8. 27)한데 이어 대표적인 사학인 고려대와 연세대에 무기휴업령(9. 4)을 내렸고 학사감사에 착수했다. 이러한 과정을 거쳐 한일협정은 1965년 12월 18일 양국이 비준서를 교환함으로써 정식 발효되었다. 이로써 1945년 해방 이후 20년 만에 한일 간 국교가 정상화되었다. 4·19라는 승리의 경험을 바탕으로 치열하게 싸웠던 학생운동과 재야는 박정희 정권에 의해 철저하게 유린당했다. 이후 학원과 사회에는 한 동안 패배감과 무력감이 만연하였다. 그러나 2년간 지속된 한일협정 반대투쟁은 외형적 실패에도 불구하고 한국 민주화운동의 역량을 크게 신장시켰고, 그 경험과 자산은 민주화운동의 밑거름이 되었다(민주화운동기념사업회 2008: 468).

이후의 한일관계는 경제협력의 확대 속에서 정치사회적 갈등이 주기적으로 반복되는 모순적 국면이 지속되었다. 먼저, 경제적 측면에서 한일관계는 비록 무역적자 현상의 일방적 심화라는 문제점이 있었지만 우호적 협력의 장기국면이 지속되었다. 한일국교정상화 직후 서울에서 열린 한일경제각료간담회(1966. 9)에서 한국은 유·무상 5억 달러 규모의 조기사용과 민간차관의 증액을 요청했고 이는 대체로 수용되었다. 이와 더불어 베트남 사태 등 안보상황의 변화 역시 한일관계의 협력을 지속시키는 중요한 요인이었다. 1969년 11월 미일 간의 '사토·닉슨 공동성명'을 통해 "한국의 안전은 일본 자신의 안전에 대단히 긴요하다"는 '한국조항'을 선언함으로써 한미일간의 굳건한 동맹관계를 확인하였다. 1970년대에 들어서도 민간수준은 물론 한일 양국의 경제협력체제는 더욱 긴밀한 관계가 되었다. 일본정부는 1971년에 5천만 달러의 엔 차관을 공여했으며, 서울지하철계획에 8,840만 달러(1971), 대청 다목적댐(1974), 충주 다목적댐(1977) 건설사업 등에 엔 차관을 공여했다(손기섭 2009: 313~314).

하지만 재일동포 북송(1959~84)과 김대중 납치사건(1973. 8)과 육영수 여사 저격을 가져온 문세광사건(1974. 8) 등 한일관계는 항상 불안정한 요소를 안고 있었다. 먼저, 식민과 분단의 아픔을 상징하고 있는 북송 사업은 사회주의 체제의 우월성을 선전하고, 부족한 노동력을 보충하려는 북한의 의도와, 외국인의 90%를 차지하고 있던 재일한국인들을 북송함으로써 식민지배 배상 및 귀환비용을 해결하려는 일본의 속셈이 맞아떨어져 전격적으로 이루어졌다. 1959년에 시작되어 1984년까지 이루어진 북송사업으로 북한으로 이주한 재일동포는 모두 9만 3,340명(86,603명의 재일한인과 그 배우자 혹은 부양가족인 일본인 6,730명, 중국인 7명)에 달했다. 자본주의 진영에서 공산주의 진영으로 대규모 인구가 이주한 것은 대단히 특이한 사건이었다. 게다가 당시 일본이 고도성장기에 접어든 데다 아시아에서 가장 잘 사는 자유국가였음을 고려한다면 이는 매우 특이한 일이었다(정재정 2014: 176). 이에 대해 한국정부는 북송이 일본의 추방정책과 북한의 정치목적이 야합한 산물이라며 격렬히 반대했다. 한국정부는 북송이 6.25전쟁 정전협정의 위반이며 간접적인 선전포고에 해당한다고 주장하면서, 세계 각지 외교관들을 통해 북송 저지를 호소했으며 유엔 내외에서 반대활동을 벌였다. 국내에서는 연이은 반대집회와 군사행동의 위협도 가했으나 재일동포의 구체적인 처우개선 방안도, 그들의 수용계획도 제시하지 못함으로써 결국 북송저지 운동은 실패했다.

백주 대낮에 일본 동경시내(그랜드팔레스 호텔)에서 벌어진 김대중 납치사건(1973. 8. 8)은 인권과 외교를 무시한 박정희정권의 무모함으로 인해 한일관계에 심각한 암운을 가져다주었다. 나중에 밝혀진 바에 의하면, 김대중이 해외에서 유신체제를 계속 비판하면서 재미교포들의 반정부단체인 한국민주회복통일촉진회의(한민통)를 결성(1973.7.6), 초대 명예회장이 되고 일본에서도 한민통 결성을 준비하자 박정희 대통령은 그의 납치 살해를 중앙정보부에 지시했던 것이다. 납치사건이 발생하자 박정권은 처음부터 끝까지 한국정부의 개입을 완강히 부인했다. 그러나 일본경시청이 사건현장에서 범인(중앙정보부 소속, 김동운 서기관)의 지문을 채취하는 등 움직일 수 없는 증거를 포착하고 사건 관련자의 출두를 한국에 요청하자, 이를 완강히 거부했다. 이에 따라 일본 내에서는 '국권침해'에 대한 비난여론이 대두, 한·일 정기 각료회의 연기, 대륙붕 석유탐사를 위한 한일교섭 취소, 경제협력 중단 등 오랫동안 밀월관계를 유지해오던 한일관계가 냉각상태에 빠졌다. 이후 미국의 은밀한 영향력 행사와 한일 간의 막후절충을 통해 관계정상화가 시도되어 김동운 1등 서기관의 해임, 김대중의 해외체류 중 언동에 대한 면책, 김종필 총리의 진사방일 등에 합의, 사건 발생 86일 만에 이 사건은 정치적으로 결말지어졌다(김삼웅 1994: 122). 당시 일본에서는 국가의 주권과 개인의 인권을 침해한 한국정부의 처사, 그리고 그런 한국정부를 지원하는 일본정부에 대한 비판이 고조되었다. 하지만 일본은 반공친일노선을 걷고 있었던 박정희 정부가 심각한 곤경에 빠지는 것을 원치 않았기 때문에 한국정부의 책임을 묻지 않았다. 이 사건의 처리과정은 한일 정부 사이의 정치유착, 밀사외교의 진면목을 보여주었다(정재정 2014: 146).

한편 김대중 납치사건으로 한일관계가 격랑에 휩쓸린 지 얼마 지나지 않은 1974년 8월 15일 재일한인 문세광(文世光)이 광복절 기념연설 도중 박정희 대통령을 저격하는 사건이 발생했다. 이 사건으로 박대통령은 저격을 피했지만 대통령 부인 육영수 여사가 사망했다. 이 사건은 한국인에게 큰 충격을 주었을 뿐만 아니라 한일관계를 단교 직전으로 몰고 갈 정도로 심각한 위기에 빠트렸다. 한국정부는 공산주의자인 문세광이 북한의 영향력 아래 있던 일본 조총련의 지령을 밝혔다고 밝혔다. 실제로 범인이 사용한 권총이 일본의 경찰서에서 사라진 것이고, 범인이 소지했던 위조여권도 일본에서 발부한 것이었다.[20] 여러 모로 보아 일본정부는 법률적 내지 도의적 책임을 면할 수 없었다. 박정희 저격사건은 김대중 납치사건으로 수세에 몰려 있던 한국정부가 다시 공세로 전환하는 계기가 되었다. 서울에서는 광복회원으로 알려진 시위대 200여 명이 일본대사관에 난입해 방화하고 일장기를 찢기도 했다(1974. 9. 6). 일본정부가 한국에 거주하는 일본인의 철수계획까지 세울 정도로 갈등이 격화되자 다시 미국이 중재에 나섰고, 한일 간 비공식 채널이 가동되었다. 그 결과 1974년 9월 19일 자민당 부총재인 시나 에쓰사부로(椎名悅三郎)가 수상 다나카 가쿠에이(田中角榮)의 친서를 휴대하고 진사특사로 한국을 다녀갔다. 친서에는 일본이 도의적 책임을 인정하고 한국정부의 전복을 기도하는 테러활동 등의 단속을 강화하겠다는 뜻이 담겨 있었다. 이로써 한일 사이에는 밀사외교와 미국의 중재가 효과를 발휘할 수 있다는 것이 다시 한 번 증명되었다(정재정 2014: 149).

(2) 전두환 정부와 한일관계

박정희 대통령의 죽음을 가져온 10·26 사태는 한일관계의 한 시대를 마감한 의미가 있었다. 이 불안정한 재조정기의 한일관계에서 최대 외교적 쟁점은 소위 '안보경협 60억 달러' 문제와 '제1차 역사교과서 왜곡사건'이었다. 1981년부터 1983년까지 이어진 '안보경협 60억 달러' 교섭은 단순한 경제협력 협상이 아니라 미국의 지원을 바탕으로 한 한국의 정치적 요청이었고, 이는 차후 한일관계 설정의 방향성 문제로 연결되었다. 이 문제는 결국 나카소네(中根康弘) 내각의 출범 이후 엔 차관 18.5억 달러, 일본수출입은행 21.5억 달러로 구성된 총 40억 달러의 경제협력으로 타결(1982.12)되었다.

1982년의 역사교과서 왜곡사건은 당시 국사편찬위원회의 조사 결과에 따르면, 일본 고등학교 교과서 16종 중 24개 항목, 167군데가 심각하게 왜곡된 것으로 나타나면서 불거졌다.[21] 예를 들어, 일본의 패전으로 인한 한국의 해방 사실을 "일본이 …지배권을 상실하였다"라고 서술했고, '탄압'을 진압으로, '출병'을 파견으로, '억압'을 배제로, '수탈'을 양도로 기술하는 등 체계적인 왜곡을 시도하였다. 이에 대해 한국과 중국은 강력한 외교적 대응을 펼쳤다. 이전과 달리 사태가 커져 한·일, 중·일 간 외교문제를 일으키고 유엔 등 국제사회에서 관심을 갖게 되자 일본 문부성이 종래의 입장에서 물러섰다. 1982년 7월 30일 일본정부는 한국정부에 한국 측의 비판과 의견을 겸허하게 받아들이겠다는 뜻을 처음으로 밝혔다. 한국정부는 8월 3일 일본대사를 불러 역사교과서 왜곡에 대해 신속하고 구체적인 조치를 취할 것을 요구하는 비망록을 전달하였다. 또한 교과서 문제를 협의하기 위해 실무자를 파견하겠다는 일본정부의 제의를 거부하였다. 중국정부도 주일대사를 일시 소환하는 강경 조치를 취하였다. 이러한 한·중 양국의 강경한 태도와 국제사회의 여론 앞에 일본은 정부의 책임 아래 역사교과서 왜곡을 시정하겠다는 '일본 정부의 견해'를 발표하였다.

그 결과 11월 24일 일본정부는 근·현대사의 역사 기술에 대해서는 한국과 중국 등 주변국의 의견을 적극 배려하겠다는 새로운 교과서 검정기준을 발표하였다. 이른바 '근린제국조항' 또는 '주변국 조항'이라는 교과서 검정기준이 새로 추가되었다. 이 조항은 같은 해 11월 문부성 교과서 검증 기준으로 정식 채택되어 교과서 검증 시 주변국을 자극하는 것을 피하기 위한 하나의 기준으로 적용되었다.

이 일본 교과서 파동을 겪으면서 한국은 다시는 일제침략과 같은 민족 수난을 재현하지 않겠다는 자각과 결의를 다지는 계기가 되었다. 그 결과 '독립기념관 건립'을 결의하여, 8월 중 문화공보부와 교육부가 '기념관 건립계획안'을 각각 수립하였다. 그리고 8월 27일 6개 민간단체 대표들이 모여 독립기념관 건립을 결의하였다. 이에 소요되는 재원은 국민성금으로 충당하고 자료 수집은 개인이 소장하고 있는 자료를 헌납 또는 기탁 받기로 결정하였다. 1982년 연말까지 모금된 성금 액은 349억 원이었다. 추진위가 해산한 1986년 5월말까지 모금된 성금은 총 492억 원이었고, 이자가 188억 원이었다. 이는 당초 독립기념관 건립을 위해 목표로 세웠던 500억 원을 훨씬 상회하는 것이었다. 그리하여 독립기념관은 1982년 일본 역사교과서 왜곡 파동을 계기로 국민적 성원으로 건립되었다.

소 결
———

이념의 다원성이
부재한
시민사회

민주사회의 핵심적 요체 중 하나는 '이성적으로 구성된 전반적 이념의 다원성으로 정의되는 이성적 다원주의'이다(최장집 2002: 197). 이러한 기준을 산업화 시기의 한국사회에 적용한다면 보수적이고 배타적인 세 가지 이념, 즉 자유민주주의와 성장주의, 그리고 친미노선이 시민사회를 압도하였던 시대였다고 정리할 수 있다.

무엇보다도 이 시기는 자유민주주의가 지배이념이자 저항이념으로 적대적 양진영에 의해 동시에 사용되었다(자유민주주의 對 자유민주주의). 앞서 유신헌법의 '자유민주적 기본질서' 조항이 상징하였던 자유민주주의가 헌법은 물론 시민사회의 지배적 이념으로 내면화됨으로써 사유권의 절대화와 인권과 사회권의 위축을 가져왔음을 살펴보았다. 흥미로운 점은 저항세력 역시 자유민주주의라는 담론을 자신들의 활동과 주장의 정당성을 알리는 논거로 활용하였다는 점이다. 1960년대 후반 이후 박정희 정권에 비판적인 자세를 견지한 재야 및 야당인사들 역시 '안보'를 빌미로 한 국가권력이 자의적인 행사와 민주주의적인 제도의 훼손과 인권침해를 비판했지만 단 한 번도 재산권과 반공질서를 부정하지는 않았다. 이처럼 일부 야당인사와 재야지식인들의 반대 논리는 반공국가의 정당성은 인정하면서 정권의 비민주성을 비판하고, 반공의 실질적 토대구축과 국제적 고립을 탈피하기 위한 방법으로서 더 '본질적이고 원칙적인' 자유민주주의의 질서 회복을 강조하고 있다. 따라서 이들과 박정희 정부의 '국가주의적 자유주의'의 차이는 박정희 정부가 어떠한 방법을 동원하다라도 반공질서를 구축하는 것이 선이며 자유민주주의라고 본 것이라면, 자유지식인들은 자유민주주의 원칙을 준수함으로써 반공질서가 강화될 수 있다는 논리인 셈이다. 따라서 남한의 분단국가와 반공주의의 정당성을 부인하지 않고 있다는 점에서 둘 사이에는 큰 차이가 없었다.

　시민사회의 지배 이념으로서 서구와 다른 한국의 자유민주주의의 특징은 늘 반공주의나 성장주의와 긴밀히 결합하여 사용되고 있다는 점이다. 남한에서 자유민주주의는 한국전쟁을 거치면서 비로소 헤게모니적 지위를 누리게 되었지만, 동시에 한국전쟁은 자유민주주의를 곧 반공과 동일시할 수 있는 역사적 경험과 정치적 정당성을 제공함으로써 자유민주주의의 발전에 중대한 장애물로 작용했다. 권위주의 정권들은 공통적으로 자신들의 정치적 입장에 도전하는 일체의 반정부 세력 또는 진보세력들을 반국가사범 또는 좌경용공으로 매도함으로써 자신들의 정권을 쉽게 유지할 수 있었다. 그 결과 "자유민주주의를 지키기 위해 반공을 해야 한다"는 논리가 "반공을 위하여 자유민주주의를 제한할 수밖에 없다"는 논리로 전도되었다가 급기야는 "반공이 곧 자유민주주의"라는 역설로 둔갑되고 말았다. 이처럼 권위주의 집권세력은 반공, 경제발전, 민주주의 및 통일된 민족국가 수립을 한국정치의 일차적 목표로 선점하고, 이것들을 자신들이 장악한 대중매체와 선전기구를 통해 대대적으로 홍보함으로서 이념적 지형의 기본적인 틀을 주조했다. 그리고 기본적인 과제 중에서 반공과 경제발전을 민주주의보다 1차 목표로 설정하고 이를 일반 국민에게 부과했다. 반공은 남북대치 상황을 구실로 대내적으로는 물론 대외적으로도 국가안보와 직결된 요소로서 최우선 순위를 부여받았다. 그 결과 민주주의는 반공과 경제발전에 종속된 하위담론으로 전락할 수밖에 없었다(강정인 2002: 50~51). 흥미로운 점은 자유민주주의라는 기본질서가 민주화 이후에도 변함없이 유지되고 있다는 점이다. 최근 새누리당은 당명을 자유한국당으로 바꾸었다(2017.2.13). 아직 바꾸지 못한 당헌 총칙에는 "자유민주주의와 시장경제를 기본이념"으로 한다고 되어 있다(제2조 목적)

이 시기를 특징짓는 또 하나의 유력한 이념은 성장주의였다. 허쉬만(Albert O. Hirschman)은, 유럽의 후발 국가들과는 달리 라틴아메리카와 같은 후후발 산업화에서는 '엘랑'(elan), 즉 열정적 집합의지가 없다는 것이 특징이라고 지적했다. 이 점에 있어서 한국은 후발국가 가운데서도 희귀하게 정부가 산업화과정에서 국민들로부터 이러한 열정을 끌어낼 수 있었다는 차이가 있다(최장집 2003: 80~82). 온 국민이 궁핍으로부터 열성적으로 탈출하고자 하는 집합적 의지를 표현한 것이 바로 1960~70년대의 대표적인 구호라 할 수 있는 '잘살아보세'였다. 그 대중적 구호는 정부가 위로부터 주도한 것이었지만 그에 대한 열렬한 대중적 호응을 이보다 잘 표상하는 말은 없을 것이다. 이러한 성장주의는 민주화와 더불어 종식된 것이 아니라 '토건국가'로 이어졌다. 토건국가의 문제는 토건업체의 수익을 위해 필요하지 않은 대규모 개발사업을 벌이고, 이로써 토건업체와 정치인 사이에 혈세를 나눠먹는 정경유착의 구조가 확립되며, 그 결과 엄청난 혈세의 낭비와 자연의 파괴와 지역사회의 해체가 이루어진다는 데 있다. 물론, '토건국가'는 박정희의 군사적 성장주의를 통해 만들어지기 시작했다. 정치적 정당성을 원천적으로 가지고 있지 않았던 박정희 정권은 수단과 방법을 가리지 않고 경제성장을 이루어야 했으며, 가장 빨리 경제성장을 이루는 방법은 대규모 개발 사업을 전국의 곳곳에서 쉬지 않고 벌이는 것이었다. 이 방식은 그 뒤 전두환의 한강개발사업과 노태우의 신도시건설사업, 서해안개발사업 등으로 이어졌다. 민주화에 따라 '토건국가'의 개혁이 이루어졌어야 했지만, 문민정부와 국민의 정부도 그렇게 하려고 하지 않았다. 오히려 더 많은 개발사업을 벌여서 토건업체의 지지를 받고 국민의 환심을 사려고 했다. 수도권 규제완화 조처, 기업도시, 혁신도시는 그 대표적인 예일 뿐이다. 토건국가에서 복지생태국가로의 전환은 여전히 한국사회에 남겨진 중요한 과제이다(홍성태 2011).

박정희 정권의 성장주의에 맞선 유력한 이념이 분배와 내포적 발전을 강조하였던 민족경제론과 대중경제론이다. 민족경제론은 박현채 개인의 경제이론이 아니라 1960~80년대 일단의 진보세력 내부에서 공유하였던 변혁적 정치경제이론이라 할 수 있다. 민족경제론과 대중경제론은 적지 않은 공통점을 갖고 있다. 두 이론 모두 한국사회를 매판적 관료독점자본주의 단계로 인식하였고, 이를 극복하기 위하여 국지적 지역권에 근거한 중소기업과 국민산업의 자율적 재생산 구조를 강조하였다. 이병천은 민족경제론과 대중경제론 즉 경제이론과 정치실천의 만남이 유신체제의 수립에 맞선 한국현대사에서 의미심장한 하나의 역사적 사건이었다고 의미를 부여하고 있다. 두 이론의 만남을 통하여 민족경제론은 단순한 학술 이론의 성격을 넘어서 개발독재체제에 대항하는 현실적 대안의 정치경제학이자 구체적인 정책 담론이라는 역사적 위상을 갖게 되었다. 김대중의 대중경제론 역시 민족경제론과 만남으로써 분명한 체계와 새로운 이론적 요소를 수혈 받게 되었다는 것이다(이병천 2001: 24~32). 류동민 역시 민족경제론의 틀 속에서 대중경제론의 의미를 파악하고 있는데, 두 이론의 공통점은 민주화 세력의 경제대안으로서, 민중들의 생활실태(민생)가 나빠지는 이유를 단지 생산력 수준의 저하가 아니라 민족경제와 국민경제의 괴리로 인한 경제적 잉여의 유출을 주목한 점이라고 보고 있다(류동민 2007: 19). 필자는 이 시기에 형성된 두 이론은 당대 이상으로 1987년 민주화 이후 진보개혁 진영의 사회경제 비전과 상상력에 지속적이고도 매우 강력한 영향을 미쳤다고 판단하고 있다.

본 연구는 한국의 시민사회를 규정하였던 마지막 이념으로서 친미주의를 살펴보았다. 해방 이후 광주항쟁이 있기까지, 그리고 2016년 현재까지도 친미가 근본적 위기에 처한 적은 없었다. 그런 점에서 필자는 대한민국은 여전히 '반미의 무풍지대'라고 생각한다. 물론 몇 차례의 도전은 있었다. 해방정국에서 잠시 지하로 숨어든 좌파세력에 의해 반미주의의 기치가 고조되기도 하였다. 하지만, 반공을 국시로 한 미군정과 이승만 정권의 탄압으로 좌파 조직이 궤멸되면서 반미주의 또한 대중들과 고립된 채 잠복하게 되었다. 특히 한국전쟁으로 인한 남북 이념대립의 구조에서 전쟁에 관한 김일성의 책임론의 부각되고 남한 내 좌익이 몰락함에 따라 공산주의를 옹호하거나 미국을 부정·비판하는 것은 금기의 대상이 되었다. 한국전쟁 이후 한국인들은 자신의 조국을 방어할 수 있게끔 도와준 미국의 존재는 혈맹 속의 우방이자 구세주로 각인되었으며, 이에 맹목적인 친미주의가 태동하게 되었다. 1970년대 후반에도 한때나마 반미감정이 싹 텄다. 1977년 출범한 카터 행정부는 박정희의 유신체제에 대하여 인권문제를 중심으로 비판적 입장을 보여 인권을 둘러싼 한미 간의 긴장은 한국의 지도층 특히 박정희의 반미감정을 강화시켰다. 이어 카터 행정부에 의한 주한미군의 철수 문제, 한국의 대미로비 활동에 대한 미 의회의 압력, 청와대 도청 등등은 한국국민을 분노하게 만들어 반미감정이 일기도 하였다. 그러나 한미 양국은 안보 면에서는 긴밀한 협력을 유지하였고, 일반 한국인들 역시 미국에 대해 우호적 태도를 지녔다. 결국 1970년대 말까지 한국에서 공개적인 반미주의가 대두한 적은 없었으며, 오히려 지배층과 반정부 세력 모두 미국에 대한 과도한 의존과 막연한 환상을 가졌던 것이다.

1980년 광주항쟁은 민주주의와 인권국가 미국에 대한 기대와 환상을 접게 만든 일대 사건이었다. 광주항쟁을 계기로 미국이 "인권과 민주주의의 국가"가 아니라 "동북아에서 미국의 국익과 안보"에 충실한 제국주의 국가라는 관점이 확산되기 시작했다. 그것은 구체적으로는 공수부대의 잔악행위 및 20사단의 투입 승인에 대한 미국의 묵인과 공조행위에 대한 분노였다. 그러나 민주화 이후 광주항쟁의 진상이 공개되고, 이후 남북관계가 경색되면서 이념적·급진적 반미주의는 퇴색하였다. 1990년대 이후에는 시민사회의 성숙에 따라 반미운동은 친북적·급진적 반미주의보다는 불평등한 한미행정협정의 개혁은 물론 남북 간

평화협정, 군사긴축, 반핵평화운동 및 농산물 시장개방에서의 농민들의 생존권과 주한미군 범죄 및 기지 사용 등에서의 환경, 노동, 인권을 사수하는 생존권적 반미운동으로 전환했다. 돌아보자면, 1980년대에 태동했던 한국사회의 반미주의는 광풍 같은 정권의 매카시즘, 언론의 매도, 이른바 남남갈등 속에서의 마녀사냥과 같은 이념적 운동의 급진성에 의한 많은 부작용에도 불구하고 1980년대 후반 이후 한국의 시민사회의 성장과 평등한 한미관계를 요구하는 대중들의 합리적 비판의식의 밑거름이 되었다.

결 론

한국 시민운동의
뿌리를 찾아서

　최근 각계의 전문가들과 활동가들이 모여 『한국시민사회운동 25년사, 1989~2014』(2015)를 발간했다. 이 책에는 정치, 경제, 시민사회 등 총 33개의 영역별 시민운동이 망라되어 있다. 1987년을 기점으로 민주화·민중운동과 시민운동, 사회운동과 신사회운동으로 구분하는 도식이 일반적이다. 하지만 이는 부정확한 인식이다. 왜냐하면 한국의 시민운동은 인적으로나 조직적으로 산업화 단계의 민주화 운동에 뿌리를 두고 있기 때문이다. 이 시기에 사회단체를 포함한 민주화운동은 두 가지 점에서 현재 한국의 시민사회에 분명한 영향을 미치고 있다.

　첫째, 민주화운동은 시민운동의 인적 풀로 작용하였다. 본 연구에는 1960~70년대에 활동하였던 331명의 재야 및 민주화 인사가 언급되어 있다. 이들은 일일이 거론하기 힘들 정도로 1980년대 이후 각 분야의 시민사회운동을 주도하여 왔다. 이를 구체적으로 입증하기 위해 우리나라의 대표적 시민단체인 참여연대의 임원 명단과 대조해 보았다.[1] 조사 결과 적지 않은 민주화운동 인사들이 참여연대 임원을 역임한 것으로 나타났다. 물론, 참여연대의 창립(1994)

시점에 이미 민주화 인사들은 어느 정도 장년이나 노년기에 접어들었기 때문에 자문위원과 고문을 맡는 경우가 많았다. 그렇지만 김중배(언론인)와 성유보(언론인), 한명숙(여성계)처럼 공동대표를 맡아 왕성히 활동한 사례도 있다.[2] 정리하자면, 민주화운동은 1990년대에 들어 시민운동이 번성할 수 있는 인적 기반을 제공하였다. 특히 재정적으로나 운영상 애로가 많았던 초창기 국면에서 시민운동이 터를 잡을 수 있도록 후견인 역할을 하였다고 할 수 있다.

민주화운동의 또 다른 기능은 정치인의 충원 역할이다. 한 연구에 따르면, 제헌국회부터 18대 국회까지 의원을 지낸 연인원 4,755명 중 무려 1,283명(27.0%)의 의원들이 다양한 사회운동에 참가하였던 것으로 나타났다. 좀 더 구체적으로 살펴보면 첫째, 제헌국회부터 6대 국회에 이르는 기간 동안에는 그 진출 비율이 다소 낮고, 주로 독립운동 경험자들이 많았다. 둘째, 7대 국회부터 10대 국회에 걸치는 동안에는 주로 4월혁명과 그리고 한일회담에 저항하였던 민주화운동 경험자들의 진출이 있었으나 그 비율은 10% 미만에 그치고 말았다. 이러한 침체는 경제성장을 위한 군사정권의 사회적 동원과 장기집권을 위한 물리적 탄압이 강화되었기 때문에 나타난 현상이었다. 이러한 상황에서 민주화세력들은 일부 현역 의원들을 제외하고는 공식적인 제도화과정으로 흡수되기보다는 파편적이고 간헐적인 저항세력의 결집과 체계화를 모색하면서 저항의 잠재력을 키워가던 시기였다고 볼 수 있다. 셋째, 11대 국회 이후에는 주로 민주화운동 참여자들의 국회진출이 전체 사회운동 참여자들의 국회진출을 주도하였던 시기였다. 이것은 과거 4월혁명, 한일회담반대운동, 3선개헌반대투쟁, 반유신운동, 그리고 전두환과 노태우의 신군부정권에 저항하였던 민주화운동의 역량이 누적된 결과로 풀이된다. 넷째, 이러한 민주화운동가들의 국회 진출과 함께 14대 국회부터는 노동·농민·여성운동가들과 함께 특히 다양한 시민운동가들에 의한 국회 진출 비율이 증가하였다. 이러한 것은 17대 국회의 전체의 원 과반수(50.6%)가 사회운동경험자들로 구성될 수 있었던 토양이 그 동안 구축되어왔다는 것을 의미하는 것이며, 신·구 사회운동의 동시성이라는 한국 사회운동의 특성을 반영하는 것으로 이해할 수 있다. 여기에서 확인할 수 있는 중요한 사실의 하나는 건국 이후 자유당정권과 그 후 계속된 군사독재정권에 항거하였던 민주화운동이 우리 사회의 사회운동의 주류를 이루어 왔다는 사실이다(김두식 2011: 181~183).

민주화운동이 시민운동의 인적 기반을 제공하였던 것은 분명하다. 하지만 '조직의 연속성'이라는 차원에서 보면 단절의 측면 또한 발견할 수 있다. 그런 점에서 한국의 시민사회사, 특히 시민운동의 역사를 단절과 연속의 관점에서 이해할 필요가 있다. 우리는 이번 연구를 통해 수 없이 많은 시민사회단체들의 명멸을 볼 수 있었다. 특히 민중운동에서 시민운동으로의 전환 과정에서 권익주창 성격이 강한 인권 및 운동조직들은 적지 않은 수가 사라졌다. 이는 민주화와 개방화라는 정치사회적 환경 변화에 적응하지 못했다고 냉정하게 평가할 수도 있다. 그러나 다른 시각으로 보면 정당정치의 발전과 시민운동의 성장에 따른 자연사적 순환 과정으로 이해할 수 있다. 가장 대표적인 사례가 해외의 민주화·통일운동이다. 유신체제와 광주항쟁을 거치면서 한때 해외의 민주화·통일운동은 조직화와 연대의 차원에서 놀랄만한 성장세를 보였다. 그러나 역설적으로 모국의 민주화는 해외의 민주화운동의 발전 여지를 제약하였다. 이제 대부분 해외의 민주화운동은 교포의 인권과 시민권, 권익을 보호하는 시민운동으로 전환하고 있다. 산업화 단계의 민주화운동 역시 치열하고 헌신적으로 자신의 본분과 사명을 다했다고 평가할 수 있다. 그리고 이제 대부분의 민주화운동 단체들이 포괄적 사회운동조직에서 벗어나 언론이나 출판, 여성이나 의료, 학술이나 문화와 같은 분명

민주화 운동 인사들의 참여연대 임원 현황

	재야 및 민주화운동 경력	참여연대 임원
구중서	〈민주수호국민협의회〉	문화정책연구소장
김병걸	〈민주회복국민회의〉, 〈민주주의와민족통일을위한국민연합〉	자문위원
김상근	〈민주주의와민족통일을위한국민연합〉	자문위원
김승훈	〈3.1민주구국선언〉, 〈민주주의와민족통일을위한국민연합〉	고문
김용기	〈민주주의와민족통일을위한국민연합〉	자문위원
김정기	〈민주수호국민협의회〉	운영위원
김중배	〈동아투위〉	공동대표
김찬국	〈헌법개정청원운동〉, 〈3.1민주구국선언〉	고문
남상철	〈민주수호국민협의회〉	운영위원, 집행위원
문국주	〈민주주의와민족통일을위한국민연합〉	운영위원
문정현	〈3.1민주구국선언〉	고문, 자문위원
백낙청	〈민주회복국민회의〉, 〈3.1민주구국선언〉, 〈민통련〉	고문, 자문위원
서경석	〈민주주의와민족통일을위한국민연합〉	고문, 자문위원
성유보	〈동아투위〉	자문위원
염무웅	〈민주수호국민협의회〉	자문위원
오충일	〈NCC 인권위원회〉	사무처장, 감사, 자문위원
이부영	〈민주언론운동협의회〉	운영위원
이성렬	〈3선개헌반대범국민투쟁위원회〉	운영위원
이호철	〈민주수호국민협의회〉, 〈3.1민주구국선언〉	고문
이효재	〈한국노동자복지협의회〉	고문
임헌영	〈민주수호국민협의회〉	운영위원, 집행위원, 고문
정성헌	〈민중민주운동협의회〉	운영위원
조성우	〈민주주의와민족통일을위한국민연합〉	운영위원
한명숙	〈크리스천 아카데미 사건〉	공동대표, 자문위원
함세웅	〈민주주의와민족통일을위한국민연합〉	자문위원
홍성우	〈민주수호국민협의회〉	공동대표, 운영·집행위원
황상근	〈3.1민주구국선언〉	자문위원
황인성	〈민중민주운동협의회〉	운영·집행위원, 고문

한 영역을 지닌 전문적 권익단체들로 변화하고 있다고 평가할 수 있다.

그러한 성공적 변신의 대표적인 사례가 천주교도시빈민사목협의회였다. 정일우 신부와 제정구, 김혜경 등은 한국빈민운동의 선구자라 할 수 있다. 예컨대 천도빈을 이끌던 정일우 신부와 제정구의 적극적인 건의로 우리나라 빈민운동의 양대 단체 중 하나인 천주교 서울대교구 산하에 빈민사목위원회가 만들어졌다. '천도빈'에서 보다 중요하게 강조할 점은 빈민운동에서 시민운동으로 발전하는 사회운동의 발전 모델을 제시하였다는 점이다. 천도빈의 운영조직 틀은 1990년을 기점으로 큰 변화를 맞게 된다. 천도빈은 1985년 창립부터 1989년까지 중앙의 사무국을 중심으로 활발한 철거반대투쟁 및 빈민연대운동을 전개해 나갔다. 하지만 1990년 이후론 사무국 중심의 조직운동이 아니라 빈민현장에 투신해 지역주민운동을 벌이고 있던 회원들을 중심으로 지역주민운동 네트워크를 구축하는데 주력하여 왔다(이호 1995). 즉 천도빈의 활동과 운동방향은 1980년대의 '투쟁적 조직운동'에서 1990년대의 '네트워크형 지역공동체운동'으로 전환된 것이다. 정리하자면, 천도빈은 1970년대부터 그 명맥을 유지해 오던 지역공동체 운동에 주목하고 이를 빈민운동의 새로운 실천모델로 제시하였다는 점에서 충분히 주목받을 만한 가치가 있다.

끝으로 이 시기의 궤적이 한국의 시민사회에 미친 두 가지 중대 균열을 지적하는 것으로 글을 마무리하고 싶다. 최근 한국사회는 사회경제적 양극화 현상과 동시에 극단적 이념화 현상을 겪고 있다. 제 정당과 시민단체들이 햇볕정책, 전시작전권 전환 및 한미연합사 해체, 제주강정마을해군기지 등 지난 20년간 한국사회를 뜨겁게 달구었던 외교안보 이슈에 따라 진보와 보수로 갈렸다. 이는 비단 외교안보 이슈만이 아니다. 4대강 사업이나 천안함 사건, 세월호 사건, 최근의 탄핵에 이르기까지 보수단체들은 대북문제에 유화적인 모습을 보였던 진보정당과 야당, 그리고 촛불시위를 주도하였던 시민단체들을 좌경용공세력이나 이적단체로 규정하여 비난하였다. 한편 야당과 진보적 시민단체들은 군복을 입고 태극기를 휘두르고 있는 노년 세대들을 '수구 꼴통'으로 비하하고 있다. 천안함 및 세월호 사건에서 볼 수 있듯이 이러한 과잉 이념화 속에서는 사회적 갈등 해결의 기초인 '객관적 진실 규명'조차 난망하다. 지금까지의 연구를 통해 한국사회가 당면한 사회경제적 '양극화'와 과잉 '이념화'라는 과제를 해소하기 위해서는 다음 두 가지 문제 해결에 역점을 둘 필요가 있다.

첫째는 헌법의 기본 가치와 원리에 대한 공동체의 합의 수준을 제고시키는 것이다. 미국 헌법은 다원주의의 교본이고, 프랑스 헌법은 공화주의의 교과서로서 시민들의 습관과 생활을 규정하고 있다. 특히 우리 헌법의 논쟁 지점인 전문(자유민주적 기본질서), 제1조(①대한민국은 민주공화국이다), 제119조(②국가는 균형있는 국민경제의 성장 및 안정과 적정한 소득의 분배를 유지하고, 시장의 지배와 경제력의 남용을 방지하며, 경제주체간의 조화를 통한 경제의 민주화를 위하여 경제에 관한 규제와 조정을 할 수 있다)에 대한 높은 수준의 합의가 필요하다. 물론 이는 정치사회와 시민사회의 주요 세력들 사이의 심도 있고 개방된 토론을 전제로 한다.

둘째는 진보든 보수든 시민단체의 자율성과 독립성, 투명성을 강화하는 것이다. 이 말은 정부로부터 모든 시민단체가 한 푼도 받아선 안 된다는 것이 아니다. 오히려, 선진국일수록 시민단체에 대한 제도적 지원은 두텁다. '시민사회단체연대회의'와 '뉴라이트'는 필요할 수도 있다. 그러나 관변단체나 국민운동단체는 그 어떤 형태도 바람직하지 않다. 시민단체의 자율성과 전문성의 강화는 한 사회의 문제해결 역량에 기여할 수 있다. 결국 헌정주의의 강화와 시민운동의 성숙이 박정희 체제를 극복하는 지름길이자 사회통합의 해법이다.

주 석 ANNOTATE ─────────────────────────

서 론 : 시민사회사 연구의 배경과 목적

1 그런 점에서 본 연구는 기본적으로 국가 對 시민사회라는 헬드와 킨의 2분 모델보다는 국가, 시장, 시민사회라는 코헨과 아라토의 3분 모델을 따르고 있다. 이에 대해서는 손호철 (2001)을 참조.

2 그람시는 『옥중수고』에서 역사 블록을 "지배계급 주위에서 강력하게 조직되는 것으로서 사회경제적 하부구조와 상부구조가 긴밀하게 연관된 상태", 또는 "단지 하나의 계급동맹을 가리키는 것이 아니라 이러한 동맹 내에서 하부구조와 상부구조의 관계"로 정의하였다 (권유철 1997: 20). 요컨대 역사 블록은 역사의 특정한 국면에서 지배계급이 자신의 헤게모니 확산을 통해 동맹계급과 대중의 지지를 동원함으로써 사회의 하부구조와 상부구조를 유기적으로 통합시키는 것을 의미한다고 할 수 있다.

3 개발 이데올로기와 관련, 박정희 체제는 그것을 경제적 민족주의와 결합시킴으로써 근대화를 위한 민족적 열망을 동원해내고자 했던 한편, 국민들에게 '할 수 있다'는 자신감을 심어줌으로써 성장과 발전을 위한 시대적 열정(élan)을 만들어낼 수 있었다(최장집 2002: 81).

4 코젤렉은 역사적 기본 개념을 "공적인 담론과 논쟁에 빈번하게 사용되면서 정치, 사회, 이데올로기적 투쟁과 갈등의 장으로서 역할을 수행했던 개념들"로 정의하였다(나인호 2011: 71).

PART 01 _ 한국 시민사회 제도사

1 행정국가는 경제적 합리성 위주의 관료화된 정책결정과 행정부에 의한 입법부의 통제와 지배가 구조화된 형태를 뜻한다. 광의로는 행정부에 의한 정책주도 현상으로 관료국가나 발전국가의 다른 표현이라 할 수 있다(양재진 2002: 170).

2 그와 유사한 조항은 제2공화국 헌법(1960. 6. 15 헌법 제4호)에서 처음 등장했다. 당시의 헌법 제13조는 "정당은 법률의 정하는 바에 의하여 국가의 보호를 받는다. 단, 정당의 목적이나 활동이 헌법의 민주적 기본질서에 위배될 때에는 정부가 대통령의 승인을 얻어 소추하고 헌법재판소가 판결로써 그 정당의 해산을 명한다"고 명시하였다. 하지만 제2공화국의 이 조항은 기본적으로 4.19 이후 혁명적 정세 속에서 정당의 보호를 일차적 목표로 한

것이었다.

3 이 조항이 새삼 주목을 받은 이유는 헌법재판소가 '자유민주적 기본질서'를 근거로 국가보안법의 한정합헌 결정(1990. 6. 25)을 내렸고, 이를 기준으로 통합진보당의 해산 결정(2014. 12. 19)을 내렸기 때문이다.

4 서구의 시민사회는 합리적이고 이기적인 부르주아지의 등장과 다양한 결사체들로부터 출발하였다. 하지만 한국의 시민사회 개념은 공공선을 중심으로 권위주의 국가에 대한 민주화 투쟁 과정에서 등장하였으며, 운동의 고양기에 광범위한 대중동원을 통해 드러났다. 최장집(2002: 178~181)은 이를 '국가에 반하는 시민사회' 테제로 명명한 바 있다.

5 혹자는 유신체제의 붕괴를 가져왔던 1979년 10·26에서 이듬해 5·18까지 신군부가 기획하였던 반란을 '세계에서 가장 긴 쿠데타'였다고 기록하였다(김성호 2007: 87).

6 '규칙'은 제1조 정당의 등록, 제2조 정당관리규정, 제3조 당원, 제4조 민·형사 책임, 제5조 규정위반에 대한 처벌, 제6조 효력발생의 6개 조항으로 구성되었는데, 제1조~제3조까지의 규정을 위반할 경우 '평당원 이상의 당원은 민사 혹은 형사상 연대 책임'을 져야 하며, '규정위반자는 관할재판소에 치죄하여 … 형벌'에 처해지게 되어 있고 정당 해산을 감수해야 했다. 이에 대한 자세한 내용은 서복경(2014)를 참조.

7 이러한 상황에 대해 당시의 언론은 다음과 같이 우려하고 있다. "4월혁명 이후 이 땅엔 수많은 정당·사회단체가 簇生하였는데 이것은 허가제를 규정한 군정법령 55호가 등록제를 내용으로 한 '신문 등 및 정당등의 등록에 관한 법률'로 대치되었기 때문인 것은 두 말할 것도 없다. 이제 등록제를 실시한 후 4개월간에 정당 4개, 사회단체가 60개 등록되었는데 지금까지의 등록단체의 성분을 분석하면 실업자 구제를 표방한 것이 5개, 여권신장을 목적으로 한 것이 5개, 반공통일단체 7개, 6·25관계 8개, 군경원호단체 8개, 4·19자 붙은 단체 9개, 언론정화단체 15개, 민간외교관계 21개, 한·일 문제연구단체 7개, 기타 5, 60개로 도합 130개가 간판을 걸고 있다. 헌법에 보장된 바에 따라 '집회·결사의 자유'를 마음껏 누리는 것은 좋기는 하나 '불건전한 단체로 입을 사회적 폐해'도 고려하지 않으면 안 될 듯." (경향신문 1960. 10. 28).

8 전국서화작가협회는 1986년 5월 부산에서 결성돼 문공부에 사회단체등록신청을 냈으나 문공부가 "이미 등록돼 있는 한국서화작가협회와 설립목적 및 사업 내용 등이 서로 같아 예술단체의 난립으로 인한 폐단의 우려가 있다"는 이유로 신청서를 반려하자 소송을 냈다. 대법원의 이번 판결은 "사회단체로 등록하지 않더라도 단체 활동에 아무런 지장이 없다는 이유로 이 같은 소송을 모두 각하해왔던 지난 67년 이후의 대법원 판례를 바꾼 것으로 지금까지 이 판례를 이용해 사회단체등록을 사실상 허가제로 운영해온 행정관청의 관행에 제동을 건 것이어서 주목"된다(동아일보 1990. 1. 5).

9   김종필은 회고록에서 비례대표제 도입 이유를 다음과 같이 밝히고 있다. "비례대표제라는 새로운 선거제도도 도입하기로 했다. 나는 윤천주·김성희 교수에게 조언을 구했다. '혁명 주체 대부분이 이북 출신 실향산민(失鄕散民)입니다. 국회의원을 시키려고 해도 당선될 만한 연고지가 없습니다. 이들이 국회의원이 돼 같이 갈 방법이 없겠습니까.' 그러자 두 교수가 '비례대표제라는 게 있다'고 아이디어를 줬다. 설명을 듣고서 나는 '참 좋은 생각이다. 실향민을 구제할 수 있겠다'고 좋아했다. 후에 비례대표제를 채택할 때 명분은 '전문지식이 있는 사람을 국회에 동원하기 위해서'라고 밝혔지만 실제로는 이북 출신 혁명동지들에게 자리를 마련해주는 목적이 더 컸다"(중앙일보 2015. 5. 18).

10 법안은 '대한민국의 국체 보전'을 명분으로 했으며, 이 점은 치안유지법과 매우 유사하다. 치안유지법은 "국가체제의 변혁이나 사유재산의 부정을 목적으로 하는 일체의 행위를 금지"하고 '위험한' 인물이나 '불온한 사상' 혐의자를 '예방구금'할 수 있도록 하는 일제 강점기 악법의 대명사였다. 두 법의 유사성은 국가보안법 제1조 "국헌을 위배하여 정부를 참칭하거나 그에 부수하여 국가를 변란할 목적으로 결사 또는 집단을 구성한 자"와 치안유지법 제1조 "국체변혁을 목적하여 결사를 조직한 자"의 표현만 보아도 알 수 있다(오동석 2015: 186).

11 다음은 긴급조치에 대한 당시의 일반적 평가를 잘 보여주는 한 단락이다. "긴급조치 9호! 산천이 떠는 법률이었다. 극단적으로 말하면 주권자이고 헌법 제정 권력자로서 국민이 '헌법'이라고 입만 벙긋해도 긴급조치 9호의 올가미가 다가오고 있었고, '헌법'이라는 글자가 인쇄된 유인물만 들고 다녀도 수사기관에 불려가야 했다. 박 대통령은 유신체제를 고수하기 위해 긴급조치 9호로 정계와 국민여론을 완전히 봉합해버린 것이다. 망치질도 이만저만 한 것이 아니었으며, 제3의 쿠데타임과 동시에 민주정치를 박살내는 핵폭탄이었다(이정석 1997: 332)."

12 이 법은 1988년 '5공청산'의 상징처럼 여겨졌고, 국회에서 여야합의로 사라졌다. 최근에는 국가모독죄를 명예훼손죄가 대신한다는 비판이 나오고 있다. 대법원은 2011년 PD수첩 사건 등에서 "정부와 국가기관은 명예훼손의 피해자가 될 수 없다"고 밝혔다. 정부 활동을 비판할 권리가 지켜져야 한다는 뜻이었다.

13 제헌헌법 제18조 제2항은 "영리를 목적으로 하는 사기업에 있어서는 근로자는 법률의 정하는 바에 의하여 이익의 분배에 균점할 권리가 있다"고 규정하였다.

14 사회부 노동국에서 노동조합법과 노동기준법 초안을 작성할 때 이익균점법안도 함께 작성했다. 그 내용에는 "근로자에 대한 이익배당은 근로자의 근속 년한, 임금, 직위를 고려하여 결정한다" "이익배당은 매 결산기마다 현금 지불, 은행예금, 양로 연금 등으로서 지불한다" 등이 포함된 것으로 알려졌다(동아일보 1949. 1. 28). 1949년 이후에는 이익균점법의 제

정이 정부방침으로 계속 발표되었고, 1952년 9월의 자유당 전당대회에서도 '노동자의 이익균점권에 관한 법률제정 촉진'이 확인되었다(동아일보 1949. 4. 3).

15 이영훈은 "노동자의 이익균점권은 자유시장경제의 근간을 부정하는 것으로서 실현성이 전혀 없었기 때문에 1962년 제5차 개정헌법에서 폐지되었다"고 평가하였다(이영훈 2013: 139).

16 일본의 경우, 일찍이 1900년에 중소기업 조직화 정책의 근간이 된 산업조합법이 제정되었고, 이 법에 의해 신용조합, 판매조합, 구매조합, 생산조합의 4가지 종류의 조합이 번성하기 시작하였다. 1996년 현재 일본에는 무려 49,098개의 협동조합이 운영되고 있으며, 그 중 39,627개(81%)는 특정 업종별로 형성된 사업조합이다(宮下淳, 1998). 한편, 상업관련 조합이 차지하고 있는 비중을 살펴보면 전체 조합의 40% 수준에 이르고 있는데, 중소도소매 상업조합은 정부의 적극적인 상업협동조직화 정책에 힘입어 가장 활발한 활동을 보이고 있는 부문으로 손꼽히고 있다.

17 전경련에 소속된 대기업은 엄청난 특혜를 봤지만 중소자본의 경우는 그렇지 못했다. 오히려 사채시장의 갑작스런 퇴장으로 사채이용도가 높던 중소기업의 경우 곧 자금경색현상을 보이면서 도산위기에 이르는 사태가 속출하였다. 또한 당시 사채업에는 전문 사체업자 이외에도 퇴직공무원, 기업퇴직자, 회사원 등의 정액급여 소득자들과 시장 상인, 사채업자는 물론이고 상당수 주부들의 곗돈과 사설 서민금고의 몫도 상당 부분을 차지하였다(경향신문 1972. 8. 7).

18 1963년 노동조합법에는 노동자 단체가 '기존 노동조합의 정상적인 운영을 방해하는 것을 목적으로 하는 경우'에는 노동조합으로 인정하지 않겠다는 규정(제3조 단서5호)이 신설되었다.

19 이상과 같은 노동법 개정은 노동운동에 대한 원천봉쇄로 한국노총조차 '정치활동 금지'와 '노동쟁의의 적법판정제도'를 중심으로 반발하기도 하였다. 한국노총의 재개정 청원서는 국회에 제출되어 보사위 심의를 거쳤으나 본회의에서 부결되어 노동운동은 철저히 감시·통제·탄압받게 되었다. 1960년대 연평균 노동생산성 증가율이 12.6%에 이르렀지만 임금상승률은 3.4%에 지나지 않았음을 볼 때 노동자가 경제성장의 도구로 전락하였음을 알 수 있다(전국민주노동조합총연맹 2001: 46).

20 이 지침에 의거하여 1차로 한국노총 위원장 겸 섬유노조 위원장이었던 김영태와 김병룡 금속노조 위원장, 지용택 자동차노조 위원장, 이춘선 한국노총 상근부위원장 겸 방림방적 위원장 등 대표적 어용간부들을 부정축재와 노사분규, 호화생활 등의 명목으로 자진사퇴하게 했다. 대표적인 노동귀족들을 1차 정화 조치에 포함시켜 이후 민주노조운동에 대한 탄압의 명분을 축적하였던 것이다. 이에 대해서는 전국민주노동조합총연맹(2001:

83~85)를 참조.

21 신우철(2011: 62)은 "부르주아의 정치적 이해관계를 반영한 생명·자유·재산의 천부인 권이 근대 시민국가 헌법의 기본권적 지향점이라면(자본계급 혁명과 사회계몽의 결과물로서의 기본권), 노동자의 정치적 이해관계를 반영한 사회적 기본권이야말로 현대 사회국가 헌법의 기본권적 지향점"으로 보고 있다. 이러한 입장에서는 노동계급의 혁명이자 사회개혁의 결과물로서의 기본권을 사회권으로 인식하고 있다.

22 이에 대해 정재황(2013: 153)은 다분히 전시효과적이며 실효적이지 못한 기본권 확대규정이라고 지적하고 있다.

23 신우철(2011: 76~77)은 "대한민국헌법이 제정된 이래 9차례의 헌법개정—기본권 조항의 개정은 모두 5차례였음—을 살펴보면 그 발전 방향에서 비록 전진이나 후퇴의 곡절은 있었을지라도 신체의 자유에 대한 사법 절차적 보장이라든가 인간의 존엄 가치와 행복추구권의 보장 등을 통해 기본권의 자연권적 보장을 강화하는 데 주력해온 흔적이 발견된다. 대한민국 헌법의 사회적 기본권이 지향한 사회경제적 민주주의의 유토피아적 이상도 그 보장 내용의 점진적 확충을 통해 비록 느리지만 발전적인 방향으로 실현되고 있음을 확인할 수 있다"고 진단하고 있다.

24 우리나라 복지의 저발전 이유에 대한 유력한 설명 중 하나가 복지지향적인 사회세력의 결여, 특히 노동계급의 형성과 노동정당의 역할이 부재하다는 점, 즉 사회민주주의 테제 또는 권력자원 이론이다(안재흥 2010; 정무권 1996).

25 헌법재판소는 1998년 5월 28일 '기부금품모집금지법' 제3조 등 위헌제청에 대하여, 제3조는 기부금품을 모집하고자 하는 국민에게 허가를 청구할 법적 권리를 부여하지 아니 함으로써 국민의 기본권, 특히 행복추구권을 침해하며, 모집목적의 제한을 통하여 모집행위를 원칙적으로 금지함으로써 입법 목적을 달성하기에 필요한 수단의 범위를 훨씬 넘어 국민의 기본권을 과도하게 침해하는 위헌적인 규정이라고 전원일치의 결정을 내렸다(96헌가5).

26 흥미로운 점은 일본에서조차 '위경죄즉결례의' 목적이 '자유민권운동'을 중심으로 하는 사회운동의 탄압이었고, 실제로 반체제사상범대책으로서 종종 남용되곤 하였다는 점이다(川野良昭 2005).

27 1973년 서울에서의 장발단속 실적을 살펴보면 12,870건이고 1974년 6월 1일부터 장발단속에 나선 서울시경은 8일까지 1만 103명을 단속하고 이중 9천 841명의 머리를 깎아 훈방하고 머리깎기를 거부한 262명을 즉심에 넘겼다(조선일보 1974. 6. 9).

28 '장발 및 저속의상' 규정은 민주화 이후 관련 법 개정(1988. 12. 31)을 통해 삭제되었지만 '과다노출' 규정은 여전히 존재하고 있다.

29 미니스커트의 경우 단속 기준이 모호하여 무릎 위 10센티미터니 17센티미터니 여전히 설이 분분하다. 다수설은 '무릎 위 20센티미터'로서 이를 위반하여 적발되면 '무조건 즉심에 넘겨졌다'(1997. 12. 27). 장발 단속 역시 애매하기는 마찬가지였다. 기준은 '귀가 완전히 나오고 뒷머리가 와이셔츠 깃에 닿는 자'였다. 이 시대의 풍경에 대해서는 강준만(2008: 110~114) 참조.

30 가족법은 가족 및 친족의 공동생활과 공동생활에 기초한 재산의 승계관계를 규율하는 법이다. 대한민국의 경우, 민법전(民法典) 가운데에서 제2편 물권, 제3편 채권을 한 묶음으로 해서 '재산법(財産法)'이라고 하고, 제4편 친족과 제5편 상속을 한 묶음으로 해서 '가족법' 또는 친족·상속법이라는 용어를 사용하기도 한다.

31 이 시기에 가장 주목할 만한 단체는 1959년에 설립되어 당시의 여성운동을 주도하였던 한국여성단체협의회였다(이하 여협). 여협의 핵심 사업은 생활향상운동이었고, 이를 통해 주택 및 보건문제, 식생활과 경제생활에서 부딪히는 폐습과 불균형을 개혁하고자 하였다. 아울러 당시 여협의 주력 사업으로는 가족계획상담실의 운영과 함께 산아제한운동의 적극적인 전개였다(박채복 2005: 237~238).

32 유신정우회 소속의원 10명과 신민당 2명의 여성의원이 입성하여 60년대에 비하여 국회에서 여성들의 목소리를 대변해줄 수 있는 지지 세력이 확대되었다. 이 여성의원들은 모두 여야 구별 없이 의정목표를 여성의 불평등한 지위 개선에 두겠다고 선언했고 여당인 공화당은 여성들의 불평등한 지위와 제도를 개선하기 위한 기구로 '여성신장위원회'를 만들기도 했다(안경희 2014: 97).

33 개정안(법률 제4199호)은 구법에서 부계 8촌 이내, 모계 4촌 이내로 되어 있던 친족의 범위를 부계·모계 동일하게 8촌 이내의 혈족과 4촌 이내의 인척으로 하였고, 이혼배우자의 재산분할청구권을 신설하였다. 구법에서 부모가 이혼하는 경우에 자에 대한 친권의 행사가 부에 일방적으로 귀속되는 경향이 있었는데, 신법에서는 부모가 이혼하는 경우에 부모의 협의로 '친권을 행사할 자'를 정할 수 있도록 하고 당사자의 청구에 의하여 가정법원이 정하도록 하였다.

34 이하의 내용은 문옥배(2013)을 참조하였음.

35 1997년 3월에는 방송사 가요담당PD로 구성된 PD연합회가 산하에 가요자율심의위원회를 설치하여 표절 가수의 방송금지를 자율적으로 결정하기로 했다. 2000년 1월 12일 방송법(법률 제 6,139호)이 폐지·제정되면서, 2000년 8월 28일 방송위원회규칙 제22호로 방송심의에 관한 규정이 제정되는데, 이 규정의 제 5조에 방송프로그램 심의에 대한 사항을 방송사별 자체 심의로 할 것을 규정하였다. 한편 방송사별 자체 심의로의 전환 이후 방송사별 심의기준의 차이로 말미암아, 방송금지곡이 방송사마다 달라지는 현상이 발생하기도

했다.

36 음반법 제 10조(사용 등 금지) 다음 각 호의 1에 해당하는 음반은 이를 제작·배포하거나 불특정 다수인이 청취할 수 있는 장소에서 사용할 수 없다.

1. 국헌을 문란하게 하는 음반

1. 직접·간접으로 대한민국의 국위를 손상하는 음반

37 "7. 30 조치는 80년 당시의 사회적 분위기에서 파행된 것으로 사회부조리 제거라는 측면에서 과열과외를 사회악의 하나로 규정하였다. 이러한 정치적 목적은 비정상적인 정권획득의 정당성을 확보하기 위한 정책적 노력이기도 하였다. 즉 10·26사태, 12·12사건 등을 거쳐 탄생한 5공 정권의 정당성이 많은 도전을 받자 국민의 생활면에서 커다란 불만요인이 되고 있던 과열과외를 해결하고자 하였다"(차경수 1989: 27).

38 80년대 중반까지 단속의 강화 정도에 비례해 은밀한 과외형태가 연이어 적발되었다. 당시 언론에서는 Video 과외, 고속도로를 서행하면서 승용차에서 행하는 드라이브 과외, 캠핑·수련회를 빙자한 콘도 과외, 몰래바이트라 불리는 대학생 입주과외, 여대생이나 전직여교사의 위장파출부 과외, 심야방문 과외(올빼미 과외) 등이 보도되었다. 이러한 비밀과외에 대한 언론의 보도는 "할 만한 사람들은 모두 하고 있다"는 중산층의 불안감을 부채질하였다(경향신문 1985. 3. 25).

39 과외와 관련된 대부분의 설문조사들은 사회적 지위와 경제적 소득이 올라갈수록 과외반대의 의견은 낮아지는데 비해 찬성의견은 현격히 올라가는 것을 발견하였다(YWCA연합회 1998: 8~9).

40 1987년 전후로 '배우고 가르치는 것이 무슨 죄가 되느냐', '정부의 과외금지조치는 焚書坑儒에 비유될 수 있다', '인간의 욕망을 자연스럽게 활용해 사회발전을 이룩하려는 자유민주주의 정신에 어긋난다'는 주장들이 언론매체에 등장하기 시작하였다(YWCA연합회 1998).

41 1980년에서 1986년까지 적발되어 형사입건, 면직, 세무조사 등을 당한 사례를 보면, 학부모가 988명, 학사 징계된 학생이 1,105명, 강사 및 교사가 282명 등 총 2,375명에 달하였다(사회정화위원회 1988: 159).

42 이 법의 중요한 내용은 첫째, 최고통치기관으로서 국가재건최고회의를 설치하여 입법·행정·사법 3권을 통합시키며, 둘째 국민의 기본권은 혁명과업 수행에 저촉되지 않는 범위 안에서 보장한다는 것이었다. 셋째, 최고회의는 국회의 권한을 행사하며 최고회의에 의해 구성된 내각은 최고회의에 대하여 연대책임을 진다. 넷째, 사법부의 장인 대법원장과 대법원 판사(대법관제 폐지)는 최고회의의 제청에 의해 대통령이 임명한다. 다섯째, 헌법재판소에 관한 규정은 그 효력이 정지되며, 여섯째 구헌법은 비상조치법에 저촉되지 않는 범위

안에서만 효력이 있다는 것이다.

43 수정헌법 1조는 "연방 의회는 국교를 정하거나 또는 자유로운 신앙 행위를 금지하는 법률을 제정할 수 없다. 또한 언론, 출판의 자유나 국민이 평화로이 집회할 수 있는 권리 및 불만 사항의 구제를 위하여 정부에게 청원할 수 있는 권리를 제한하는 법률을 제정할 수 없다"이다.

44 그런 점에서 국정교과서가 제헌헌법의 기본이념을 '자유민주주의와 시장경제'로 서술하는 것이야말로 대표적인 정치편향이라 할 수 있다. 이에 대해서는 한상권. "제헌헌법 기본이념에 '시장경제' 정당화 위해 … 사료 왜곡."(경향신문 2017. 2. 9).

45 이에 대해서는 한홍구, '제헌헌법과 진보적 민주주의'(오마이뉴스 2015. 11. 21).

46 이러한 결정에 대하여 헌법학자인 김종철 교수는 "북한의 주장 여부를 판단기준으로 삼는 것은 우리 헌법에 대한 가치판단을 북한에 내맡기는 황당한 논리"이며, "당 차원에서 '민주적 기본질서'에 위배되는 목적이나 활동을 하고 있는지에 대한 증거조사와 심리를 더욱 엄정히 진행하는 한편 정당해산으로 초래된 헌정질서와 법체계의 문제점을 국회가 자율적으로 정비할 기회, 선거 과정을 통해 정치적으로 혹여 있을 수 있는 민주주의의 적에 대한 주권적 심판의 기회를 갖도록 함으로써 헌재의 위상을 유지하면서도 극심한 이념 대결을 극복할 수 있는 숙고의 기회를 부여할 선택지를 무책임하게 팽개친 것"이라고 비판하였다(한겨레신문 2014. 12. 21).

PART 02 _ 한국 시민사회 조직사

1 2006년부터는 경제가, 2012년 조사에서는 종교 범주가 빠져 있다. 『한국민간단체총람』의 분류가 갖고 있는 전반적인 문제점에 대해서는 정상호(2005)를 참조.

2 '비영리민간단체지원법'의 요건은 1. 사업의 직접 수혜자가 불특정 다수일 것. 2. 구성원 상호간에 이익분배를 하지 아니할 것. 3. 사실상 특정정당 또는 선출직 후보를 지지·지원할 것을 주된 목적으로 하거나, 특정 종교의 교리전파를 주된 목적으로 설립·운영되지 아니할 것. 4. 상시 구성원수가 100인 이상일 것. 5. 최근 1년 이상 공익활동실적이 있을 것. 6. 법인이 아닌 단체일 경우에는 대표자 또는 관리인이 있을 것 등이다.

3 1967년 자료에는 비영리법인이 아니라 공익법인으로 명기되어 있다.

4 특히 당시 지성계를 대표하였던 『사상계』의 초기 5·16쿠데타 지지는 일관되었다. 『사상계』는 "누란의 위기에서 민족적 활로를 타개하기 위하여 최후 수단으로 일어난 것이 다름 아닌 5·16 군사혁명"이라면서 "4월혁명이 입헌정치와 자유를 쟁취하기 위한 민주주의혁명이었다면, 5.16혁명은 부패와 무능과 무질서와 공산주의의 책동을 타파하고 국가의 진

로를 바로잡으려는 민족주의적 군사혁명이다. 따라서 5·16 혁명은 … 위급한 민족적 현실에서 볼 때는 불가피한 일"로 규정했다 (『사상계』 1961. 6월호)를 참조.

5   이하의 내용은 윤일웅(1987)을 참조하였다.

6   창립 당시 임원으로는 김활란, 박마리아를 들 수 있고, 상임부임원에는 모윤숙, 황신덕, 최이순, 고황경, 이태영, 황윤석 등이 참여하였다(한국여성단체협의회 1989: 54~55).

7   지역사회개발사업은 "지역내 주민들이 생활의 개선과 향상을 위하여 집단적 또는 개별적 계획을 수립·실천·수행하는 사회개선 사업"으로 정의되었다(박정삼 1963: 128). 사업 내용은 부락자체사업과 정부보조 사업으로 양분되었는데, 정부보조 사업은 정부로부터 50% 이하의 재정지원을 받는 사업을 의미했기 때문에 원론적 의미에서 정부의 역할은 자조자립정신의 함양, 즉 '도수작용(導水作用)'에 맞추어져 있었다.

8   연도별 교육 내용은 약간의 강조점만 차이가 있을 뿐 대체로 대동소이하였다. 1961년도의 교육내용은 주로 신생활운동, 5.16 이전의 부패상과 혁명의 필연성 등에 강조점이 모아졌다. 이듬해에는 인간개조와 사회개조 관련에 많은 시간이 할애되었고, 1차 경제개발 5개년 계획에 대한 경제해설이 신설되었다. 1963년도 교육 내용은 민족사상, 정치사상, 국제정세, 한국경제론, 국민운동 등의 단원이 책정되었다(재건국민운동본부 1963: 33).

9   당시 서울의 어떤 선거구는 판자촌의 표로 선거의 당락을 좌우할 수 있었다. 구청직원, 하천감시원, 경찰 등 44명 공무원이 판자촌 380여 가구에서 철거를 하지 않겠다는 명목으로 5년 동안 1천만 원 돈을 걷어 나눠먹기도 했다(동아일보 1968. 5. 20).

10   1971년의 '광주대단지' 사태는 그 당시 장안을 떠들썩하게 했던 철거민 관련 사건이었다. 1971년 용두동·마장동·숭인동 등 청계천 일대의 판자촌이 강제로 철거되었고, 이때 이곳에 거주하던 철거민들은 경기도 광주(오늘날 경기도 성남시)로 집단이주하였다. 그런데 문제는 그들이 집단이주한 광주가 아무 것도 없는 허허벌판에 가까웠다는 것이다. 결국 이에 격분한 철거민들은 관공서를 습격하고 청와대로 진격하는 폭동을 일으켰다. 하지만 광주대단지 사태는 운동으로 이어지지 못하고 자연발생적 사건에 그쳤다는 한계를 갖는다 (박보영 2010: 29).

11   수도권도시선교위원회의 전신은 미국연합장로교의 지원으로 설립된 연세대 도시문제연구소 산하의 도시선교위원회(1968. 9)였다. 여기를 중심으로 보다 적극적인 빈민선교운동을 하고자 초교파 선교기구인 수도권도시선교위원회를 발족시켰고, 여기에 가톨릭, 예수교장로회, 기독교감리회, 기독교장로회 등 주요 교단의 성직자들이 참여하였다는 것이다. 당시 임원으로는 박형규(위원장), 조승혁(총무), 권호경(주무간사) 등이었다. 이에 대해서는 박형규(2010: 28~30)를 참조.

12   정일우 신부와 제정구씨를 비롯한 빈민운동 인사들은 1985년 3월 목동철거대책회의에서

도시빈민생존권수호를 위한 조직의 필요성을 절감한 후 논의를 거쳐 천주교도시빈민사목협의회(이하 천도빈)를 결성(1985.3.25)하였다. 이날의 창립총회에서 임원을 선출(회장: 제정구, 총무: 김혜경)하였고, 정기적 모임의 성격을 갖는 '월례회'와 '주민연대모임'을 개최하기로 결의하였다. 이와 함께 같은 해엔 천주교빈민문제연구소(한 한국도시연구소)가 정일우 신부와 제정구씨의 발의에 의해 설립되었으며, 이 연구소는 현장의 빈민운동을 지원하기 위한 전초기지로서 천도빈에 빈민운동의 전략과 이론을 제공하는 임무를 맡았다(천주교도시빈민회 1995).

13   이하의 주요 내용은 정상호(2003)를 참조.

14   1983년 정부는 이 제도를 통하여 5천 34억원 상당의 중소기업제품을 구매하였는데 이는 당해연도 중소기업 총매출액의 2.0%, 정부 등 공공기관물품 총구매액의 12.5%, 정부가 사들인 중소기업제품 구매액의 42.3%에 해당한다. 이 제도는 꾸준히 확대되어 1990년 정부는 구매물품의 21.2%, 중소기업제품의 45.4%를 단체수의계약을 통해 구입하였다(중소기업협동조합 1992: 534).

15   전경련의 모델은 일본의 경제단체협의회(經團連)라고 할 수 있다. 전경련의 창립 멤버이자 1964년부터 1977년까지 전경련 회장을 역임한 김용완의 회고에 의하면, "한국경제협의회는 상공회의소와는 별개로 일본의 경제단체협의회와 같이 재벌단체를 만들은 것이다"라고 회고하였다. 한국일보(1981: 160).

16   들불야학은 1978년 7월에 창설되어 광주지역 노동운동과 학생운동에 큰 기여를 해오다가 1980년 5월 광주민중항쟁을 맞아 많은 들불야학의 구성원들이 『투사회보』를 만들어 배포했다. 나중 도청을 사수하며 윤상원, 박용준 두 명이 산화하고 박관현은 나중에 단식투쟁 중, 신영일은 광주항쟁 후 후유증으로 생긴 정신병으로 쓰러졌다(천성호 2009: 339).

17   1962년부터 시작된 제 1차 경제개발 5개년계획에서 당시의 3% 수준인 인구증가율을 1966년까지 2.7%로 저하시킨다는 목표를 설정하였다. 처음부터 가족계획사업은 이러한 목표에 맞추어 일선 가족계획요원과 지정시술의사에 의한 피임보급 및 계몽교육에 중점을 두어 실시토록 하였다. 모든 피임약재와 시술은 무료 보급되고 사업의 효과를 높이기 위하여 철저한 목표 할당제가 실시되었다. 특히 오·벽지 주민을 위한 방안으로 1966년에는 각 시도에 이동시술반을 설치 운영케 하였으며, 이들 이동시술반은 주로 오지 주민에 대한 시술서비스 등의 피임보급, 피임수용자에 대한 사후 관리, 현지 가족계획요원과의 협력에 의한 계몽교육활동 등을 수행하였다(홍문식 1998).

18   자연보호헌장 기초위원은 이은상 한국산악회장, 이민재 강원대학교총장, 이종영 자연보호중앙협의회 위원장 등이며, 심의위원은 기초위원 3명을 포함하여 이덕봉 한국자연보존협의 회장, 이환근 한국정신문화연구원장, 김윤기 한국국립공원협회장, 최기철 한국자연보존

협회 이사, 김기환 고대 교육대학원장, 이항녕 홍익대학교 총장, 곽종원 건국대학교 총장, 박종화 대한민국 예술원 회장 등 11명이다.

19 대한적십자사에 대한 일반 자료는 홈페이지(http://www.redcross.or.kr/)를 참조하였다. 운영 및 세부 자료는 대한적십자사, 『대한적십자사 80년사』(1987)를, 최근 현황 자료는 대한적십자사. 〈제337회 국회(정기회) 국정감사 주요 업무보고 자료〉(2015. 9. 17.)를 참조하였다.

20 헌혈실적이 부진한 데에는 무엇보다 헌혈에 대한 국민의 이해부족에 있었다. 한국인은 피가 곧 생명이자 영혼이 담겨져 있다고 여기기 때문에 헌혈을 곧 자신의 신체 일부를 남에게 주는 것으로 생각하였다. 이러한 고정 관념으로 인하여 헌혈인구는 1980년대까지 좀처럼 늘지 않았다(대한적십자사 1987: 94).

21 최근에도 대한적십자사가 회계장부를 내부용과 외부공개용으로 이중 작성한 것으로 확인되어 문제가 된 바 있다. 보도에 따르면, 외부감사를 처음 실시한 2008년의 경우 최대 520억 원이나 차이가 나 투명경영에 대한 사회적 요구의 목소리가 커졌다. JTBC(2015. 11. 10)

22 정부 산하 위원회는 문화예술진흥위원회(1973), 한국공연윤리위원회(1976), 언론중재위원회(1981), 방송위원회(1981), 방송심의위원회(1981), 정부간행물조정심의위원회(1965), 문화재위원회(1962) 등이다.

23 문화원장은 지역단체의 기관장으로서 지역행사에 흔히 초대되는 등, 지방공무원들과 접촉하는 기회가 많고 지방유지로 인정을 받는다. 원장은 문화원 운영에 필요한 자금 일부를 부담해야하기 때문에 재력이 있는 사업가들이나 지역 유지들이 많이 맡고 있다. 80년대 중반 이후 일부 지역에서는 경선을 시작했지만 보다 일반적인 패턴은 지역 국회의원이나 시장, 군수나 담당 실국장의 내천이다. 원장의 임기는 3~4년이 많으며, 임원은 문공부의 승인을 얻도록 되어 있다.

24 본 연구의 자료(문화공보부 1986)에 따르면, 4명 이상의 상근 직원을 둔 문화원은 단 3곳(원주·공주·마산문화원)뿐이었다.

25 '문예진흥기금'은 준조세로써' 강제'로 설치된 것이나 다름없었다. 즉 "경연장·고궁·능·박물관·미술관 기타 대통령령으로 정하는 사적 및 사적지를 관람하거나 이용하는 자에 대하여 모금할 수 있다"고 규정하였다. 제4조에 이르러, "이러한 일을 수행하기 위하여 문화공보부장관 또는 지방자치단체장의 요청이 있을 때는 모든 기관이나 단체는 이에 협조하여야 한다"고 못 박았다. 문화예술진흥위원회는 위원장 국무총리, 부위원장 문화공보부장관과 예술원회장, 위원 내무부장관, 재무부장관, 문교부장관, 학술원회장, 한국문화예술단체총연합회회장, 대한출판문화협회장, 문화재위원회위원장 등으로 하였다.

26 구중서 · 김지하 · 남정현 · 박용숙 · 박태순 · 방영웅 · 이호철 · 조태일 · 최인훈 · 한남철 등이었다.

27 심의 결과 사회저항 및 불온사상고취 31건, 환각제 음악 8건, 폭력 및 살인표현 8건, 외설 21건, 반전사상 고취 16건, 불륜 · 퇴폐 · 범법조장 51건 등 135건의 금지곡이 발표되었다 (한국문화예술진흥원 1976: 579).

28 이 조치로 신아일보가 경향신문에 흡수됨으로써 중앙 일간지가 7개에서 6개로 줄었고, 경제지가 4개에서 2개로, 지방지는 1도 1지의 원칙에 의해 14개에서 10개로 줄었다. 합동 · 동양 두 통신사가 연합통신으로 흡수되었고, 중앙 언론사의 지방 주재 기자와 지방 언론사의 중앙 주재 기자가 폐지되었다. 방송의 경우, TBC-TV가 KBS-TV로 흡수되었고, MBC는 통 · 폐합은 면했으나 라디오와 함께 주식의 65%를 KBS에 넘겨주었다.

29 외국민간원조단체에 관한 법률(법률 제1480호, 1963. 12. 7) 제2조.

30 KAVA는 Korea Association of Voluntary Agencies의 약자이다.

31 KAVA 정관에서 규정하고 있는 민간단체의 정의는 오늘날 우리가 사용하고 있는 비영리민간단체와 가장 근접한 것이다. 개념사 차원에서 볼 때 우리나라 NGO의 효시라고 할 수 있다. 즉 민간단체는 "비영리조직으로서 그 정부의 통제에 종속되지 아니하고 주로 민간의 자발적인 성원으로 재원을 충족하며, 본국에서 인정받는 지위를 가짐과 동시에 한국에서 사회복지활동을 수행하고 있는 단체"이다(2항).

32 외원기관에 대한 비판적 논조의 대부분은 해외입양 관련 보도이다. 또 다른 비판은 부실한 관리와 선교를 앞세우고 구호 및 교육 사업은 등한시한다는 것이다. 대표적인 것이 "부실한 외국구호단체가 많다"는 중앙일보(1979. 2. 5)의 보도였다. 주요 내용은 13국 91개 단체 중 실적 없는 것이 13개나 되며, 전란 때 비참한 사진 보이며 외국서 모금한 기부금 3천만 달러 중 40%가 외국인 직원 봉급으로 나간다는 것이다. 따라서 이젠 우리나라의 국가기관에서 인수하는 것이 바람직하다는 것이다. 이에 대한 KAVA측의 세세한 반론은 KAVA(1994: 181~3) 참조.

33 대표적인 사례가 이승만 대통령이 왜색불교 청산을 구실로 발표(1954.5)하였던 '정화유시(淨化諭示)'였다. 당시 불교계는 일제 때 이식된 일본 불교의 유산인 대처승이 절대다수를 점하고 있었다. 그런데 200여 명에 불과했던 비구측이 7,000여 명의 주류 대처측을 내몰고 불교계 종권을 장악할 수 있었던 데에는 정부의 도움이 결정적이었다. 이때 촉발된 비구-대처 분쟁은 그 후 조계종과 태고종이 공식적으로 결별하는 1970년까지 극심하게 지속되었다(대한불교조계종 포교원, 2011).

34 이 과정에서 일부 승려들이 정치권력과 결탁하게 되었는데, 서의현 전 총무원장이 그 대표적 사례라 할 수 있다. 조계종 내에서의 정치적 입지가 불안정했던 서의현은 비민주적 종단

운영을 통한 반대파의 제거, 노태우 정권과의 밀착, 1992년 대선과정에서의 노골적인 김영
삼 지지 등 정치권력과의 결탁을 통해 종단 내의 권력 유지를 기도했다(박수호 2005).

35 동방아동복지회는 내무부 차관을 지낸 김득황 박사에 의해 아동과 미혼모 복지를 펼치고
    자 1972년에 설립되었다. 1986년 현재 18개 산하의 상담소와 아동시설을 운영하고 있는
    데, 종교재단은 아니지만 에스터의집(직업보도), 야곱의집(영아), 동방교회라는 명칭에서
    알 수 있듯이 재단의 설립 배경 및 운영에 개신교회가 상당한 영향을 미쳤음을 알 수 있다.
    이에 대해서는 동방사회복지회 홈페이지 http://www.eastern.or.kr/main/publish/view.
    jsp?menuID=001001005 참조.

36 대한생활불교회(1949), 대한불교조계종유지재단(1948), 대한불교진각종유지재단
    (1954), 강진자비원(1952), 대전자혜원(1949), 대한불교조계종대각회(1969), 대한불교청
    년회(1920), 미애원(1970), 보현회(1968), 송광(1984), 송암재단(1959), 자비복지원
    (1984), 충남옥련청소년개발원(1985), 한국불교교화원(1973), 혜명복지원(1958), 화성복
    지재단(1961) 등이다.

37 기타에는 방송대학·통신대학·방송통신대학 및 사이버대학(원격대학)과 개신교에서 주
    로 운영하는 신학교가 포함된다.

38 사립학교법(법률 제1362호/ 1963.6.26 제정) 제43조 (조성) ① 국가 또는 지방자치단체
    는 교육의 진흥상 필요하다고 인정할 때에는 사립학교교육의 조성을 위하여 각령 또는 당
    해 지방자치단체의 조례가 정하는 바에 의하여 보조를 신청한 학교법인에 대하여 보조금
    을 교부하거나 기타의 원조를 할 수 있다.

39 평준화정책 도입 이후 종교교육에 대한 정부규제의 핵심은 종교교육을 정규 교과과정에서
    배제하는 것, 종교행사에 대한 학생들의 참여를 강제할 수 없도록 하는 것, 그리고 유급 정
    규직으로 종교교사를 고용할 수 없게 하는 것이었다.

40 특히 경비사관학교의 경우, 제5기는 이북 출신이 2/3에 이르렀다. 5.16 후 최고회의 위원
    인 채명신, 박춘식, 송찬호, 문재준, 박기석, 박치옥 등 6명은 바로 서북청년단 출신의 경비
    사관학교 제5기생이었다(이경남 1989: 126).

41 공보부는 1963년 6월 한국반공연맹설치법을 국무회의에 상정시켜 의결을 거치게 하였고,
    동년 12월 3일 제 121회 국가재건최고회의에서는 "공산주의의 침략으로부터 자유민주주
    의를 수호하고 세계 제 민족과의 반공유대를 강화하여 반공활동의 지도적 역할을 담당하
    는 것"을 목표로 삼은 한국반공연맹법을 만장일치로 통과시켰다. 『自由公論』, (1982. 4)을
    참조.

42 강준만(2006, 8)은 우익단체의 출현이 반공 이데올로기보다는 우익 청년단체들의 조직원
    들이 실업의 고통 속에서 우익 정치인들의 정략적 이용과 결탁하여 호구지책으로 '이데올

43 2000년 현재 강남에 중앙사옥과 20만평에 달하는 2개의 연수원, 174억의 자체수입, 625억 원의 기금 등을 보유하고 있다.

44 정부가 민간 사회단체와의 협력과 풀뿌리 민주주의의 발전을 목표로 제공하는 사회단체 보조금은 3,000억 원에 달하는데 세 가지 유형으로 구분된다. ① 행정자치부가 관할하는 비영리민간단체에 대한 국고보조금(연 100억 원) ② 지자체가 집행하는 사회단체보조금(연1600억 원) ③ 정부·지자체의 민간경상보조 및 민간행사보조·위탁금(연1500억 원 이상)이다.

45 NGO의 개념 규정은 다음에 따른다. ①공식적(formal): 어느 정도 제도화된, 즉 제도화된 실체를 지닌 조직이다. ②사적(private): 제도적으로 정부와 구분되는, 즉 기본 구조에 있어서 사적인 민간기구이다. ③비영리 분배적(non profit distributing): 발생한 이윤을 소유자와 대표자에게 돌려주지 않는다. ④자치적(self governing): 자율적 통제와 내부 절차가 활동을 규제한다. ⑤자발적(voluntary): 조직 활동과 운영에 있어 상당 정도의 자발적 참여가 수반된다(Salamon & Anheier 1997).

PART 03 _ 한국 시민사회 생활사

1 이하의 내용은 대한결핵협회 홈페이지(http://www.knta.or.kr/)를 참조하였다.

2 다음의 보도는 크리스마스 씰의 주된 구매자가 누구였는지를 가늠하게 해준다. "서울시는 각 업체에 크리스마스 씰 100여만 매(매당 3원)를 할당하였다. 구체적인 내역은 다음과 같다. 시산하 직원(66,900매), 재건반(8,069,000매), 식품·위생업계(206,560매), 환경·위생업계(87,200매), 운수업계(179,700매), 자유업(2,800매)이다"(동아일보 1962. 12. 11).

3 "서울지검 인천지청은 인천시 교육장 이○○씨(58)와 교육청학무과장 이○○씨(현 부천 오정중교장), 학사계장 김○○씨(35) 등 3명을 업무상횡령혐의로 구속했다. 검찰에 따르면 이들은 지난 74년과 75년 관내 101개 학교 학생들로부터 거둔 불우이웃돕기 성금 중 3백여만 원을 유용했다가 감사원 감사에서 적발돼 검찰에 고발되었다"(경향신문 1976. 5. 18).

4 "망명한 이승만 독재자의 귀국문제가 갑자기 실현될 것처럼 전한다. 어쩌면 내달 중에 돌아오게 될 것이란 소문이 그것이다. 거기에 필요한 경비를 하와이 교포들이 마련했다느니, 전세비행기를 고르고 있다느니 혹은 향후 생활비는 나라 안의 일부 유지들이 낼 것이라는 등의 소식들이다. 그러나 그의 귀국현실설은 국내에 적지 않은 충격을 주고 있다. 그는 쥐도 새도 모르게 탈국한 지 3년 동안, 한 번도 자기의 잘못, 혼정과 폭정을 뉘우쳐 동포들에

게 참마음으로 사과 한 마디 없었다. 그가 귀국하기를 바란다는 '3백만명 서명운동'을 모모 인들이 일으키고 있다는 말을 들은 지 오래다. 그를 평소 국부라고 숭배하던 심복들의 일이 니 그저 그런가보다 해야 옳을까? 거기에 국민들이 통 입을 다물고 있는 것도 괴이쩍지만 정부 당국은 기회 있을 적마다 꽃다발까지 보내는 판이니 더 할 말이 없다"(동아일보 1963. 8. 27 사설)

5   "농민을 기만하는 해태상품 사지말자" "해태그룹은 양돈농민과의 약속을 이행하라" "해태 상품 불매하여 기업윤리 일깨우자"는 표어 수천 장과 전단 수만 장이 살포되었다.

6   언론 수용자 운동이란 "언론의 위상과 역할을 바로 잡기 위해 수용자들이 구독이나 성금 등 지원 운동이나, 반대로 비판적 입장에서 불매운동 등 조직적이고 목적적인 운동을 전개 하는 것"으로 규정할 수 있다.

7   경제적 특혜의 가장 대표적인 것은 현금 차관의 제공이었다. 차관을 저리로 제공받은 각 신 문사들은 고속윤전기를 도입하고 사옥을 신축하는 등 자본 축적의 기반을 마련하였다. 1960년대 경제성장률은 연평균 8~10% 정도였던 반면 언론 기업들의 성장률은 평균 20%정도로 나타났다.

8   당시 동아일보 광고국장이었던 김인호(84)씨의 회고에 따르면, 격려광고 운동의 첫 참여 자는 김대중 전 대통령인 것으로 밝혀졌다. 해당 격려광고는 1975년 1월 1일자 8면에 '언 론의 자유를 지키려는 한 시민' 명의로 실렸으며, 당시 가택 연금 중이던 김대중 전 대통령 이 그의 비서였던 김옥두를 시켜 광고 문안을 전달했다고 한다(미디어오늘 2006. 3. 15).

9   이렇게 정부와 정면으로 대치한 가운데 1975년 1월 1일 『동아일보』지면은 눈여겨볼만 했 다. 천주교정의구현사제단은 1면에 '언론탄압에 즈음한 호소문' 광고를 실었다. 사제단은 "자유언론이 창달되지 못할 때 권력은 폭력이 되고 국민은 폭압에 시달린다"며 "권력에 의 해 압제 받는 언론을 국민 모두 도와주자"고 호소했다. 그러기 위해 범국민적 동아일보 구 독운동을 벌이고 국민이 동아일보 광고사원 노릇을 하며 광고를 해약한 기업의 상품 불매 운동도 전개하자고 촉구했다. 동아일보 광고국장도 1면 돌출광고를 통해 "동아일보를 격 려하기 위한 의견 · 협찬 · 연하광고를 모집한다"고 알렸다(동아일보 1975. 1. 1).

10 정부는 시청료 거부운동의 확산을 막고자 1985년 12월 한국방송사법을 개정했다. 개정된 법안의 주요 내용은 한국방송공사를 법인으로 하고(제2조), 납부기한을 경과할 경우 부과 하는 가산금을 종래의 10%에서 5%로 낮추고(제12조 2항), 시청료 가산금 및 추징금을 징 수함에 있어서 체납이 있을 경우 문공부장관의 승인을 얻어 국세체납 처분의 예에 따라 이 를 징수(4항)할 수 있도록 하는 것이었다.

11 불공정한 보도와 더불어 방만하고 폐쇄적인 운영 역시 시민들의 시청료 거부운동 동참을 이끌어낸 요인이었다. 1985년 정기국회에서의 이철 의원의 질의에 의하면 KBS는 광고수

익과 시청료 수입 합계 254억 6천 200만원의 불법 유출을 확인하였다. 이런 이익금으로 KBS는 MBC의 주식 70%, 연합통신 주식 30%, 데이터통신 주식 25%를 사들여 전파매체의 독점을 꾀하는 한편 전체 국민을 위한 공공사업과는 거리가 먼 언론인 해외시찰, 언론인 자녀 장학금, 프레스센터 건립(200억), 양평수련원 건립(50억), 예술의전당 건립(800억) 골프장 건설회사 출자(10억) 등 방대한 자금을 국민의 규제와 감독을 거치지 않고 임의로 남용하였다. 이에 대해서는 박인혜(1985: 80~81) 참조.

12   KBS 시청료 거부 운동. 〈부산역사문화대전〉. http://busan.grandculture.net/

PART 04 _ 한국 시민사회 이념사

1   지배 이데올로기란 "권력행사의 제도적 기제를 물질적 기초로 하여 사회적 생산관계를 재생산하는 기능을 수행하는 지배계급의 통치이념"을 뜻한다. 임현진 · 송호근(1994: 178).

2   "그들이 부르짖는 민주주의는 허수아비 민주주의요, 알맹이가 없는 껍데기 민주주의요, 사대주의 바탕 위에 있는 사대주의적 민주주의요, 이것을 본인은 통털어서 가식적인 민주주의라고 말하고 있습니다. … (중략) … 이번 선거는 민족적 이념을 망각한 가식의 자유민주주의 사상과 강력한 민족적 이념을 바탕으로 한 자유민주주의 사상과의 대결입니다"

3   학생들은 이날 선언문에서 "박정권은 국제협력이라는 미명 아래 우리 민족의 치 떨리는 원수 일본제국주의를 수입, 대미 의존적 반신불수인 한국경제를 2중 예속의 철쇄에 속박하는 것이 조국의 근대화로 가는 첩경이라고 기만하는 반민족적 행보를 획책하고 있다"고 지적하였다(윤보선 1991: 287).

4   교과서는 한국적 민주주의를 이렇게 설명하고 있다. "우리는 지금 밖으로는 냉전체제에서 평화공존체제로 급선회하는 국제정세의 격동기에 처하여 민족의 생존과 번영을 꾀하여야 하고, 안으로는 조국의 평화적 통일을 위한 보다 적극적인 남북대화를 진행시켜야 할 시점에 서 있으며, 참다운 자유민주주의의 이념 위에 우리에게 알맞은 한국적 민주주의의 정착을 과제로 안고 있다. 따라서 우리는 우리 풍토에 맞는 한국적 민주주의를 이 땅에 뿌리박는 국민적 노력을 다해야 할 것이다"(박철호 1974: 295)

5   이하의 내용은 정상호(2008)를 참조.

6   대중경제론은 유신 체제 이후에도 신민당의 정책 지침으로 기능하여 왔다. '대중경제의 구현'은 민주주의의 완성, 민족통일의 실현과 더불어 신민당의 기관지였던 『民主前線』의 3대 사시(社是)로 채택되었다. 유신 말기에 이르러 대중경제의 구현은 국민경제의 구현(78.5.1)으로, 이후 복지경제의 구현(79.10.15)으로 바뀌었다(정상호 2005).

7   다음이 그러한 예에 해당된다. "노동자의 천국을 건설하겠다던 소련이나 중공의 사회주의

혁명도 독재와 인위적인 계획의 착오, 그리고 극단적인 인간성의 억압으로 민중은 극도로 시달리고 있으며, 민족주의의 상극으로 오늘의 사회주의 사회는 분열로 치닫고 있다"(김대중 1969: 176).

8   이는 당시의 공공연한 사실이었으며 일부 출판물들은 명시적으로 이를 밝히기도 하였다. 당시 한 언론보도는 다음과 같이 김대중을 소개하고 있다. "민중당 정책위의장 당시 마련한 1967년의 박순천 당수의 연두기조연설에는 그의 국정 전반에 대한 비판과 대안이 집약되어 있으며, 이 연설문의 골자는 그대로 신민당의 정책이 되어 지금에 이르고 있다" 이에 대해서는 김대중(1970: 521)을 참조.

9   8인소위는 김대중 선전국장을 비롯하여 이충환 정책위원장, 최영모 정책부위의장, 김판술 상무위원장, 태완선 당무위원장, 고흥문 사무총장, 김영삼 원내총무, 유창렬 재정위원장 등으로 구성되었다(조선일보 1966. 1. 15).

10 "그가 경영하는 내외문제연구소에서는 꾸준히 교양강좌를 갖고 있는데 그(김대중)는 40여회에 이르는 강좌를 한 번도 빼지 않고 나가서 강의하고 있으며, 그의 강의를 듣기 위해 젊은 청년 학생들이 운집한 것을 볼 수 있다"(『사상계』 1969: 5 21).

11 이하의 내용은 민주화운동기념사업회(2010)을 참조하였음.

12 문화방송 사장 황용주는 『세대』(1964.11)에 발표한 논문("강력한 통일정부에의 의지: 민족적 민주주의의 내용과 방향")에서 '남북한의 군사적 대치 해소 방안 강구', '남북한의 상호 불가침과 군비 축소', '남북한의 유엔 동시가입 및 대화' 등을 주장했다. 검찰은 이 사건을 반공법 위반으로 기소하였고, 황용주는 1964년 11월 19일 구속되었다. 이 필화사건은 1966년 대법원에서 원심(징역 1년 자격정지 1년, 집행유예 3년)이 확정됨으로써 마무리됐다. 박정희와 대구사범 동기로서 민족주의와 남북통일을 염원했던 황용주의 삶에 대해서는 안경환(2013)을 참조.

13 1965년 한일협정 체결에 항의, 의원직을 사퇴한 서민호는 민사당(民社黨)을 발기, 그 취지문에서 '남북한 서신교환, 체육인 및 언론인의 교환'을 주장하고, 만일 집권하면 김일성과 면담할 용의가 있다고 밝히는 동시에 한일협정의 폐기, 파월국군의 철수를 강력히 요구했다. 결국 이 사건으로 서민호는 반공법 위반으로 구속되었고, '김일성과의 면담' 운운한 부분이 유죄로 인정되어 징역 2년, 자격정지 2년의 실형을 언도받았다. 이에 대해서는 한국사사전편찬회(2005).

14 '700만 동포 아리랑', 『오마이뉴스』(2016. 11. 18).
http://www.ohmynews.com/NWS_Web/View/at_pg.aspx?CNTN_CD=A0000370824

15 이하의 내용은 조현옥(2005)을 참조.

16 'LA 적십자사 점거 사건'으로 알려진 이 사건은 당시는 물론이고 아직까지도 국내 언론에

알려진 바가 별로 없다. 1980년 5월 광주에서 시민들이 계엄군과 대치하고 있을 때, LA에서는 양현승 목사를 비롯한 400여 명의 교민들이 LA 적십자사를 점거하고 약 72시간 동안 '헌혈된 피를 광주로 보낼 것'을 요구하면서 전두환 정권과 대치하는 이민 역사의 기념비적 사건이 벌어진다. 'LA 적십자 혈액원 점거'와 '집단 헌혈'로 이어진 이 사건은 LA에서 헌혈된 피를 한국정부가 접수하도록 요구함으로 계엄군에게 '광주에서의 유혈사태'를 인정하도록 압박(Blood Push)했고, 텔레비전이나 신문을 통해 미국 전역에 알려지는 계기가 되었다. 이로 인해 LA 교민들 뿐 아니라 전 미국인에게 깊은 인상과 충격을 주었다(뉴스 M 2015. 5. 15).

17   노동교실의 설립을 주도한 윤운섭은 1977년 독일에 와서 광부로서의 삶을 시작했으나 광주항쟁을 계기로 사회의식에 눈 뜨기 시작했으며, 그 당시 베를린에 와 있던 유학생들과의 학습을 통해 의식화되기 시작했다. 노동교실은 조직 내에서 회원들의 자의식을 깨우치는 작업을 했으나 사정이 어려운 국내운동을 돕기 위한 활동도 벌였다. 바자회 등을 하여 1만 마르크 정도를 만들어 국내에 송금했다. 송금한 곳은 민청련, 민주화운동희생자들을 위한 사업들이었다.

18   그러나 이 당시 학생운동과 지식인층의 반미주의 및 대중들의 반미감정을 지나치게 강조하는 것은 무리라는 지적도 있다. 왜냐하면 일반 시민들 다수는 도농간, 세대간, 계급적 차이에도 불구하고 여전히 보수적인 친미반공주의를 견지하고 있었기 때문이다. 군사정권의 용공 조작과 보수언론의 매도와는 별개로 당시 학생운동권의 이데올로기적 반미는 대중과는 절연되어 과격하고 추상화된 이념에 매몰된 한계를 드러냈던 것이다(문부식 2002).

19   그 결과 1964년 7월 30일까지 학생시위를 주도했다는 이유로 각 학교에서 징계를 받은 학생은 모두 352명에 이르렀다. 그 중 224명이 구속되었는데, 민비연 3인방인 김중태, 현승일, 김도현이 내란죄로 기소되는 등 많은 학생들에게 내란죄가 적용되었다(6.3동지회 2001: 118~120).

20   문세광은 내란목적 살인과 국가보안법 위반 등 6개 죄목으로 기소되어 대법원에서 사형선고를 받고 사형에 처해졌다(1974. 12. 20). 노무현 정부하의 '진실 · 화해를 위한 과거사정리위원회'는 이 사건의 의혹을 해명하기 위해 직권조사(2007. 7)에 나섰지만 새로운 사실을 밝혀내지는 못했다.

21   '제1차 역사교과서 왜곡사건'은 1955년에 이어 두 번째 사건이었다. 1953년 일본 자위대가 창설되자 우익인사들은 재무장론을 주장하면서 그 출발점을 패전 후 만들어진 교과서에 대한 공격에서 시작하였다. 당시 교과서 검정의 주요 지침은 태평양전쟁이라는 용어 대신 '대동아전쟁'이라는 용어를 사용할 것, 전쟁의 비참함을 드러내는 기술은 하지 않을 것, 중국 '침략'을 '대륙 진출'로 기술할 것 등이었다. 이러한 문부성의 교과서 검정 실시 이후

일본 역사교과서에서 일본의 가해사실 등에 관한 기술은 자취를 감추었다. 하지만 당시 한국과 중국 정부는 이를 일본 내부의 일로 치부하여 별다른 대응을 하지 않았다.

결 론 _ 한국 시민운동의 뿌리를 찾아서

1   본 연구에서 활용한 참여연대 임원(1994~2013)은 총 718명이다. 임원은 1(공동대표), 2(사무처장단), 3(감사), 4(고문), 5(자문위원), 6(운영위원), 7(집행위원), 8(정책위원)을 뜻하며, 자료는 참여연대 총회 자료집(연간)을 활용하였다.

2   독자적인 조직인 지방의 참여연대까지 포함하면 명단이 늘어날 수밖에 없다. 거기에는 정의구현사제단 출신의 송기인(부산참여자치시민연대 공동대표)와 곽동철(충북참여자치시민연대 공동대표) 신부 등이 포함된다.

참 고 문 헌 REFERENCE

강 민, 1983, 「官僚的 權威主義의 韓國的 生成」, 한국정치학회, 『한국정치학회보』, 17, 341~ 362.

강만춘, 1970, 「1960년대에 있어서의 사회복지사업의 경향」, 『사회복지』, 제30호, 한국사회복지 연합회, 14~19.

강원택, 2015, 「제한적 정당 경쟁과 정당 활동의 규제: 정당법의 기원과 변천을 중심으로」, 『한국 정당학회보』, 제14권 제2호.

강인철, 2002, 「민주화 과정과 종교: 1980년대 이후의 한국종교와 정치」, 『종교연구』, 27호, 25 ~57.

_____, 2006, 11, 「한국사회와 종교권력-비교역사적 접근」, 『역사비평』, 118~149.

_____, 2012, 『종교정치의 새로운 쟁점들』, 한신대학교 출판부.

강정인, 2002, 「서구중심주의에 비쳐진 한국의 민주화, 민주주의의 한국화」, 『민주주의의 한국적 수용』, 책세상.

강준만, 2008, 『한국현대사 산책: 1970대편 2권』, 인물과사상사.

강진웅, 2015, 「한국사회의 반미를 생각한다: 사회사적 이해와 현대적 성찰」, 한국사회사학회, 『사회와 역사』, 통권 105호, 357~388.

고병철, 2011, 「한국 종교정책의 진단과 과제」, 『종교연구』, 65호, 1~34.

공정거래위원회, 2010, 『공정거래위원회 30년사』.

교육부·한국교육개발원, 2014, 『OECD 교육지표』, 〈통계자료 SM 2014~08〉.

구병삭, 1991, 「제3공화국 헌법사」, 한국정신문화연구원 엮음, 『한국헌법사(下)』, 고려원.

국순옥, 1994, 「자유민주적 기본질서란 무엇인가?」, 『민주법학』, 제8호.

권영성, 1990, 『헌법학원론』, 법문사.

권오승, 2015, 『경제법』, 법문사.

기미야 다다시(木宮正史), 1991, 「한국의 내포적 공업화 전략의 좌절」, 고려대학교 정치외교학과 박사학위논문.

김 철, 1992. 4, 「국회의 법안심의실태와 개선방안」, 『입법조사월보』.

김광식, 2011, 「1945~1980년간의 불교와 국가권력」, 『불교학보』, 57권, 209~241.

김근세·최도림, 1996, 「우리나라 정부조직의 신설, 폐지, 승계에 관한 분석」, 『한국행정학보』, 제 30권 3호.

김대연·김유혁·손직수·정지웅, 1985, 「선진조국의 창조를 위한 새마을연수교육 강화방안 연 구」, 새마을운동중앙본부·전국대학새마을연구소연합회, 『선진조국창조를 위한 새마을운동학술논문집』.

김대영, 2005, 「반유신 재야운동」, 『유신과 반유신』, 민주화운동기념사업회.

김대중, 1966. 3, 「大衆자본주의의 진로: 여야경제정책의 대결」, 『비지네스』.

_____, 1969. 11, 「大衆經濟를 主唱한다」, 『신동아』.

_____, 1970. 9. 13, 『내가 걷는 70년대』, 범우사.

김대환·조희연, 2003, 『동아시아 경제변화와 국가의 역할 전환』, 한울.

김동춘, 1994, 「1960~70년대 민주화운동세력의 대항이데올로기」, 『한국정치의 지배이데올로 기와 대항이데올로기』, 역사비평사.

_____, 1997, 『분단과 한국사회』, 역사비평사.

_____, 2011, 「냉전, 반공주의 질서와 한국의 전쟁정치」, 『경제와 사회』, 333~366.

김두식, 2011, 「한국사회의 사회운동과 정치엘리트」, 『한국사회』, 제12집 1호.

김민배, 1999, 「국가보안법, 반공법과 한국인권 50년」, 『역사비평』, 41~56.

_____, 2001, 「자유민주적 기본질서와 국가보안법?」, 인하대학교 법학연구소, 『법학연구』, 제4집.

김삼웅, 2006, 『해방후 정치사 100장면』, 가람기획.

김석우외, 2008, 『정부의 변화와 중소기업 정책간의 연관성에 관한 연구』, 중소기업청 발간자료.

김성호, 2007, 『우정이 있는 민주공화국』, 사군자.

김아람, 2013, 「1970년대 주택정책의 성격과 개발의 유산」, 『역사문제연구』, 29호, 47~84.

김영덕, 1991, 「집단정체성의 변화과정과 획득과정에 관한 연구: H 야학의 사례를 중심으로」, 경북대학교 고고인류학과 석사논문.

김영래, 1987, 『한국의 이익집단: 국가조합주의적 시각을 중심으로』, 대왕사.

김용기·이왕휘, 2016, 「대기업 규제정책과 기업의 정치전략」, 『Korea Business Review』, 20권 2호.

김용복, 1998, 「개발독재는 불가피한 필요악이었나」, 한국정치연구회, 『박정희를 넘어서』.

_____, 2013, 「일본 우경화, 한일관계 그리고 동아시아」, 『경제와사회』, 36~62.

김용호, 1990, 「공화당과 3선 개헌」, 동아일보사, 『현대사를 어떻게 볼 것인가 4』, 65~114.

김 원, 2007. 9. 21, 「한국산업화 시기의 지성사: 민족경제론을 중심으로」, 민주사회정책연구원·고박현채추모집전집발간위원회, 『지구화시대의 민족경제: 지구화시대 박현채 경제사상의 의의와 재구성』.

김일영, 2006, 「조국근대화론 대 대중경제론: 1971년 대선에서 박정희와 김대중의 대결」, 『박정희시대와 한국현대사』, 선인.

_____, 2004, 『건국과 부국: 현대한국정치사 강의』, 생각의나무.

김장섭, 1967, 『憲法改正審議錄』, 대한민국국회.

김정수, 2013, 「우리나라 종교정책의 문제점과 개혁방향에 관한 고찰」, 『문화정책 논총』, 27권 2호, 165~190.

김정원, 1983, 「군정과 제 3공화국: 1961~1971」, 김성환 외, 『1960년대』, 거름.

김진웅, 2003, 『반미』, 살림.

김진하, 2010, 「한국 지역주의의 변화」, 『현대정치연구』, 3권 2호, 89~114.

김창남, 1989, 「80년대의 문화와 문화운동」, 『문학과 사회』, 통권 제8호, 1330~1345,

김철수, 1999, 『헌법학개론』, 박영사.

김태일, 2001, 「제4공화국과 제5공화국 헌법 비교」, 『한국정치와 헌정사』, 한울.

김현주, 2014, 「5,16 군정기 재건국민운동본부의 국민교육활동」, 『大丘史學』 제177집.

김형아, 2005, 『박정희의 양날의 선택: 유신과 중화학공업화』, 일조각.

김희진, 2012, 「한국에서의 결핵현황」, 『대한내과학회지』, 제82권 제3호.

나인호, 2011, 『개념사란 무엇인가』, 역사비평사.

남궁용권·윤익수·김남득, 1985, 「새마을운동과 사회정화운동의 이념 및 활동에 관한 비교연구」, 새마을운동중앙본부, 『새마을운동학술논문집』, 제10권 4집.

남궁호경, 1992, 「국가모독죄에 대한 고찰」, 『서울대학교법학』, 제33권 2호.

남찬섭, 2005, 「1950년대의 사회복지 ③」, 『복지동향』 82.

_____ , 2006, 「1970년대의 사회복지 ③」, 『복지동향』 91.

內務部, 1980, 『自然保護白書』.

노동청, 1973, 『노동행정 10년사』.

대통령비서실, 1967, 『박정희대통령 연설문집』 제3집.

대한YWCA연합회, 1998, 〈과외허용조치에 대한 국민의식조사〉.

대한변호사협회, 2002, 『大韓辯協 50年史』.

대한적십자사, 1987, 『대한적십자사 80년사』.

류동민, 2002, 「민족경제론의 형성과정에 관한 연구」, 『경제와 사회』, 56호.

류명석, 1996, 「한국의 협회조직의 자율성과 적응능력에 관한 연구」, 고려대학교 사회학과 석사학위논문.

모리스 듀베르제, 1979, 『정치제도와 헌법』, 삼영사.

문병집, 1982, 「새마을운동의 고차원발전을 위한 지도자의 역할에 관한 연구」, 새마을연구소, 『새마을운동연구논총』, 7집 1권.

문상석, 2014, 「쿠데타와 국민국가 형성」, 『현상과인식』, 38권 1호, 151~180.

문옥배, 2013, 『한국공연예술통제사』, 예술.

문화부 종무실, 1990, 『한국의 종교현황』.

문화체육관광부, 2011,『한국의 종교현황』.

민주화운동기념사업회 한국민주주의연구소 편, 2010,『한국민주화운동사 3』, 돌베개.

민주화운동기념사업회, 2006,『한국민주화운동사 연표』, 선인.

민주화운동기념사업회연구소, 2008,「한일협정 반대투쟁」,『한국민주화운동사 1』.

박건영, 1989,「정치경제학의 한 분석의 틀로서의 관료적 권위주의 이론 : 이론적 비평」,『한국정 치학회보』, 23권 1호, 167~177.

박명규, 2010,『국민·인민·시민: 개념사로 본 한국의 정치주체』, 소화.

박명림, 2008,「박정희 시대 재야의 저항에 관한 연구, 1961~1979」,『한국정치외교사논총』, 한 국정치외교사학회, 30권 1호, 29~62.

박명수, 2009,「다종교사회에서의 한국 개신교와 국가권력」,『종교연구』, 54호, 1~37.

박보영, 2010,「천주교 빈민운동의 형성과 전개」,『비판사회정책』, 29호, 125~162.

박상필, 2003,「한국 시민사회 형성의 역사」, 권혁태 외,『아시아의 시민사회: 개념과 역사』, 아르 케.

박수호, 2009,「종교정책을 통해 본 국가-종교간 관계」,〈한국사회학회 사회학대회 논문집〉.

박순성·김균, 2001,「정치경제학자 박현채와 민족경제론: 한국경제학사의 관점에서」,『동향과 전망』제48호, 박영률출판사.

박영선, 2015,「정부의 민간공익활동 지원 제도 연구~ 시민사회 조직 지원법을 중심으로」,『시 민사회와 NGO』, 제13권 제2호, 3~43.

박원순, 1997,『국가보안법연구 1』, 역사비평사.

박인수, 2000,『한국헌법의 이해』, 영남대학교 출판부.

박인혜, 1985,12,「TV 시청료 내야 하나?」,『새가정』.

박일경, 1986,『신헌법학원론』, 법경출판사.

박정삼, 1963,『社會敎育과 地域社會開發論』, 일지사.

박종주, 1986,「한국근대화와 국가코포라티즘의 통제: 제3, 4공화국을 중심으로」, 서울대학교 행 정대학원 박사학위논문.

박종철, 1994,「한국에서의 국가-종교관계 변화분석」,『한국사회와 행정연구』, 5권 1호, 195~ 212.

박채복, 2005,「한국 여성운동의 전개와 과제」,『한·독사회과학논총』, 15권 1호, 231~252.

박철호, 1974,『일반사회·정치경제』, 일신사.

박태균, 2004,「로스토우 제3세계 근대화론과 한국」,『역사비평』.

박현채, 1969,11,「계층조화의 조건: 식민지적 경제구조의 청산과 자주적 민족경제의 확립이 전 제되어야 한다」,『정경연구』.

박현채10주기추모집·전집 발간위원회 엮음, 2006, 『박현채 전집 6, 1960~1974』, 해밀.

박형규, 2010, 『나의 믿음은 길 위에 있다: 박형규 회고록』, 창비.

배응환, 2001, 「권위주의 정치체제하의 정부와 경제이익집단 관계」, 『한국행정학보』, 35권 2호, 19~39.

배진영, 2010, 「한국 경제 질서의 특징과 변천」, 『경상논총』, 28권 2호.

백종면, 1996, 「해방 50년과 남한의 민간복지」, 『비판사회정책』, 1호, 39~62.

부르노 카우프만 저, 이정옥 역, 2008, 『직접민주주의로의 초대』, 리북.

새마을운동중앙회, 2000, 『새마을운동 30년 자료집』.

서복경, 2014, 「한국 정치결사 제한체제의 역사적 기원」, 『동향과 전망』, 120~152.

서영석, 1986. 9, 「명동집회와 재야 33개 단체」, 『정경문화』, 京鄕新聞社.

서울대학교경영대학 노사관계연구소, 1997, 『한국노사관계의 발전방향과 과제』, 다산출판사.

서희석, 2012, 「소비자단체의 소비자기본법상 지위」, 『소비자문제연구』, 43호, 71~96.

성낙인, 2016, 『헌법학』 16판, 법문사.

손기섭, 2009, 「한일 안보경협 외교의 정책결정」, 『국제정치논총』, 49권 1호, 313~314.

손세일, 1976, 『韓國論爭史: Ⅲ 政治·法律·經濟篇』, 靑藍文化社.

손현수(외), 1982, 「도시새마을지도자의 구성과 그 역할: 부산시 동대신동을 중심으로」, 새마을 연구회, 『새마을운동연구논총』, 7집 5권.

손호철, 1995, 『해방50년의 한국정치』, 새길.

_____, 2001, 「김성국 교수에 대한 반론: 자본인가, 국가인가」, 유팔무·김정훈 엮, 『시민사회와 시민운동2』, 한울.

송병헌외, 2004, 「한국 자유민주주의의 연원과 전개」, 민주화운동기념사업회, 『한국자유민주주의의 전개와 성격』, 오름.

송석윤, 2000, 「독일헌법상 정당 조항과 그 한국적 이식: 비교법사회학적 접근」, 『서울대학교법학』, 115~144.

송호근, 2013, 『시민의 탄생: 조선의 근대와 공론장의 지각 변동』, 민음사.

_____, 2015, 『나는 시민인가』, 문학동네.

_____, 2011, 『인민의 탄생: 공론장의 구조 변동』, 민음사.

시민운동정보센터, 2015, 『한국시민사회운동 25년사, 1989~2014』.

신우철, 2011, 「우리 헌법사에서 '기본권'의 의미」, 『역사비평』, 61~108.

신원철, 2013, 「노사협의회 제도의 형성과 전개(1945~1997)」, 『사회와역사』, 통권 98, 43~83.

신윤표, 1984, 「민주도 새마을운동의 발전적 방안연구: 주민참여 활성화를 중심으로」, 새마을운동중앙본부, 『새마을운동이론체계정립』, 연구논문 Ⅰ: 역사·경제·사회편.

신진욱, 2008, 『시민』, 책세상.

심재진, 2011, 「사회복지사업법 제정사 연구」, 『사회보장연구』, 제27권 제2호, 279~307.

안경환, 2013, 『황용주: 그와 박정희의 시대』, 까치.

안경희, 2014, 「가족법 개정사와 여성운동」, 『이화젠더법학』, 6권 2호, 73~128.

안병욱, 1968. 8, 「창조와 혼동의 장」, 『사상계』.

안상훈, 2010. 12. 30, 〈한국형 복지국가의 미래 전망〉, 기획재정부, 서울대학교 사회복지연구소.

안소영, 2011, 「한일관계와 '비정식접촉자(非正式接觸者)': 국교정상화 성립 전후로부터 1970년대 초반까지」, 한국정치외교사학회, 『한국정치외교사논총』, 33권 1호, 31~68.

안재홍, 2010, 「정책과 정치의 동학, 그리고 제도의 변화: 스웨덴 기업지배구조의 사례」, 『한국정치학회보』, 44권 4호.

양동안, 2011, 「대한민국 건국과 발전과정에서의 정보기관 역할」, 한국국가정보학회 학술대회 자료집, 61~71.

양재진, 2002, 「대통령제, 이원적 정통성, 그리고 행정부의 입법부 통제와 지배: 한국 행정국가화 현상에 대한 함의를 중심으로」, 『한국행정연구』, 11권 1호.

양재진·김영순·조영재·권순미·우명숙·정홍모, 2008, 『한국의 복지정책 결정과정』, 나남.

염재호·홍성만·왕재선, 2004, 「정부관료제의 역사적 형성과 제도변화」, 『정부학연구』, 10권 1호, 5~49.

염재호·홍성만·최흥석, 2007, 「한국 중앙재정기구의 형성과 변화과정: 미군정 이후 조직적 기제의 기능변화를 중심으로」, 『정부학연구』, 13권 2호, 251~288,

오동석, 2011. 8. 10, 「헌법상 경제민주화 조항 해석론」, 민주당 헌법119조 경제민주화 특별위원회 토론회 자료집.

_____, 2015, 「분단체제와 국가보안법」, 『황해문화』, 180~196.

오병헌, 1993, 「군부독재의 칼: 계엄령 연구」, 『신동아』, 11월호.

오제연, 2005, 「평화선과 한일협정」, 『역사문제연구』, 14호.

외무부, 1986, 『국제기구편람』.

유용태, 2014, 「역사교과서 속의 민주주의 : 한중일 3국 비교」, 『역사교육』, 132호, 39~69.

유진오, 1953, 『新稿: 憲法解義』, 탐구당.

_____, 1959, 『신고 헌법해의』, 일조각.

유팔무, 1998, 「비정부사회운동단체의 역사와 사회적 역할: 시민운동과 정부와의 관계를 중심으로」, 『동서연구』, 10권 2호.

_____, 2003, 「시민사회의 개념과 내부 구성: 유물론적 형성론의 관점에서」, 『동향과전망』, 통권 제56호, 115~139.

윤보선, 1991, 『외로운 선택의 나날: 윤보선회고록』, 동아일보사.

윤선자, 2006, 「일제의 종교정책과 新宗敎」, 『한국근현대사연구』, 제13집, 72~103.

윤승용, 1997, 「한국 근대 종교의 성립과 전개」, 『사회와 역사』, 52집, 11~47.

윤일웅, 1987. 3, 「인권운동 단체들」, 『月刊朝鮮』.

윤재걸, 1985. 8, 「재야민주, 민중운동단체들」, 『신동아』.

이 호, 1995, 「종교사회운동단체의 종교성과 사회운동적 성격에 관한연구: 천주교도시빈민회를 사례로」, 서강대공공정책대학원 석사학위논문.

이강로, 2004, 「한국내 반미주의(反美主義)의 성장과정 분석」, 『국제정치논총』, 44권 4호, 239~ 261.

이경남, 1989, 『분단시대의 청년운동, 상』, 삼성문화개발.

이경의, 2006, 『중소기업정책론』, 지식산업사.

이규식외, 2012, 「사회경제 환경변화와 보건의료정책의 방향」, 대한의사협회 의료정책연구소 연구보고서.

이근우, 2014, 「법률의 품격: 경범죄처벌법에 대한 비판적 제언」, 『비교형사법연구』, 제5권.

이민규·허정봉, 1979, 「야학에 관한 실태조사」, 중앙대학교, 『사회복지연구』, 13호.

이병천, 2001, 「다시 민족경제론을 생각한다」, 『동향과전망』, 48호.

_____, 2013, 「대한민국 헌법의 경제이념과 제119조의 한 해석」, 『동향과 전망』, 통권 83호, 1~ 44.

이부하, 2013, 「경제와 헌법의 관계」, 『경제규제와 법』, 6권 2호, 89~100,

이삼성, 1993, 『미국의 대한정책과 한국민족주의』, 한길사.

이상영, 1997, 「해방 후 한국법제 변천사」, 『법제연구』, 제14호.

이석환, 2007, 「산업경제 행정조직의 변천사에 관한 분석」, 『한국조직학회보』, 4권 2호, 155~ 165.

이선엽, 2009, 「경범죄처벌법의 역사적 변천: 제도의 경로, 동형화」, 『한국행정사학지』, 제25호, 1 ~19.

이성형, 1985, 「국가, 계급 및 자본축적: 8,3조치를 중심으로」, 최장집 편, 『한국자본주의와 국가』, 역사와사회.

이수진, 2009, 「국가보훈 행정과 행정사」, 한국지방정부학회 학술대회자료집, 507~522.

이승종, 2008, 「지방정부 형태와 조직의 변화 60년」, 『한국지방자치학회보』, 제20권 2호.

이승철, 1994, 「성금·기부금, 이렇게 개선하자」, 한국경제연구원 규제연구센터, 『규제완화』.

이영재, 2015, 『민의 나라 조선』, 태학사.

이영훈, 2013, 『대한민국 역사: 나라 만들기 1945~1987』, 기파랑.

이완범, 2001, 「박정희 군사정부하 제3공화국 헌법제정과정의 정치적 역동성」, 『한국정치와 헌정사』, 한울.

이우재, 1991, 「1979년 크리스찬 아카데미 사건」, 『역사비평』, 봄호.

이정석, 1997, 『분단과 반민주로 본 한국정치이야기(上)』, 무당미디어.

이정은, 1999, 「한국에서의 인권 개념과 인권 운동에 관한 연구」, 서울대학교 대학원 사회학과 석사학위논문.

이종석, 2014, 『칼날위의 평화』, 개마고원.

이지형, 1965. 2, 「再建國民運動」, 『新東亞』.

이철호, 2005, 「한국헌정사에서 위헌적 입법기구가 헌법학에 미친 영향」, 『아·태공법연구』, 제10집.

임혁백, 2014, 『비동시성의 동시성: 한국 근대 정치의 다중적 시간』, 고려대학교출판부.

임현진·송호근, 1994, 「박정희 체제의 지배이데올로기」, 『한국정치의 지배이데올로기와 대항이데올로기』, 역사비평사.

장동진, 2000, 「한국의 인권단체와 운동」, 『21세기 정치학회보』, 제10집 2호.

재건국민운동본부, 1963, 『재건국민운동 2주년의 발자취』.

전국경제인연합회, 1991, 『全經聯三十年史』.

전국민주노동조합총연맹, 2001, 『민주노조 투쟁과 탄압의 역사: 1970~2000』.

전명수, 2013, 「한국 종교와 정치의 관계: 대통령 선거를 중심으로」, 『담론 21』, 16호, 75~101.

_____ , 2014, 「종교의 정치 참여에 대한 일고찰: 한국의 종교와 정치 발전 연구의 일환으로」, 『담론 21』, 17권 3호, 31~56.

전상인, 2003, 「반미의 역사사회학」, 『비교사회』, 191~215.

전인권, 2002, 「박정희의 민주주의관: 연설문을 중심으로」, 『한국정치연구』, 11집 2호.

전재호, 2010, 「5,16 군사정부의 사회개혁정책: 농어촌고리채정리사업과 재건국민운동을 중심으로」, 『사회과학연구』, 34집 2호.

전재호, 2002, 「자유민주주의와 민주화운동: 제1공화국에서 제5공화국까지」, 강정인편, 『민주주의의 한국적 수용』, 책세상.

전진한, 1996, 『이렇게 싸웠다』, 무역연구원.

정무권, 1996, 「한국 사회복지제도의 초기형성에 관한 연구」, 『한국사회정책』, 3권 1호, 309~352.

정상호, 2003, 『직능단체의 인사시스템 연구』, 중앙인사위원회.

_____ , 2005, 「반유신 야당운동의 성과와 한계」, 민주화운동기념사업회, 『유신과 반유신』.

_____ , 2008, 「정책 이념(PolicyIdea)으로서 대중경제론의 형성 과정에 대한 연구」, 민주화운동

기념사업회,『기억과 전망』, 18권,

_____, 2013,『시민의 탄생과 진화』, 한림대출판부.

_____, 2015,「보훈단체의 민주화 방안 연구: 집단행동의 유형과 특성을 중심으로」,『현대정치연구』.

정순훈, 1988,「우리 헌법상의 경제질서와 경제규제의 한계」,『공법연구』, 제16집.

정윤형, 1984,「경제성장과 독점자본」, 조용범·정윤형외,『한국독점자본과 경제성장』, 풀빛.

정의창, 2004,「정부조직변화의 경로의존성」,『의정연구』, 11권 1호.

정재정, 2014,『20세기 한일관계사』, 역사비평사.

정재황, 2013,「헌법개정과 기본권」,『저스티스』, 134권, 150~199.

정종진·이덕노, 1994,『노사관계론』, 법문사.

정진석, 1995,「언론과 박정희 정권의 전면전, 경영이 편집 우위에 서는 계기」,『신문과 방송』, 통권 291호.

정진자, 1974. 8,「소비자 보호와 효과적인 불매운동」,『마케팅』, 8권 8호, 40~41.

정철희, 2003,『한국시민사회의 궤적: 1970년대 이후 시민사회의 동학』, 아르케.

정충량·이효재, 1969,「여성단체 활동에 관한 연구」, 이화여대,『한국문화연구원논총』제14집.

정태호, 2005,「현행 정당법상의 정당 개념의 헌법적 문제점」,『경희법학』, 40권 2호, 126~155.

정해구, 2002,「한국민주주의와 재야운동」, 조희연 편,『국가폭력, 민주주 투쟁, 그리고 희생』, 함께읽는책.

_____, 2005,「반공: 개발 역사블록으로서의 박정희 국가동원체제」, 정해구외,『박정희체제와 국가동원』, 이후.

정해구·김혜진·정상호, 2005,『87년 6월항쟁과 한국의 민주주의』, 민주화운동기념사업회.

정현백, 2006,「한국의 여성운동 60년」,『여성과역사』, 4호, 1~42.

정호기, 2008,「국가의 형성과 광장의 정치: 미군정기의 대중동원과 집합행동」,『사회와역사』, 77, 155~190.

정홍익, 1988,「지방문예행정제도의 개편 방안」,『문화정책논총』, 제1집.

조기준, 1969,「조선물산장려운동의 전개 과정과 그 역사적 성격」,『역사학보』, 41호.

조병인, 2002,『집회 및 시위의 보장과 규제에 관한 연구』, 형사정책연구원 연구총서, 13~277.

조현연, 2003,「'자유민주주의' 지배담론의 역사적 궤적과 지배 효과」,『한국의 정치사회적 지배담론과 민주주의 동학』, 함께읽는책.

조현연·조희연, 2001,「한국 민주주의의 이행」, 조희연 편,『한국 민주주의와 사회운동의 동학』, 나눔의집.

조현옥, 2005,「해외의 한국 민주화운동: 본국과의 상호관계 및 정체성 찾기」, 비판사회학회,『경

　　제와사회』, 72~94.

조희연 편, 2002,『국가폭력·민주주의투쟁 그리고 희생』, 함께읽는책.

조희연, 1995, 가을,「민청세대, 긴조세대의 형성과 정치개혁전망」,『역사비평』.

＿＿＿＿, 2005,「박정희 체제의 복합성과 모순성: 임지현 등의 반론에 대한 재반론」,『역사비평』
　　(봄호).

주강현, 2005,「反維新과 1970년대 文化藝術運動」,『역사민속학』, 21호, 7~72.

주종환, 1985,『재벌경제론』, 정음문화사.

중소기업협동조합중앙회, 1982,『企協二十年史』.

채　백, 2005,「일제 강점기의 신문불매운동 연구」,『한국언론정보학보』, 통권 28호, 219~249.

천성호, 2009,『한국야학운동사: 자유를 향한 여정 110년』, 학이시습.

청소년대책위원회, 1986,『청소년백서』.

최민지, 1979,「한국여성운동 소사」, 이효재편,『여성해방의 이론과 현실』, 창작과비평사.

최신덕·노길명, 1979,「해방 이후 한국 종교계의 변동과정」,『한국사회학』, 10권, 97~123.

최원규, 1996,「외국민간원조단체의 활동과 한국 사회사업 발전에 미친 영향」, 서울대학교 박사
　　학위논문.

최인기, 2013,「도시빈민운동의 조직화와 연대」,『역사비평』, 91~106.

최장집, 1989,『한국의 노동운동과 국가』, 열음사.

＿＿＿＿, 1989a,「과대성장국가의 형성과 정치균열의 전개」,『한국현대정치의 구조와 변화』, 까치.

＿＿＿＿, 1993,『한국민주주의의 이론』, 한길사.

＿＿＿＿, 2002,『민주화 이후의 민주주의』, 후마니타스.

최정운, 1999,『오월의 사회과학』, 풀빛.

카바40년사편찬위원회, 1994,『외원사회사업기관 활동사: 외국민간원조기관 한국연합회 40년
　　사』, 홍익제.

토크빌, 임효선·박지동 옮김, 1997,『미국의 민주주의』, 한길사.

퍼트넘, 로버트 D., ·데이비드 E, 캠벨 지음, 2013,『아메리칸 그레이스: 종교는 어떻게 사회를 분
　　열시키고 통합하는가』, 정태식·안병진·정종현·이충훈 옮김, 페이퍼로드.

편집부, 1983. 10,「모유를 먹이자~ 모유권장배경과 네슬 불매운동」,『새가정』, 61~64.

편집부, 1987,「5공화국 독재체제와 국보위·입법회의」,『월간 말』, 28~33.

편집부, 1987. 11,「해태, 전국 양돈농민들의 상품불매운동에 두 손 들어」,『월간 양돈』.

편집부, 1992. 7,「KBS 시청료 거부운동 그 후」,『월간 말』.

한경호, 1984,「근로청소년학교의 실태에 따른 개선방안연구」, 성균관대 교육학과 석사논문.

한국경영자총협회, 1988,『1988 노동경제연감』.

한국교육개발원, 2015, 『평생교육통계자료집』, http://kess.kedi.re.kr/index.

한국사사전편찬회, 2005, 『한국근현대사사전』, 가람기획.

한국여성단체협의회, 1989, 『한국여성단체협의회 30년사』.

한국역사연구회 1991, 『한국현대사 2』, 풀빛.

한국일보사, 1981, 『재계회고: 김용완편』.

한국학원총연합회, 1997, 『韓國學院總聯 40年史』.

한배호, 1994, 『한국정치변동론』, 법문사.

한병진, 1995, 「1970년대 국가와 농민관계에 관한 연구: 새마을운동이 농민의 정치적 태도에 미친 영향을 중심으로」, 서울대학교 외교학과 석사학위논문.

한병호, 1998, 「사회적 기본권 50년」, 『헌법학연구』, 제4집 제1호.

한상희, 2009, 「집회 및 시위의 자유」, 『서강법학』, 11권 1호, 33~66.

한성훈, 2013, 「권력의 중심에 선 정보기관」, 『내일을 여는 역사』, 통권 53호, 109~127.

한태연, 1988, 「한국헌법사 서설」, 한국정신문화연구원 엮음, 『한국헌법사(上)』, 고려원.

행정자치부, 1998, 『대한민국정부조직변천사(상)』.

허 영, 1990, 『한국헌법론』, 박영사.

허 은, 2003, 「'5·16군정기' 재건국민운동의성격」, 『역사문제연구』, 통권 11호.

홍덕률, 2005, 「전경련, 왜 만들어졌는가?」, 『내일을 여는 역사』 19호, 128~139.

홍문식, 1998, 「출산력 억제정책의 영향과 변천에 관한 고찰」, 『한국인구학』, 21권 2호, 182~227.

홍석률, 1998, 「1960년대 지성계의 동향」, 『1960년대 사회변화 연구: 1963~1970』, 백산서당.

_____, 2005, 「1960년대 한미관계와 박정희 군사정권」, 『역사와 현실』 제56호.

홍성태, 2011, 『토건국가를 개혁하라』, 한 울.

홍윤기, 2004, 「시민적 실존의 철학적 소묘」, 홍성태 엮음, 『참여와 연대로 본 민주주의의 새 지평』, 아르케.

환경과공해연구회, 1991, 『공해문제와 공해대책』, 한길사.

환경처, 1990, 『환경백서』.

황병주, 2004, 「박정희 체제의 지배담론과 대중의 국민화」, 임지현·김용우 엮, 『대중독재: 강제와 동의 사이에서』, 책세상.

황승흠, 2014, 「근로자 이익균점권의 탄생 배경과 법적 성격 논쟁」, 『노동법연구』, 36호, 1~44.

황인정(외), 1979, 『한국의 농촌개발 1970~1979: 새마을운동의 평가와 전망』, 한국농촌경제연구원.

황종성, 1997, 「사용자단체」, 김영래(編), 『이익집단정치와 이익갈등』, 한울아카데미.

Amsden, Alice H, 1989, Asia's Next Giant: South Korea and Late Industrialization, New York: Oxford University Press.

Collier, Ruth Berins and David Collier, 1979, 「Inducements versus Constraints: Disaggregating Corporatism」, APSR, Vol, 73.

Evans, Peter, 1995, Embedded Autonomy: States & Industrial Transformation, Princeton: Princeton University Press.

Haggard, Stephan and Moon, Chung-In, 1993, 「The State, Politics, and Economic Development in Postwar South Korea」In Hagen Koo, State and Society in Contemporary Korea, Ithaca: Cornell University Press.

Johnson, Chalmers, 1982, MITI and Japanese Miracle, Stanford: Stanford University Press.

Salamon, Lester M, and Helmut K, Anheier, 1997, Defining the nonprofit sector: A cross~national analysis, Manchester University Press.

Schmitter, Philippe, C, 1979, Still the Century of Corporatism, Schmitter and G, Lehmbruch, Trends Toward Corporatist Intermediation, Beverly Hills: SAGE Publications.

Steinberg, David I, 2000, Continuing Democratic Reform: The Unfinished Symphony, Larry Diamond and Byung~Kook Kim, Consolidating Democracy in South Korea, Boulder, Lynne Rienner Publishers.

Williamson, Peter, J, 1985, Varieties of Corporation: Theory and Practice, Cambridge: Cambridge University Press.

宮下淳, 1998, 『中小企業の協同組織行動』, 白桃書房.

찾 아 보 기 INDEX

한국 시민 사회사

민주화기
1987 ~ 2017

● 주성수 지음

주성수 지음
한양대학교 공공정책대학원 교수 /
제3섹터연구소장
값 29,000원

『한국시민사회사』는
해방 후부터 최근까지의 우리 사회를
국가형성기(1945~60),
산업화기(1961~86),
민주화기(1987~2017)로 나누어,
각 시기 국내외 정치·경제·사회 변화에 따른
정부의 법과 제도(제도사),
시민사회의 조직과 운동(조직사),
시민생활과 시민참여(생활사),
그리고 시민사회를 둘러싼 이념(이념사)에
천착한 성과물이다.

이 책이 어려운 시민들의 생계와 인간다운 삶을
보장하는 사회안전망 확보 등 개혁과 민주화를
실행하는 '효과적' 국가와 '강한' 시민사회와
'비판적' 시민들이 함께하는 든든한 삼각
파트너십을 여는데 기여하기를 희망한다.

학민사
Hakmin Publishers

주소 | 서울시 마포구 토정로 222 한국출판콘텐츠센터 314호(㉾ 04091)
전화 | 02-3143-3326~7 팩스 | 02-3143-3328 홈페이지 | http://www.hakminsa.co.kr

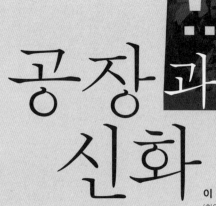
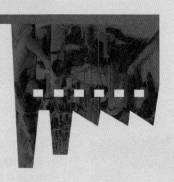